凝聚隧道及地下工程领域的

先进理论方法、突破性科研成果、前沿关键技术，

记录中国隧道及地下工程修建技术的创新、进步和发展。

"十四五"时期国家重点出版物出版专项规划项目

中国隧道及地下工程修建关键技术研究书系

PLANNING AND DESIGN OF RAILWAY TUNNEL ENGINEERING IN EXTREMELY COMPLEX ENVIRONMENT

极复杂环境铁路隧道
工程规划与设计

田四明　李国良　陶伟明 等 / 编著

人民交通出版社股份有限公司

北 京

内 容 提 要

本书针对极复杂环境铁路隧道工程特殊的环境特点和地质条件，结合规划与勘察设计过程中遇到的主要技术问题，基于国内外复杂地质条件、特长深埋隧道的相关研究成果及工程实践，致力于推动构建极复杂环境铁路隧道工程规划与设计的专项技术体系。全书主要内容包括：极复杂环境铁路隧道工程应对不良地质（硬岩岩爆、软岩大变形、高地温、活动断裂、富水断层及岩溶突涌水等）的设计理念和工程对策；极复杂环境铁路隧道工程 TBM 适应性分类标准和设备选型原则；极复杂环境铁路隧道工程方案选择、分合修、洞口工程防护、主动支护结构体系、防排水系统、辅助坑道、超前地质预报、防灾疏散救援及运营通风、机械化施工配套、洞渣处理及环境保护等方面的设计创新和技术要点。

本书可供从事极复杂环境铁路隧道工程勘察、设计、施工、建设管理的工程技术人员使用，也可供隧道工程及相关领域从业人员以及高等院校师生参考。

图书在版编目(CIP)数据

极复杂环境铁路隧道工程规划与设计 / 田四明等编著. — 北京 : 人民交通出版社股份有限公司, 2025. 3.
ISBN 978-7-114-20151-6

Ⅰ. U459.1

中国国家版本馆 CIP 数据核字第 2025TW4216 号

中国隧道及地下工程修建关键技术研究书系
Ji Fuza Huanjing Tielu Suidao Gongcheng Guihua yu Sheji

书　　名： 极复杂环境铁路隧道工程规划与设计
著 作 者： 田四明　李国良　陶伟明　等
责任编辑： 张　晓
责任校对： 孙国靖　宋佳时
责任印制： 张　凯
出版发行： 人民交通出版社股份有限公司
地　　址：（100011）北京市朝阳区安定门外外馆斜街 3 号
网　　址： http://www.ccpcl.com.cn
销售电话：（010）85285857
总 经 销： 人民交通出版社股份有限公司发行部
经　　销： 各地新华书店
印　　刷： 北京建宏印刷有限公司
开　　本： 787×1092　1/16
印　　张： 15.75
字　　数： 348 千
版　　次： 2025 年 3 月　第 1 版
印　　次： 2025 年 3 月　第 1 次印刷
书　　号： ISBN 978-7-114-20151-6
定　　价： 90.00 元

作者简介

田四明 ▶ 正高级工程师，中国铁路经济规划研究院桥隧咨询部部长，中国岩石力学与工程学会地下工程分会副理事长，詹天佑铁道科学技术成就奖获得者，国铁集团专业领军人物。从事高速铁路和复杂环境铁路隧道勘察设计与技术攻关近30年，主持了宜万铁路、中老铁路、沿江高铁、珠三角城际铁路等百余个重大项目的隧道工程勘察设计、技术鉴定、科学研究及标准制定工作；主持了“极复杂地质环境条件下超长深埋隧道方案研究”“复杂隧道施工精细化三维地质建模与信息化设计技术”（在研）等多项国家重大课题研究。曾获国家科技进步二等奖，多次获省部科技进步级奖（其中特等奖4项，一等奖6项）。

李国良 ▶ 正高级工程师，中铁第一勘察设计院集团有限公司副总工程师，全国工程勘察设计大师，中国铁建首席专家。先后主持设计了关角隧道、西秦岭隧道、中天山隧道等特长隧道，以及郑西高铁、宝兰高铁、兰渝铁路、拉日铁路等二十余条国家重点工程的隧道设计和科研攻关，目前负责西宁—成都高速铁路等西部铁路隧道的设计研究工作。曾获国家科技进步二等奖3项，多次获省部级科技进步奖（其中特等奖、一等奖10项）；获茅以升科学技术奖、詹天佑铁道科学技术奖等奖项。

陶伟明 ▶ 教授级高级工程师，中铁二院工程集团有限责任公司副总工程师。四川省有突出贡献的优秀专家、工程设计大师，詹天佑铁道科学技术青年奖获得者。现任中国工程建设标准化协会铁道分会理事、岩石力学与工程学会岩石工程设计方法分会副理事长。长期从事复杂长大隧道勘察设计和技术创新工作，主持中老铁路（国外段）、贵南高铁等二十余条铁路隧道勘察设计工作，参加多项技术标准、规范制定。获得全国优秀设计银奖 1 项、詹天佑铁道科学技术奖 1 项，多次获省部级科技进步奖、优秀工程设计奖。

前言

截至2022年底，我国铁路营业里程已达15.5万km，其中已建成通车的隧道共17873座，总长2.2万km。大规模的隧道工程建设促进了我国铁路隧道修建技术水平的持续提升。新时代，西部地区高质量发展和现代化发展对交通基础设施建设提出了新需求，在“五纵两横一环”铁路网的基础上，铁路建设持续向环境更为复杂的高海拔、高寒、高能环境以及高山峡谷区推进。受高山峡谷区地形条件限制，很多西部山区铁路项目的隧线比极高，一般在60%以上，部分项目可达90%，隧道工程成为铁路项目建设的关键控制性工程。对于上述具有地质条件极为复杂、地形条件极端艰险、环境条件极其恶劣等特点的隧道工程，我们称为极复杂环境隧道工程，其建设既面临高地应力软岩大变形、硬岩岩爆、高地温、活动断裂带、高压涌水等特殊复杂地质问题的挑战，又需要应对高海拔长距离通风、寒区抗防冻、高原防灾救援以及洞渣处置等一系列建造难题。

本书针对极复杂环境隧道工程特点及面临的诸多难题，依托我国各类复杂环境工况下的隧道工程建设实践，结合作者团队的相关科研及技术攻关成果，秉持“安全、绿色、高效”的新理念，明确了特长铁路隧道分合修比选影响因素；研究提出了隧道高性能主动支护体系设计方法，确立了高能环境条件下硬岩岩爆、软岩大变形、高地温、活动断裂带、富水断层等不良地质处置原则及工程对策，提出了适用于极复杂环境铁路钻爆法机械化配套及快速施工技术的隧道设备配套原则，制定了极复杂环境铁路隧道工程TBM适应性分类标准和设备选型原则，建立了高海拔缺氧条件下人员安全疏散的基本参数及防灾疏散救援模式，提出了隧道洞渣处置“减量化、资源化、就近化、集约化、无害化”理念，以及隧道内“清污分流”设计新技术，系统构建了极复杂环境铁路隧道工程规划设计的新方法和新技术体系。

本书共分12章：第1章隧道总体设计，阐述了极复杂环境隧道工程设计理念及主要设计原则；第 2 章至第 12 章分别从隧道分合修方案研究、洞口工程设计、支护结构设计、特殊不良地质段隧道设计、防排水设计、辅助坑道设计、钻爆法机械化快速施工设计、TBM 隧道设计、防灾疏散救援工程及运营通风设计、洞渣处置及环保设计、超前地质预报设计等方面系统阐述极复杂环境隧道工程设计技术要点及工程对策。

本书由中国铁路经济规划研究院有限公司田四明、中铁第一勘察设计院集团有限公司李国良、中铁二院工程集团有限责任公司陶伟明编写及统稿；中国铁路经济规划研究院有限公司黎旭、王伟、石少帅、巩江峰、张艺腾，中铁第一勘察设计院集团有限公司刘国庆、朵生君、陈敬军、陈花顺、王占东、严文翔、向亮、王飞、杨木高、靳宝成、陈绍华、张景，中铁二院工程集团有限责任公司胖涛、朱勇、周路军、陈锡武、汪辉武、郑长青、徐正宣，西南交通大学刘大刚、于丽、王玉锁，中国铁道科学研究院集团有限公司马伟斌等专家学者参与了本书编写。上述单位及人员在本书编写过程中给予了大力支持，提供了许多宝贵资料。本书由中铁第四勘察设计院集团有限公司肖明清、中铁第一勘察设计院集团有限公司刘赪担任主审，西南交通大学王明年、中铁二院工程集团有限责任公司喻渝、中国铁路经济规划研究院有限公司倪光斌、中国铁路设计集团有限公司马志富、中铁工程设计咨询集团有限公司刘建友及人民交通出版社股份有限公司陈志敏、王霞参加审稿。本书在审稿过程中还得到张民庆、杨昌宇、胡清波等专家的大力支持。在此，向所有支持单位和编审人员致以衷心的感谢和崇高的敬意。

本书作者均为隧道工程领域勘察设计单位和科研院校的一线科研、技术人员，具有扎实的理论功底和丰富的工程实践经验，确保了本书的实用性和指导性。但由于隧道工程的复杂性和不确定性，加之编者水平有限，书稿虽经多次修改，仍难免挂一漏万，恳请广大读者不吝赐教、批评指正。

作　者
2023 年 4 月

目录

第1章 隧道总体设计

近年来，随着铁路建设的跨越式发展，我国修建了大量的隧道工程，促进了隧道工程建设整体技术水平的不断提升。伴随以铁路为代表的交通基础设施建设向极复杂环境地区推进，隧道工程的建设面临地质条件极为复杂、地形条件极端艰险、环境条件极其恶劣的挑战。为此，作者团队依托多年来大规模的隧道工程建设实践及相关科研成果，结合成兰铁路、拉林铁路、某在建高原铁路等极复杂环境隧道工程的勘察设计经验，聚焦"安全可靠、绿色低碳"的建设总体目标，秉承"安全第一、以人为本"的设计思想，基于诸多科研创新成果及突破性技术应用实践，提出并不断丰富完善了"科技引领、重视环境、安全智能"的隧道设计新理念。

本章结合极复杂环境隧道工程特点及技术挑战，系统阐述了设计基本理念、隧道选址及平纵断面优化设计、主要设计原则等总体设计内容，以便读者总体把握极复杂环境隧道工程设计之关键。

1.1 设计基本理念

1.1.1 科技引领

1）科技引领助推隧道精心勘察

精心勘察，是全面系统地掌握工程地质资料的重要手段，是确保隧道工程建设目标的有效保障。然而，极复杂环境隧道工程所处位置，一般为高山深谷、地质构造复杂、山地灾害频发，更有大高差、高海拔、恶劣气候等特殊环境条件限制，常规的勘察手段难以满足规划设计要求。

在总结吸收我国 2.2 万 km 铁路隧道建设经验的基础上，面对极复杂环境隧道工程精心勘察的迫切需求，各勘察设计单位秉持科技引领的理念，迭代创新，发展形成了"空、天、地"一体化综合勘察技术。通过应用卫星平台、航空平台、地面平台多视域勘察技术，将技术成果融入多源异构地质信息系统，致力于为设计提供可靠的地质基础资料。首先，通过板块致灾机理的宏观研判，对板块隆升演化进程中所产生的地形、地貌效应和工程地质效应进行了系统研究，以查明活动断裂、地震、表生地质灾害（链）、高地应力、高地温、崩滑流等灾害的致灾机理；其次，对于极复杂环境隧道工程，地质变化十分频繁，通过深孔钻探、地面物探、航空物探等地质综合勘察工作，查明深埋隧道工程地质问题。进而为隧道工程的科学规划设计提供支撑，绕避重大地质灾害，确保隧道工程建设风险可控。

2）科技引领推动设计创新

对于极复杂环境隧道工程面临的难题，在铁路勘察设计过程中，全面总结和吸收国内外极复杂环境下类似隧道工程的建设经验、教训，开展了大量的科技攻关和专题研究工作，形成了 4 大类 26 册技术总结报告，吸纳消化已取得的科技成果，编制了 8 项技术标准，制定与之相适应的技术体系，用于指导隧道工程设计。

（1）着力推动铁路隧道工程主动支护体系的构建和完善，强化锚杆（索）等主动支护措施，采用高性能支护结构和单层支护结构，减少支护量，形成高效支护结构体系，为极复杂环境铁路隧道工程快速施工提供技术支撑。与传统支护体系相比，主动支护体系减少了支护量，从而减少各种建筑材料的用量，一定程度上减少隧道施工开挖量，也是隧道支护结构设计遵循“绿色环保”原则的体现。

（2）科技引领促进隧道施工技术水平提升。以隧道机械化施工为目标，从施工方法、施工组织、机械设备配套等方面做进一步创新设计，通过消化吸收郑万高铁大断面机械化快速施工科研成果，提出高原低压缺氧环境下隧道快速施工工法、施工装备以及各主动支护构件施工工艺，实现少人化目标。

（3）在隧道监控量测设计中，建立并完善隧道围岩质量多元信息融合评价体系，构建隧道围岩质量多元信息融合智能化综合评价系统，及时优化调整隧道主动支护措施，把设计贯穿到隧道建设的全过程。同时，运用计算机网络技术、信息智能化控制与传感技术，构建隧道主动支护体系全过程建造智能化管理系统平台，实现围岩评价，支护体系设计、施工、安全性评价等自动化和智能化管控目的，实现多方位、全过程的信息管理监控。

通过上述方面的工作创新，逐步推动实现“高效支护、快速施工、绿色环保、安全可靠”的铁路隧道建设新标准，构建隧道设计新体系。

1.1.2 重视环境

极复杂环境铁路沿线环境敏感区密布，面临十分突出的环保问题，因此在勘察设计期间高度重视环境保护问题。如成兰铁路穿越四川宝顶沟省级自然保护区、四川千佛山国家级自然保护区、四川省安县睢水海绵礁省级自然保护区，邻近卧龙和九寨沟等国家级自然保护区；我国西南地区分布着典型的高原地貌，在该地区建设高原铁路可能经过国家生态安全战略格局中的“青藏高原生态屏障”“黄土高原—川滇生态屏障”等区域，沿线分布多处生态环境敏感区，有众多珍稀保护野生动植物，而青藏高原也是重要的水源涵养地，被称为“亚洲水塔”，铁路工程沿线生态系统敏感且脆弱。在铁路穿越环境敏感点时，大部分采用对环境影响较小的隧道工程通过，随之带来了巨量弃渣无害化处理、控制地下水流失、施工污水无害排放等一系列难题。

极复杂环境铁路工程存在洞渣安置总量大、沿途地形复杂、地质灾害频发、环境敏感区众多等问题，洞渣安置十分困难。如成兰铁路成都至黄胜关段隧道洞渣近 3000 万 m^3，某在建高原铁路洞渣总量约 1.99 亿 m^3，为尽可能降低工程建设对生态的影响，隧道洞渣处置遵循“减量化、资源化、就近化、集约化、无害化”的总体原则，充分贯彻“绿色环保”的理念，通过优化隧道净空断面，优化辅助坑道设置，实现隧道洞渣减量化的目标；通过隧道洞渣的资源化利用（建筑材料、综合造地等），减少弃渣安置数量；通过集中布设隧道弃渣场，减少挡护工程量，节约用地；对部分可能存在放射性超标、弃渣场排水可能污染环境的弃渣，进行针对性的无害化处理；同时，隧道洞渣处置必须符合法律法规等相关要求。

针对沿线生态环境敏感点多的问题，设计中按照分级分类的方法，对水环境敏感的隧道，坚持“以堵为主、限量排放”的地下水处置思路，并结合环境要求和工程地质条件，深化细分限量排放标准，确保措施的针对性、可实施性。同时，重视隧道内排水的处理，一方面坚持排水系统的完善，另一方面，开展洞内排水“清污分流”设计，尽可能减小对环境的影响，保护生态。

1.1.3 安全智能

极复杂环境铁路工程面临板块运动强烈、地质构造发育、山地灾害广泛分布等突出问题，隧道工程建设风险较高。线路多位于高山峡谷地貌，隧道洞口山地灾害分布广、规模大，洞口位置及施工营地选择困难；隧道地质条件极为复杂，施工难度大，塌方、突涌水、岩爆、有害气体等安全风险高。沿线区域地震烈度高、穿越多条活动断裂，运营安全保障要求高。

复杂地质环境及高原低压缺氧自然环境严重影响隧道工程的建设安全，隧道超前地质预测预报是建设安全的重要保障。在隧道建设工程中，采用多源信息融合技术，提高预报的准确性，建立隧道超前预报信息化系统，形成综合预报技术体系，防范重大地质灾害风险。通过创新设计施工理念，按“以机代人，快速施工”的基本思路，提升隧道建设技术水平，结合考虑工程地质条件、隧道建设方案，选择能适应高原低氧环境的设备（少内燃多电力、高效、能力匹配）进行分级配套，实现机械化、少人化施工。强烈岩爆等极高风险地段，关键工序力争实现智能化无人施工，从而减少隧道作业人员，并减轻作业人员劳动强度，保证施工安全。

对于复杂地质环境隧道，可探索利用大数据、人工智能、移动互联网、云计算、物联网、机器人等智能化技术，应用隧道智能建造管理平台和隧道施工机器人，打造机械化和信息化深度融合的全生命周期的隧道智能建造系统，确保建设安全可靠。

1.2 隧道选线及平、纵断面设计

针对极复杂环境铁路地形地质的复杂性、环境和水土保持的敏感性、工程实施的艰巨性、运营安全的重要性，隧道选址遵循了减灾避险原则，设计中充分考虑工程建设风险与运营安全，从源头上避免发生高山峡谷崩滑灾害、冰川型泥石流、斜坡季节性冻土、深大活动断裂、高频高烈度地震及高地温（水温）、高速远程地质灾害等不良地质对铁路隧道建设及运营的影响，全面系统开展隧道选线及平、纵断面优化设计，科学合理地选择隧道线路方案，尽量绕避重大不良地质，减小其对隧道工程影响，保证隧道工程的安全可靠。

1.2.1 隧道选线设计

极复杂铁路多位于环境敏感区，如成兰铁路，沿线环境敏感点众多、不良地质发育、辅助坑道设置条件困难，隧道选线应根据线路走向、技术标准、越岭条件、工程地质情况，统筹考虑隧道施工方案、辅助坑道、交通条件、分合修形式、建设工期、工程投资、防灾救援、运营养护等因素综合比选确定。

1）环境敏感点（环保）选线

成兰铁路沿线涉及卧龙国家级自然保护区、千佛山国家级自然保护区、九寨沟国家级自然保护区等 17 处环境敏感点；某在建高原铁路某标段沿线分布了大熊猫国家公园、贡嘎山国家级自然保护区、雅鲁藏布大峡谷国家级自然保护区等 75 处环境敏感区，数量多、面积大、纵横交错，呈南北连片分布且保护等级高。

工程选线、选址尽量绕避自然保护区、世界文化和自然遗产地、风景名胜区、饮用水源保护区、重点文物保护单位等法定特殊生态敏感区，对无法绕避的敏感区尽量从低等级的保护区通过，并尽可能采用对地表扰动小、对动植物影响小的隧道工程通过。

2）不良地质段（减灾）选线

极复杂环境铁路面临高地应力、高地温、岩溶、高烈度地震及活动断裂带等一系列不良地质难题。

（1）高地应力

极复杂环境铁路所处区域，构造作用强烈、高地应力问题突出。隧道线位选择时，尽可能从构造发育相对较弱的区域通过，并优先采用大角度穿越；同时采用较大的线路纵坡（30‰），以减小隧道埋深，降低地应力水平，改善工程条件。如某高原铁路沿线高地应力软岩大变形问题十分突出，经大范围比较，在大量的物探横剖面及地质实测控制剖面的判识基础上，线路选择尽量在物探高阻段、硬岩夹层段通过，并尽可能减小隧道埋深，改善隧道的工程条件，经优化后，软岩隧道最大埋深控制在 600m 以内，最大地应力控制在 25MPa 内，地质风险可控。

（2）高地温

极复杂环境铁路工程穿越的沿线活动断裂带及岩体侵入带存在高地温问题，如拉林铁路桑珠岭隧道施工揭示最高岩温为 89.3℃；拉日铁路吉沃希嘎隧道施工揭示最高温度为 56.5℃；某在建高原铁路某标段沿线分布 50 余处影响线路方案的高温热泉，主要集中在鲜水河活动断裂带、理塘活动断裂带、巴塘活动断裂带、香堆—洛尼断裂带、澜沧江断裂带、怒江断裂带、嘉黎断裂带、雅江缝合带 8 个断裂带以及侵入岩体边缘围岩接触带，水温约 40～100℃，水蒸汽温度最高达 210℃（榆林宫）。

高地温严重恶化施工环境、影响作业人员健康，导致施工降效、劣化建筑材料性能、降低结构耐久性。

隧道位置选择尽量避开高温地带，选择在地温相对较低的地层；较高地温地区无法绕避时，优化隧道平纵断面，以高线位、短距离方式通过；河谷地区隧道线位优先考虑设于傍山靠河侧，缩短辅助坑道设置长度。

以某高原铁路越岭方案为例（图 1-1），大型区域性活动断裂带两侧均有温泉出露，主要由活动导热断裂带所致，其中深孔揭示 90.3℃高温高压热水，考虑到取直方案辅助坑道条件差，大变形、突涌水及高地温耦合风险高，经多次比选后，采用短隧露头方案。活动导热断裂带位于隧道洞口，钻孔均未揭示热水和地热异常，且导热断裂位于隧道洞口，即使遭遇地热问题也可灵活处理。

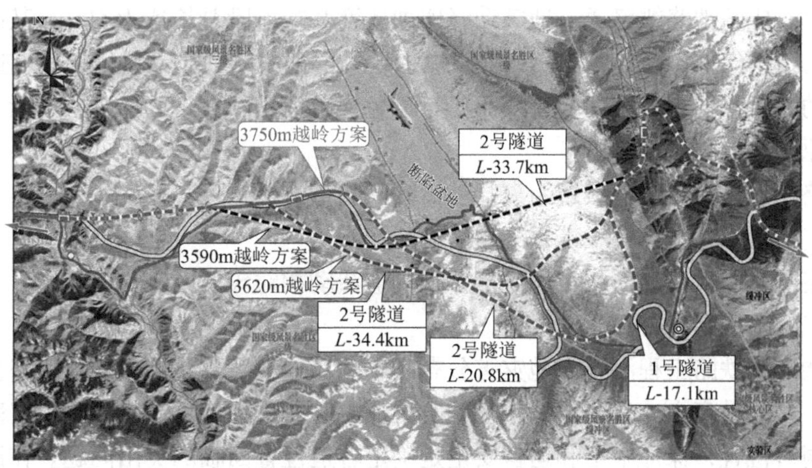

图 1-1　线路方案平面图

在基本查明沿线区域高地（水）温分布情况、评价其工程危害程度、应对处理技术措施后，按照高地（水）温地段的选线原则，通过综合优化比选线路方案后，线路基本避开了高地（水）温的极高风险段。

（3）岩溶

岩溶问题也是极复杂环境铁路隧道面临的重要问题之一。如某高原铁路沿线有多套地层岩组含有碳酸盐岩，分布有近南北向可溶岩条带，部分段发育冰蚀溶蚀复合型地貌，出露较多岩溶泉，岩溶水动力条件强烈，岩溶发育及富水性受断裂、褶皱构造控制明显。部分段落的隧道涌水量大、水压高，突涌水风险大。

充分利用遥感图像地质解译成果资料，分析研究区域范围内岩溶发育情况，隧道位置选择遵循以下原则：

①隧道选择岩溶及岩溶水发育相对较弱的区域。

②隧道尽量选择高线位通过岩溶垂直渗流带，尽量避免通过岩溶水发育的季节交替带、水平径流带和深部缓流带。

③傍山隧道宜选择在岩溶发育较弱的一侧通过，并尽量高于岩溶水排泄带。

④隧道尽量避免穿越岩溶强烈发育的构造带，避开负地形区、网状洞穴、暗河发育区、巨大空洞区、溶洞群及岩溶水富集区、排泄区。

⑤隧道应尽量以大角度通过可溶岩与非可溶岩接触带及断层、褶曲轴部等构造带。

⑥隧道尽量靠近并高于既有或在建的其他地下工程，充分利用其他地下工程已形成的

降落漏斗效应截排地下水。

以某高原铁路岩溶隧道为例，研究了宗嘎隆桥位和沙马河桥位两组方案。宗噶隆桥位方案线路长度小，行经区域山体浑厚，穿越可溶岩地层，线路高程处于水平循环带内，突水突泥风险极高，经综合比较后予以放弃；推荐的沙马方案虽然线路长度略大，但该方案紧靠降曲走行，位于岩溶水排泄区边缘，岩溶发育程度相对低，可实现顺坡施工，施工安全风险相对较低。

（4）地震及活动断裂

极复杂环境铁路沿线新构造运动活跃，高烈度地震频发，抗震及活动断裂带抗错段问题十分突出。成兰铁路线路通过地震动峰值加速度 0.3g地段总长达 106km；某高原铁路沿线 55%地段地震动峰值加速度在 0.20g及以上，局部地段的地震动峰值加速度达 0.4g及以上。在活动断裂带的选线中，坚持线路尽量避免穿越活动断裂带的原则，当无法避免时，则按以下原则执行：

①线路尽量以大角度、最短距离穿越活动断裂带。

②线路尽量以路基等明线工程穿越活动断裂带。

③线路避开深大活动断裂带，尽量穿越构造活动相对较弱的分支断裂带。

3）隧道洞口条件（洞口）选线

极复杂环境铁路工程沿线山地灾害分布广，洞口地质条件是控制隧道线路方案的重要因素之一，尤其是高山峡谷区（如拉林铁路桑加峡谷段）中岩堆体及高位危岩落石发育，如何选择洞口位置，保证施工和运营安全是确定隧道位置面临的突出问题。在勘察选线过程中，按照“在综合确定隧道线位走向的基础上，充分选择地质条件可行的隧道洞口”的基本思路开展工作，并针对隧道洞口山地灾害分布广、规模大的特点，洞口选择主要考虑以下要求。

（1）坚持“早进晚出、保护环境”的原则。

（2）结合地形地质条件，综合考虑前后工程要求、环境保护要求等因素。

（3）选择稳定的边坡进洞，尽量绕避不良地质，如滑坡、崩塌、岩堆、危岩落石、冰川泥石流、岩屑坡、溜沙坡等；当确实无法绕避时，经风险评估并采取可靠的防护措施，保证洞口安全。

某高原铁路沿线地形急剧起伏，地貌以高山峡谷为主，尤其是隧道露头地段，高位岩堆体、超高位危岩落石十分发育。在该段方案设计中，可研阶段隧道选择危岩落石相对较轻的宋家沟右侧山嘴进洞，随着地质工作的深入，发现该山嘴发育三处深大卸荷裂隙，洞口安全风险极高。经大面积地质调查后，将该洞口西移 300m 至稳定斜坡上，降低隧道洞口风险。隧道洞口优化前后方案如图 1-2 所示。

4）结合施工组织，辅助坑道条件选线

成兰铁路地处青藏高原东部边缘，横穿龙门山、岷山、西秦岭等山脉；某在建高原铁路某标段穿越横断山区，地形地貌因素决定了隧道辅助坑道设置条件差、施工组织难度大，尤其是在越岭地段，隧道平纵线位选择应充分考虑辅助坑道条件。

对地质条件适宜的区段，优先考虑采用 TBM 法施工，大幅度减少辅助坑道数量，提高隧道选线的灵活性。

a)可研方案

b)定测方案

图 1-2 隧道洞口优化

对于采用钻爆法施工的隧道，受施工通风、出渣、工期等施工组织因素控制，隧道线位应充分结合辅助坑道设置条件进行优化调整。如某高原铁路越岭隧道，穿越世界自然遗产——四川大熊猫栖息地、二郎山国家森林公园等多个环保区，区内不允许设置辅助坑道，加之地质条件复杂，不适宜采用 TBM 法施工，隧道线路方案综合考虑钻爆法施工通风长度、施工工期等因素，经大范围选线并综合比较（图 1-3），采用了大坪上桥位方案，隧道长度为 14.7km。

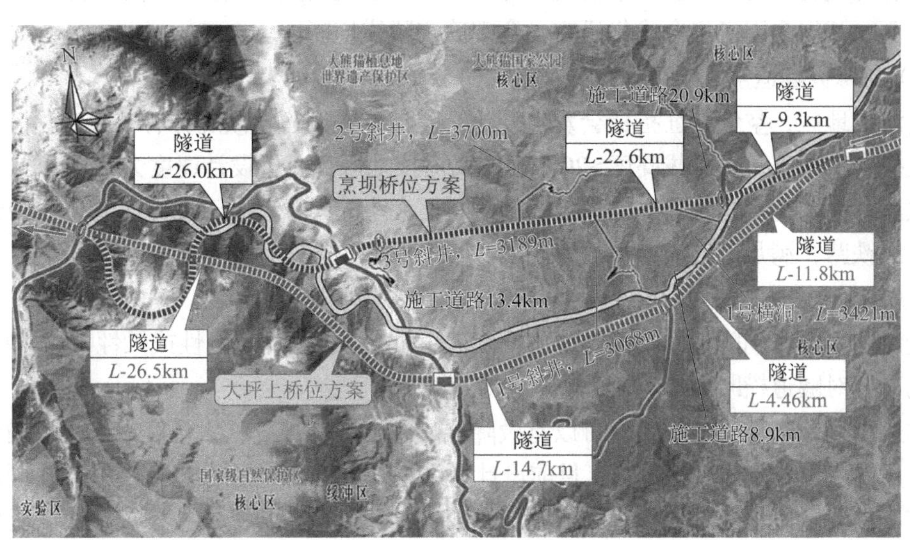

图 1-3 选线方案平面图

1.2.2 纵断面设计

对于成兰铁路、某在建高原铁路等极复杂环境铁路工程，穿越高山峡谷区，具有“显著的地形高差”的特点。某在建高原铁路某标段，线路六起六伏，为适应沿线高山峡谷区的地形条件，限制坡度采取了 30‰的大坡度，且隧道内坡度不进行折减。这对列车尤其是货运列车的运行速度和能耗等运营条件有一定影响，但对隧道工程来讲，大纵坡方案具有如下优点。

（1）可缩短隧道长度。采用大纵坡，线路爬坡能力强，适应地形能力好。

（2）可减小辅助坑道规模。隧道辅助坑道多为斜井，斜井长度受坡度和平面位置控制，采用大纵坡后，可减少斜井长度。

（3）可优化隧道地质条件。采用大纵坡，拔高隧道高程，可减小隧道埋深，降低隧道地应力水平，改善隧道岩爆、大变形等不良地质条件，可降低高地温及岩溶隧道的涌水风险。

（4）改善隧道排水条件。某在建高原铁路受线路走向、地形条件限制，隧道基本以单面坡为主，且长大隧道多。对地下水发育的隧道，较大的纵坡能够改善长大单面坡隧道的施工排水及运营排水问题。

（5）可降低工期风险。采用大坡度，缩短了隧道长度及辅助坑道长度，改善了围岩条件，施工组织更为灵活，降低了工期风险。

1.3 主要设计原则

1.3.1 隧道横断面

极复杂环境铁路工程多位于高海拔地区，且存在海拔跨度大的特点。为保护生态环境、节约资源，遵循"减量化"的理念，结合极复杂环境铁路工程建设标准及环境特征，充分考虑旅客舒适度、运营维护、结构受力等要求，从空气动力学效应、接触网悬挂及沟槽布置等方面，开展多因素组合优化研究，合理确定隧道横断面。

1）高海拔隧道空气动力学效应

高海拔地区，空气特征指标会发生变化，隧道空气动力学效应亦有较大变化。经大量数值模拟分析得出：在海拔高度>2000m 的高海拔地区，对于设计速度为 200km/h 的客货共线铁路，空气动力学效应不再是控制隧道断面大小的因素，对于设计速度为 250km/h 的客运专线铁路，满足空气动力学效应的最小净空面积也较平原地区大幅度减小。

2）接触网悬挂方案

接触网主要影响隧道横断面高度方向，不同的接触网类型（刚性或柔性）、不同的接触网结构高度对隧道横断面影响较大。

隧道内采用刚性悬挂方式，可以有效降低隧道横断面高度，大幅度减小隧道横断面面积，减少洞渣量，节约工程投资。目前设计速度为 200km/h 的刚性悬挂接触网在国内尚处于研究、试验阶段，国外也没有大规模应用实例，尚未形成可靠的技术成果，缺乏成熟可靠的技术标准。因此，对于时速 160km 及以下铁路工程，可开展刚性及柔性接触网方案技术经济比较；对时速 200km 及以上的铁路工程，按柔性接触网悬挂设计断面。需要注意的是柔性接触网悬挂方式，其接触网结构高度的合理选择是控制隧道断面的重要因素。

3）海拔分级

电气化铁路接触网绝缘间隙受海拔高度影响大，且差异明显。研究资料表明，海拔 4000m 地段和平原地区相比，由于绝缘间隙影响，同一技术标准的隧道横断面高度差值达 26cm。因此，针对不同海拔高度，采用不同隧道横断面，有利于优化隧道结构，减少隧道弃渣，节约工程投资。经系统研究和综合比较，某在建高原铁路建立了按海拔高度分级的隧道横断面标准，按海拔高度＜3000m、3000m⩽海拔高度＜4000m、海拔⩾4000m 三级确定隧道横断面。海拔在 4000～4500m 范围内不同悬挂方式的隧道横断面如图 1-4～图 1-7 所示。

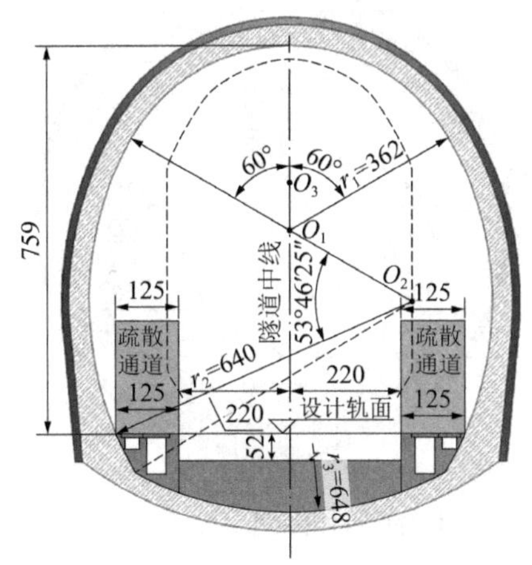

图 1-4　单线隧道断面 1（尺寸单位：cm）

（柔性悬挂，4000m＜海拔≤4500m，
轨面以上净空面积 51.51m²）

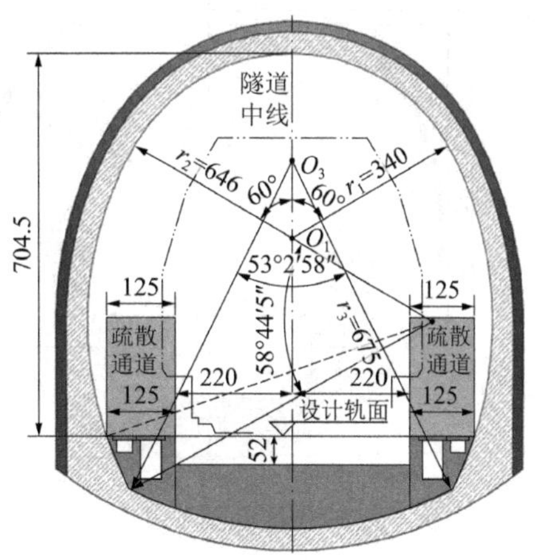

图 1-5　单线隧道断面 2（尺寸单位：cm）

（刚性悬挂，4000m＜海拔≤4500m，
轨面以上净空面积 45.52m²）

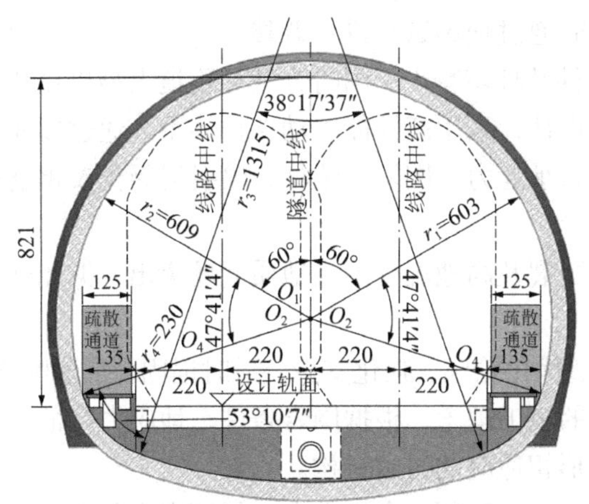

图 1-6　双线隧道断面 1（尺寸单位：cm）

（柔性悬挂，4000m＜海拔≤4500m，
轨面以上净空面积 82.12m²）

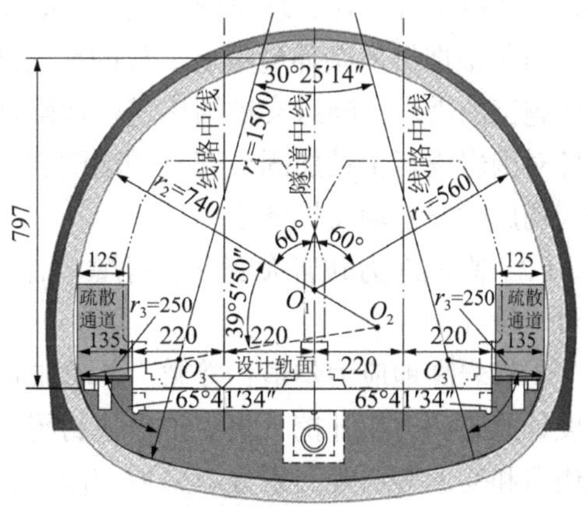

图 1-7　双线隧道断面 2（尺寸单位：cm）

（刚性悬挂，4000m＜海拔≤4500m，
轨面以上净空面积 76.35m²）

上述断面为常规地质条件下隧道断面，而在大变形、活动断裂等特殊地段，应根据地质条件和工程需要进一步优化调整。

针对 TBM 法施工隧道，综合考虑道床形式，中心水沟与各种管沟、设备的布置，以及接触网（采用简链悬挂）方案等，确定隧道直线段基本内轮廓采用直径为 8.8m 的圆形断面。TBM 外径根据各隧道运营排水情况分别确定。不同悬挂方式的 TBM 隧道横断面如图 1-8 和图 1-9 所示。

随着我国列车密闭性能的提高，在现行标准断面的基础上，逐步优化隧道断面，在节约工程成本、减少弃渣、保护环境和降低工程风险等方面具有十分重要的意义，也是贯彻落实“减量、绿色”发展理念的具体体现。

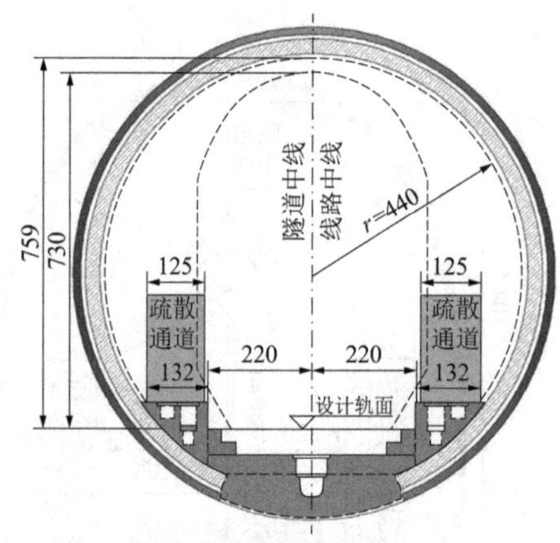

图1-8 TBM隧道断面（尺寸单位：cm）

（柔性悬挂，轨面以上净空面积 56.55m²）

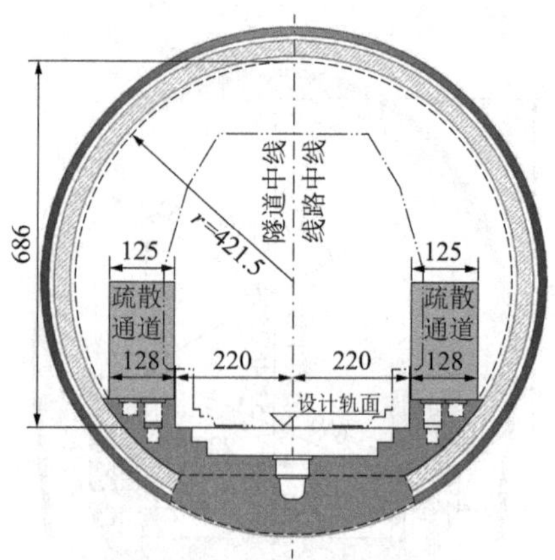

图1-9 TBM隧道断面（尺寸单位：cm）

（刚性悬挂，轨面以上净空面积 47.96m²）

1.3.2 隧道支护结构

隧道支护体系设计综合考虑地质条件、断面形状、开挖工法、材料特性、施工环境等因素，通过工程类比、理论分析确定，必要时通过现场试验进行调整。

（1）根据极复杂环境隧道工程的地质条件及环境特点，同时为满足隧道大型机械化及快速施工的需求，隧道支护结构进行适配性设计，采用高性能主动支护体系。通过预应力锚杆对围岩进行主动加固，充分调动围岩的自承能力，围岩、锚杆、喷射混凝土及钢筋网共同构成喷锚主动支护体系。

（2）高地应力软岩大变形、岩爆、活动断裂及高地温等不良地质问题突出，据此开展针对性设计。

①软岩高地应力隧道：遵循“主动加固、优化轮廓、强化支护、适时锚固、工法配合”的设计原则和“快开挖、快支护、快封闭”的施工理念，根据围岩条件、地应力特征、地质构造和变形等级等因素分级采取与围岩变形相适应的衬砌结构。

②硬岩高地应力隧道：遵循“预警先行、主动控制、多机少人、保证安全”的设计原则，根据岩石抗压强度、地应力特征、地质构造和隧道埋深等因素采取与岩爆分级相适应的支护结构。

③活动断裂带隧道：遵循“预留空间、优化断面、节段设计、运营监测”的设计原则，采用活动断裂衬砌，并向两侧延伸。活动断裂衬砌采用圆形衬砌结构，根据活动断裂的预测百年位错量，衬砌节段设计，断面内净空预留补强空间，并采用加大预留变形量、加强初期支护及超前支护、破碎段周边注浆、二次衬砌加强等措施。

④高岩（水）温隧道：遵循“加强地质预报、热害分级防控、综合降温配套、合理适配材料、强化劳动保障”的设计原则，根据温度情况分级采用耐热型或隔热型衬砌结构，保证隧道结构安全及洞内运营环境。

1.3.3 防排水

极复杂环境隧道工程地处高原高寒环境，具有单面坡隧道多、隧道涌水量大、长大斜井排水量大、部分隧道存在高温热水、水环境敏感等特点，隧道施工及运营排水安全和水环境保护是防排水设计需要考虑的核心因素。

（1）遵循“防、排、截、堵相结合，因地制宜，综合治理，保护环境”的基本原则。

当隧道地表无水体，地下水不发育或隧道工程对环境影响较小时，采取“以排为主”的设计原则；当隧道地表邻近水源或地下水较发育时，为减少对环境的影响和保证施工安全，采取“排堵结合”的设计原则；当水环境有特殊要求时，为避免地下水流失影响生态环境，采取“以堵为主，限量排放”的设计原则。对地下水环境保护要求高、埋深小的隧道采用全断面封闭防水。

（2）正线隧道及防灾疏散通道内机电设备安装段落拱墙防水等级按一级、用作防灾疏散救援辅助坑道的待避空间段落防水等级按三级、其余段落防水等级按四级设计。设备洞室的防水等级满足相应设备专业提出的设防要求。

（3）双线隧道设置双侧水沟和中心管沟，钻爆法施工的单线隧道一般情况设置双侧水沟，TBM 法施工的隧道内设双侧水沟和中心水沟。侧沟内边墙纵向间隔预留泄水孔。地下水发育段，隧底埋设环、纵向排水盲管引入中心管（沟）。

（4）设有平行导坑（横洞）时，应充分利用平行导坑（横洞）作为排水通道，平行导坑（横洞）坑底高程应充分考虑排水需要。

（5）反坡施工工区及斜井工区进行专项抽排水设计，排水能力应考虑一定裕量；明确超前地质预报探水要求，对于可能发生突涌水段落，采取必要的超前帷幕注浆堵水或控制排水降压等措施。

1.3.4 隧道防寒

高原高寒地区铁路沿线长冬无夏，冬季寒冷干燥，气温年较差小而日较差大，最冷月平均气温均在−15℃以上。结合穿越众多高山峡谷、相对高差大、具有气候垂直变化明显的高海拔寒区特点，隧道洞口、浅埋段等受冻胀影响段落采取围岩注浆堵水、结构加强、设置保温水沟及保温出水口等综合防寒抗冻措施。综合考虑运营期风流（洞口气压差形成的风流和列车活塞风）影响，分别对衬砌结构和排水系统抗防冻设计提出以下原则：

1）衬砌结构防寒设计

当隧道洞口最冷月平均气温为−8～0℃时，隧道高端（海拔高的一端）洞口 800m 及低端（海拔低的一端）洞口 1200m 范围衬砌设置为抗冻设防段，抗冻设防段范围内土层及构造富水地段采取径向注浆堵水措施。当隧道洞口最冷月平均气温为−15～−8℃时，隧道高端洞口 1000m 及低端洞口 1500m 范围衬砌设置为抗冻设防段，结构抗冻设防范围内土质地层段拱墙设置厚度不大于 5cm 的保温层，结构设防范围内土质地层及构造富水地段采取径向注浆堵水措施。抗冻设防段隧道二次衬砌均采用钢筋混凝土结构。

2）防排水结构防寒设计

严寒、寒冷地段隧道防排水设计，根据洞口自然环境条件等确定，其设置的主要原则如下所述。

（1）隧道洞口最冷月平均气温为−8～0℃，长度≤3km 的隧道全长设置保温中心水沟和保温侧沟；长度>3km 的隧道低洞口端 1800m 及高洞口端 1300m 范围内设置保温中心水沟及保温侧沟。

（2）隧道洞口最冷月平均气温为−15～−8℃时，进出口端 800m 范围设置深埋中心水沟；长度≤5km 的隧道除进出口端 800m 范围内设置深埋中心水沟外，均设置保温中心水沟和保温侧沟；长度>5km 的隧道除进出口端 800m 范围内设置深埋中心水沟外，另外在低洞口端 2000m 及高洞口端 1500m 范围内设置保温中心水沟及保温侧沟。

（3）洞外设置保温暗管引排洞内保温水沟水流至保温出水口。保温出水口可根据水量、地形条件等因素，选用圆包头式、端墙式、三排管式或阳光房式等形式。

3）工点设计

工点设计应根据隧道洞口常年主导风向、风力，气温条件，隧道进出口气压压差，以及地下水分布规律等因素，特别是列车活塞风效应对洞内温度场的影响分析，核查确定设防段落长度，优化防寒抗冻方案及工程措施。

4）辅助坑道防寒设计

用作运营期间排水及防灾疏散救援通道的辅助坑道，应设置必要的防寒保温措施。

1.3.5 运营防灾救援

结合极复杂环境铁路隧道环境特点及防灾疏散救援难点，通过国内外类似工程调研、科研攻关、理论计算模拟分析等专题研究，制定隧道防灾疏散救援设计原则如下。

（1）海拔≤3000m 的隧道，遵循“以人为本、安全疏散、自救为主、方便救援”的原则，防灾救援设施参照现有防灾救援规范执行。

（2）海拔>3000m 的隧道，遵循“以人为本、便于疏散、安全待避、及时救援”的原则，预防灾害发生，建立完善的疏散设施及救援系统，提供安全、有效的疏散途径及避难场所，及时将人员救援至相邻铁路车站或地方应急中心等安全地带，把灾害造成的影响降至最低程度。

①对于旅客列车火灾工况，以紧急救援站定点疏散模式为主；对于故障列车或自然灾害（地震、高位泥石流、崩塌）工况，采取随机停车疏散为主的模式。

②救援采用铁路自救为主，辅以公路救援相结合的模式，在铁路、公路均中断的极端条件下采用空中救援。

③长度 20km 及以上的隧道及隧道群应设置紧急救援站，隧道或隧道群紧急救援站间距不应大于 20km。

④紧急救援站设置根据特长隧道（群）位置、合分修、贯通平导设置、洞口环境条件等因素，可选择洞口辅助坑道型、洞口横通道加密型、洞口疏散型、洞内加密横通道型、洞内两侧平导型、洞内单侧平导型等紧急救援站。

⑤分修隧道互为救援；设置平导的合修隧道，利用平导作为待避空间实施外部救援；长度 10km 以上的单洞隧道，应结合辅助坑道设置不少于 1 处避难所。

（3）紧急救援站洞口、紧急出口洞口、避难所洞口、贯通平导洞口的道路可作为防灾救援道路。

（4）防灾通风分为紧急救援站通风、紧急出口通风、避难所通风。紧急救援站应按火灾工况进行防灾通风设计，紧急出口、避难所应按列车故障工况进行通风设计。

（5）设置完善的防灾救援设备监控指挥系统。强化防灾疏散救援工程的总体方案设计，优化监控系统架构，统筹接口设计，确保在紧急状况下的使用功能。

1.3.6 运营通风

成兰铁路等极复杂铁路工程，特长隧道及隧道群众多，隧道运营通风结合防灾救援共同考虑，制定运营通风原则如下所述。

（1）运营通风按挤压原理计算，并考虑列车通过隧道的活塞效应和自然风，以及隧道进出口气压压差的影响。

（2）长度>15km 的隧道及有特殊要求的隧道设置运营通风，其余隧道运营期间均采用自然通风。

（3）对于长度 15～20km 的隧道，宜采用全射流纵向式通风方式；对于长度>20km 的隧道，可结合洞内紧急救援站排烟通风设置分段纵向式运营通风。

（4）赋存瓦斯等有害气体的隧道及运营期使用的辅助坑道，应进行运营通风专项设计。

1.3.7 TBM 适应性原则

考虑到极复杂环境铁路工程“崇山峻岭、人迹罕至、气候恶劣”的环境特征，结合隧道施工辅助坑道设置条件差、环境保护要求高等情况，为提高施工效率，尽可能降低人员作业强度，地质条件适宜的隧道优先考虑采用 TBM 法施工。

（1）海拔 3000m 以上的高海拔地区特长隧道，为降低作业人员劳动强度，提高施工效率，可开展 TBM 适应性研究。

（2）辅助坑道设置极其困难，采用钻爆法施工风险极高、施工通风极为困难，可开展 TBM 适应性研究。

（3）TBM 选用需规避重大风险，对极端不良地质占比大，易造成长期被困、重大安全事故的工程项目不推荐采用 TBM 法施工。

1.3.8 钻爆法机械化配套

隧道施工中采用机械化配套技术有利于保证施工质量，减轻作业人员劳动强度；有利于提高隧道施工安全性，减少隧道施工群死群伤事故；有利于保证施工进度，减少隧道施工作业人员，减少日益紧张的人力需求。对于极复杂环境隧道工程，钻爆法机械化配套以“分级配置、少人化、保证施工质量和安全必配、减轻劳动强度和有利提高功效、有利平行作业”为原则，其技术要求如下所述。

1）配置条件

（1）满足以下条件之一的选用I型机械化配套。

①工期控制性工区；

②独头施工长度大于控制值（海拔 3000m 以下按 4.0km、海拔 3000m 以上按 3.0km、海拔 3500m 以上按 2.0km、海拔 4000m 以上全部）的工区；

③极高风险段落（中等及以上岩爆、温度超过 50℃的高地温、水头超过 100m 的高压

岩溶水或富水断裂带等极高风险地段长度占比大于10%）的隧道工区；

④技术难度大（高地应力大变形等特殊地段长度占比大于30%），装备要求高的工区。

（2）其余隧道工区采用II型机械化配套。

（3）同一工区的正洞及辅助坑道所选配套等级保持一致。

（4）保持施工工法的连续性，避免频繁转换，提高工效。

2）施工工法

采用大型机械化配套施工时，宜选用大断面施工工法，并采取工程措施保证掌子面稳定。

3）机械化施工

隧道机械化施工应充分利用机械设备的数据采集功能，进行数据收集，开展信息化施工。

1.3.9 施工组织

合理的施工组织设计是隧道工程按时完工的重要保障，极复杂环境隧道应在施工通风、辅助坑道选择、高原供氧等方面制定相对应的设计原则，以保障隧道工程能够安全、优质、按时完成。

1）隧道开挖

钻爆法隧道开挖方式应根据施工方法、机械设备、地质条件及工程环境等因素合理选择。岩石隧道应采用爆破开挖，并控制爆破规模，采用光面爆破技术，使隧道周边圆顺，减少应力集中；严格控制装药量，减少对围岩的扰动；岩石隧道V级围岩地段、土质隧道、隧道浅埋、下穿建筑物及邻近既有线等特殊地段可采用非爆破开挖。

2）施工通风

隧道多位于高原地区，氧气含量低，内燃机污染物增加，风机效率降低，通风较平原地区困难，隧道施工通风设计可按以下原则考虑：

（1）钻爆法施工隧道，海拔高度<3000m时，独头通风长度控制在4.5km以下；3000m<海拔高度≤3500m时，独头通风长度控制在4.0km以下；3500<海拔高度≤4500m时，独头通风长度控制在3.5km以下。

（2）当通风长度超过以上距离时，采用巷道式、风渠式等通风方式，缩短独头通风长度。

（3）高瓦斯及瓦斯突出工区，设置主副斜井或平行导坑，采用巷道式通风方式。

3）辅助坑道

辅助坑道的设置方案应根据隧道长度、地形、地质、水文等情况，结合施工通风、排水、运输等施工组织需要，以及防灾、环境保护、弃渣及运营期间检修维护等需要，进行综合技术经济比选，并遵循以下原则：

（1）辅助坑道优先选用横洞和平行导坑，其次是斜井，选用竖井方案时应进行专题研究；

（2）辅助坑道断面尺寸应根据施工运输（或功能发挥）需要、施工设备外形尺寸、支护类型、人行道设置、管线布置及地质条件等因素综合确定。

4）供氧系统

高海拔环境具有高寒、低气压、低含氧量等特点，对隧道施工人员的身体健康影响极大，轻则导致人员产生不良生理反应，引发多种高原疾病，情况严重时甚至威胁人员生命安全，将极大地影响高海拔地区的隧道安全施工。

为保证施工作业人员健康，海拔>3000m 的隧道应设置增氧设施，隧道内掌子面附近采取移动氧吧供氧，对参建人员的办公区、生活区的室内等场所配备弥散式供氧；分区段统筹安排设置医疗站，配备高压氧舱等设备以应对施工期间突发的高原反应等疾病。

1.3.10 环境保护

对于极复杂环境隧道工程，在确保可实施性和安全的基础上，贯彻“以人为本、人与自然和谐共处、可持续发展”的设计理念，注重环境保护，遵循以下原则。

（1）隧道断面选择、支护措施选用、辅助坑道设置等遵循“减量化”的原则开展设计，尽可能减少洞渣量、圬工量，以及施工道路与场地数量。

（2）隧道弃渣遵循“减量化、资源化、就近化、集约化、无害化”的原则进行处理。

①隧道出渣满足建筑材料或工程填料要求的，应优先进行铁路建设自身利用，并结合沿线城乡、国土、旅游和交通等规划建设需求，充分予以利用。

②剩余弃渣设置专用渣场，集中安置，尽量减小占地；加强安全评估和防护措施，防止次生灾害；有条件的渣场采用绿色格宾生态防护技术方案。

③弃渣场选择应避让环保区，当无法避免时，应开展专题论证工作并办理行政许可手续，从而达到加快施工进度、经济合理的目标。

④弃渣时，应对渣场进行表土剥离，堆弃于渣场合适位置，并采取临时防护措施，弃渣结束后利用剥离的土层进行渣场表层回填。

（3）地下水发育的隧道，采取适宜的措施控制地下水的流失。隧道内设置清污分流，对施工产生的污水均经过处理，所有隧道工区设置施工废水沉淀池，严禁未经处理的污水随意排放，污染水源、水体。

（4）隧道（辅助坑道）洞口及大小临时工程设计，尽可能减少对既有边仰坡的扰动，保护好植被和生态。

第 2 章
隧道分合修方案

隧道分合修方案选择是隧道规划设计的重要步骤之一，是一个综合性、系统性问题，涉及建设工期、工程投资、生态环保、运营维护、应急救援、乘客舒适度、运营安全等方方面面。从国内外铁路隧道工程建设实践来看，隧道分合修均已有大量工程实例，但各国隧道工法方案选择思路不同，加之近些年隧道工程建设发展较快，隧道分合修设计理念存在较大的差异。我国尚未建立分合修方案比较评价体系及评价标准，隧道分合修方案比选没有明确的标准，因此，特长隧道分合修方案选择需要进行综合比较论证。

本章通过对国内外特长隧道分合修情况的统计分析，从隧道运营及建设安全、维修养护、旅客舒适度、施工组织条件、风险防范、工期可控性、环境保护等方面进行了分析研究，初步提出了极复杂环境特长隧道分合修方案的综合比选思路。

2.1 国内外隧道分合修现状

2.1.1 国内隧道分合修现状

截至 2022 年底，我国铁路在建及运营的特长隧道分合修情况见表 2-1。

国内 10km 以上隧道分合修情况统计 表 2-1

隧道长度（km）	隧道数量（座）	分修隧道		合修隧道	
		数量（座）	比例（%）	数量（座）	比例（%）
10～15	257	11	4	246	96
15～20	64	21	33	43	67
>20	36	30	83	6	17
合计	357	62	17	295	83

从国内隧道分合修情况来看：

（1）国内特长隧道分合修方案均已有大量工程。在统计的357座长度大于10km的特长隧道中：合修295座，占比83%；分修62座，占比17%。

（2）长度>20km隧道，多采用分修方案，分修隧道占比达83%。

（3）长度为15～20km隧道，合修方案多于分修；长度为10～15km隧道以合修为主，合修方案占比达96%。

相关工程案例简要介绍如下。

1）新关角隧道

新关角隧道是青藏铁路西宁至格尔木段新增二线工程中的最长隧道，位于既有铁路天棚车站至察汗诺车站之间，穿越关角山，隧道最大埋深约930m，为双洞单线隧道（分修），一般线间距为40m，隧道长32.645km。旅客列车设计速度为160km/h，并预留200km/h条件。新关角隧道采用钻爆法施工，施工辅助坑道采用“10斜井”方案。利用6号斜井设置洞内紧急救援站，与进口相距15.379km，与出口相距16.763km。新关角隧道设计采用分修方案，隧道平面如图2-1所示。

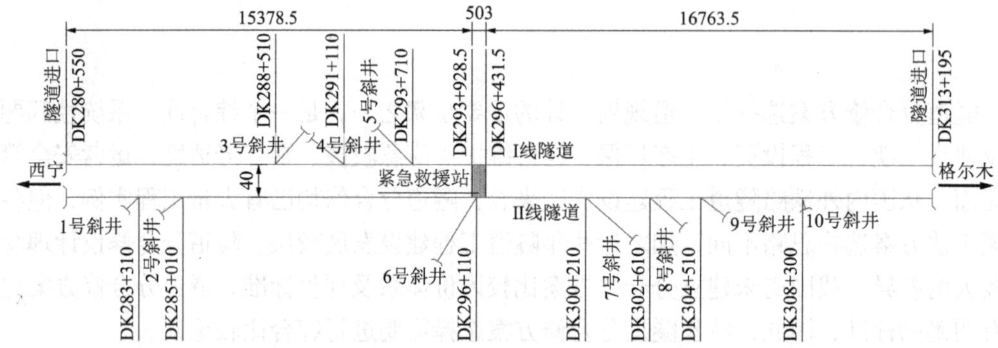

图2-1 新关角隧道平面示意图（尺寸单位：m）

2）云屯堡隧道

云屯堡隧道是新建成兰铁路中的一座特长隧道，位于镇江关至松潘区间，隧道最大埋深约750m，为单洞双线隧道（合修），隧道全长22.923km。隧道服务功能为客货共线，旅客列车设计速度为200km/h。隧道纵断面为单面坡。

云屯堡隧道采用钻爆法施工，辅助坑道采用“6横洞+斜井”方案，其平面布置如图2-2所示。利用4号横洞设置紧急救援站，与隧道进口相距8.81km，与隧道出口相距13.563km，紧急救援站段两侧设置疏散平行导坑。

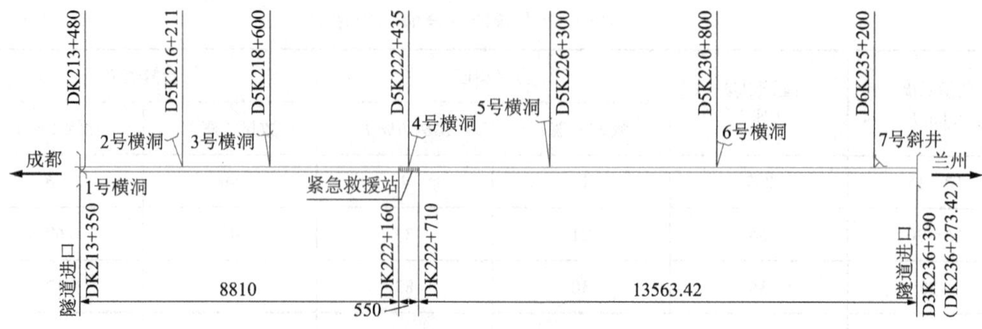

图2-2 云屯堡隧道平面示意图（尺寸单位：m）

云屯堡隧道为沿江傍山特长隧道，距离国道仅 200～1400m，交通便利。该隧道设计期间针对防灾救援、施工风险、施工组织、结构抗震、工程投资、运营通风及弃渣与环保等方面开展了分合修方案比选。考虑到该隧道交通条件较好，分合修均可满足防灾救援要求，而合修方案在施工组织、弃渣与环保、工程投资等方面较优，云屯堡隧道采用合修方案。

2.1.2 国外隧道分合修现状

对日本、韩国、意大利、挪威、瑞士、奥地利、德国、芬兰、俄罗斯、美国、加拿大、土耳其、南非、乌兹别克斯坦等 14 个国家的 76 座特长隧道分合修设置情况进行了统计，分合修情况见表 2-2。

国外 10km 以上隧道分合修情况统计　　表 2-2

隧道长度（km）	隧道数量（座）	分修隧道		合修隧道	
		数量（座）	比例（%）	数量（座）	比例（%）
10～20	61	6	10	55	90
>20	15	9	60	6	40
合计	76	15	20	61	80

由表 2-2 可见：长度>20km 的隧道共 15 座，其中分修隧道 9 座占 60%，合修隧道 6座占 40%，分修略多于合修；长度在 10～20km 的隧道共 61 座，分修隧道 6 座占 10%，合修隧道 55 座占 90%，以合修为主。

相关典型工程案例简要介绍如下。

1）圣哥达基线隧道

圣哥达基线隧道（Gotthard Base Tunnel）是瑞士巴塞尔（Basel）至意大利米兰（Milan）穿越阿尔卑斯山的一座特长铁路隧道，为双洞单线隧道，线间距为 40m，单线隧道长 57.07km。东、西正线隧道之间横通道间距 325m，共计 176 条。隧道纵坡为人字坡，其最大坡度小于 7‰。旅客列车设计速度为 250km/h。

隧道开挖直径为 8.8～9.5m，其中长约 75%的正线隧道采用 TBM 法施工，长约 25%的正线隧道采用钻爆法施工。隧道共设计两座紧急救援站，分别位于赛德伦和法伊多标段，两座多功能站近似把整座隧道三等分，如图 2-3 所示。

2）青函隧道

青函隧道是日本穿越津轻海峡的一座海底特长隧道，包括正线隧道、服务隧道、先行导向隧道及联络通道，同时设计了两座避难车站。正线隧道全长 53.85km，其中海底部分 23.3km，北岸陆地下长 17km，南岸陆地下长 13.55km。先行导向隧道，用于探明工程地质及水文地质情况、试验和选定施工方法。服务隧道的中线与正线隧道的中线之间间距 30m，且每隔 600m 设置一条联络通道。正线隧道断面如图 2-4 所示，正线隧道与服务隧道、先行导向隧道、联络通道的相对位置关系如图 2-5 所示。

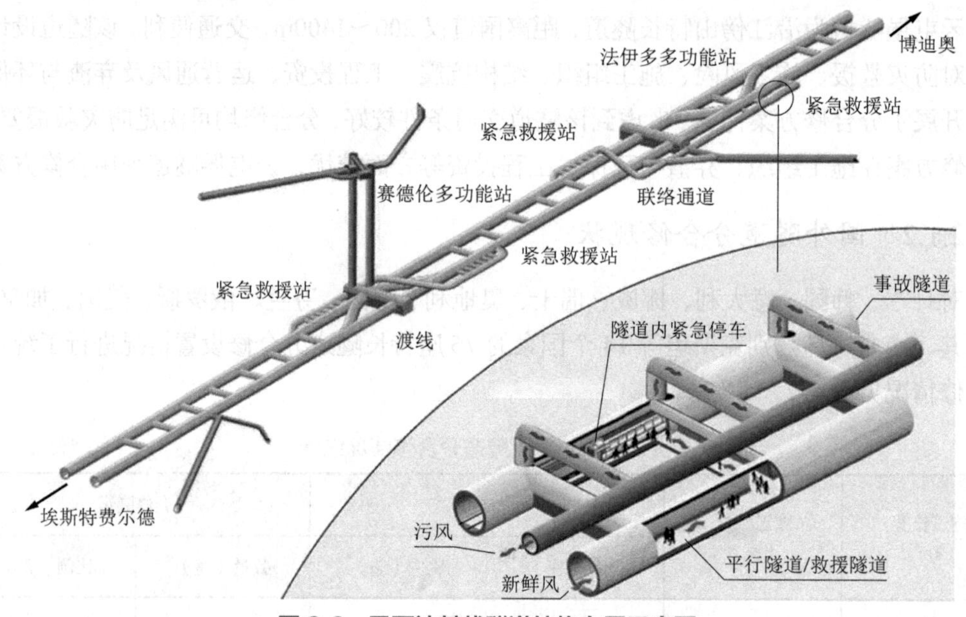

图 2-3　圣哥达基线隧道结构布置示意图

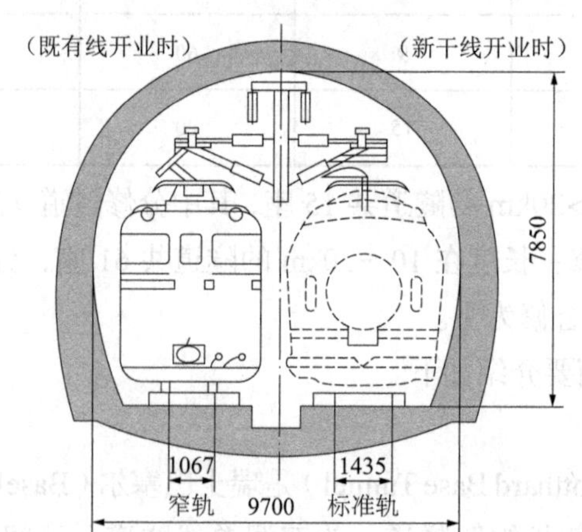

图 2-4　青函正线隧道断面图（尺寸单位：mm）

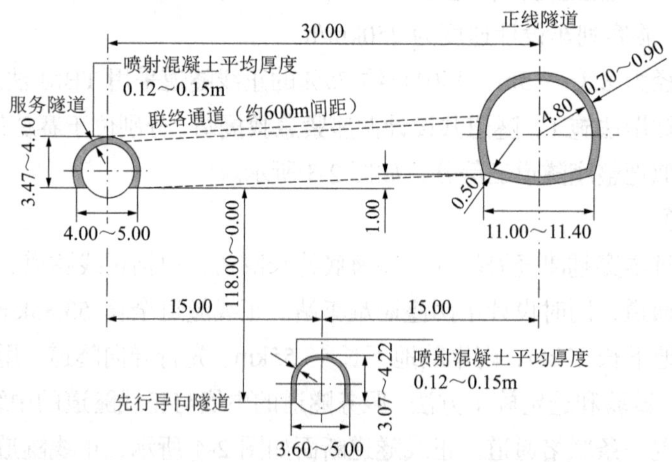

图 2-5　青函隧道正线隧道与服务隧道、先行导向隧道、联络通道的相对位置（尺寸单位：m）

3）布伦纳基线隧道

布伦纳基线隧道（Brenner Base Tunnel）是奥地利因斯布鲁克（Innsbruck）至意大利福尔泰扎（Fortezza）的一座穿越阿尔卑斯山的在建特长铁路隧道，为双洞单线隧道，线间距为 40～70m。正线隧道长 55km。基线隧道由东/西正线隧道、1 条勘察导洞、4 条辅助隧道组成，如图 2-6 所示。

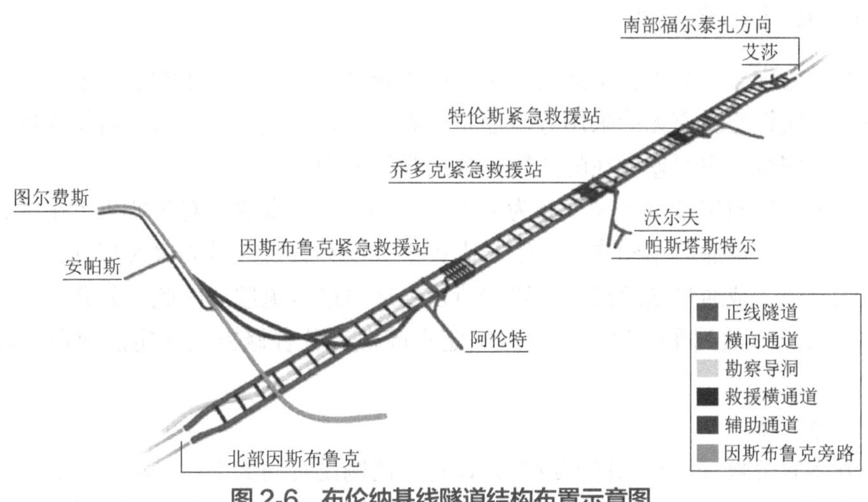

图 2-6　布伦纳基线隧道结构布置示意图

正线隧道衬砌内直径为 8.1m。对于正线隧道施工，30%的隧道长度采用钻爆法施工，70%的隧道长度采用 TBM 法施工。布伦纳基线正线隧道之间设横通道，其间距为 333m。正线隧道设有 3 座紧急救援站，紧急救援站之间距离大约 20km。其中因斯布鲁克紧急救援站设置情况如图 2-7 所示。

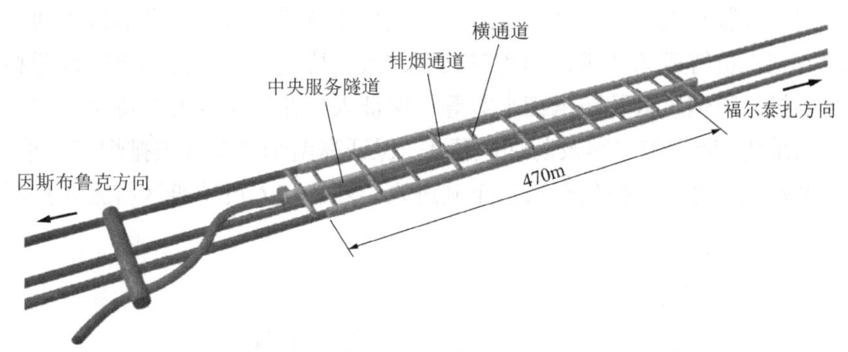

图 2-7　因斯布鲁克紧急救援站示意图

从国外隧道分合修情况来看：

（1）国外已建成铁路隧道，分合修方案均已有大量工程案例。

（2）国外隧道分合修方案的选择具有较大的差异，其中最主要的影响因素是理念的不同。以德国为代表的欧洲铁路新建隧道，长度>10km 时基本采用分修方案；韩国、日本大多采用合修方案，如韩国金井隧道（长 20.33km）和日本岩手一户隧道（长 25.81km），日本新干线隧道一律采用双线断面，即使长度>20km 也是如此。另外，欧洲铁路隧道设计标准（TSI）规定：隧道的救援设施除贯通隧道的救援通道外，还包括每 500m 一处的紧急出口。

2.2 隧道分合修影响因素分析

根据极复杂环境铁路隧道工程恶劣的自然环境、艰险的地形地貌、复杂的地质条件，本节重点从运营安全、防灾救援、建设安全、施工条件、工期保障、环境保护以及工程投资等方面，对隧道分合修方案进行综合分析。

2.2.1 运营安全方面

列车的运营安全可分为正常运营安全与防灾疏散救援。对于正常运营安全，在线路正常情况下，双线铁路隧道无论采用分修还是合修方案，隧道内列车行车组织无区别，均可保证正常运营安全，主要差异在隧道防灾疏散救援方面。

隧道防灾疏散救援按事故类型分为火灾事故和非火灾事故。对于非火灾事故，列车采取随机停车模式和定点停车模式。由于非火灾事故没有威胁人员的火灾烟气，人员可通过正洞向两端疏散，或通过紧急出口、避难所及横通道进行疏散。因此，分合修方案差别不大。而对于火灾事故列车通过紧急救援站定点疏散，分合修方案在定点疏散方面有一定区别。

（1）合修方案

合修方案紧急救援站利用横洞或斜井设置，两侧设置局部平行导坑，如成兰铁路云屯堡隧道。人员进入局部平行导坑内待避等待救援，既可采用铁路救援也可采用公路救援。采用铁路救援时，列车停靠在紧急救援站，排烟风机将火灾烟气抽排至洞外，同时设置隔烟设施，控制烟气的影响范围，救援列车进入合修隧道，在距离着火列车一定距离停车，将人员运送至洞外；采用公路救援时，汽车通过横洞（斜井）进入洞内，将人员运送至洞外。合修方案定点疏散防灾救援示意如图 2-8 所示。将救援站附近增设的平导分为救援站范围、安全间隔范围和人员待避区三个空间；发生紧急情况时，人员通过横通道进入救援站范围，疏散到人员待避区待避，远离着火点，人员待避区与救援站之间设置相关安全设施，如送风风机、防烟风幕及防烟细水雾等，保证人员在待避区安全待避。在正洞救援站范围设置排烟系统、防烟细水雾及防烟风幕等，保证高温烟气全部被排烟系统抽排至洞外，不蔓延至救援站范围外，救援列车通过正洞进入，停靠在人员待避区将旅客救援至洞外。

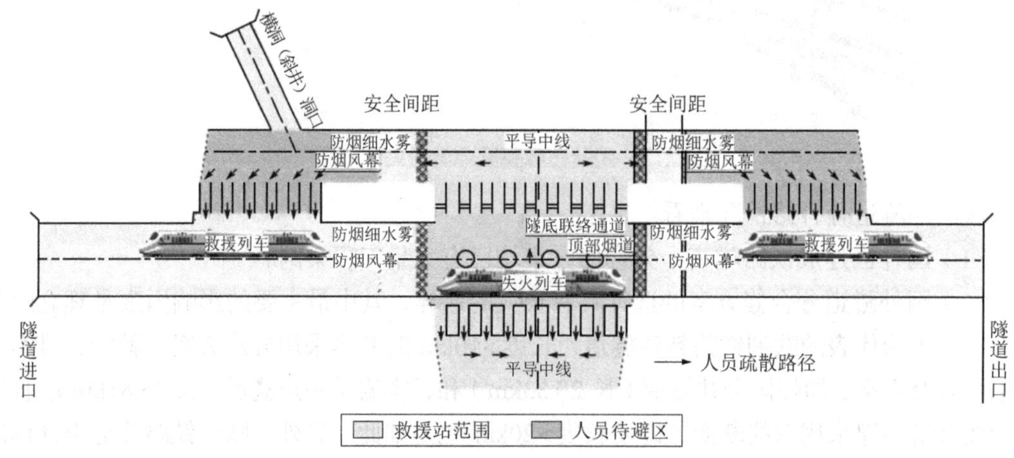

图 2-8 合修方案定点疏散防灾救援示意图

（2）合修 + 贯通平行导坑方案

对于合修 + 贯通平行导坑方案，单侧增设局部平行导坑，如成昆铁路小相岭隧道。人员进入平行导坑内待避等待救援，既可采用铁路救援也可采用公路救援。采用铁路救援，同合修方案；采用公路救援，汽车通过平行导坑进入洞内，将人员运送至洞外。合修 + 贯通平行导坑方案定点疏散防灾救援示意如图 2-9 所示。铁路救援过程同合修方案，采用公路救援时，汽车通过平导进入，停靠在人员待避区将旅客救援至洞外。

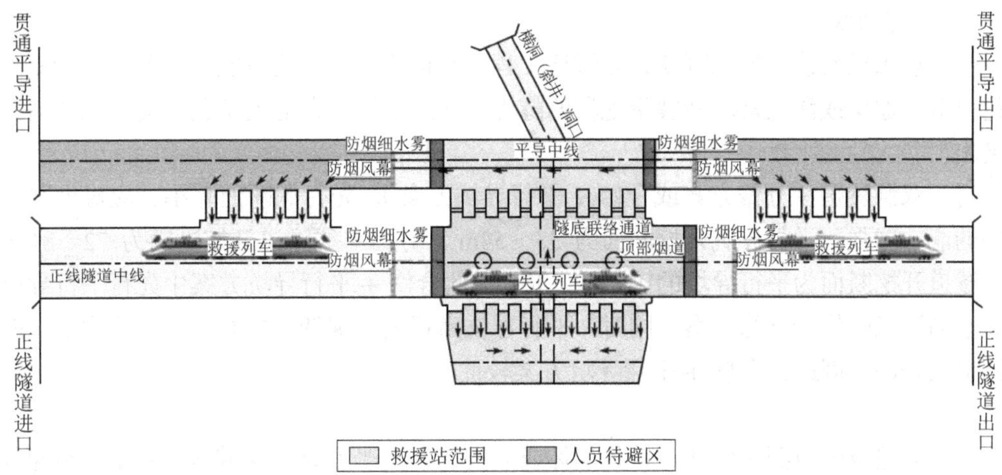

图 2-9　合修 + 贯通平行导坑方案定点疏散防灾救援示意图

（3）分修方案

对于分修隧道，在火灾事故下，列车需停靠紧急救援站，人员进入安全隧道内待避等待救援，一般采用铁路救援，救援列车从安全隧道内进入，将人员运送至洞外。分修方案定点疏散防灾救援示意如图 2-10 所示。发生紧急情况时，人员通过横通道进入安全隧道，疏散到人员待避区待避，远离着火点，保证人员在待避区内安全待避；在救援站范围设置排烟系统和防烟细水雾，保证高温烟气全部被抽烟系统抽排至洞外，不蔓延至救援站范围外；救援列车通过安全隧道进入，停靠在人员待避区将旅客救援至洞外。

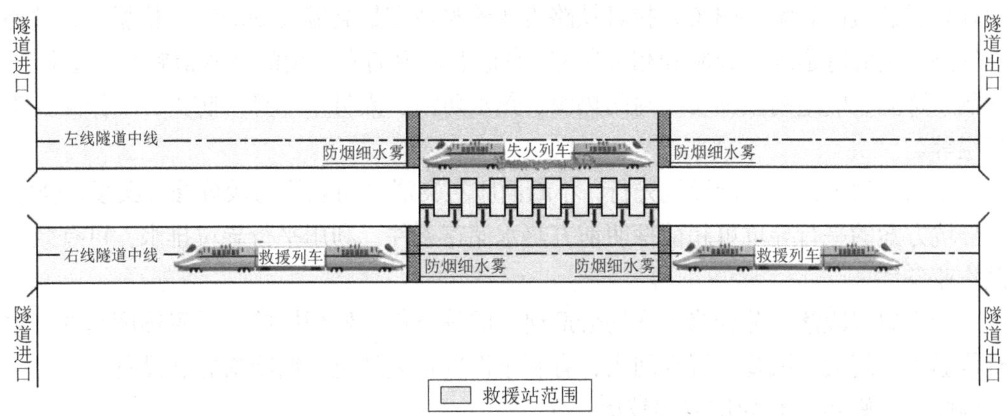

图 2-10　分修方案定点疏散防灾救援示意图

从火灾工况定点救援来看，隧道分合修方案均可满足防灾救援需要，疏散条件基本相当，救援条件各有不同。从铁路救援来看，分修方案略优，合修 + 平行导坑与合修方案基本相当；从公路救援来看，合修＋平行导坑方案最优，分修与合修方案相当。

总的来看，隧道分合修方案均既可保证正常运营安全，也可满足防灾救援需要。

2.2.2 建设安全方面

结合极复杂环境铁路隧道工程地质特征，隧道建设期安全风险主要包括突泥涌水、岩爆、高地温及有害气体四个方面。

1）突泥涌水

突泥涌水极易造成群死群伤，是隧道工程面临最为突出的建设安全风险，特别是对于穿越可溶岩地层或深大富水断裂带地段的隧道。而对于极复杂隧道工程，突泥涌水情况十分突出。

对于双洞隧道（分修方案或合修＋平行导坑方案），先行洞断面越小，应对突水涌泥风险的能力越强，平行导坑开挖断面为 33～54m^2，分修单线隧道开挖断面为 72～81m^2，单线隧道开挖断面为平行导坑的 1.5～2.5 倍，因此合修＋平行导坑方案中先行平行导坑应对突水涌泥风险优于分修方案。同时，平行导坑高程较正洞低，更有利于超前排水，改善正洞地质条件。因此，合修＋平行导坑方案较优。

2）岩爆

岩爆易造成隧道洞室破坏、设备损坏或人员伤亡，严重威胁隧道施工安全，是深部地下工程领域的世界性难题。对于极复杂环境铁路隧道工程，高地应力岩爆问题十分突出。通过对国内外隧道岩爆工程实例调研分析，隧道岩爆发生概率与断面大小关系不大。但双线隧道断面圆顺，应力集中问题略优于分修方案。易岩爆隧道采用大型机械化施工，减少掌子面作业人员，以降低伤亡风险，而合修方案断面更大，更有利于大型机械化施工，可有效降低人员伤亡风险。因此，合修方案较优。

3）高地温

高地温恶化施工环境、影响作业人员健康，导致施工降效、劣化建筑材料性能、降低结构耐久性，尤其高温热水突涌危害极大，高地温严重威胁建设人员健康及安全。拉林铁路桑珠岭隧道最高岩温 89.3℃；拉日铁路吉沃希嘎隧道最高温度 56.5℃。根据拉日铁路、拉林铁路高地温隧道施工经验和相关研究，高地温隧道通常采用的技术措施有：通风降温、喷雾洒水降温、隔绝高温围岩、封闭热源、热水防治、人员个体降温防护、工作面人工制冷降温等。

对于高水温地段，平行导坑先行，小断面应对突涌水问题能力较分修方案强，合修＋平行导坑方案的平行导坑可超前探明前方热水储存条件，利用平行导坑排水，可有效改善正洞作业条件。

对于高岩温段落，分合修方案均会遭遇，同等条件下处理措施及处置难度基本一致，但合修隧道空间大，风管布置空间大，有利于设置相关降温、制冷措施和设备。

因此，合修＋平行导坑方案较优。

4）有害气体

有害气体主要包括瓦斯、硫化氢等，其中瓦斯隧道存在瓦斯突出、爆炸、燃烧等安全隐患。施工通风是保障瓦斯等有害气体隧道施工安全最关键的措施。《铁路瓦斯隧道技术规范》（TB 10120—2019）规定：高瓦斯、瓦斯突出工区可采用压入式或巷道式。当高瓦斯或瓦斯突出区段距洞口大于 2000m 时，应采用巷道式通风。具体如下：

（1）对于分合修方案，工区长度≤2km 时，均采用压入式通风；

（2）工区长度>2km 时，若要采用巷道式通风，分修隧道两洞可形成巷道式通风，而合修隧道增设平行导坑后也可实现巷道式通风。

因此，对于瓦斯等有害气体隧道，分修与合修 + 平行导坑方案在建设安全方面基本相当，分修方案优于合修方案。

2.2.3 旅客舒适度方面

经数值计算，在高原环境下列车密封性能相同时，隧道合修对旅客耳膜舒适度的改善较为明显。列车密封性能相同（8s）时分合修方案舒适度对比见表 2-3。

列车密封性能相同（8s）时分合修方案舒适度对比　　表 2-3

隧道断面（m^2）	列车密封指数（8s）		
	瞬变压力（kPa/3s）	舒适度标准（kPa/3s）	舒适度相对提高百分比（%）
单线 $52m^2$（分修）	0.71	0.8	11
双线 $82m^2$（合修）	0.42	0.8	48

对于极复杂环境铁路工程，隧道工程占比较高，旅客旅行体验相对较差，合修方案隧道断面相对较大，车内瞬变压力较分修降低 30%以上，可提高旅客舒适度。

因此，从提高旅客舒适度来看，虽然分合修均满足规范要求，但合修方案更优。

2.2.4 维修养护及运营保通方面

极复杂环境铁路隧道工程多位于高海拔地区，高寒缺氧，环境恶劣，人烟稀少，外部交通条件差，隧道内维修养护难度极大。

特别是对采用V形天窗的铁路工程，对于一般维修养护，考虑到邻线运营，合修方案增加相应安全防护人员而导致工作效率有一定程度降低，分、合修两种方案工作量（含效率）基本相当；对于运营保通，主要影响因素为隧道可能发生的隧底及拱部严重病害，此类病害为小概率事件，可通过加强建设期质量管控、监控量测等手段予以减少或克服。如发生此类严重病害，则分修方案可一线运营，一线施工，而合修方案则需中断行车或对要点进行封闭施工，故在发生严重病害运营保通方面分修方案优于合修方案。

2.2.5 施工条件方面

1）施工进度

极复杂环境铁路隧道工程沿线自然环境恶劣、高寒缺氧，为降低人工劳动强度，提高施工效率，隧道采用大型机械化施工。合修隧道断面大，可同时采用两台凿岩台车钻孔，出渣进料车辆错车方便，作业空间充裕，大型机械设备洞内作业组织灵活，效率高；而分修隧道断面小，只能采用单台凿岩台车钻孔，出渣进料错车困难，影响施工进度。而平行导坑也采用单台凿岩台车钻孔，但断面较分修小，钻孔数量少；同时平行导坑大部分不设置二次衬砌，工序较正洞大幅度减少，干扰小，效率高，可实现超前正洞。

隧道钻爆法分、合修隧道及平行导坑施工进度见表 2-4。

高度机械化隧道施工进度指标（单位：m/月） 表 2-4

围岩等级	II级	III级	IV级	V级
合修正洞	180～220	140～180	80～90	45～50
分修正洞	160～200	130～170	75～85	45～50
平行导坑	230～260	170～190	120～130	65～70

由表 2-4 可见，除V级围岩外，合修隧道施工进度指标较分修快约 10%，而平行导坑进度指标较合修方案快 20%以上。因此，从钻爆法快速施工角度来看，合修 + 平行导坑方案最优，合修方案次之，分修方案最差。

2）施工通风

对于高海拔隧道工程，高寒缺氧，风机效率降低，而隧道辅助坑道设置困难，通风距离长，施工通风难度极大。

合修 + 平行导坑及分修方案均可形成巷道式通风，缩短独头通风长度，降低通风难度，对保证高海拔条件下长距离施工具有重要作用；而合修方案只能采用压入式通风，通风难度大。各通风方式示意如图 2-11 和图 2-12 所示。

因此，从保证施工通风来看，合修 + 平行导坑及分修方案施工通风条件相当，均优于合修方案。

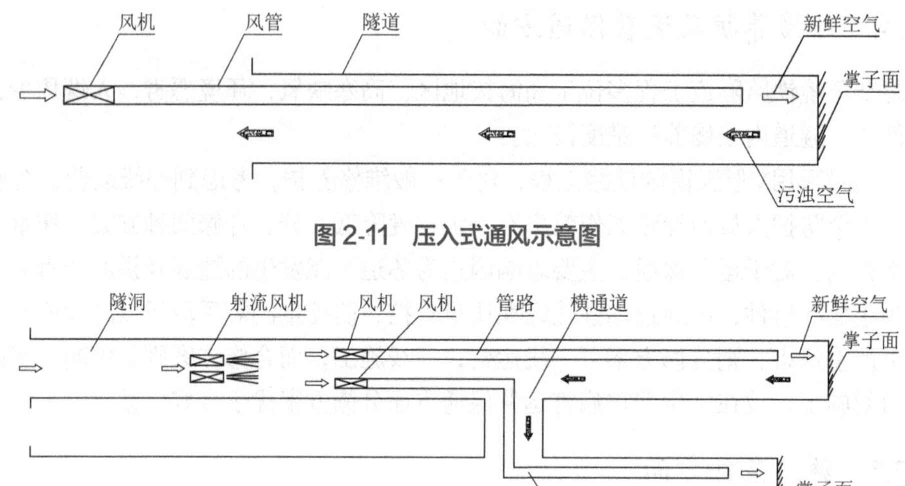

图 2-11 压入式通风示意图

图 2-12 巷道式通风示意图

3）施工排水

合修 + 平行导坑方案中平行导坑可超前排水，作为正洞的排水通道。合修 + 平行导坑方案最优；分修及合修方案相当，均较差。

4）超前地质预报

极复杂环境铁路工程沿线山高谷深、人迹罕至，隧道深孔钻探难度极大，同时隧道工程地质条件极其复杂，难以全面准确查清地质问题，隧道超前地质预报是实现隧道安全、快速施工建设目标的重要保障。

对于合修＋平行导坑方案，利用平行导坑断面小、掘进速度快的优点，可超前探明前方地质，为正洞施工提供准确地质情况。而分修方案，虽先行洞也可探明地质情况，但限于正洞支护要求高，进度和后行洞基本相当，难以长距离超前探明地质。合修隧道只能通过正洞开展超前钻孔等超前地质预报工作，其对正洞正常施工造成一定影响。

因此，从超前地质预报来看，合修＋平行导坑方案最优，分修方案次之，合修方案最差。

5）工期可控性

极复杂环境铁路隧道工程，地质条件极为复杂，辅助坑道条件差，加之由于隧道工程自身特点，尚存在地质条件不确定性等因素，隧道工期风险高。

合修方案隧道断面大，进度较分修快；合修＋平行导坑方案可利用平行导坑开辟工作面，在特殊情况下，可利用平行导坑超前迂回，有利于保证工期。

从工期可控性来看，合修＋平行导坑方案最优，合修方案次之，分修方案最差。

2.2.6　环境保护方面

结合每座隧道具体情况，重点从弃渣数量、辅助坑道规模及施工便道场地等方面进行比较，合修方案弃渣量最小、对环境影响最小、辅助坑道规模小、便道对环境影响小，优于分修方案和合修＋平行导坑方案。

2.2.7　综合比选

通过 2.2.1～2.2.6 节各影响因素分析，结合工程投资等进行综合比较，合修、分修及合修＋平行导坑方案各有优缺点，综合对比见表 2-5。

合修、分修及合修＋平行导坑方案综合对比　　表 2-5

项目	合修方案	分修方案	合修＋平行导坑方案	对比情况
运营安全	满足运营安全及防灾救援	满足运营安全及防灾救援，铁路救援条件最好	满足运营安全及防灾救援	均可满足运营安全
建设安全	—	—	平行导坑可超前探明地质，不良地质段处置的灵活性更好	合修＋平行导坑方案最优
旅客舒适度	隧道断面相对较大，可提高旅客舒适度	隧道断面相对较小，舒适度满足要求，旅客舒适度稍差	隧道断面相对较大，可提高旅客舒适度	合修方案较优
维修养护及运营保通	—	保通性最好	—	分修方案最优
施工条件	采用压入式通风；断面大，有利于大型机械化施工（合修进度较分修快约 10%）；施工进度较分修快	可形成巷道式通风，通风条件有利；断面小，大型机械施工相对困难；先行洞可超前探明地质	可形成巷道式通风，通风条件有利；隧道断面大，进度较分修快约 10%；平行导坑可超前开辟工作面，可作为施工排水通道，可超前探明地质；工期保证性最好	合修＋平行导坑方案最优

续上表

环境保护	弃渣量最小，对环境影响最小；辅助坑道规模小，便道对环境影响小	弃渣量较合修方案大，对环境影响较大；辅助坑道规模大，对环境影响最大	弃渣量较合修方案大，对环境影响较大；辅助坑道规模大，对环境影响最大	合修方案最优
工程投资	投资最省	投资最多	投资中等	合修方案最优

理论研究及工程实践均表明，隧道分修或合修均可满足防灾救援及运营安全性要求。从运营维护角度看，分修和合修方案日常养护维修条件基本相当，分修方案在运营组织方面具有更好的灵活性，保通性相对更好。从工程建设角度看，合修方案利于实现机械化快速施工，工效高，工期风险小，设置平行导坑有利于隧道超前探明地质、增加开挖工作面、形成排水通道等，是化解工程风险和工期风险的有效手段，在建设期合修＋贯通平导模式具有明显优势。从旅客舒适度角度看，合修方案对旅客耳膜舒适度的改善较为明显。从环境保护角度看，分修方案辅助坑道设置规模相对最大，不利于环境保护。

对于采用钻爆法施工的隧道，应结合各隧道工程环境条件、地质条件、引线工程等开展有针对性的分析比较，确定隧道分合修方案。

对于采用 TBM 法施工的隧道，分修方案 TBM 直径在 10.20m 左右，而合修方案 TBM 直径达 14m 左右，国内 10m 级 TBM 技术方案较为成熟，而 14m 级 TBM 实践经验很少，技术方面还存在一定风险。因此，对 TBM 法施工的隧道应采用分修方案。

2.3 结语

通过以上分合修研究，国内外特长隧道分修与合修均已有大量工程实例，均可保证铁路运营安全。

对于极复杂环境铁路隧道工程，区域自然环境恶劣及基础设施薄弱，分合修方案的合理确定是隧道顺利建设和安全运营的重要保障。

因此，隧道的分合修应结合建设安全、运营安全、运营维护、建设工期、施工组织、排水、洞口防护、接线工程、投资等因素的影响，逐个隧道进行经济技术综合比较，科学合理确定设置方案。

第 3 章 洞口工程设计

极复杂环境铁路隧道工程沿线地表滑坡、岩堆、错落、崩塌、危岩落石等不良地质体发育，且穿越高烈度地震区，给隧道洞口的选址造成诸多困难，对洞口工程的设计也提出了更高的要求。同时，极复杂环境铁路工程沿线自然环境敏感，洞口工程设计以“人与自然和谐共生，工程与自然融为一体”为总体目标，遵循“安全、绿色、简洁、和谐”的设计理念，采用“安全可靠、融入自然、简约实用、易于维护”的总体原则，以期达到人、工程和自然三者的和谐与统一。

本章结合极复杂环境铁路隧道洞口特殊地质和气候条件，提出了洞口位置选择原则，介绍了洞门结构、防护工程及洞口景观等设计原则及工程措施。

3.1 洞口位置选择

极复杂环境隧道工程，如拉林铁路、成兰铁路和某在建高原铁路，沿线地形高低起伏，峡谷深切，地势险峻，大多数隧道洞口处于 V 形峡谷处，且多与桥梁相连，如此密集的桥隧工程，使隧道洞口位置选择十分困难。

沿线的高寒高海拔、大高差和强烈的构造作用及不良地质和特殊岩土发育，为诱发高位崩塌落石、滑坡、岩堆、雪崩、泥石流、危岩落石等重力型灾害提供了条件，这些灾害对隧道建设和铁路运营将产生重大影响，隧道洞口工程作为线路运营的关键部位，应特别重视洞口位置的选择。

1）隧道洞口选址原则

隧道洞口位置的选择应遵循以下主要原则。

（1）洞口位置应充分贯彻“早进晚出”的原则，并根据地形、地质、水文条件、洞外相关工程及施工条件（洞口环境保护、水土保持、坡面防护、施工场地）和运营要求等因素通过经济技术比较综合研究确定。

（2）洞口位置选择在坡面稳定、地质条件较好的地方，尽可能避开山体不稳定、风积沙、滑坡、坍塌、泥石流、松散堆积体、危岩落石、卸荷体强烈发育以及长距离顺沟、浅埋、偏压、顺层地段。

（3）隧道进出口的线路中线尽量与地形等高线垂直或大角度相交，避免隧道偏压。

（4）洞口位置尽量避免设在冲沟、山坳中心地带，尽量设在凸出的山坡附近，以利于地表排水和减少危岩落石的威胁。

（5）线路应绕避巨型、高位、性质复杂的中等及以上风险不良地质体，对于无法绕避灾害区的隧道洞口，应采取合理的加固、消能、导流、遮盖等综合防护措施，确保洞口安全。

高山峡谷区崩滑灾害是影响极复杂环境铁路隧道工程洞口选择的控制性因素，主要包括崩塌落石、滑坡、泥石流、岩屑坡和生长期高陡卸荷岸坡等，分布于沿线深切沟谷地带，以横断山区最为突出。隧道洞口选择应按照现行行业标准《铁路隧道工程风险管理技术规范》（Q/CR 9247）相关规定，对拟选洞口开展安全评估，对主要不良地质问题进行风险评估，根据风险等级确定洞口选址方案。对于巨型、高位、性质复杂的中等及以上风险不良地质体，线路应绕避，不宜设置隧道洞口。对于中小风险的不良地质体，确因工程线路方案需要，可以考虑通过设置合理的加固、消能、导流、遮盖等综合防护措施后设置洞口。

2）工程案例

（1）方案简介

某隧道沿怒江一级支流德曲南岸布置。隧址区为典型的高山峡谷地貌，山高谷深，地形陡峻，地形受河流切割较深，地层岩性以燕山期侵入花岗闪长岩为主，节理极发育，表层风化严重，岩体破碎。

受车站站位方案控制，隧道出口分布有龙哥布泥石流沟，泥石流沟北侧山坡发育有2处岩堆，隧道出口周边环境如图3-1所示。

图3-1　隧道出口周边环境

结合线路与泥石流、岩堆的关系研究了下穿泥石流沟方案（DK、D16K）和上跨泥石流沟方案（D12K），隧道出口方案如图3-2所示。

（2）洞口位置

下穿泥石流DK、D16K方案的隧道出口均位于冰碛层地层，冰碛层厚度约60～70m，坡面较缓，危岩落石直接威胁较少，坡面可不进行大规模防护，仅需设置明洞以防止落石。其中下穿泥石流沟深埋D16K方案明暗挖分界段分布有滑坡和岩堆，需对岩堆进行清除或加固处理，以保证明暗分界处坡面稳定。上跨泥石流D12K方案隧道出口位于泥石流北侧斜坡上，坡度约 58°，高差约 556m，基岩裸露，暗洞进洞处为基岩，进洞条件好；但是由于坡面发育危岩、落石，坡面防护工程量大。各方案隧道洞口现状如图 3-3 所示。

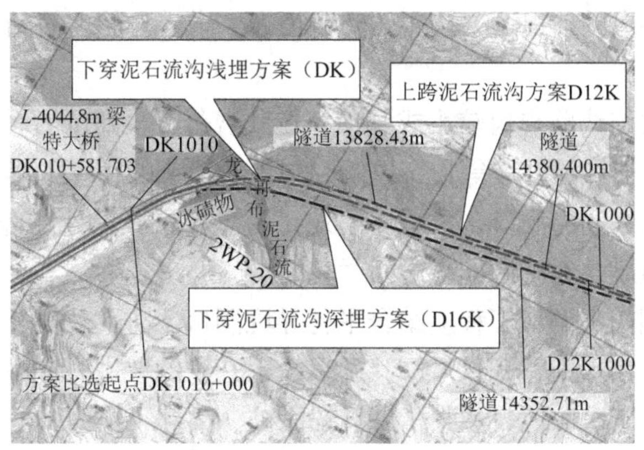

图 3-2 隧道出口方案平面示意图

图 3-3 隧道出口各方案位置示意图

（3）方案比选及推荐意见

隧道出口受泥石流、滑坡、岩堆和危岩落石等影响，从防护难度、安全风险角度分析，泥石流、危岩落石、滑坡、岩堆的风险等级较高，属于应尽量绕避的不良地质体，而冰碛层属中小风险不良地质体。上跨泥石流沟 D12K 方案中虽然隧道洞口地质和施工条件较好，但具有洞口危岩落石防护量巨大、泥石流防护困难等缺点，工程安全可靠性较差，施工期和运营期安全风险较高；下穿泥石流 DK、D16K 方案虽需穿越冰碛层，洞口地质情况和施工条件较差，但洞口危岩落石危害小，运营期安全风险较低；而 D16K 方案隧道出口附近受滑坡和岩堆影响，存在较大的安全隐患和工程风险。因此，综合工程建设风险和运营安全等因素，推荐下穿泥石流沟浅埋 DK 方案。

3.2 洞门结构设计

3.2.1 基本设计原则

根据极复杂环境铁路隧道工程洞口特点，洞门结构设计遵循以下基本原则。

（1）隧道洞口结构设计按照“尊重自然，融入自然”的总体思路，以“人与自然和谐共生，工程与自然融为一体”为总体目标，遵循“安全、绿色、简洁、和谐”的设计理念，以期达到人、工程和自然三者的和谐与统一。

（2）隧道洞口均应设置洞门结构，并结合沿线的地形、地貌、地质条件、附近建筑物、周边自然环境、民族特色及人文历史等因素，在保证结构和运营安全及排水通畅、满足环境保护、水土保持要求的前提下，按照“安全可靠、融入自然、简约实用、易于维护”的原则确定。

（3）洞口等高线与线路交角较小或洞顶存在危岩落石、高位崩塌、岩屑坡、风吹雪、坡表热融滑塌、碎屑流或溜沙坡等灾害风险，在地形适宜的情况下尽量接长明（棚）洞。洞口地形陡峭、桥台进洞的洞口，采用环框式、无仰拱护桥式明洞或棚洞门过渡。其他段落隧道洞门应根据地形、地貌选择与之相适宜的洞门形式。

（4）正线隧道洞门和洞口工程应结合平行导坑洞口、防灾救援工程设施等综合考虑。

（5）洞口施工严禁大面积开挖坡脚，并尽量不开挖仰坡进洞，对于偏压、位于岩堆等不良地质体的洞口，应采取地表注浆，设置锚固桩、锚杆（锚索）框架梁等防护措施，以确保洞口边仰坡的稳定。

（6）隧道基础位于全风化层、土层、古近系＋新近系破碎岩层中时，采取换填、注浆、设桩等措施进行加固使之满足设计要求。

（7）隧道洞口高陡边坡地质条件复杂，坡面重力灾害风险高，边仰坡防护应专项设计，并与邻近路基防护工程统筹考虑、协同设计。

（8）结合隧道洞口的地理位置及可视度，开展洞口景观分级，对重点景观隧道洞口按照“简约实用”进行景观设计。

（9）桥台进洞时，隧道洞口段衬砌结构应与桥台结构结合进行设计。

（10）端墙式样或翼墙式洞门的端、翼墙截面形式及厚度应通过计算确定，并宜采用钢筋混凝土结构。当端、翼墙位于冻胀性土区域时，应验算其强度及稳定性，或采用挖除、换填等减少冻胀力的措施。

（11）极复杂环境隧道洞口多存在地形高陡、高地震烈度、高地质灾害风险等问题，隧道洞口均应开展整体稳定性和安全性评估，根据评估结果确定洞口位置及边坡防护措施。

（12）高烈度地震区隧道洞门，优先采用斜切式，其次考虑采用翼墙式洞门，端墙式洞门结构因抗震性能较差应少用。结构的整体性是影响其抗震能力的重要因素之一，洞门端墙和衬砌环框之间，端墙与挡土墙接缝处，以及明洞等具有悬臂形式的耳墙结构，是抗震薄弱环节，应采取加强连接的抗震措施。

3.2.2 洞门结构形式

极复杂环境铁路工程穿越众多 V 形峡谷，隧道密集且桥隧相连。由于多数隧道洞口场地狭窄，边仰坡高陡且地质条件复杂，崩塌落石、岩屑坡等岸坡地质灾害发育。在此种条件下，除遵循“早进晚出”的原则外，还应着重考虑隧道洞门的防护功能。按隧道洞门与连接工程的关系、洞门结构所承担的作用，可分为一般隧道洞门结构形式和特殊洞门结构形式。一般洞门结构形式有翼墙式、台阶式、单压式、正切式、倒切式、组合式等，如图 3-4～图 3-9 所示；特殊洞门结构形式有桥梁进洞式、护桥明洞式等，如图 3-10～图 3-13 所示。

图 3-4　翼墙式洞门

图 3-5　台阶式（偏压式）洞门

图 3-6　单压式洞门

图 3-7　正切式洞门

图 3-8　倒切式洞门

图 3-9　组合式洞门

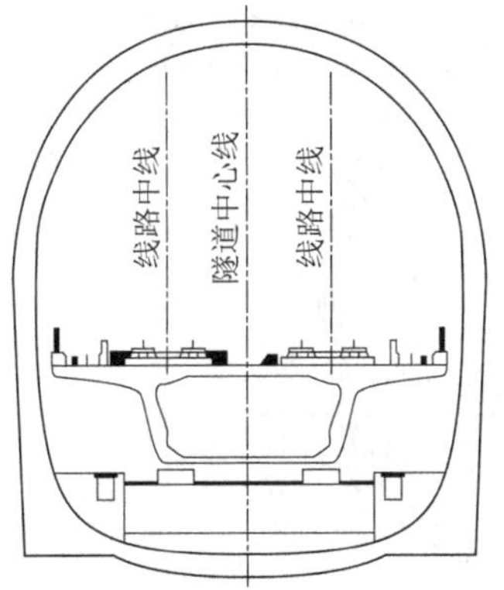

图 3-10　桥隧串接整体式洞门结构

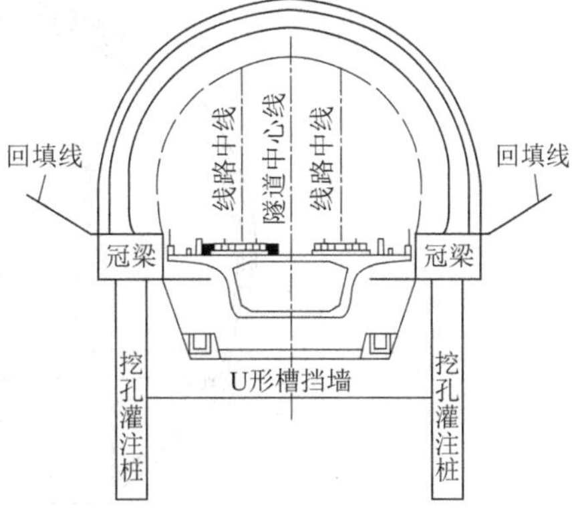

图 3-11　桥隧串接分离式洞门结构

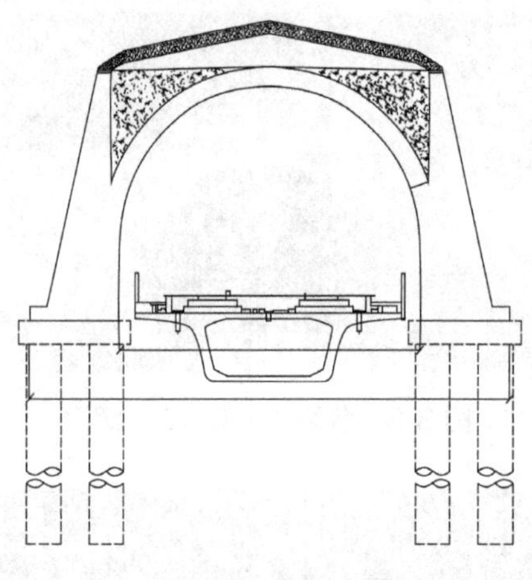
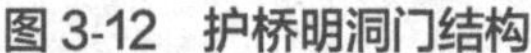

图 3-12　护桥明洞门结构

图 3-13　拱形护桥柔性防护棚

3.2.3　桥隧一体化洞门结构

极复杂环境铁路工程地形陡峻，桥隧相连、桥台进洞等情况非常普遍，受地质作用影响，陡峭坡面大多发育有崩塌、岩堆、溜坍、危岩落石等不良地质。为有效降低隧道洞口和洞外桥梁结构安全风险，做好洞口段线路防护，除尽量接长明洞、设置坡面防护措施外，还广泛采用桥隧一体化洞门结构设计。受隧道洞口地形限制，接长明洞条件有限，大多也不具备在洞外桥梁两侧设独立基础防护棚洞的条件，常用的桥隧一体化洞门结构分为利用桥梁梁体的桥隧一体化柔性钢棚洞结构和利用桥台结构的桥隧一体化钢筋混凝土拱形明洞结构两大类。

（1）柔性钢棚洞

在梁体上设置柔性钢棚洞，根据需防护物的冲击能量评估结果选择合理的设计防护能量等级（如 100kJ）。钢棚洞支承于桥梁上，典型剖面如图 3-14 所示。此结构已成功应用于西成客专、兰渝铁路等项目，效果良好，建成后效果如图 3-15 所示。

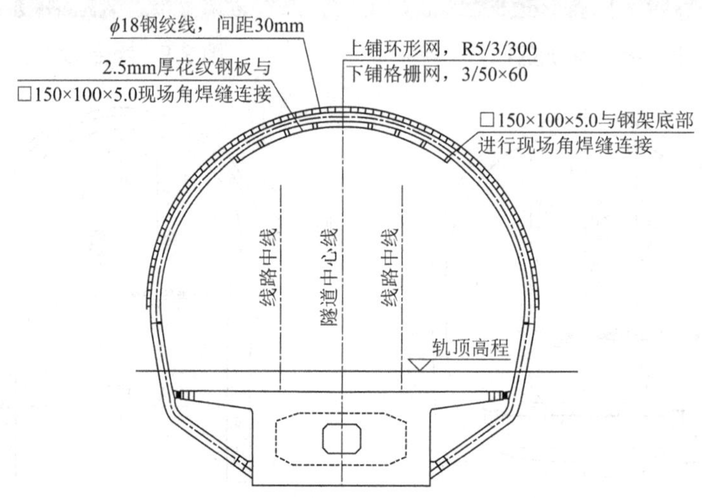

图 3-14　桥隧一体化柔性钢棚洞剖面（单位：mm）

图 3-15　桥隧一体化柔性钢棚洞

（2）钢筋混凝土拱形明洞

对于部分地形较陡峭，无法接长明洞结构，可以适当延长桥台结构的情况，通过在桥台上增设钢筋混凝土拱形明洞结构，从而实现明洞段加长。由于拱形明洞结构刚度大、防护能力强，能够有效提高隧道洞口段的防护能力，并为洞外桥梁结构提供刚性防护。隧道进口段通过加长大桥桥台长度至 17m 左右，适当加宽加强桥台结构，在桥台上设置钢筋混凝土拱形明洞（图 3-16），提高了洞口段对坡面危岩落石的防护能力。

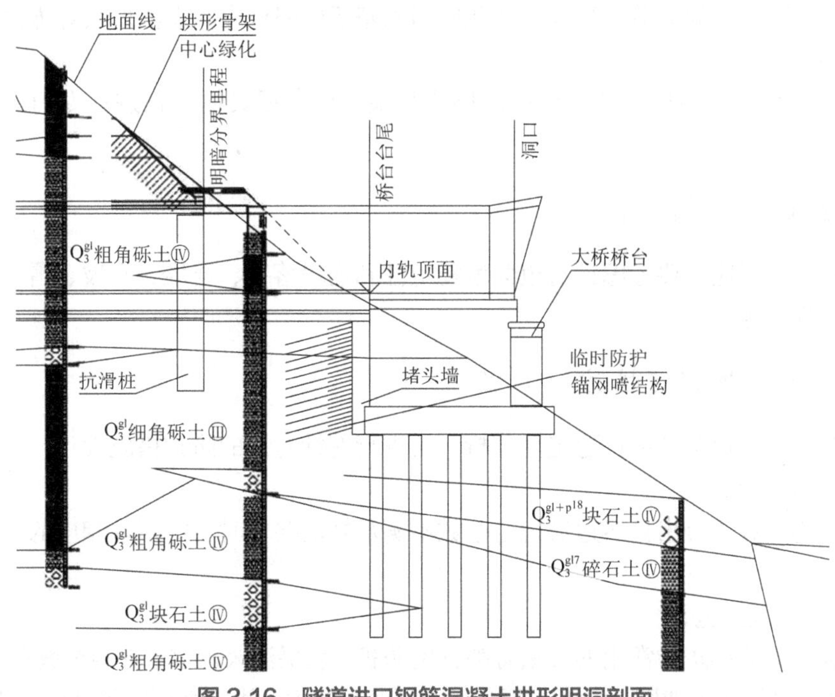

图 3-16　隧道进口钢筋混凝土拱形明洞剖面

3.2.4　洞门设计与检算

1）洞门设计

洞门设计应考虑地形、地质条件及绿色环保要求，洞门设计可概括为以下几个步骤。

（1）应根据洞口地质、气象条件，对可能的危岩落石、岩堆、滑坡、雪崩等灾害进行风险评估，分析灾害发生的频率、规模及影响范围，由此确定洞口位置和洞口段结构承载能力要求。

（2）根据洞口地形条件及连接工程要求，进行洞门结构形式选择及断面尺寸拟定。

（3）确定结构荷载种类及组合，进行结构设计与检算。

2）洞门结构检算

（1）荷载种类及组合

除结构及回填材料自重、回填材料侧压力等荷载外，还应特别关注地震、列车振动等动力荷载，温度荷载，落石、雪崩冲击荷载，对于桥隧相连一体化洞门结构，还应考虑风荷载的影响。

荷载组合方面，对于落石冲击、雪崩等特殊荷载，应按偶然荷载处理，其他荷载的组合可参考隧道、桥梁设计相关规范。

（2）洞门结构检算方法

当洞门设有端墙和挡（翼）墙时，应考虑空间结构受力特点，在《铁路隧道设计规范》（TB 10003—2016）相关方法的基础上，宜采用三维数值模拟方法进行结构安全性检算。

对于明洞式洞门结构，应考虑高位崩塌落石冲击作用的影响。根据洞顶有无回填措施，可分为有回填明洞洞门和无回填明洞洞门，这两种结构形式洞门在落石冲击下的荷载模式和破坏形态并不相同，需分别进行结构检算。另外，由于崩塌落石的发生具有较大的随机性，其规模、高度等的离散性很大，因此应引入基于概率极限状态法的设计方法，以保证结构的可靠性。

桥隧一体化洞门结构的结构构造及形式复杂，应根据具体工程进行专门的结构受力分析。

3.3 洞口防护工程设计

洞口防护工程应主要考虑针对边仰坡稳定性和崩塌落石、岩堆、滑坡、雪崩等岸坡灾害的防护工程措施。

3.3.1 边仰坡稳定性防护工程

先对隧道洞口边仰坡进行稳定性分析，后进行有针对性的防护措施设计。

1）稳定性分析

采用传递系数法得出自然边坡稳定系数不满足规范要求时，需采取相应的工程措施予以加固。

2）防护工程措施

隧道洞口边仰坡防护常用的方法有喷锚网防护、表层注浆加固、骨架护坡和锚杆（索）框架梁防护。从防护（加固）深度方面分类，可将其分为：浅层坡面防护和深层坡面防护，浅层坡面防护主要有喷锚网防护、骨架护坡和锚杆框架梁防护，深层坡面防护主要有锚索框架梁防护、独立锚索防护。

（1）喷锚网防护

喷锚网防护是目前高陡边坡防护工程中采用较多的一种防护方式，它是喷射混凝土、锚杆、钢筋网联合防护的简称，是一种先进的加固防护技术。喷锚网防护是通过在岩体内施工一定长度和分布的锚杆，与岩体共同作用形成复合体，弥补岩体强度不足并发挥锚拉作用，使岩体自身结构强度潜力得到充分发挥，保证坡面的稳定。坡面设置钢筋网喷射混凝土，起到约束坡面变形的作用，使整个坡面形成一个整体。因喷射混凝土存在耐久性方面的缺陷，该防护措施一般多用于开挖坡面的临时防护过程。

（2）骨架护坡

在边仰坡刷坡坡面上或在填筑的坡面上使用混凝土形成框架式构筑物，框架中间直接植草或铺设空心砖后植草防护（图 3-17），以防止坡面溜坍和冲刷，是坡面防护和水土保持的主要措施之一。一般用于土质坡面，属于绿色生态防护，较为美观，但其对坡面坡度的采用有一定的要求，坡面坡度一般应小于 1：1.25。若采用较大的坡度，在受地表水和地下水渗出冲刷影响后易出现局部溜塌的病害，洞口附近的回填土在坡面上使用时易因夯填碾压不到位造成基础不密实，会因沉降不均造成框架构筑物悬空而断裂，从而引起局部溜塌病害。

图 3-17 隧道洞门骨架护坡防护工程

（3）锚杆（索）框架梁防护

在刷方坡面现浇钢筋混凝土框架或者将预制好的钢筋混凝土构件铺设在坡面以形成框架，根据实际需要，框架的节点处选用锚杆或预应力锚索来固定。这种锚固框架既能固定客土和浅层岩体，又对深层岩体有加固作用。在框架内铺填客土，然后采用常规的铺草皮、挖沟植草、液压喷播方法施作植被（图 3-18）。这种绿化方法的缺点是陡坡上浅层土壤内的水分难以长期保持，因此应选用保水性好的客土和耐旱的植物。

锚杆框架梁防护适用于边仰坡坡度为 1：0.5～1：1.0、整体稳定性好、局部易剥落的岩质坡面的一般性加固防护；当坡面岩体节理发育、地质顺层、坡体自稳性差时可采用锚索并施加预应力加强坡面防护，即锚索框架梁。

（4）独立锚索防护

当需要在原始坡面上进行特殊加固处置，因坡面起伏较大又不宜过度清刷时可将框架梁改为十字板或独立锚墩，即独立锚索（图 3-19）。

图 3-18 洞口坡面锚杆框架梁

图 3-19 洞口坡面十字板锚索

3.3.2 高陡边仰坡及危岩落石防护

极复杂环境铁路工程多穿越地貌阶梯过渡段，如成兰铁路位于青藏高原东部边缘，穿越我国第二地貌阶梯向第一地貌阶梯急切过渡的高山峡谷区，这些区域构造强烈发育，地震频发，河流快速强烈下切，岸坡陡峻，岩体破碎，高位大规模崩塌、滑坡、危岩落石等不良地质极其发育，因此洞口高陡边仰坡及危岩落石问题十分突出。

1）主要防治原则

（1）高陡边坡应进行稳定性检算，并采取加固措施。

（2）尽量接长明洞，明洞结构考虑危岩落石冲击荷载。

（3）危岩落石范围和崩塌体规模较小时，可采取清除、支顶、主动网、锚固等处理措施或设置落石平台、落石槽、拦石墙、被动网、帘式网等拦截、导流措施。

（4）拦挡建筑物的类型、结构尺寸、防护能级及位置应根据地形和落石的大小、数量、分布和弹跳轨迹确定。

2）常用防护工程措施

防护高陡边仰坡的崩塌落石，常用方法可分为主动防治法和被动防治法。主动防治法包括：锚固技术对危岩进行加固处理，对危岩裂隙进行封闭、注浆；对悬挑的危岩、险石及时进行清除；对崖腔、空洞等进行撑顶和镶补；设置限制坡面岩土体风化剥落、危岩崩塌的主动柔性网防护系统。被动防治法包括：坡脚设置拦石墙、落石槽和柔性网被动防护系统等。

（1）清除

清除危岩及松动岩体应采用逆作法施工，即从上往下的顺序逐一进行，常采取光面爆破和人工清除相结合的方式。当陡崖风化面面积大、地势高、危岩险石多，采用清除危岩方法工程量大，施工风险高，且危岩清除后露出的新鲜岩体今后又会风化为危岩，不能从根本上解决问题。

（2）锚固

锚固方法采用锚杆加固措施，使危岩体的整体稳定性得到提高。该方法需要完全清理坡面危石，施工难度大，且当边坡岩体已经风化松散时，单独采用锚固措施不合适。另外，锚固方法需在危石上进行钻孔锚固作业，钻机振动可能危及危石稳定，施工风险高。

（3）落石槽＋拦石墙

斜坡段的合适位置开挖一定宽度和深度的落石槽来拦截滚石，为防止高速运动的滚石从落石槽内弹跳至防护区域，在落石槽的外侧增设拦石墙（图 3-20）。开挖落石槽会给坡体的稳定性带来不利影响，也会带来较大的环境破坏，并且在高斜坡上开挖落石槽施工难度很大。为保证拦石墙可以抵抗落石的动力冲击，必须在陡峻山坡上建造庞大的拦石墙，开挖较大的基坑，施工非常困难。修建拦石墙施工速度慢，工期长，施工过程中一旦发生崩塌，将会危及施工人员安全。

（4）防护网

柔性网防护系统是以高强度柔性网作为主要构成部分，并以覆盖（主动防护，见图 3-21）和拦截（被动防护，见图 3-22）两大基本类型来防治各类斜坡坡面崩塌落石、风化剥落等地质灾害的柔性防护结构。与传统的典型圬工结构相比，柔性网防护系统不仅能起到以圬工结构为代表的传统防治作用，还具有整体柔性、良好的地形适应性及施工快速方便等优点。实际应用中，其防护效果主要取决于锚固端的牢固性。

图 3-20　拦石墙

图 3-21　主动防护网　　　图 3-22　被动防护网

在设计以上防护措施时，应首先进行洞口边仰坡稳定性分析，判断崩塌落石的规模、路径及范围，从而有针对性地提出合适的防护措施和防护设计承载能力。

3）工程案例

（1）洞口概况

隧道出口位于澜沧江支流金河（色曲）左岸高边坡上，坡面高陡，自然坡度约为 35°～40°，表层残留有花岗岩风化碎屑以及岩块。隧道洞口距离坡顶约 270m，距沟底约 300m，隧道与大桥相接。隧道出口现状如图 3-23 所示。

图 3-23　隧道出口现状

（2）洞口防护措施

根据坡面安全性评价，隧道出口坡面较为完整，稳定性较好，防护措施重点对坡面残留的风化碎屑和岩块进行处理。设计采用的主要措施如下。

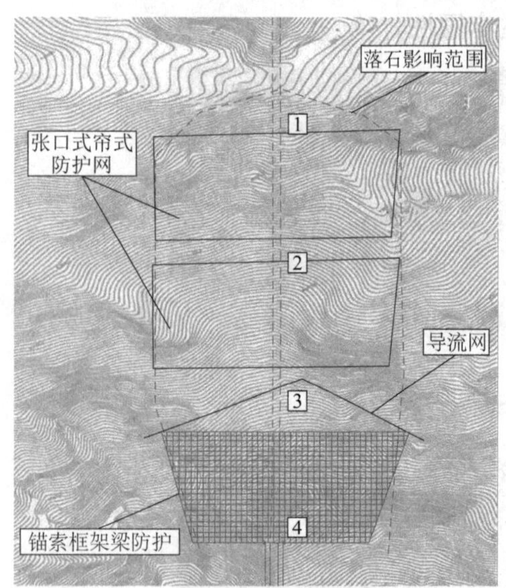

图 3-24 隧道出口边坡及危岩落石防护工程平面示意图

①清除坡面危岩落石。

②洞口上方 60m 高度范围内及下方 30m 坡面采用锚索框架梁防护，间距3m × 3m，锚索长度 30m。

③洞口上方 80m 处布置一道导流网，长度 180m。

④洞口上方 92～156m 坡面范围设置第一级帘式防护网，防护能级 1500kJ。

⑤洞口上方 170～245m 坡面范围设置第二级帘式防护网，防护能级 2000kJ。

隧道出口边坡及危岩落石防护工程平面布置如图 3-24 所示。

结合地形、地貌等因素采用倒切式洞门，桥台进洞，外接 16m 长浅埋路堑式明洞。洞门结构纵断面如图 3-25 所示。

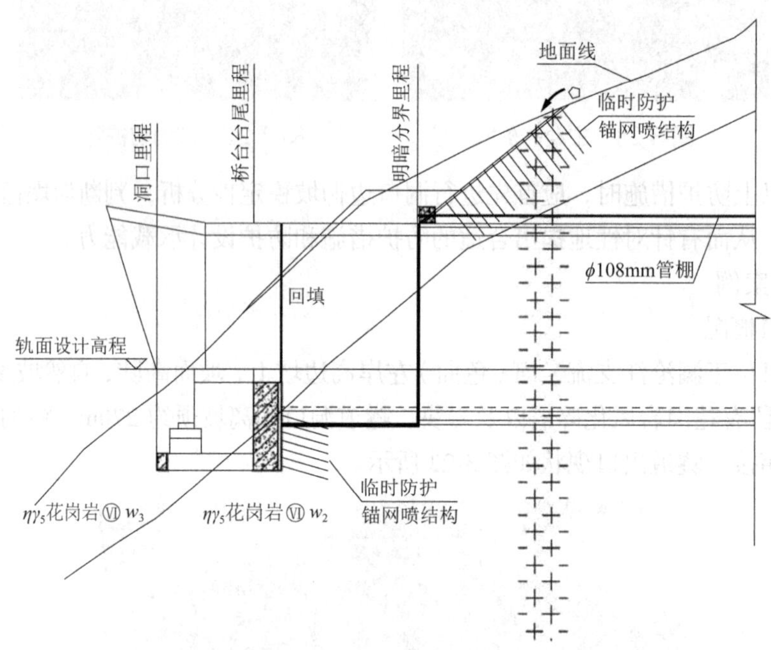

图 3-25 隧道出口纵断面

3.3.3 雪崩灾害防治工程

在高寒地区，雪崩灾害是特有的洞口坡面灾害，大规模的雪崩灾害可能造成列车被埋、列车脱轨等事故，严重威胁行车安全。隧道洞口雪崩的防治设施通常有防雪棚洞、防雪栅栏、导雪墙、隧道明洞等。

1）防雪棚洞

防雪棚洞一般设置在隧道洞口，可设计为钢结构或者钢筋混凝土框架结构，主要由顶棚和横梁组成，如图 3-26 所示。当发生雪崩时，高速运动的雪崩直接冲击顶棚，速度变缓后沿着顶棚面板滑落至隧道一侧，从而避免雪崩灾害堵塞隧道口。

图 3-26　防雪棚洞

2）防雪栅栏

防雪栅栏一般设置在隧道洞口上方，主要结构由栅栏板条、立柱及混凝土基础组成。防雪栅栏必须设置在雪害区域的上风段，并与积雪期的主导风向垂直或者近似垂直，防雪栅栏横向和竖向间隔设置。栅栏板条一般为木质、铁质、钢质或合金材料，由于设置在室外，所以需做防生锈和防腐处理，如图 3-27 所示。

图 3-27　防雪栅栏

3）导雪墙

导雪墙的主要作用是将雪崩过程中高速运动的积雪通过导雪墙改变运动堆积的方向，使其远离铁路工程设施，避免雪崩对隧道的损害。导雪墙形式、长度及基础结构形式依据现场地质情况以及雪崩积雪产生的侧向冲击力而定。

4）隧道明洞

施作隧道明洞的主要作用是将隧道延长，使洞口远离雪崩影响区，从而避免雪崩对隧道的损害。隧道明洞的结构形式、长度依据现场地质情况、雪崩积雪影响范围以及产生的冲击力大小而定。

在高寒铁路隧道洞口设计与施工中，根据隧道两端的地形条件、雪崩规模、抛程等因素，从施作难易程度、安全性和经济性方面开展雪崩防治方案的经济技术综合比较，确定合理方案。

3.4 洞口相关工程设计

隧道洞口与相邻工程接口设计主要有路（桥）隧过渡段设计、桥隧相接设计、洞口环水保及景观设计等。

3.4.1 路（桥）隧过渡段设计

隧道与相邻路基、桥梁间应设置过渡段，过渡段设计内容包括：

（1）结构物的过渡和沟槽过渡；电缆槽的衔接转弯半径应满足电缆铺设要求。

（2）隧道洞内排水沟与路基排水沟的衔接过渡。

（3）隧道内疏散通道与桥梁人行道板的平顺连接。

路（桥）隧过渡段设计如图 3-28～图 3-30 所示。

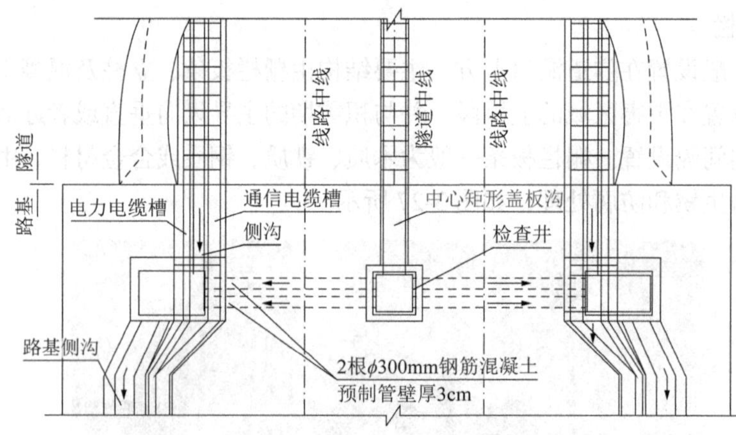

图 3-28 路隧过渡段平面布置

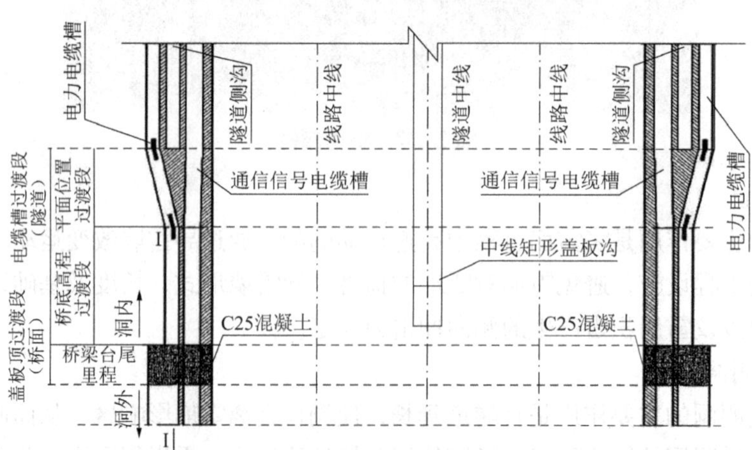

图 3-29 桥隧电缆槽过渡段平面布置

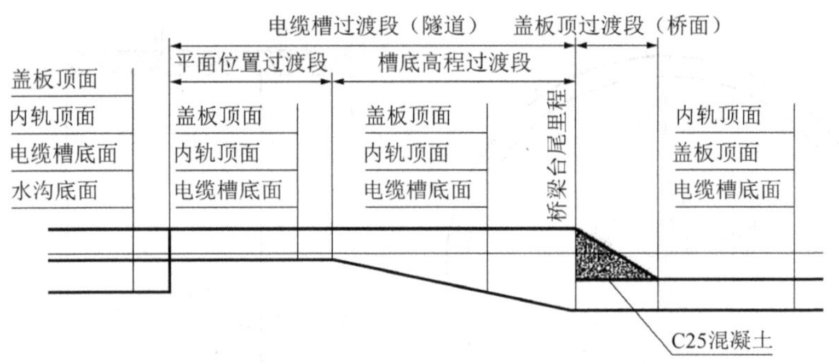

图 3-30　桥隧电缆槽过渡段I-I断面

3.4.2　桥隧相接设计

桥隧相接的洞口，可分为两种类型：一种是桥台台尾与隧道洞门端部重合；一种是桥台台尾伸入隧道内部。桥隧相接的洞口工程应处理好两种结构空间关系和隧道排水系统。

1）桥台台尾与隧道洞门端部重合

这种类型隧道结构尺寸受桥台影响小，设计时须明确桥台施工基坑防护设计，避免基坑开挖对隧道洞口结构造成沉降；或根据地质条件明确隧道与桥台结构物的施工工序，通常地质条件差时先开挖并浇筑桥台，后施作隧道洞口结构。

2）桥台进洞

桥台伸入隧道后，隧道净空应考虑桥台、梁部的影响，对断面进行加宽、加深设计；桥台进洞隧道结构通常有两种设计形式：一种为隧道拱墙与仰拱为整体结构，隧道仰拱及填充作为桥台或桥台基础，该方式适用于地质条件较好、隧底承载能力大的情况；一种为隧道拱墙结构单独设置基础，与桥台基础分离，该方式适用于地质条件差、隧底承载能力低的情况。

桥台进洞洞门设计如图 3-31～图 3-35 所示。

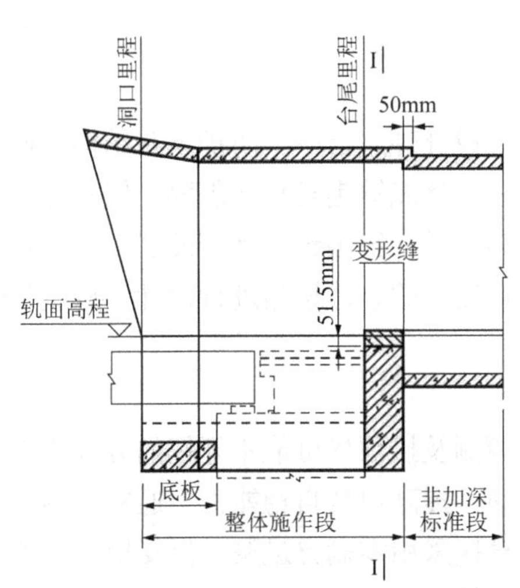

图 3-31　分离式桥台进洞结构纵剖面

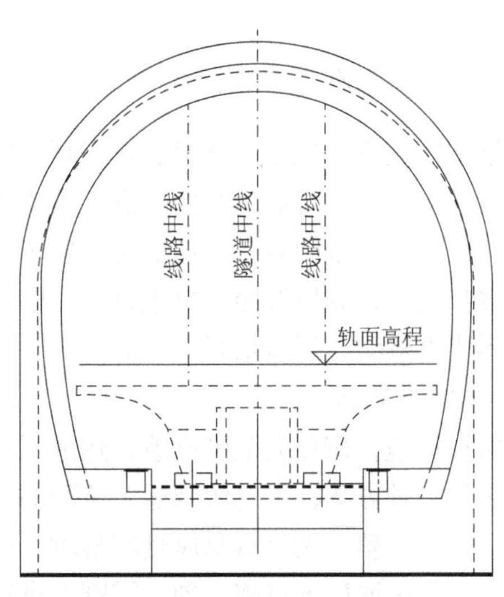

图 3-32　分离式桥台进洞正面

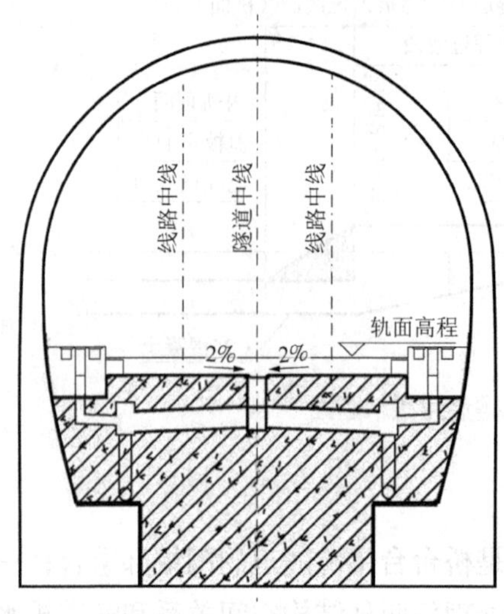

图 3-33　I-I横断面

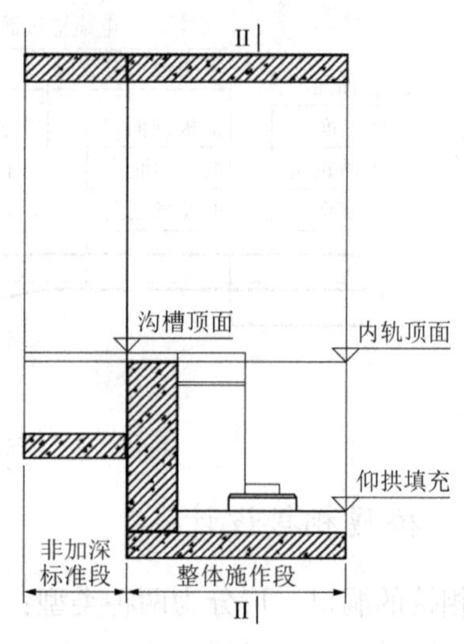

图 3-34　整体式桥台进洞隧道纵剖面

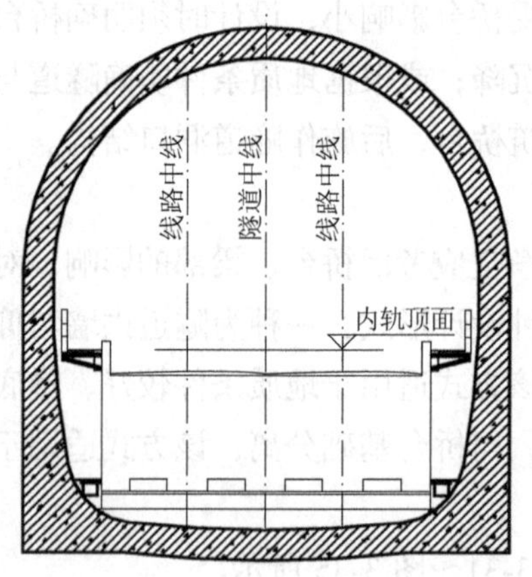

图 3-35　II-II横断面

3.4.3　绿色及景观设计

在早期的建设环境下，隧道洞口工程的传统设计理念是一个防护承载结构，通常以路堑方式开挖边仰坡，将洞门结构“嵌”入山体，虽然能够满足功能需要，但破坏了原有山体稳定性，对一定范围内自然植被等产生了影响。随着我国经济社会发展，人们对生态环保意识逐步提高，洞口按照“尊重自然，融入自然”的总体思路进行设计，重点是强化隧道洞口零刷方进洞、洞口景观设计等。

1）零刷方进洞

为保护环境，避免大范围刷坡，隧道洞口两侧及拱顶尽可能不开挖的方式称为零刷方进洞；采用这种方案，可有效减少对坡面的扰动，提高边坡自稳能力。通常当洞口坡面较为陡峭，岩层完整、无落石及风化剥落时，可直接采用零刷方进洞，但受地形、地质等条件影响，可先采取以下措施，创造零刷方进洞条件。

（1）洞口覆盖层较薄或地层松散破碎时，可采用护拱 + 管棚进洞或地表预加固进洞。

（2）洞口存在显著地形偏压或一侧露空的傍山地形，可采用回填暗挖进洞或半明半暗进洞。

2）景观设计

在满足安全功能的前提下，选择合适的洞口结构形式，与洞口周边环境有机融合，成为新的景观亮点，使隧道洞口安全作用、景观作用紧密结合，是隧道洞口景观设计的主要目的。

景观设计包括两方面内容：一方面是洞口工程与周边环境的总体协调性设计，包括周边结构物、生态绿化等；另一方面是洞口形式的选择，应根据地形、地质及周边环境等条件选择。在结合零刷方进洞的基础上，优先选择有较高设计自由度的突出式洞门，如正切式、倒切式等。

3.5 结语

隧道洞口的安全可靠是铁路隧道工程顺利建设和安全运营的重要保证，规划、设计和施工都应给予足够的重视。极复杂环境铁路隧道洞口工程设计应重点关注功能上的安全性和环保上的景观性：一方面，这些隧道洞口安全风险很高，要采取合理的技术措施，确保洞口段施工及运营安全；另一方面，要在隧道洞口的景观上进一步提升，使隧道洞口融入自然。

隧道洞口施工应充分理解洞口工程设计意图，合理筹划洞口段隧道、桥梁、路基、边坡防护等工程施工顺序。尽量减少边仰坡开挖高度，保护生态环境，减少植被破坏。施工便道的引入和施工场地的平整应尽量减少对原地貌的破坏和对洞口岩体稳定的影响。紧邻洞口的桥、涵、路基挡护等工程的施工，应结合隧道施工场地布置，及早完成。同时，洞口段施工应避开雨季及严寒季节。

第 4 章
隧道支护结构设计

支护结构设计是隧道设计的重要内容之一，采用科学、合理的支护结构设计理念及方法，对指导隧道支护结构设计、确保隧道支护结构安全具有非常重要的意义。结合极复杂环境铁路隧道工程地质及环境特点，提出隧道支护结构设计应充分贯彻“超前加固围岩、微振爆破开挖、高性能初期支护、衬砌安全储备、系统控制变形”的设计理念，同时结合大型机械化施工特点，支护设计与机械化施工相适配，以实现高效支护、快速施工的目标。

本章主要介绍高性能主动支护设计、单层衬砌结构设计、抗震减震结构设计、防寒抗冻设计、结构耐久性设计等内容。

4.1 高性能主动支护设计

4.1.1 概述

1）高性能主动支护含义

（1）隧道支护体系构成

隧道支护体系主要由围岩 + 支护组成，其中围岩是天然客观存在的，支护是人为制造的。支护可分为超前支护、掌子面加固支护、系统支护等。隧道支护体系中，围岩是承载的主体部分，支护是承载的辅助部分。

理论上讲，隧道开挖后围岩将不可避免地出现松弛现象：在软弱和特殊围岩中主要表现为变形或坍塌，在硬岩和中硬岩围岩中主要表现为掉块。围岩发生弹性变形是必然的，也是容许的，甚至发生少量塑性变形也是容许的。但是，不容许发生大范围超过围岩极限应变的变形，因为超过围岩极限应变的变形，实质是围岩开始丧失稳定性的变形。隧道支护的作用是限制围岩发生过度变形，使围岩处于弹性或少量塑性变形阶段，从而确保隧道围岩的稳定性，充分发挥围岩的承载能力；另一方面，也提供一定的承载能力。

（2）隧道支护构件分类

支护构件大体分为两类，一类是主动型支护构件，另一类则是被动型支护构件。主动支护构件可显著改善围岩受力状态及其物理力学性能，提升围岩的自支护能力；被动支护构件仅能发挥被动承载作用，对提升围岩自支护能力效果甚微。常见的支护构件有喷射混凝土、锚杆和钢支撑等。

①喷射混凝土。

喷射混凝土对围岩参数的调整，主要表现为对围岩约束条件的改变方面，即通过喷射混凝土对围岩施加“径向 + 切向”约束，通过约束条件的改变，改善围岩受力状态，从而提升围岩参数。喷射混凝土对围岩参数的改善作用与喷射混凝土材料性能紧密相关，传统的喷射混凝土受材料龄期因素影响，早期强度较低（常规的 C25 喷射混凝土的 8h 强度为 2MPa，24h 强度为 10MPa），对抑制围岩早期变形效果有限，这会造成围岩参数在早期发生快速劣化，效果欠佳。因此，在喷射混凝土的应用实践中，近期国外的研究与实践都特别强调喷射混凝土的早期强度性能。早高强喷射混凝土的特点是早期强度高（如 8h 强度达 10MPa，24h 强度达 15MPa），目的是通过早期强度有效抑制围岩初期变形，从而尽量控制围岩参数的劣化，保护围岩。我国老一辈隧道专家关宝树教授就经常提到“隧道建设者要像爱护自己眼睛一样爱护围岩”，十分形象，切中要害。

②锚杆。

锚杆是唯一可深入围岩内部，通过对围岩进行内部挤压或压缩从而提升围岩承载能力和稳定性的构件。锚杆对围岩的改善作用与锚杆类型紧密相关。普通的砂浆锚杆作用取决于杆身与围岩间相对变形，以及砂浆的性能，对控制围岩早期变形效果较差，难以抑制围岩性能早期劣化；而预应力锚杆，可以通过快速施加预紧力，在围岩加固区内快速形成压缩带，主动实现围岩参数的提升，故对抑制围岩性能劣化具有较好的控制效果。

③钢支撑。

钢支撑的主要作用是对围岩提供径向约束，其约束作用除与钢支撑刚度因素相关外，还与钢支撑与围岩间接触状态相关。由于钢支撑具有较大刚度，故其支护效能通常随着围岩的变形而被动发挥。正是因为这个特征，钢支撑在工程实践中，很少单独使用，通常是与喷射混凝土等支护构件联合作用，认为其可以对喷射混凝土的早期强度进行补强，也就是说当喷射混凝土早期强度不足时，可以利用钢支撑进行被动承载。

通过上述分析，可以对高性能主动支护体系进行定义，即利用早高强喷射混凝土、预应力锚杆等高性能支护构件，充分地保护围岩、利用围岩、加固围岩，充分利用围岩作为承载主体的支护体系。与之对应的，将以利用木支撑、钢支撑等典型被动支护构件为主，加固围岩效果较差，支护作为承载主体的支护体系称为被动支护体系。

隧道高性能支护体系的基本内涵是由围岩支护围岩，其核心思想是利用早高强喷射混凝土、预应力锚杆等高性能支护构件调动围岩“由弱变强”，主动发挥围岩自支护能力，利用围岩-支护协同承载控制变形。为减少围岩变形所致参数劣化影响，应重点强调支护施作的及时性、高效性。

2）极复杂铁路隧道工程高性能主动支护必要性

（1）极复杂地质条件的需要

极复杂环境铁路隧道工程地质条件极其复杂，不良地质问题十分突出（尤其是大埋深高地应力会带来软岩大变形和岩爆问题)。从力学角度分析，隧道支护的本质是将围岩由开挖后的二维应力状态转变为三维应力状态，从而抑制围岩劣化发展，提高围岩的自稳性。

对于高地应力软岩大变形，主动支护具有较大的优势：一是能够利用高性能支护构件的支护作用，变“被动”为“主动”，充分调动和发挥围岩自支护能力，实现“由围岩支护围岩”的目标(这一点在软弱或特殊围岩变形控制中尤为重要)；二是高性能支护构件能够快速发挥作用，尽可能减少因支护滞后所造成的围岩松弛、劣化发展(其中对大变形隧道位移控制非常重要，要控制其早期变形，若变形超限再支护，就会造成“支了坏、坏了拆”的恶性循环)。

对于岩爆隧道，主动支护体系理念同样重要，预应力锚杆打设之后，立即可以受力，并和防护网共同起到防护的作用。

(2)机械化快速施工需求

极复杂环境铁路隧道工程多位于海拔 3000m 以上的高海拔地区，高原低压、低氧、低温的恶劣自然环境对施工人员作业能力影响巨大，加之长大隧道分布数量众多，高原长大隧道安全快速施工也成为困扰极复杂环境隧道建设的难题。

为确保极复杂环境铁路隧道顺利实施，机械化施工成为极复杂环境隧道的必然选择。但需要指出的是，隧道施工工效不仅与作业方式相关，还与支护类型紧密相关，采用高性能主动支护，在确保支护功能的前提下，可优选支护构件类型及其组合，简化支护作业工序，从而使快速施工成为可能。

(3)满足建设工期的需求

极复杂环境铁路隧道地质复杂、规模大、工期压力突出，通过主动支护，强化锚杆及喷射混凝土的作用，在保证安全前提下尽可能取消钢架，缩小钢架的使用范围，可大幅度简化工序，提升工效。

(4)推动铁路隧道工程建造技术进步的需要

主动支护体系在确保施工安全、保证工程质量、提高施工工效等方面作用显著，在极复杂环境隧道工程建设中逐步全面实施主动支护体系，对推动我国铁路隧道工程建造水平再上一个台阶具有十分重要的意义。

4.1.2 高性能主动支护设计方法

高性能主动支护设计包括超前支护及掌子面加固支护设计、洞身支护设计。

1)超前支护及掌子面加固支护设计方法

超前支护及掌子面加固支护是在施工过程中不能满足掌子面稳定的条件下采用的支护措施，目的是控制掌子面前方的竖向变形及掌子面挤出变形，从而保证掌子面在掘进过程中的稳定性。

为充分发挥大型机械装备施工效能，施工工法以全断面、微台阶等大断面法为主。对于大断面软弱围岩隧道可能不稳定的掌子面，为确保其稳定性，超前支护、掌子面加固支护设计则成为关键。

合理的超前支护措施是实现软弱围岩隧道机械化全断面开挖的关键。目前隧道超前支护设计方法仅针对单一的支护措施，且多依赖于工程经验，随着隧道机械化全断面工法的大量推广、应用，急需建立定量化、系统化的超前支护设计方法。通过掌子面破坏模式室内试验调研，获知掌子面上方塌方形状为拱形，掌子面前方破坏面为对数螺旋形，如图 4-1 和图 4-2 所示。

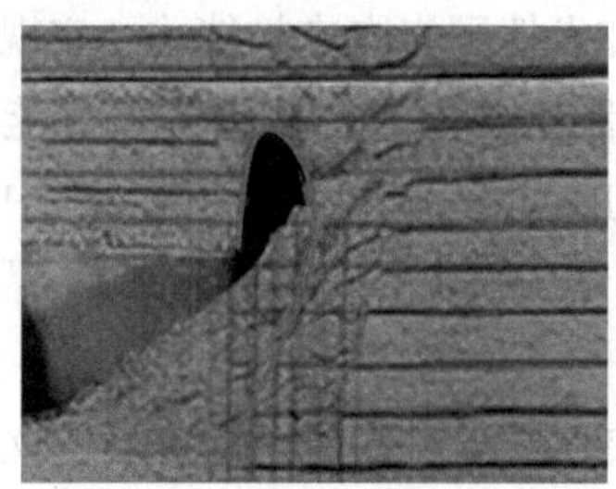

图 4-1　砂质土围岩掌子面破坏模式　图 4-2　黏质土围岩掌子面破坏模式

根据数值模拟，得到全断面法和微台阶法掌子面破坏特征。

①全断面法：掌子面失稳破坏共经历挤出变形、局部破坏、整体破坏三个阶段，掌子面最终形成拱形塌方，如图 4-3～图 4-5 所示。

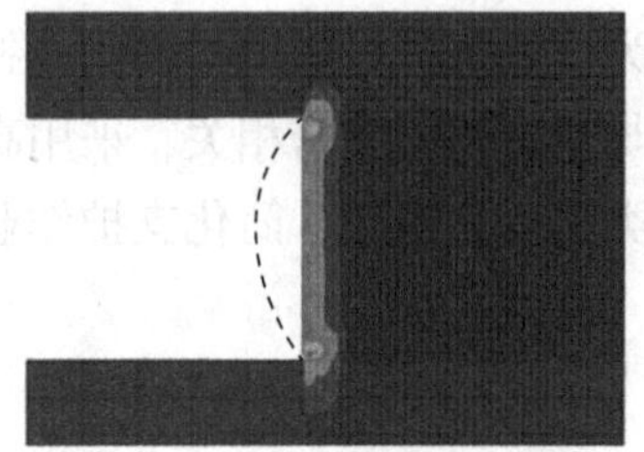

图 4-3　掌子面挤出变形

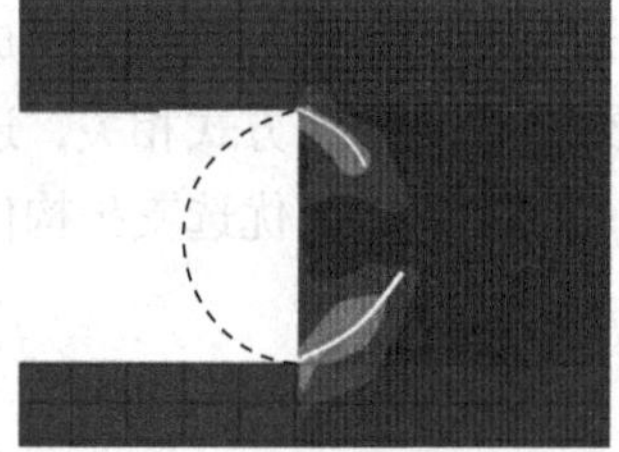

图 4-4　掌子面局部破坏

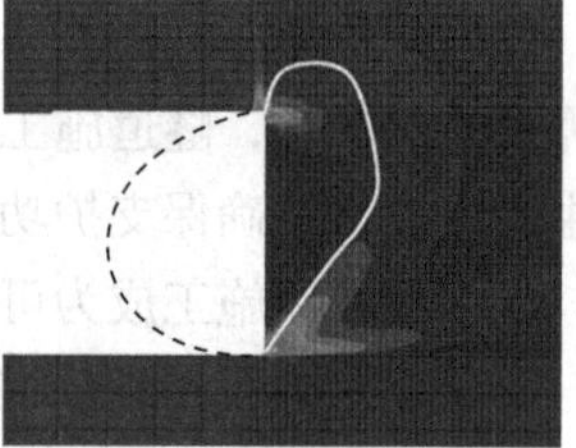

图 4-5　掌子面整体破坏

②微台阶法：掌子面失稳破坏过程及模式与全断面法类似，区别在于微台阶法破坏面转移至上台阶。全断面法与微台阶法掌子面破坏对比如图 4-6 和图 4-7 所示。

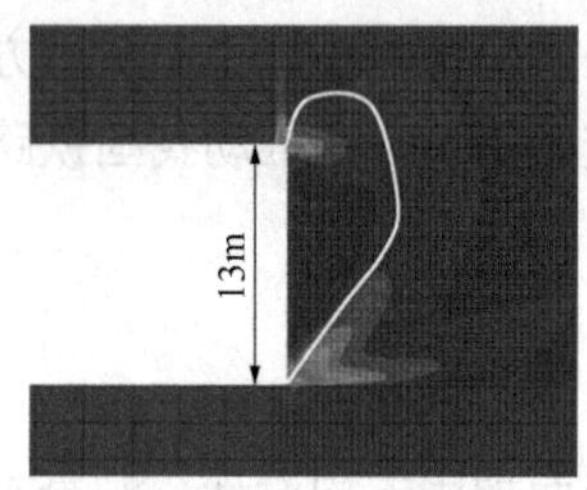

图 4-6　全断面法

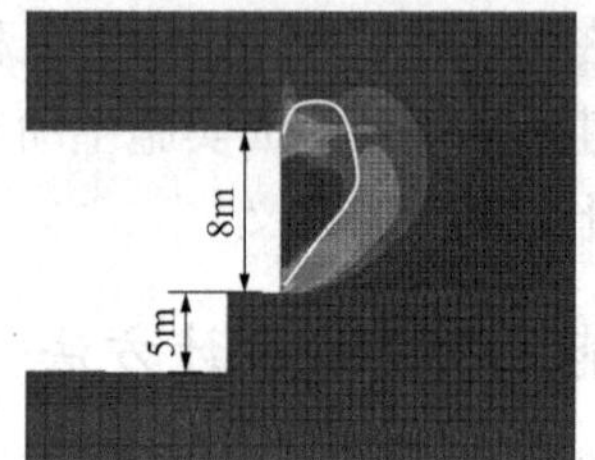

图 4-7　微台阶法

基于经典楔形体模型并结合以上研究成果，建立掌子面力学分析模型（图 4-8）。假设全断面法掌子面发生整体破坏，微台阶法上台阶掌子面发生局部破坏，且破坏面与水平方向呈（$\pi/4+\varphi/2$）的夹角，掌子面楔形体受力还考虑 4 种常用超前支护措施（超前管棚、掌子面喷射混凝土、掌子面锚杆、掌子面注浆）提供的支护力。

掌子面楔形体受力分析如图 4-9 所示，其中P_1为掌子面喷混凝土支护力，P_2为掌子面锚杆支护力，$\alpha_1 F_q$为掌子面上部荷载合力，F_W为楔形体自重，$\alpha_2 F_c$为滑移面黏聚力合力，F_φ为滑移面摩擦力合力。

根据极限平衡法，隧道掌子面稳定系数计算公式为：

$$K = \frac{F_{\mathrm{I}}}{F_{\mathrm{II}}} \tag{4-1}$$

式中：F_{I}——掌子面楔形体抗滑力；

F_{II}——掌子面楔形体下滑力。

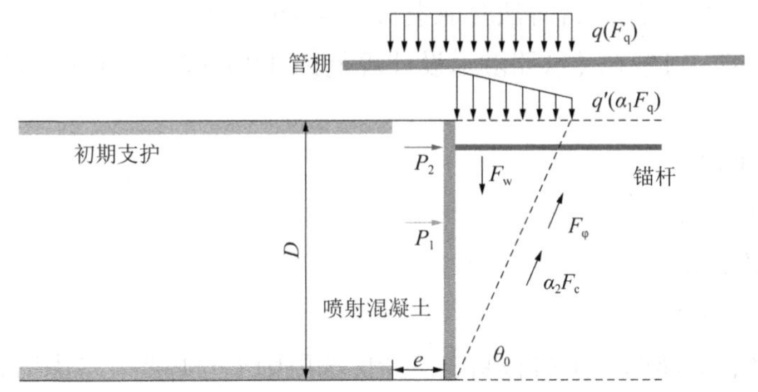

图 4-8　掌子面力学分析模型

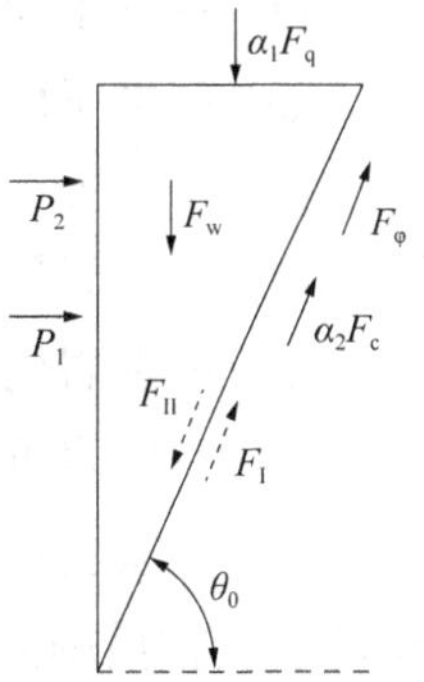

图 4-9　掌子面楔形体受力分析

通过掌子面滑移体静力平衡条件及式(4-1)，推导出掌子面稳定性系数K计算公式，见式(4-2)。

$$K = \frac{P_1 + P_2 + \beta_1 \alpha_2 F_c}{\beta_2 (F_w + \alpha_1 F_q)} + \beta_3 \tag{4-2}$$

其中：

$$\beta_1 = \frac{1}{\sin\theta_0 \tan\varphi + \cos\theta_0}$$

$$\beta_2 = \frac{\sin\theta_0}{\sin\theta_0 \tan\varphi + \cos\theta_0}$$

$$\beta_3 = \frac{\cos\theta_0 \tan\varphi}{\sin\theta_0}$$

$$F_q = qB(D\cot\theta_0 + e)$$

$$F_c = \frac{cBD}{\sin\theta_0}$$

$$F_w = \frac{D^2 B\gamma \cot\theta_0}{2}$$

$$\theta_0 = \frac{\pi}{4} + \frac{\varphi}{2}$$

上述式中：K——掌子面稳定系数，当$K > [K]$时，掌子面稳定；

$[K]$——掌子面最小稳定系数，根据《建筑基坑支护技术规程》(JGJ 120—2012) 4.2.4 条，取$[K] = 1.4$；

β_1、β_2、β_3——与φ相关的系数；

α_1——管棚作用下掌子面上方荷载折减系数；

α_2——掌子面注浆加固后围岩力学参数增大系数；

F_c——滑移面黏聚力合力（N）；

F_q——竖向荷载合力（N）；

F_W——掌子面滑移体自重（N）；

P_1——喷射混凝土支护力（N）；

P_2——掌子面锚杆支护力（N）；

B——掌子面跨度（m）；

D——掌子面高度（m），采用微台阶法时取上台阶掌子面高度；

q——掌子面上部荷载，可根据《铁路隧道设计规范》（TB 10003—2016）计算（Pa）；

c——围岩黏聚力（Pa）；

φ——围岩内摩擦角（°）；

γ——围岩重度（N/m^3）；

e——未支护段长度（m）。

鉴于超前支护措施的多样性，对超前支护措施制定设计优选原则十分必要。考虑措施的多功能性、可操作性及经济性，制定设计优选流程，如图 4-10 所示。

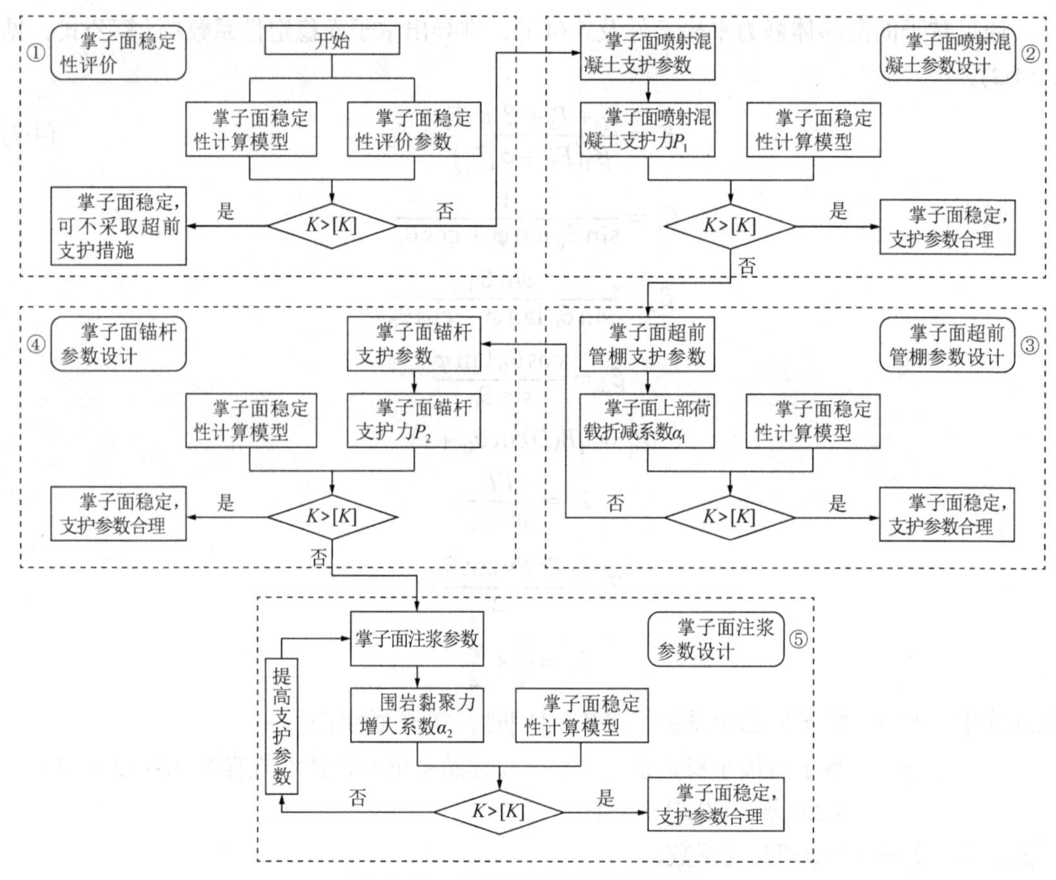

图 4-10　掌子面超前支护设计流程

上述超前支护设计方法为理论解析法，在实践工程中，多采用经验类别法。

（1）超前锚杆设计

超前锚杆主要适用于地下水较少的破碎、软弱围岩地段，如裂隙发育的岩体、断层破碎带等。超前锚杆的设计参数具体为：

①杆体长度。一般采用 3～5m，最长不超过 6m，具体长度应根据初期支护钢拱架间距及设计的纵向搭接长度确定。

②搭接长度。一般为 1～2m。

③环向间距。IV级围岩取 30～50cm。

④设置范围。拱部外弧全长 1/6～1/2。

⑤外插角。一般为 5°～30°。

（2）超前小导管设计

超前小导管主要适用于地下水量较小的砂石土、断层破碎带、软弱围岩等地段。超前小导管的设计参数具体为：

①杆体长度。一般采用 3～5m，具体长度应根据初期支护钢拱架间距及设计的纵向搭接长度确定。

②搭接长度。一般不小于 1m，特殊情况可取 1.5～2m。

③环向间距。一般为 30～40cm，当地质条件较差时为 20～30cm，当地质条件较好时为 40～50cm。

④设置范围。一般为衬砌中线两侧各 60°～75°的区域。

⑤外插角。一般采用 10°～30°，小外插角可取 10°～20°，大外插角可取 20°～30°。

（3）超前管棚设计

超前管棚主要适用于软弱砂土质地层、裂隙发育岩体、断层破碎带、岩溶充填物、塌方段、破碎土岩堆地段等。超前管棚设计参数具体为：

①中管棚。管径一般在 50～89mm 范围内，长度一般≤20m，环向间距一般取 0.3～0.5m，搭接长度 1～3m，外插角 2°～8°。

②大管棚。管径一般在 89～159mm 范围内，长度一般≤40m，环向间距一般不超过 3～5 倍管径，搭接长度通常≥5m，外插角 1°～3°。

（4）掌子面喷射混凝土设计

掌子面喷射混凝土主要适用于易产生崩落和掉块的裂隙围岩、断层破碎带、风化围岩和未固结围岩等条件。喷射厚度在正常开挖场合一般为 3～10cm，在停止开挖作业的场合可取 10～20cm。

（5）掌子面纤维锚杆

掌子面纤维锚杆主要适用于松散地层、黏结性及半黏结性土层、破碎围岩等条件。纤维锚杆直径选用 25～40mm，长度一般可取开挖洞径的 1～2 倍，搭接长度可按照超前核心土破裂面的深度进行确定，一般取 3～6m。可按梅花形进行布设，间距一般取 1～2m。

（6）掌子面注浆加固

①全断面注浆。主要适用于富水地段或软弱地层（水压和水量较大，且围岩自稳能力差的地层）。加固范围宜为开挖线外 3～8m。注浆段长度应视具体情况而定，深孔预注浆宜为 15～50m，开挖时需保留止水岩盘的厚度，一般为 5～8m；浅孔预注浆宜为 5～15m，开挖时需保留止水岩盘的厚度，一般为 2～4m。注浆压力应根据围岩水文地质条件而定，宜

比静水压力大 0.5～1.5MPa；当静水压力较大时，宜为静水压力的 2～3 倍。

②周边注浆。主要适用于水压和水量较小、围岩具有一定自稳能力的地层，或作为全断面注浆的补充注浆。注浆孔一般沿开挖工作面周边轮廓线钻设，外插角 10°～15°，钻孔深度一般为 3～6m。注浆压力一般可取 0.5～1.5MPa。

近些年来，随着注浆技术的发展，高压注浆技术逐渐引起重视，如挪威的高压注浆技术，其注浆压力可达 5～10MPa，使得围岩自稳性极大提升，减小了支护的承载负担。

2）洞身支护设计方法

目前，国内外隧道洞身支护结构类型主要有两种，一是复合式衬砌结构，二是单层衬砌结构，其中复合式衬砌结构是我国普遍采用的支护结构形式。

复合式衬砌结构主要由初期支护、二次衬砌及防水层组合而成。一般条件下，初期支护作为承载的主要结构，二次衬砌则作为安全储备；特殊条件下，如挤压性围岩等一些具有流变性质的围岩，为保证结构的长期安全性，则需考虑二次衬砌的后期分担承载作用。

复合式衬砌结构的设计方法主要有经验设计法、标准设计法、解析设计法、荷载-结构法、地层-结构法等多种。其中，初期支护设计多采用经验设计法和标准设计法，而二次衬砌设计则多采用荷载-结构法。

对高性能主动支护设计，其核心在于支护构件主动对围岩自支护能力的作用分析。鉴于支护与围岩间相互作用的复杂性，相关设计方法仍处于研究阶段。从现有研究成果来看，具代表性的主要有形变荷载设计法和总安全系数设计法。

（1）形变荷载设计法

采用形变荷载设计法进行洞身支护结构设计，其关键在于形变荷载的确定。确定形变荷载后，即可依据荷载-结构法进行支护内力的计算，进而指导支护设计。

由于围岩荷载的复杂性，目前国内外围岩荷载多采用现场实测数据统计分析法进行研究。国内相关学者在广泛调研收集 2000—2018 年我国华北、华中、华东、华南以及西南地区修建的 54 座隧道、205 个围岩形变压力实测数据样本基础上，将围岩形变压力样本数据按照面积等效原则，分解为竖向及水平向压力值进行分析，通过对多因素（如围岩级别、隧道跨度等）进行非线性回归分析及理论推导，最终确定了深埋条件下竖向形变压力、水平向形变压力计算公式，具体如下：

①围岩竖向形变荷载计算方法。

荷载分布示意如图 4-11 所示，围岩竖向形变荷载计算公式见式(4-3)。

$$q = \gamma h \tag{4-3}$$

式中：γ——围岩重度（kN/m^3）；

h——等效形变压力高度值（m），$h = 0.33w \cdot e^{0.6s}$；

w——隧道跨度修正系数，$w = 0.2 + 0.1B$；

B——隧道跨度（m）；

s——围岩级别，如III级围岩$s = 3$；

e——围岩水平形变荷载（kPa）。

各级围岩形变压力随隧道跨度的变化曲线如图 4-12 所示。与我国现行行业标准《铁路隧道设计规范》（TB 10003）中深埋隧道围岩松弛压力相比，IV级围岩形变压力为松弛压力值的 75%～85%，V级围岩形变压力为松弛压力值的 70%～80%。

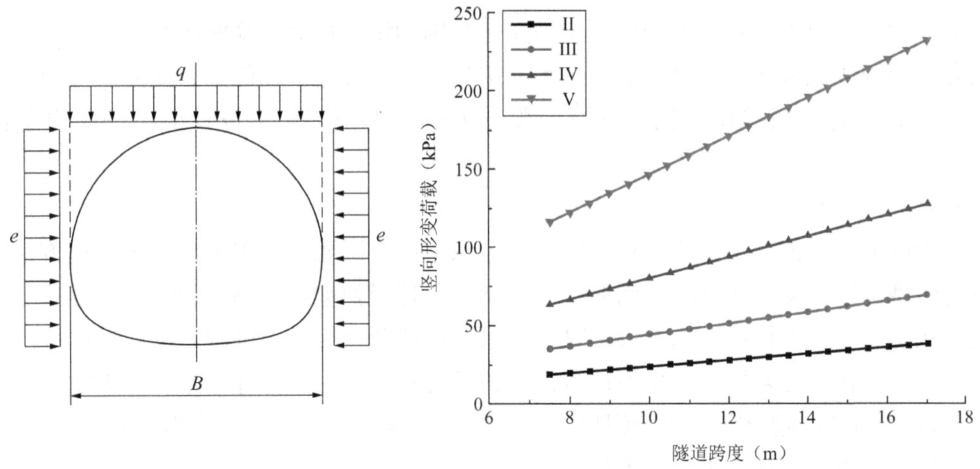

图 4-11 深埋隧道围岩形变压力计算图示（压力单位：kPa）

图 4-12 各级围岩竖向形变压力随隧道跨度变化曲线

②围岩水平形变荷载计算方法。

围岩水平形变荷载计算见式(4-4)。

$$e = \lambda q \tag{4-4}$$

式中：λ——侧压力系数，可按表 4-1 取值；

q——竖向形变压力（kPa）。

侧压力系数表　　表 4-1

围岩级别	III	IV	V
侧压力系数	<0.25	0.25～0.50	0.50～1.00
置信区间	—	88.5%	91%

需要指出的是，式(4-3)、式(4-4)适用条件如下：

a. 适用于III ~ V级围岩形变压力计算；

b. 适用于跨度为 8 ~ 16m 的隧道；

c. 适用于机械化大断面法作业，且采用超前支护措施的隧道围岩形变压力的计算。

（2）总安全系数设计法

鉴于目前复合式衬砌设计中初期支护、二次衬砌采用的计算方法有所不同，难以评价复合式衬砌这一整体结构的安全性，为此国内相关学者研究提出了复合式衬砌隧道总安全系数设计法。

总安全系数设计法的核心内容包括四个方面：一是围岩压力表征值的计算方法；二是锚杆与围岩共同形成的承载拱（简称“锚岩承载拱”）、喷层、二次衬砌荷载结构计算模型；

三是复合式衬砌的总安全系数计算方法；四是总安全系数的取值建议。

①围岩压力表征值的计算方法。

采用安全系数设计法时，荷载及组合采用最不利工况，因此需要寻找围岩压力的最不利情况。为此，引入围岩压力表征值作为支护结构的设计荷载，来解决真实荷载难以确定的问题。结构接近破坏时，可近似采用无支护状态进行描述。顶部围岩压力表征值可采用数值分析方法计算或采用理论解计算，侧压力取顶部围岩压力设计值与侧压力系数的乘积。

a. 数值分析方法。

围岩压力表征值采用数值分析方法时，可以采用有限元、有限差分法等分析方法，围岩本构模型可以根据具体情况采用非线性弹塑性、理想弹塑性、黏弹塑性等，计算工况为无支护状态。当无支护状态能够收敛时，可以取隧道开挖跨度范围内顶部塑性区范围围岩自重的 1.2 倍作为围岩压力表征值；当无支护状态不收敛时，可施加逐步加大的预支护力直至收敛，然后取隧道开挖跨度范围内顶部塑性区围岩自重的 1.2 倍作为围岩压力表征值，而预支护力则由围岩预加固措施承担。

b. 理论解析解。

i. 埋深（H）不小于 10～15 倍洞径（D）。

当$H \geqslant (10\sim15)D$时，对于符合莫尔-库仑强度准则的围岩，围岩压力表征值可按式(4-5)～式(4-7)计算。

竖向均布荷载：

$$q = \alpha\gamma(R_{\mathrm{pd}} - a) \tag{4-5}$$

水平均布荷载：

$$e = \beta\lambda q \tag{4-6}$$

$$R_{\mathrm{pd}} = R_0\left\{\frac{[p_0(1+\lambda)+2c\cot\varphi](1-\sin\varphi)}{2p_{\mathrm{i}}+2c\cot\varphi}\right\}^{\frac{1-\sin\varphi}{2\sin\varphi}} \times \left\{1+\frac{p_0(1-\lambda)(1-\sin\varphi)\cos 2\theta}{[p_0(1+\lambda)+2c\cot\varphi]\sin\varphi}\right\} \tag{4-7}$$

式中：α、β——分别为拱部和侧部围岩压力调整系数，一般不小于 1.2，同时根据围岩产状等因素进行调整（如水平岩层，α可取大于 1.0 的数值，β可取小于 1.0 的数值）；

γ——围岩重度（kN/m^3）；

R_{pd}——隧道塑性区半径（m）；

a——当量圆圆心至 45°位置处隧道开挖边界的距离（m）；

λ——围岩侧压力系数；

R_0——隧道开挖半径，断面非圆形时取当量圆半径（m）；

p_0——围岩初始应力值（kPa）；

c——围岩黏聚力（kPa）；

φ——围岩内摩擦角（°）。

ii. 埋深（H）小于 10～15 倍洞径（D）。

当$H < (10\sim15)D$时，采用实际埋深下的弹塑性有限元方法求解无支护时的塑性区范

围，并取拱部 90°范围内的平均塑性区高度作为围岩压力表征值的等效高度。为保证安全，也可直接采用$H = (10\sim15)D$时的公式计算值。

②复合式衬砌的荷载结构计算模型。

a. 喷层荷载结构计算模型。

喷层采用梁单元模拟，结构与地层相互作用采用无拉径向弹簧和切向弹簧模拟（图 4-13）。求得喷层的内力后，结构安全系数K_1采用破损阶段法进行计算；当喷层内设置了钢架、钢筋网时，可按钢筋混凝土或型钢-混凝土组合结构计算。喷层作为结构层的最小厚度不宜小于 8cm。

b. 锚杆-围岩承载拱计算模型。

锚杆的外端头按一定角度（如 45°）向隧道内侧进行压力扩散，相邻锚杆压力扩散后的交点所形成的连线即为承载拱的外边线；承载拱内边线为喷层外表面。承载拱采用梁单元模拟（图 4-14），采用径向弹簧模拟围岩与承载拱的相互作用，拱脚处采用弹性支撑，其余参数（如弹性模量、黏聚力、内摩擦角等）按勘察资料或规范选取。

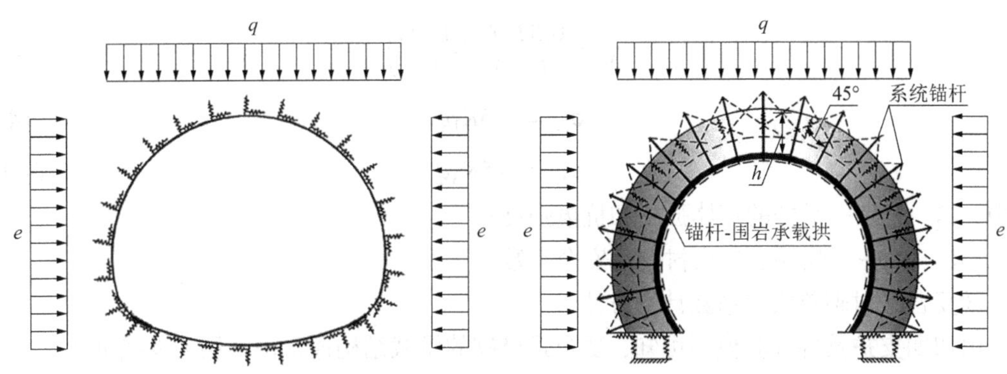

图 4-13　喷层荷载结构计算模型图　　图 4-14　锚杆-承载拱计算模型

求得承载拱的内力后，其安全系数K_2采用破损阶段法进行计算，但承载拱范围内围岩的极限强度仅考虑支护后增加的强度。

c. 锚杆计算模型。

采用喷锚组合支护时，锚杆长度根据承载拱受力要求确定，锚杆的间距与直径（强度）根据需要其提供的侧限力进行计算，且杆体本身的屈服强度安全系数不宜小于 2.0，抗拔安全系数不宜小于 2.5。计算模型如图 4-15 所示。

图 4-15 中，各符号意义为：R_s为锚杆钢筋的承载力；R_g为孔道灌浆料（砂浆锚固体）与岩体之间的黏结力；T为锚杆轴力；k_s为锚杆的屈服承载力安全系数；k_g为锚杆的抗拔安全系数；σ_{31}为锚杆提供的侧限力；f_y为锚筋钢材的屈服强度；d为锚筋直径；f_{rb}为砂浆锚固体与地层间的极限黏结强度；d_g为砂浆锚固体的外径；l_g为锚筋与砂浆的锚固长度；b、s分别为锚杆的环向间距和纵向间距。

d. 二次衬砌计算模型。

二次衬砌的计算模型与喷层计算模型基本相同，但由于喷层与二次衬砌之间的防水层不传递剪力，故防水层设置区域二次衬砌与围岩的相互作用仅采用无拉径向弹簧模拟（图 4-16），安全系数K_3采用破损阶段法计算。

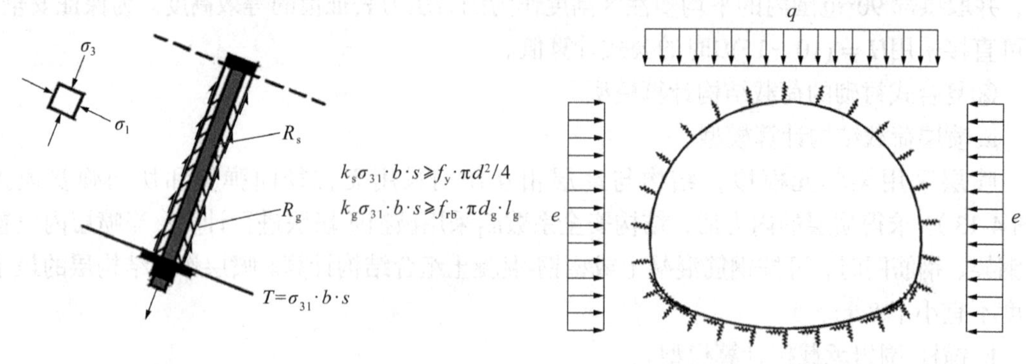

图 4-15 锚杆计算模型

图 4-16 二次衬砌计算模型

e. 侧限力σ_3的计算方法。

σ_3由σ_{31}（锚杆提供）、σ_{32}（喷层提供）、σ_{33}（二次衬砌提供）组成，施工阶段可不计入σ_{33}。

$$\sigma_{31}=\frac{0.5T_1}{bs}\left(或\frac{0.4T_2}{bs}\right) \tag{4-8}$$

$$\sigma_{32}=0.5K_1q \tag{4-9}$$

$$\sigma_{33}=0.5K_3q \tag{4-10}$$

式中：T_1、T_2——锚杆的杆体强度和抗拔强度；

K_1、K_3——喷层、二次衬砌的安全系数。

③复合式衬砌总安全系数计算方法。

由初期支护及各计算模型可知，复合式衬砌的承载结构通常由 2 层（承载拱 + 二次衬砌、喷层 + 二次衬砌）或 3 层（承载拱 + 喷层 + 二次衬砌）组成。假设每层结构均为线弹性结构，且其中一个结构层的某一截面先达到极限强度时可以继续保持该强度，直至各层结构均达到极限强度时才出现完全破坏，则按上述方法分别计算喷层、锚岩承载拱、二次衬砌的安全系数后，复合式衬砌总安全系数可按如下公式近似计算（K_2在施工期和运营期分别采用K_{2c}和K_{2op}表示）：

a. 施工阶段（无二次衬砌）。

$$K_c=K_1+\eta K_{2c} \tag{4-11}$$

b. 运营阶段。

采用耐久性锚杆：

$$K_{op}=\xi K_1+\eta K_{2op}+K_3 \tag{4-12}$$

采用非耐久性锚杆：

$$K_{op}=\xi K_1+K_3 \tag{4-13}$$

式中：K_1、K_2、K_3——喷层、锚岩承载拱、二次衬砌在承受全部围岩压力表征值时的安全系数；

η——锚岩承载拱安全系数的修正系数，按式(4-14)计算；

ξ——喷层承载力调整系数，对于延性结构可取$\xi=1.0$。

当混凝土的破损阶段极限应变小于锚岩承载拱σ_1与围岩弹性模量之比时，应将二者的比值作为K_2的折减：

$$\eta = \frac{\varepsilon_u E_0}{\sigma_1} \tag{4-14}$$

式中：ε_u——混凝土极限应变（可采用 2‰）；

E_0——锚岩承载拱的弹性模量；

σ_1——锚岩承载拱在支护力σ_3作用下的抗压强度。

④复合式衬砌总安全系数取值。

建议运营阶段总安全系数$K_{op} \geqslant 3.0 \sim 3.6$，施工阶段喷层、锚杆-围岩承载拱的总安全系数$K_c \geqslant 1.8 \sim 2.1$。总安全系数可以根据结构重要性、围岩具体条件以及施工质量控制等因素进行调整。

4.1.3 极复杂环境隧道工程高性能主动支护设计

1）极复杂环境隧道工程支护类型原则

（1）钻爆法暗洞地段采用复合式衬砌。II级围岩段主要采用曲墙带底板结构形式；III、V级围岩段采用曲墙带仰拱结构形式。

（2）TBM 段隧道轨下结构采用预制结构，轨上结构采用复合式衬砌。

（3）超前支护采用小导管、管棚、超前注浆、玻璃纤维锚杆等围岩加固措施。

（4）初期支护采用高性能喷射（纤维）混凝土、低预应力锚杆（索）、钢筋网、钢架等组成的联合支护体系。

（5）喷射混凝土采用湿喷工艺，强度等级不低于 C30，8h 强度不低于 10MPa，24h 强度不低于 15MPa。二次衬砌模筑混凝土采用 C30 混凝土或 C35 钢筋混凝土。

（6）IV、V级围岩浅埋或地形偏压、国防设防、抗震设防、断层破碎带等地段二次衬砌采用钢筋混凝土。

（7）岩溶或地下水发育段。

①除有环境要求的隧道段落外，其余岩溶或地下水发育段隧道均按“以排为主”设计。在此条件下，衬砌结构选择与上述原则相同。

②岩溶及岩溶水发育可能产生承压水的地段，隧道衬砌结构采用钢筋混凝土。

（8）顺层偏压段。

对于顺层偏压段，施工中应根据现场实际情况调整系统锚杆或加密钢架。IV、V级围岩衬砌较一般地段予以加强。

（9）缓倾层状围岩。

砂岩、板岩等软质岩且产状缓倾段易发生底鼓变形，隧道仰拱结构较一般地段加深 30cm 并采用钢筋混凝土。开挖后可根据地质揭示情况，采用设置全环钢架等措施予以加强。

2）极复杂环境隧道支护参数设计

极复杂环境铁路隧道根据施工工法、洞型等条件，现阶段初步拟定的支护参数见表 4-2～表 4-5。现场实施时应根据隧道工程地质及水文地质条件，以及支护体系的进一步优化研究成果，采用信息化设计，进行动态调整和优化。

钻爆法（200km/h）双线隧道复合式衬砌支护参数

表 4-2

衬砌类型	预留变形量（cm）	初期支护						加强支护	二次衬砌厚度（cm）		
		喷射混凝土厚度（cm）		锚杆（m）			钢筋网（cm × cm）	钢架	拱墙	仰拱	底板
		拱墙	仰拱	位置	长度（m）	环 × 纵间距（m × m）					
I	3～5	5	—	拱部局部	3.0	—	—	—	35	（35）	35*
IIIa	5～8	12	—	拱墙	3.5	1.5 × 1.5	拱部ϕ6mm 25 × 25	—	35	40	
IIIb	5～8	15（钢纤维混凝土）	—	拱部/边墙	4.5/3.5	1.5 × 1.5	—	—	35	40	
IVa	8～12	20（钢纤维混凝土）	—	拱墙	4.0	1.2 × 1.5	—	必要时设置	40*	45*	
IVb	8～12	23	10	拱墙	4.0	1.2 × 1.5	拱墙ϕ6mm 20 × 20	拱墙四肢 160 格栅，1m/榀	40*	45*	
IVc	8～12	25	10	拱墙	4.0	1.2 × 1.5	拱墙ϕ6mm 20 × 20	拱墙工 18 钢架，1.0m/榀	45*	50*	
Va	12～17	27	27	拱墙	4.5	1.2 × 1.2	拱墙ϕ8mm 20 × 20	全环工 20a 钢架，1.0m/榀	50*	55*	
Vb	12～17	27	27	拱墙	4.5	1.2 × 1.2	拱墙ϕ8mm 20 × 20	全环工 20a 钢架，0.8m/榀	50*	55*	
Vc	12～17	27	27	拱墙	4.5	1.2 × 1.2	拱墙ϕ8mm 20 × 20	全环工 20a 钢架，0.8m/榀	55*	60*	

注：1. 支护参数应根据施工工法、建筑材料，施工工艺等因素，结合现场试验进一步调整优化。

2. 喷射混凝土采用 C30 高性能混凝土；硬质岩隧道锚杆采用低预应力涨壳式中空注浆锚杆，软质岩隧道采用低预应力树脂卷中空注浆锚杆；二次衬砌栏中带*号者为钢筋混凝土。

3. IV、V级围岩顺层偏压，产状陡倾段，边墙采用长锚杆加强锚固，施加垂直层理面锚杆约束变形，锚杆（索）根据实际情况确定。

钻爆法（200km/h）单线隧道复合式衬砌支护参数

表 4-3

衬砌类型	预留变形量（cm）	初期支护						加强支护	二次衬砌厚度（cm）			适用范围
		喷射混凝土厚度（cm）		锚杆（m）			钢筋网（cm×cm）	钢架	拱墙	仰拱	底板	
		拱墙	仰拱	位置	长度（m）	环×纵间距（m×m）						
II	0～2	5	—	拱部局部	2.0	—	—	—	30	（30）	35*	II级围岩一般地段
IIIa	1～3	8	—	拱墙	2.5	1.5×1.5	拱部ϕ6mm 25×25	—	35	40		III级围岩一般地段
IIIb	1～3	8（钢纤维混凝土）	—	拱部	3	1.5×1.5	—	—	35	40		III级围岩缓倾段
				边墙	2.5	1.5×1.5						
IVa	3～5	15（钢纤维混凝土）	—	拱墙	3.5	1.2×1.5	—	必要时设置	40	40		IV级深埋硬质岩地段（除可溶岩段外）
IVb	6～8	19	10	拱墙	3.0	1.2×1.5	拱墙ϕ6mm 20×20	拱墙四肢 120 格栅，1.2m/榀	40	40		IV级深埋软质岩段
IVc	6～8	23	10	拱墙	3.0	1.2×1.5	拱墙ϕ6mm 20×20	拱墙四肢 160 格栅，1.2m/榀	40*	40*		IV级浅埋偏压、构造影响破碎带、顺层偏压段
Va	8～10	25	25	拱墙	3.0	1.2×1.2	拱墙ϕ8mm 20×20	全环工 18 钢架，1.2m/榀	45*	45*		V级深埋硬质岩段
Vb	8～10	25	25	拱墙	3.0	1.2×1.2	拱墙ϕ8mm 20×20	全环工 18 钢架，1m/榀	45*	45*		V级深埋软质岩段、V级浅埋段、顺层偏压段
Vc	8～10	25	25	拱墙	3.0	1.2×1.2	拱墙ϕ8mm 20×20	全环工 18 钢架，0.8m/榀	45*	45*		V级浅埋偏压、构造影响带、顺层偏压段

注：1. 支护参数应根据施工工法、建筑材料、施工工艺等因素，结合现场试验进一步调整优化。

2. 喷射混凝土采用 C30 高性能混凝土；硬质岩锚杆采用低预应力中空注浆锚杆，软质岩采用低预应力树脂卷中空注浆锚杆；二次衬砌栏中带*号者为钢筋混凝土。

3. IV、V级围岩顺层偏压，产状陡倾段，边墙采用长锚杆加强锚固，施加垂直层理面锚杆约束变形，锚杆（索）根据实际情况确定。

钻爆法机械化配套施工方法及超前支护措施

表 4-4

单双线	围岩级别	工法	衬砌类型	处理措施		备注	
				掌子面加固	超前支护措施	超前排水孔	含水情况
单线	II	全断面法	II	—	—		
	III	全断面法	IIIa、IIIb	—	—		
	IV	全断面法	IVa	—	必要时采用ϕ42mm 小导管，环向间距 40cm，长 6m，搭接 2m		
		微台阶法	IVb、IVc	—	ϕ60mm 中管棚，环向间距 50cm，长 9m，搭接 3m		
	V	微台阶法	Va	喷射混凝土封闭（3cm 厚，6m 一次循环）	ϕ60mm 中管棚，环向间距 40cm，长 9m，搭接 3m		
			Vb、Vc	喷射混凝土封闭（3cm 厚，6m/5.6m 一次循环）+ 上半断面玻璃纤维锚杆（长 9m，搭接 3m）	ϕ60mm 中管棚，环向间距 40cm，长 9m，搭接 3m		不富水
			Vb、Vc	喷射混凝土封闭（3cm 厚，6m/5.6m 一次循环）+ 超前注浆 + 上半断面玻璃纤维锚杆（长 9m，搭接 3m）	ϕ60mm 中管棚，环向间距 40cm，长 9m，搭接 3m	设置	富水
双线	II	全断面法	II	—	—		
	III	全断面法	IIIa、IIIb	—	—		
	IV	全断面法	IVa	—	必要时采用ϕ42mm 小导管，环向间距 40cm，长 6m，搭接 2m		
		微台阶法	IVb、IVe	—	ϕ60mm 中管棚，环向间距 50cm，长 9m，搭接 3m		
	V	微台阶法	Va	喷射混凝土封闭（3cm 厚，6m/5.6m 一次循环）+ 上半断面玻璃纤维锚杆（长 9m，搭接 3m）	ϕ60mm 中管棚，环向间距 40cm，长 9m，搭接 3m		
			Vb、Vc	喷射混凝土封闭（3cm 厚，6m/5.6m 一次循环）+ 上半断面玻璃纤维锚杆（长 9m，搭接 3m）	ϕ76mm 中管棚，环向间距 40cm，长 9m，搭接 3m		不富水
			Vb、Vc	喷射混凝土封闭（3cm 厚，6m 一次循环）+ 超前注浆 + 上半断面玻璃纤维锚杆（长 9m，搭接 3m）	ϕ76mm 中管棚，环向间距 40cm，长 9m，搭接 3m	设置	富水

表 4-5

TBM 法（200km/h）单线隧道复合式衬砌支护参数

衬砌类型	衬砌代号	预留变形量（cm）	初期支护						加强支护	二次衬砌		适用范围
			喷射混凝土		锚杆（m）			钢筋网（cm×cm）	钢架	拱墙（cm）	仰拱	备注
			施作部位	厚度（cm）	位置	长度（m）	环×纵间距（m×m）					
TBM 掘进段II级围岩复合	T-II	3	全断面	—	局部（3 根）	2.0	—	—	—	30	—	II级围岩
TBM 掘进段III级围岩 A 型复合	T-IIIA	5	全断面	5	局部（50%）	2.5	—	拱部局部 ϕ8mm 25×25	—	30	—	III级一般硬质岩
TBM 掘进段III级围岩 B 型复合	T-IIIB	5	全断面	12	半圆以上	3.0	1.5×1.5	半圆以上 ϕ8mm 25×25	—	30	—	III级软质岩
TBM 掘进段IV级围岩 A 型复合	T-IVA	8	全断面	15	半圆以上	3.0	1.2×1.5	半圆以上 ϕ8mm 25×25	—	30	—	IV级深埋硬质岩
TBM 掘进段IV级围岩 B 型复合	T-IVB	8	全断面	15	半圆以上	3.0	1.2×1.5	半圆以上 ϕ8mm 20×20	全环 HW100 1.8m/榀	30	—	IV级软质岩或IV级硬质岩较破碎
TBM 掘进段V级围岩 A 型复合	T-VA	10	全断面	20	轨上	3.0	1.2×1.2	轨上ϕ8mm 20×20	全环 HW150 0.9m/榀	30*	—	V级硬质岩较破碎或软质岩
TBM 掘进段V级围岩 B 型复合	T-VB	10	全断面	20	轨上	3.0	1.2×1.2	轨上ϕ8mm 20×20	全环 HW150 0.9m/榀	30*	—	V级围岩穿越小型断层段落

注：喷射混凝土采用 C30 高性能混凝土；锚杆采用低预应力中空注浆锚杆；二次衬砌栏中带*号者为钢筋混凝土。

4.2 单层衬砌结构设计

4.2.1 概述

1）单层衬砌结构发展情况

喷射混凝土支护依据其支护功能，可分为两种：一是作为初期支护的喷射混凝土，二是作为永久支护的喷射混凝土，其中作为永久支护的喷射混凝土，即为单层衬砌，与初期支护喷射混凝土相比，单层衬砌需要承受施工期间及运营期间可能发生的全部荷载。

自 20 世纪 60 年代以来，隧道单层衬砌结构在国内外得到广泛的应用和充分的研究。挪威在 20 世纪 70 年代便开始采用湿喷混凝土做单层衬砌；20 世纪 80、90 年代德国在慕尼黑地铁用喷射混凝土做单层衬砌，并于 1995 年提出了“单层衬砌结构技术规定”；美国、加拿大、巴西、瑞典、芬兰、南非、比利时和西班牙等国也大量采用喷射钢纤维混凝土作为隧道的初期及永久支护，并形成了相应的施工和设计规范。实践证实，坚硬的岩质围岩采用单层衬砌不存在任何问题，同时在软弱的、破碎的围岩中也有很广泛的应用前景。

我国在 20 世纪 60 年代成昆铁路围岩较好的短隧道中，成功地采用了喷射混凝土加锚杆的单层衬砌，并将其逐步应用于铁路、公路、水工隧道，但其应用范围及规模整体上还不如国外广泛。国内外相关使用情况见表 4-6。

国内外单层衬砌结构使用情况　　表 4-6

序号	时间（年）	国家	隧道名称	类型
1	1991	挪威	格乔维克地下体育馆	地下建筑
2	1992	挪威	比峡湾隧道	海底公路
3	1992	德国	慕尼黑地铁试验段	地铁
4	1992	美国	某泄水隧道	水工
5	1996	英国	英吉利海峡隧道	海底公路
6	1997	中国	乐善村隧道	铁路
7	1997	瑞士	费尔艾那隧道	铁路
8	1997	日本	某山穹顶美术馆道	地下建筑
9	1998	法国	马赛隧道	有轨电车
10	1998	德国	布伦纳隧道	铁路
11	2000	中国	汕头液化石油气储库工程	地下建筑
12	2000	中国	秦岭隧道	铁路

续上表

序号	时间（年）	国家	隧道名称	类型
13	2001	中国	万军回隧道	铁路
14	2001	西班牙	帕拉奎洛隧道	公路
15	2002	中国	昆石公路小团山隧道	公路
16	2002	中国	磨沟岭隧道	铁路
17	2016	中国	椅子山隧道	铁路

2）单层衬砌结构主要类型及构造

目前国内外采用单层衬砌的主要类型和构造形式见表 4-7。

单层衬砌的构造形式　　表 4-7

构造形式	第 1 层	第 2 层
1	钢纤维喷射混凝土	钢纤维喷射混凝土
2	钢纤维喷射混凝土	钢纤维模筑混凝土
3	钢纤维喷射混凝土	钢筋喷射混凝土
4	钢纤维喷射混凝土	钢筋混凝土
5	钢筋喷射混凝土	钢纤维喷射混凝土
6	钢筋喷射混凝土	钢纤维模筑混凝土

表 4-7 中，第 1 层钢纤维喷射混凝土的构造形式如图 4-17 所示。第 2 层混凝土的施工或采用喷射方法，或采用模筑方法，补强方法可采用钢纤维或钢筋。这种构造形式的优点是采用与双层衬砌同样的施工方法，第 2 层采用高品质的耐水混凝土，因此在要求耐水性的场合采用。

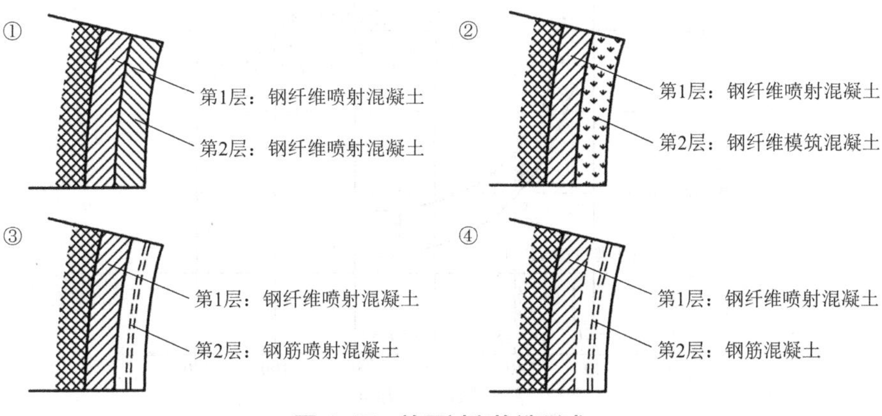

图 4-17　单层衬砌构造形式

由此可见，与复合式衬砌不同，单层衬砌并不是由一层衬砌构成的，而是具有多层构造的衬砌，只是在各层之间，没有设置隔离层而已。单层衬砌的材料多数采用钢纤维喷射混凝土。

3）单层衬砌结构优势

与复合式衬砌结构相比，单层衬砌结构具有明显的施工速度快、经济、可靠的优势。

（1）效率与工期

单层衬砌从根本上解决了初期支护与二次衬砌施工的相互干扰，简化了结构与工序，将大幅度加快平行导坑施工速度，为正洞施工创造更为有利的条件。

（2）投资

预计单层衬砌投资将比复合式衬砌低20%以上，经济效益显著。

（3）环保效益

单层衬砌将减小开挖断面，减少洞渣；同时大幅度降低混凝土用量，节约水泥，具有节能减排效益。

因此，结合极复杂环境铁路隧道工期、环保等特点，在有条件的前提下，积极推进并应用单层衬砌结构十分必要。

4.2.2 单层衬砌结构设计

1）单层衬砌结构设计中应关注的问题

在单层衬砌设计中，应重点关注以下三方面问题。

（1）接合面抗剪能力问题

为确保层间接合面具备足够的抗剪强度，第1层表面应是粗糙的，而当表面有污垢时要及时清除处理。

图4-18是一个有关层间剪切动态的试验结果。结果表明：第2层用钢纤维喷射混凝土做成的试件与用钢纤维模筑混凝土做成的试件比较，基本上，钢纤维喷射混凝土传递剪力的能力大。而当第1层假定表面“污染”的状态，如图4-19所示，层间抗剪能力约降低30%。

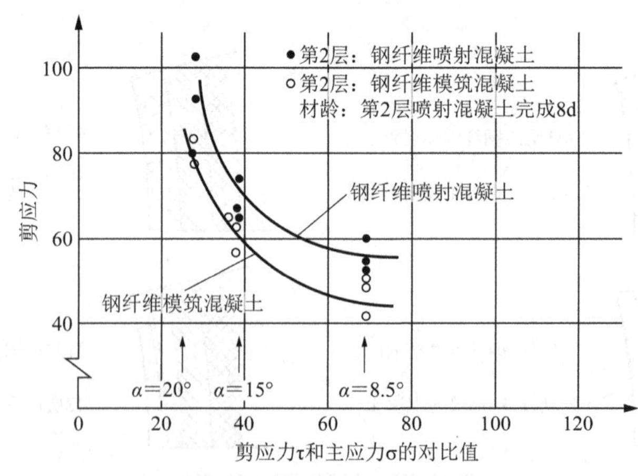

图4-18　接合面抗剪强度的试验结果

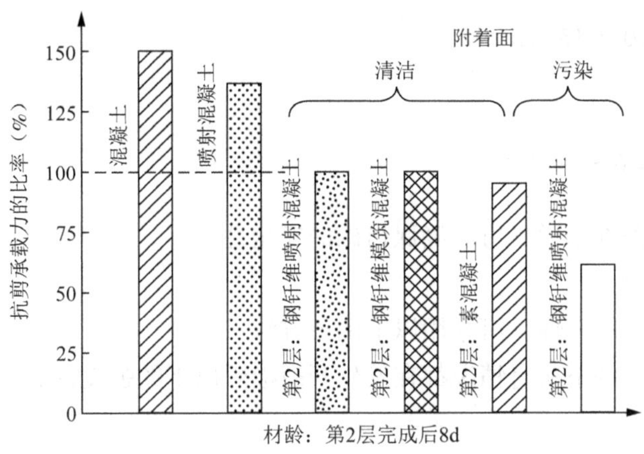

图 4-19 结合面污染的影响

具体来说，层间容许剪力应满足下式条件：

$$T_{\alpha} = T_0 - \mu N \tag{4-15}$$

式中：T_{α}——容许剪力；

T_0——剪力的 0.3 倍；

μ——摩擦因数，拉伸轴力时取 1.0，压缩轴力时取 0.3；

N——作用于接合面的轴力。

不满足上述条件之一者，应在接合面处采用接缝剂。

（2）耐久性问题

在不开裂的混凝土中，钢纤维的腐蚀仅限于靠近表面的部分。在有开裂的混凝土中，要满足开裂宽度的限制条件。因此，在设计中要核查开裂宽度。一般开裂宽度可进行以下核查。

如图 4-20 所示，构件的回转中心取上边缘，构件厚度d为 20cm，此节点的回转角θ = 0.04rad，可求出开裂宽度W：

$W = d \times \theta = 20 \times 0.04 = 0.80(\text{cm})$

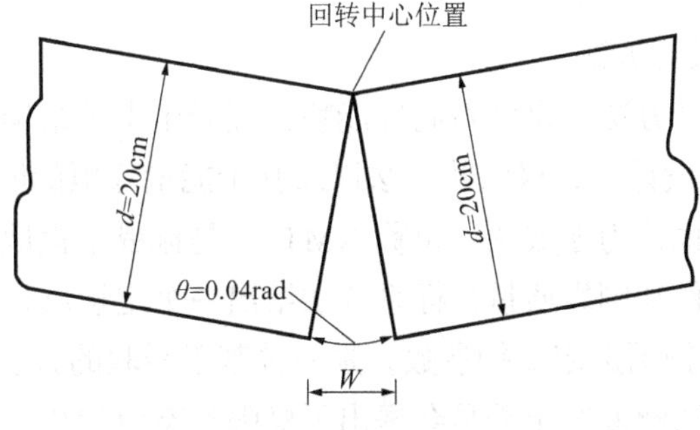

图 4-20 开裂宽度的计算

当构件厚度为 15cm 时，极限开裂宽度是 10mm，此场合的构件回转角与构件厚度为 20cm 时的情况相同，因此极限开裂宽度：

$$W_{极限}=\frac{20}{15}\times 10=13.3(\text{mm})$$

则有：

$$\frac{W}{W_{极限}}=\frac{8.00}{13.3}=0.60<1.00$$

因此，对设计条件来说，可以确保衬砌的安全性。

（3）水密性问题

要确认使用上的水密性，可采用以下两种方法：

①在使用荷载条件下所有情况都在发生开裂极限以下的强度内，此时的拉应力，可用下式求出。

$$\sigma_{BZ}=(0.8-\alpha)\beta_{BZ} \tag{4-16}$$

式中：α——压缩时取 0，没有拉伸轴力和轴力作用时取 0.25；

β_{BZ}——弯曲抗拉强度试验值的 95%的概率值。

②不发生开裂区域的厚度，至少在 15cm 以上。此外拉伸区域计算的应变不能超过 15%。

2）单层衬砌结构设计理念

根据单层衬砌的特点，在单层衬砌设计中应体现以下设计理念：

（1）单层衬砌是由单层或多层混凝土构成的支护体系，各层支护是一体的，各层间能充分传递剪力。单层衬砌各支护层间不设置防水板，结构通过各混凝土层间的径向和纵向上的抗滑移性，使得各混凝土层形成共同的承载体系。其结构类似于组合梁，因而结构受力更合理。

（2）单层衬砌采用“防、排、堵、截相结合，因地制宜，综合治理”的防排水原则。地下水发育地段通过超前注浆或后注浆减小围岩的渗透系数，控制地下水流失，单层衬砌自身达到二级防水标准，对于渗漏水地段通过在衬砌背后设置排水盲管等措施予以排除。

（3）单层衬砌作为隧道的永久支护结构，其材料性能、耐久性指标应满足耐久性设计要求。

3）单层衬砌结构设计方法

单层衬砌结构的设计方法，是针对高性能喷射混凝土支护结构展开的研究，当前有基于挪威法的 Q 系统支护设计法、极限状态法以及基于能量守恒的能量原理设计法。

Q 系统支护设计法也称为挪威法（也称 NMT），是挪威工程地质研究院提出的。此方法根据隧道工程地质条件和围岩质量指标系统法给出一个定量反映围岩质量好坏的 Q 值，然后再依据 Q 系统法支护图选定支护参数，是一种基于经验的方法。

20 世纪 70 年代，欧洲混凝土委员会提出了极限状态设计法。目前，这种方法在国际上比较流行，方法设计流程如图 4-21 所示。

能量原理设计法的设计原理是能量守恒原则，通过比较衬砌结构极限状态下的能量与毛洞开挖后释放的能量，来确定支护体系是否稳定，从而完成设计。

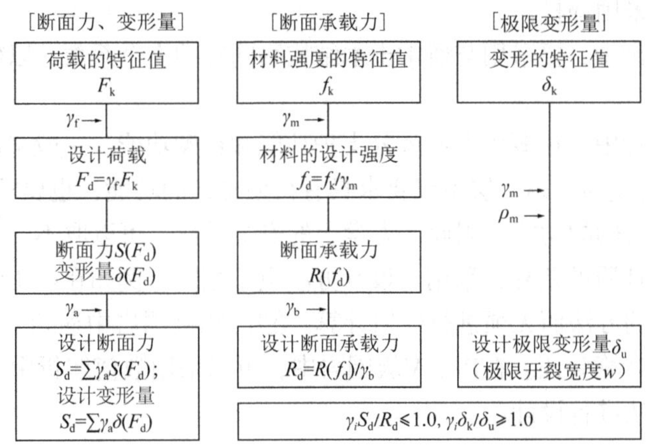

图 4-21　极限状态设计法设计流程

γ_f-荷载系数；γ_a-结构解析系数；γ_m-材料系数；γ_b-构件系数；γ_i-结构物系数；ρ_m-材料修正系数

近些年，国内相关学者通过研究，提出运用屈服接近度法与松动圈理论进行单层衬砌设计。该方法将屈服接近度YAI描述为一点的现时状态与相对最安全状态的参量的比值，即$YAI \in [0,1]$，并基于屈服接近度的毛洞稳定性分级进行结构设计。稳定性分级见表 4-8。

基于屈服接近度的毛洞稳定性分级　　　表 4-8

屈服接近度	毛洞稳定性分级		稳定性特征	支护措施
$YAI > 0.2$	充分稳定		洞室有足够的自稳能力；无坍塌	饰面支护或防护支护
$0 < YAI \leqslant 0.2$	稳定		暴露时间长，洞室可能会出现局部小坍塌，侧壁稳定	构造支护
	临界稳定		拱部无支护可能产生小坍塌，侧壁基本稳定	轻型承载支护
$YAI = 0$	不稳定	$\Delta R \leqslant 2.0m$	拱部无支护时，可产生较大的坍塌，侧壁有时失去稳定	喷锚支护，并采用全封闭支护体系
		$2.0m < \Delta R \leqslant 3.0m$	围岩易坍塌，处理不当会出现大坍塌，侧壁经常产生小坍塌；浅埋时易出现地表下沉或塌至地表	辅以超前支护，加强型喷锚支护，并采用全封闭支护体系
		$\Delta R > 3.0m$	围岩极易坍塌，洞室无自稳能力，浅埋时易塌至地表	辅以超前支护及地层加固，加强型喷锚支护，并采用全封闭支护体系

注：ΔR表示塑性区的厚度。

但不管采用何种方法，有几个前提条件，需要加以说明：

（1）在复合式衬砌中，基本上是用初期支护来控制位移的，而且容许初期支护的喷射混凝土有一定程度的开裂。但对单层衬砌，如发生较大变形，衬砌会产生开裂，会造成漏水、影响美观等功能上的问题。因此，为了避免发生喷射混凝土变异，不破坏围岩的稳定，要对净空位移加以限制，即与浇筑混凝土一样，容许单层衬砌的开裂限值在 0.2mm 以内。

（2）在没有很大荷载作用的连续体围岩中，破坏区域比较小，只用单层衬砌就可以了，但在围岩条件变化出现塑性区的场合，为了控制其扩大，同时采用锚杆是有效的。在裂隙发育的围岩中也要采用锚杆。

（3）在单层衬砌中，要采用与通常土木结构物同等的安全系数，以确保长期的稳定性和耐久性。

（4）在力学设计中，在概念上要区分支护功能和衬砌功能。一般来说，单层衬砌也是由 2～3 层混凝土构成的：第 1 层不仅要求具有初期支护的功能，也要求具有衬砌的功能；第 2 层则要求具有衬砌的功能。因此，力学上的安全系数，可以取不同限值进行设计。

（5）由于围岩性质的差异，采用的设计方法也不相同。例如在Ⅰ、Ⅱ级围岩中，基本上可以采用经验设计的方法而无须进行任何计算。在Ⅱ、Ⅲ级围岩中遇到大块状岩体时，可以采用块体理论进行计算验证。在Ⅳ、Ⅴ级围岩中，可以采用数值解析中最简单的弹性解析法和极限状态设计法进行设计。

4.2.3 极复杂环境铁路隧道单层衬砌结构设计应用

1）设计方案

结合极复杂环境隧道工程地质、洞型等特点，在辅助坑道中开展单层衬砌结构的应用。单层喷射混凝土结构设计方案如图 4-22 所示。

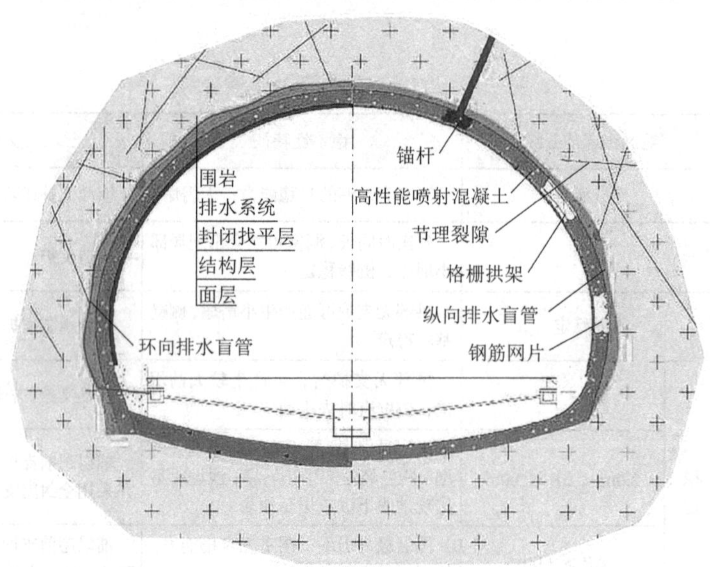

图 4-22 隧道单层喷射混凝土结构设计示意图

单层衬砌适用于Ⅱ～Ⅳ级围岩，以及局部Ⅴ级围岩深埋地段。其结构体系由围岩、喷层、锚杆、格栅拱架、钢筋网等组成，根据地质条件组合选用。

Ⅱ、Ⅲ级围岩单层衬砌结构由围岩、喷层、锚杆、钢筋网组成。若超挖较大，取消钢筋网，喷层（结构层）改为钢纤维喷射混凝土。

Ⅳ级围岩单层衬砌结构由围岩、喷层、锚杆、格栅拱架、钢筋网等组成，Ⅴ级围岩（局部断层带）优化各支护构件参数（喷层厚度与强度、格栅型号与间距、锚杆数量），并且仰拱一次封闭成环。

极复杂环境隧道辅助坑道单层衬砌结构支护参数见表 4-9。

一般地段辅助坑道单层衬砌结构支护参数

表 4-9

车道类型	衬砌类型	初期支护											底板/仰拱厚度（cm）	备注
		喷射混凝土		钢筋网			锚杆			格栅（型钢）钢架				
		施作部位	厚度（cm）	设置部位	钢筋规格（mm）	网格间距（cm × cm）	设置部位	长度（m）	间距（m × m）	设置部位	钢架类型	间距（m）		
单车道I型	II级喷锚	拱墙	5				局部 2 根	2					20	
	III级喷锚	拱墙	10	拱部	$\phi 6$	25 × 25	拱部	2.5	1.2 × 1.5（环 × 纵）				20	
	IV级喷锚I型	拱墙	15（纤维混凝土）				拱墙	3	1.2 × 1.2（环 × 纵）	必要时设置			20	IV级深埋硬质岩一般地段
	IV级喷锚II型	拱墙	21	拱墙	$\phi 6$	25 × 25	拱墙	3	1.2 × 1.2（环 × 纵）	拱墙	I 14	1.2	20	IV级软质岩或硬质岩节理密集地段
	V级喷锚	拱墙	23	拱墙	$\phi 8$	25 × 25	拱墙	3	1.2 × 1.2（环 × 纵）	拱墙	I 16	1.0	20	
单车道II型及双车道	II级喷锚	拱墙	8	拱部 50%	$\phi 6$	25 × 25	局部 2 根	2					20（25）	
	III级喷锚	拱墙	12	拱部	$\phi 6$	25 × 25	拱部	2.5	1.2 × 1.2（环 × 纵）				20（25）	
	IV级喷锚I型	拱墙	15（纤维混凝土）				拱墙	3	1.2 × 1.2（环 × 纵）	必要时设置			25（30）	IV级深埋硬质岩一般地段
	IV级喷锚II型	拱墙	23	拱墙	$\phi 6$	25 × 25	拱墙	3	1.2 × 1.2（环 × 纵）	拱墙	I 16	1.0	25（30）	IV级软质岩或硬质岩节理密集地段
	V级喷锚	拱墙	25	拱墙	$\phi 8$	25 × 25	拱墙	3.5	1.2 × 1.2（环 × 纵）	拱墙	I 18	1.0	25（30）	

注：1. 支护参数应根据施工工法、建筑材料、施工工艺等因素，结合现场试验进一步调整优化。

2. IV级喷锚I型衬砌应在类似工程开展试验，根据试验结果调整支护参数。

3. 括号内参数为仰拱厚度。

4. 喷射混凝土采用 C30 高性能混凝土；硬质岩拱部采用低预应力涨壳式中空注浆锚杆，软质岩段拱部锚杆采用低预应力树脂卷中空注浆锚杆，边墙均采用普通水泥药卷锚杆。

2）设计关键技术

（1）喷层结构防排水技术

混凝土（尤其是钢筋混凝土）不透水是实现结构耐久性的前提条件，混凝土渗透性是结构耐久性的核心指标。由于单层衬砌不能设置防水板，因此单层衬砌与复合式衬砌在防排水体系上具有显著差异，这也是单层衬砌结构应用的最大难题。

针对上述问题，防排水体系仍然采用“防、排、堵、截相结合，综合治理”的原则。排水系统设置在喷层与围岩之间，用一种特制盲管与围岩密贴（沿节理裂隙布置），由环向和纵向组成网络，环向盲管与侧沟相连（图 4-23）。

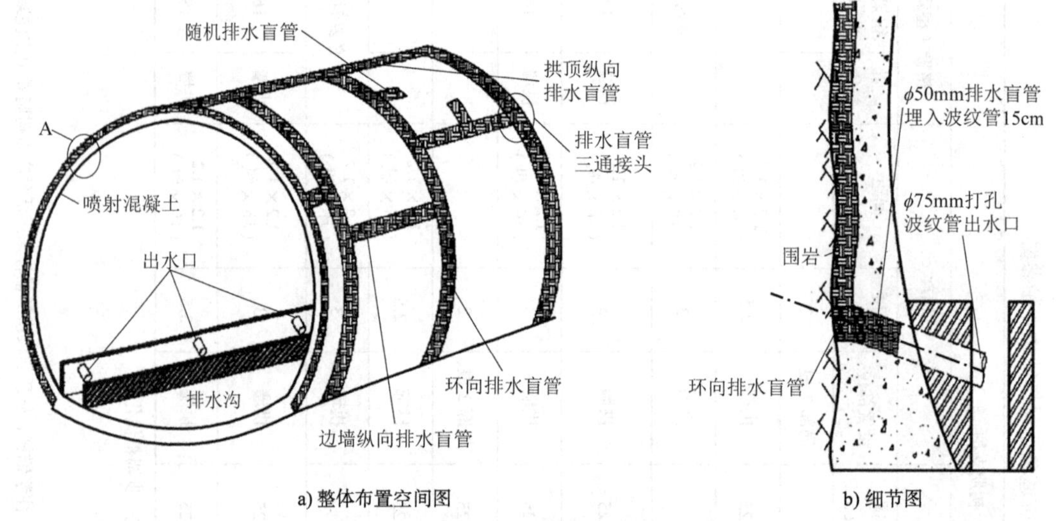

图 4-23　喷层壁后排水盲管网络化布置图

通过高抗渗喷射混凝土材料（P12 以上）和分层错缝构造措施（图 4-24）实现喷层结构自防水。围岩局部漏水通过注浆堵水或直接引排处理。通过以上排、防、堵等综合措施满足单层衬砌防排水技术要求。

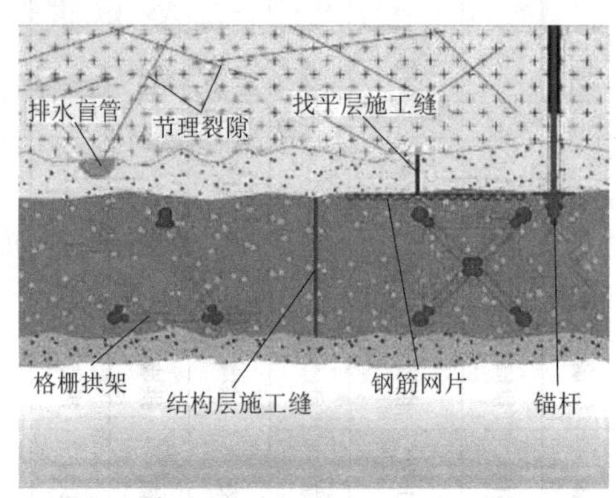

图 4-24　喷层防水（结构耐久性）**构造措施**

（2）单层喷射混凝土结构耐久性技术

喷层结构不透水是满足单层衬砌结构耐久性的前提条件，高性能喷射混凝土（满足混凝土耐久性相关指标）是基本条件，构造措施是保障。

以矿物外掺料、无碱速凝剂为材料基础，以湿喷为工艺基础，通过配合比设计和喷射工艺与作业参数优化，喷射混凝土能够实现针对不同侵蚀环境下的混凝土耐久性指标要求。

4.3 隧道结构抗震减震设计

4.3.1 地震对隧道工程的影响

1）隧道震害类型及特征

国内外大量工程实践表明，强震作用下，隧道结构会遭受一定程度的破坏，从而给隧道建设和运营造成极大威胁。

通过对国内外大量隧道震害实例进行调研分析，隧道震害类型主要包括初期支护变形、衬砌开裂、衬砌剥落、衬砌变形、仰拱破坏、衬砌剪断、洞口损坏、隧道崩塌、突水涌水等（图 4-25），而隧道结构的破坏有以下主要特征：

（1）洞口段容易因边坡崩塌而遭受严重破坏；

（2）震害多发生在地质条件变化大的区域；

（3）结构断面形状和刚度发生明显变化的部位容易发生破坏；

（4）软弱破碎断层带，结构与断层、破碎带相交的部位容易遭受破坏；

（5）浅埋隧道结构比深埋隧道结构震后破坏程度严重。

a) 初期支护

b) 衬砌开裂

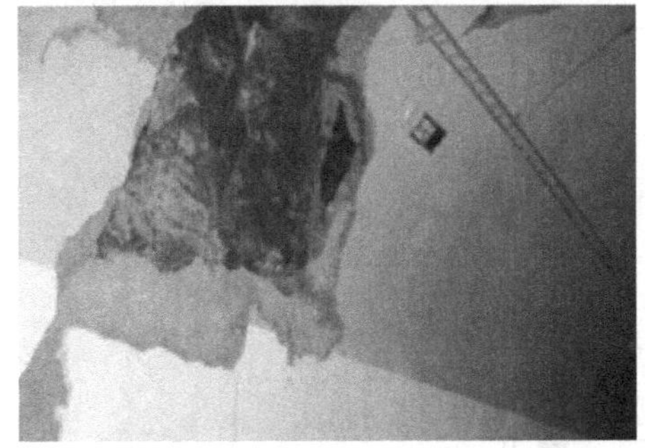

c) 衬砌剥落

d) 洞口损坏

图 4-25 隧道震害典型实例

2）隧道震害机理

（1）隧道浅埋区段震害破坏机理

由于隧道浅埋区段的围岩通常较为松散，加之地震在近地表的放大作用，浅埋区段会产生较大位移而容易发生震害。在地震动力作用下，左右拱肩在不同时刻交替出现正负应变。同时，隧道沿横断面发生剪切变形，衬砌的最大拉应力均出现在拱肩和拱脚，且均大于混凝土抗拉强度，进而在相应部位出现地震裂缝。

（2）不良地质地段震害破坏机理

隧道通过软硬岩互层的区段，软岩段隧道地震变形较大，受硬岩段隧道束缚，易发生震害。当地震波中的横波垂直入射时，裂缝同时出现在拱脚和拱肩，随着剪应变的增大，裂缝加宽并逐渐形成贯通；当地震波中的横向剪切波呈 45°角入射时，隧道结构在竖直方向上受压，裂缝同时出现在拱顶和仰拱的中间。当隧道结构在水平方向上受压时，裂缝出现在边墙和两侧拱脚。震级不会影响裂缝出现的位置，只会影响裂缝的宽度和深度。

（3）跨断层洞身震害破坏机理

断层在地震中产生滑动，会在隧道结构中产生复杂的应力状态，引起复杂的地震裂缝。通过震害调查发现跨断层的洞身段裂缝有以下特征：

①隧道结构受到断层挤压一侧的裂缝从边墙遍布到拱顶；

②裂缝沿隧道轴向延伸；

③受剪切产生的环向裂缝错位方向与断层滑动方向一致；

④跨断层部位有许多与隧道轴线平行或倾斜的裂缝。

3）隧道震害影响因素

日本的学者通过总结大量隧道和地下结构震害资料，建立了隧道结构震害数据库，其中的参数包括地震震级、震源深度、震中距、地面相对位移、发震断层地面形态、隧道结构形态、覆盖层厚度、衬砌厚度、锚杆设置密度和围岩强度等。在仅由地层振动引起隧道结构破坏的前提下，地震震级越高则影响范围越广。若地层中有断层，则震级与影响范围和程度的关系较为复杂。而 6 级以下的地震通常不会引起隧道结构特别是洞口段的破坏。

大量的震害实例证明震级较高且隧道结构毗邻震中或者发震断层时，震害通常较为严重。图 4-26 展示了震级和发震断层与隧道结构震害的关系。图中红色、黄色和蓝色圆圈分别表示严重震害、中等震害和轻微震害以及需要强力、常规和不需要加固与修复。隧道结构在距离发震断层 10km 范围内发生 7 级地震或者距离发震断层 30km 范围内发生 8 级地震这两种情况下，遭受的震害较多且严重。

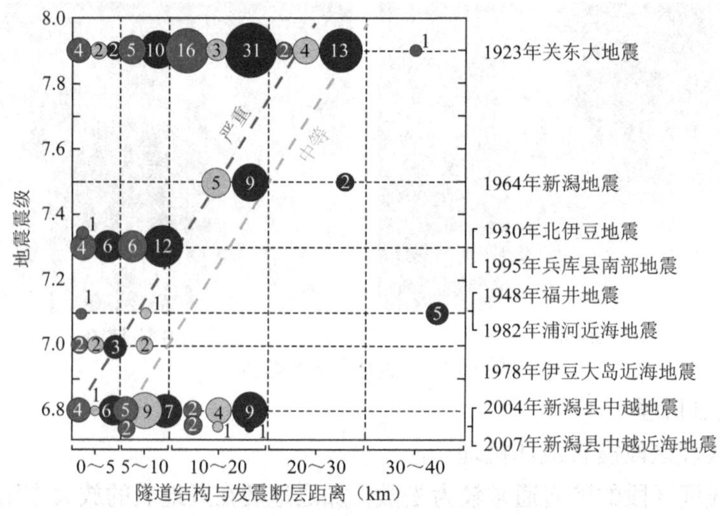

图 4-26　震级和断层与隧道震害关系

此外，当隧道结构有以下特殊情况时，也较易发生震害，且震害很可能较为严重。

（1）滑坡；

（2）已发生过变形的隧道；

（3）在建隧道；

（4）隧道结构有缺陷。

4.3.2 隧道抗减震设计方法

1）基本原则

对于铁路隧道工程来讲，规范要求在设计地震动水准下，需达到抗震性能要求，即铁路隧道工程设防目标为在设计地震动水准下，其抗震性能要求达到“地震后可能损坏，经修补，短期内能恢复其正常使用功能；结构整体处于非弹性工作阶段”的要求。

隧道结构的抗震设计贯穿设计的整个过程，首先合理选择隧道方案，以减轻地震对隧道结构的影响，同时，采取针对性的抗减震等设防措施。

2）抗减震设防段长度

高烈度地震区隧道洞口加强段长度，主要是根据深浅埋隧道的划分原则通过计算确定的。如IV级围岩地层，当地面坡度为 1：1.5～1：2 时，其抗震设防长度单、双线分别为 14m 和 21m。在上述分析的基础上，须适当留有富余长度便于施工分段，将洞口设防段最小长度限定为 2.5 倍的结构跨度。

地震区铁路隧道除洞口、浅埋段、断层带和偏压地段外，对地层条件突变段、结构断面突变段也需考虑抗震设防，按减震与抗震相结合的理念选择合适的支护结构、净空等措施。洞口抗震设防段的长度可根据地形、地质条件及设防烈度确定，一般不小于 2.5 倍的开挖洞径。

3）抗减震计算方法

隧道工程结构抗减震研究理论方法有较多，重点介绍以下三种。

（1）反应位移法

在反应位移法中，地震力的作用主要分为 3 个部分，即地层的相对变形、地层剪力以及结构自身的惯性力，计算模型如图 4-27 所示。

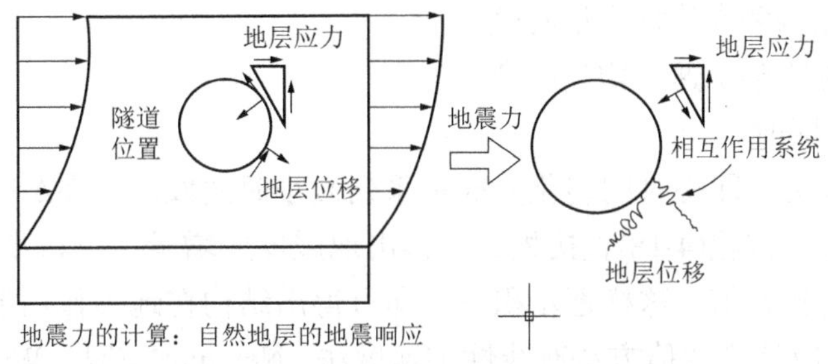

图 4-27 隧道横断面反应位移法计算模型

在较软弱的地层中，结构的惯性力在抗震计算中影响较小，可以忽略不计，计算时着重考虑地层变形及地层剪力的地震影响。反应位移法以自由场地震动为已知条件。自由场地震动是指地下结构不存在时，自由场地的表面及地面以下某深度处的地震动，其实质是由已知地震动推算地表土层的地震动。场地地层的地震反应分析方法按照其适用对象主要划分为两种：①对于均质地层，可采用解析法，并假定沿隧道纵向，地层的位移呈正弦波分布。按照该方法进行的反应位移法计算称为狭义反应位移法。②对于水平层状地层，采用层层反射理论进行计算，由于大多数场地具有水平成层特征，因而专门为此提出的方法非常实用。按照实际的地层位移进行的反应位移法计算称为广义反应位移法。

（2）动力分析法

动力分析方法可以全面考虑地震动的峰值、频谱特性和持续时间，能够对结构进行非线性分析，得到地层和结构在地震全时段的内力和位移反应，较好地揭示隧道在地震荷载作用下的反应规律。随着数值方法的迅速发展和计算机计算能力的不断提高，该方法在工程领域得到了广泛的应用。

多自由度体系地震反应方程为：

$$m\ddot{u}(t)+c\bar{u}(t)+ku(t)=-mt\ddot{u}_{\mathrm{g}}(t) \tag{4-17}$$

式中：m——质量矩阵；

c——结构阻尼矩阵；

k——结构刚度矩阵；

t——各元素全部为 1 的单位向量；

$\ddot{u}(t)$——结构侧向加速度向量；

$\bar{u}(t)$——结构侧向速度向量；

$u(t)$——结构侧向位移向量；

$\ddot{u}_{\mathrm{g}}(t)$——地震动加速度向量。

地面振动加速度是复杂的随机函数。同时，在弹塑性反应中刚度矩阵与阻尼矩阵亦随时间变化。因此不可能求出解析解，只能采取数值分析方法求解。将式(4-18)转化成为增量方程：

$$m\Delta\ddot{u}(t)+c\Delta\bar{u}(t)+k\Delta u(t)=-mt\Delta\ddot{u}_{\mathrm{g}}(t) \tag{4-18}$$

式中：$\Delta\ddot{u}(t)$——结构侧向加速度增量向量；

$\Delta\bar{u}(t)$——结构侧向速度增量向量；

$\Delta u(t)$——结构侧向位移增量向量；

$\Delta\ddot{u}_{\mathrm{g}}(t)$——地震动加速度增量向量；

其他符号意义同前。

再逐步积分求解，即将时间转化分成一系列微小时间段Δt，在Δt时间内可采取一些假设，从而能对增量方程(4-18)直接积分，得出地震反应增量。以该步$t+\Delta t$的终态值，作为下一时间段的初始值。这样逐步积分，即可得出结构在地震作用下振动反应的全过程。常用的地震反应计算数值方法有线性加速度法、Newmark-β法、Wilson-θ法和中心差分法。

（3）拟静力法

①铁路工程抗震设计规范

《铁路工程抗震设计规范》（GB 50111—2006）中规定隧道的地震作用应按设计地震采

用拟静力法计算。需要计算的工况包括部分浅埋偏压隧道及明洞或区域性断层破碎带地段隧道衬砌。演算隧道结构的抗震强度和稳定性时，地震作用只与恒载和活载组合。对于隧道衬砌和明洞上任一点的水平地震力，按下式计算：

$$F_{ihe} = \eta \cdot A_{g} \cdot m_{i} \tag{4-19}$$

式中：F_{ihe}——计算质点的水平地震力（kN）；

η——水平地震作用修正系数，岩石地基取值 0.20，非岩石地基取值 0.25；

A_{g}——地震动峰值加速度（m/s^2）；

m_{i}——计算质点的构筑物质量或计算土柱质量（kg）。

②公路工程抗震设计规范

《公路工程抗震规范》（JTG B02—2013）中规定的隧道抗震计算方法与《铁路工程抗震设计规范》（GB 50111—2006）中的基本一致，仅在计算隧道衬砌和明洞上的水平地震力时稍有不同。该规范中水平地震力按下式计算：

$$E_{ih} = C_{i} \cdot C_{z} \cdot K_{h} \cdot G_{is} \tag{4-20}$$

式中：E_{ih}——水平地震荷载（kN）；

C_{i}——重要性修正系数，可查表；

C_{z}——综合影响系数，岩石地基的明洞采用 0.20，其他采用 0.25；

K_{h}——水平地震系数，可查表；

G_{is}——构造物计算质点的重力或计算土柱的重力（kN）。

目前，国内外现行的抗震设计规范中，尚未明确穿越活动断层地区的隧道及地下结构的抗减震分析方法。铁路所采用的验算方法依旧为附加地震力的拟静力法，而且仅验算水平地震力对隧道强度和稳定性的影响。

4.3.3 隧道抗减震措施

现阶段隧道抗减震措施有多种，如改变围岩力学参数、改变地下结构性能、设置减震措施等。下面具体进行介绍。

1）改变围岩力学参数

隧道穿越活动断裂带段一般具有围岩条件差、存在空洞等特点，隧道抗震设防可采用注浆和环向施作径向锚杆等方式加固围岩。通过这种方式可以改变断层破碎带的岩体力学强度，增大抗剪强度、弹性模量和密度等物理力学参数值，使其承担较多的动应力，避免隧道结构由于强度不足而破坏。同时增加断层破碎带的岩体强度，减小断层带与较好围岩段的物理力学性质的差异，使地震过程中断层带段与较好围岩段基本呈一致的地震动响应，减小隧道结构由于围岩位移差引起的破坏，且由于衬砌结构和围岩体的差异性较小，相对在衬砌结构上分布的动应力集中程度减小。文献表明：通过围岩体注浆加固，充分发挥自身的承载能力，能有效减小结构的内力和变形，起到减震的作用。

2）改变地下结构性能

通常情况下，隧道结构具有较围岩刚度大的特点，特别是断层破碎带段隧道结构刚度更是远大于断层带岩体刚度。根据力学原理，刚度较大的结构承担更多的动荷载，这使隧道更容易发生破坏，所以应适当调整地下结构的性能，使其能发挥出衬砌结构应有的作用，同时减小地震过程中结构的破坏，达到抗减震的目的，具有重要的意义。

目前，改变地下结构的性能主要是通过改变隧道衬砌的刚度、质量、强度、阻尼等动力特性来减轻其地震响应，通常采用以下方法实现。

（1）减小地下结构的质量

采用轻质高性能的材料作衬砌结构，在强度满足要求的情况下，可有效减小地下结构的整体质量。实际工程中，主要采用混合料混凝土，如在轻质混凝土中添加钢纤维等。

（2）提高地下结构衬砌强度

提高地下结构衬砌强度主要指提高衬砌结构混凝土材料的延性、抗折性、抗拉性和韧性等，使衬砌结构在地震中有较大的抗减震性能，减轻地震响应，如采用钢纤维混凝土、聚合物混凝土和聚合物钢纤维混凝土等。

（3）增加地下结构衬砌阻尼

隧道结构及围岩的阻尼特性对隧道的地震响应有决定性的影响。研究表明，地下结构采用较大阻尼的材料，可以得到较好的减震效果。通常采用下列方法增加隧道衬砌的阻尼：在衬砌结构及材料中增加阻尼，通过结构的拉伸或剪切来耗能减震；在结构接头部位设置隔震层以增加结构的阻尼，在地震中，这些隔震层能耗能减震，从而避免结构进入非弹性状态或发生损坏。

（4）调整地下衬砌结构刚度

调整地下衬砌结构刚度主要采用柔性结构及延性结构等措施，整体上减小地下衬砌结构的刚度。柔性结构能有效减少衬砌结构的加速度响应，减小地震荷载，但同时位移会加大，地震荷载作用下可能显得刚度不足，影响隧道正常使用，所以应正确搭配隧道结构的“柔性”与“刚性”；延性结构能适当控制衬砌结构的刚度，使结构某些构件在地震时进入非弹性状态，并且具有较大的延性以耗散地震能量，减轻地震响应，使地下结构“裂而不倒”。这种方法在很多情况下是很有效的。

3）设置减震措施

地下结构由于周边被岩土体所包围，其受力状态不同于地面结构，其变形受岩土体约束，本身不仅是结构物的震源，而且还是结构物的附加荷载。因此，地下结构的减震方法不同于地面结构，地下结构的减震方法主要有设置隔震层、减震缝等。

（1）设置隔震层

设置隔震层进行减震的基本思路是，在衬砌的外周边和围岩之间设减震装置，使原有衬砌-围岩系统变为衬砌-隔震层-围岩系统。其目的是通过隔震层将衬砌与围岩介质隔开，从而减小和改变地震对结构的作用强度和方式，以减小结构振动。隔震层不但要能割断周围地层对衬砌的约束力，而且还能吸收衬砌与地层之间反复循环的动应变或相对动位移。此外，隔震层应具有充分弹性，保证在一次地震塑性化后，下一次地震时仍能发挥作用。常用减震装置包括：减震器、板式隔震层、压注式隔震层等。减震器一般由提供刚度的弹簧和提供阻尼的橡胶材料组成，主要有承压式减震器、承剪式减震器之分。板式隔震层是将减震材料制成板材，以便现场施工。压注式隔震层是新近研发的减震材料，包括沥青系、氨基甲酸乙酯系、橡胶系、硅树脂系等。这些材料平时是液状，与硬化添加剂一起压注到围岩与衬砌之间的间隙内，硬化后就形成隔震层。这种减震材料具有较高的剪切变形性能、耐久性好、施工性好、不易产生有害物质。

（2）设置减震缝

山岭隧道属于线性结构，在地震动的作用下较容易产生横向的剪切应力和纵向的拉应力。在隧道的抗减震设计中，一般设置一定间距的环向减震缝，并充填软质减震材料，以调整隧道结构的应力分布，顺应地震动位移，减小隧道结构的剪切、拉伸和弯曲作用力。设置减震缝能够明显改善仰拱围岩和衬砌的拉应力，降低隧道衬砌的纵向轴力和最大、最小主应力，并且随着减震缝间距的减小，拉应力的最大值和拉应力集中范围都在不断减少。

日本学者通过三维振动台试验，研究了衬砌周围设置隔震层的有效性，试验模拟了软岩向硬岩过渡时，设置隔震层（图 4-28）和不设置隔震层隧道受力情况。试验结果表明，有隔震层比无隔震层隧道应力减少了 30%（图 4-29）。

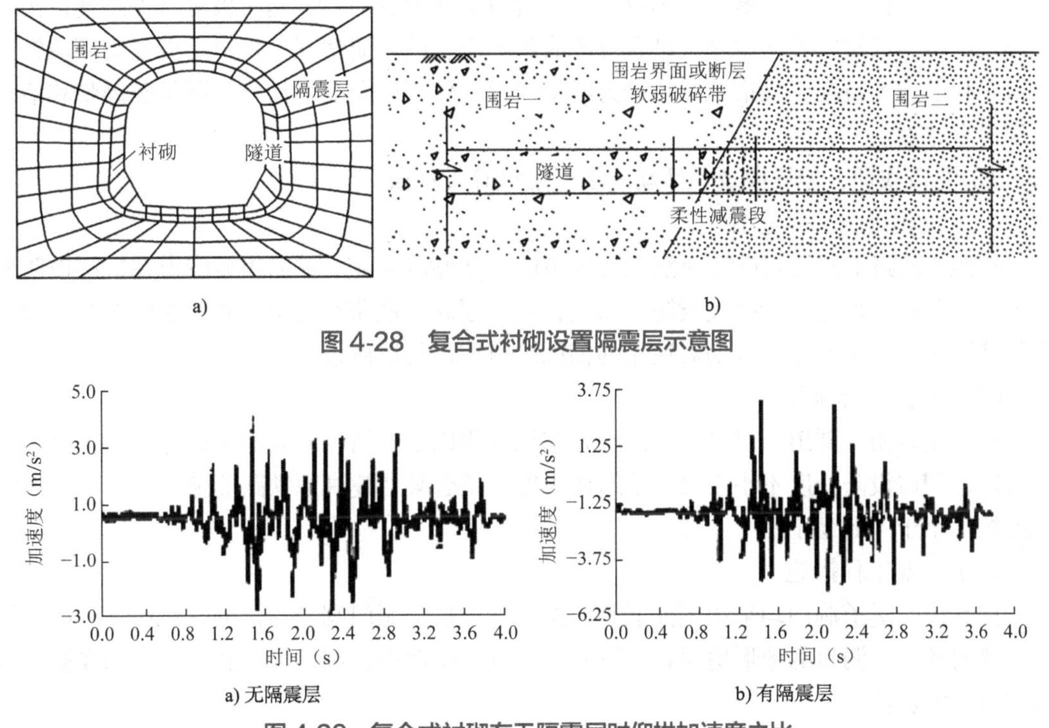

图 4-28　复合式衬砌设置隔震层示意图

图 4-29　复合式衬砌有无隔震层时仰拱加速度之比

研究表明，隧道结构过渡段的地震动结果值明显强于相应部位围岩结果值，应特别注意隧道过渡段的抗震设防。柔性措施能明显减小隧道过渡段的地震破坏，特别是与隧道围岩断层带的接触部位。

4.3.4　极复杂铁路隧道抗减震设计

结合极复杂环境铁路隧道工程特点，在现行国家标准《铁路工程抗震设计规范》（GB 50111）对隧道工程的抗震设防目标基础上，提出极复杂铁路的设防总体目标为“中震可用、强震可修，蠕滑可控、黏滑抢通”。

（1）中震可用。即隧道工程地震后可能损坏，经修补，短期内能恢复其正常使用功能，结构整体处于非弹性工作阶段。这是沿用现行国家标准《铁路工程抗震设计规范》（GB

50111）的要求。

（2）强震可修。即隧道工程在强烈地震动水准下，地震后出现损坏，但不出现大面积垮塌，具备修复条件。

（3）蠕滑可控。即对于活动断裂发生的小尺度（每年位移为毫米级）位移，隧道结构可适应变形，不影响或基本不影响正常使用功能。

（4）黏滑抢通。即对于活动断裂发生的大尺度（每次位错为米级）位错，隧道结构难以适应变形，但结构不出现大面积坍塌，具备抢修的条件。

关于设防原则方面，对洞口浅埋、偏压段及非活动断裂破碎带地段采用“刚柔并济、协调变形”的设防原则；对活动断裂带地段采用“预留空间、优化断面、节段设计、运营监测”的设防原则。

根据现行国家标准《铁路工程抗震设计规范》（GB 50111），基于极复杂铁路隧道工程抗震设防目标及抗震设防原则，结合对既有隧道震害的调研情况，提出了极复杂环境铁路隧道工程的主要抗震工程措施，也分为隧道浅埋、偏压段及非活动断裂断层破碎带和活动断裂两个方面。

1）洞口浅埋、偏压段及非活动断裂断层破碎带地段

（1）抗震设防工程范围

按照《铁路工程抗震设计规范》（GB 50111—2006）规定，铁路山岭隧道在抗震设防烈度为7度及以上均应进行抗震设防。因此，某在建高原铁路在地震动峰值加速度0.1g及以上的隧道正洞、平导及运营期需使用的辅助坑道均进行抗震设防。

（2）抗震设防地段

在上述设防的隧道，对洞口、浅埋和偏压地段以及非活动断裂断层破碎带地段进行抗震设防，洞口设防长度不小于2.5倍结构跨度，结合某在建高原铁路隧道情况，洞口设防长度按不小于40m设计。

（3）主要工程措施

抗震设防隧道洞门均采用钢筋混凝土洞门，并加强洞门端墙与衬砌的连接。洞门是抗震的薄弱环节，洞口的地形地质条件较差，一旦发生地震，洞门出现破坏，应加强洞门端墙与衬砌的连接。

①抗震设防段设带仰拱的曲墙式衬砌，采用钢筋混凝土衬砌，并经抗震验算以确定结构设计。隧道衬砌的结构形式也是影响抗震能力的重要因素之一，根据既有震害分析，曲墙带仰拱衬砌抗震能力强。抗震段设置钢筋混凝土，提升了衬砌结构的韧性，在强震作用下，使其裂而不塌。

②抗震设防段设置变形缝。山岭隧道属于线性结构，通过设置变形缝，减小隧道结构纵向的拉应力和横向的剪切应力，起到减震作用。变形缝间距约为20m，缝宽为2～3cm，变形缝内填充聚乙烯泡沫板等柔性材料。

2）活动断裂带地段

关于活动断裂带抗错断的工程措施，经系统调研国内外隧道工程穿越活动断裂带时所采取的工程措施，基于现有技术水平、现有工程方案均难以完全适应大尺度位错，但在降低错动对隧道工程破坏的工程措施方面基本一致。经研究，在活动断裂带地段主要工程措

施如下。

（1）预留变形及补强空间，优化衬砌断面

在隧道断面内净空预留一定的位错空间，保证在发生位错后，隧道净空满足应急加固及行车要求。同时为提高结构抗震性能，将活动断裂带衬砌断面优化为抗震性能好的圆形或近圆形断面。

（2）节段设计方案

"节段设计"即减小隧道节段长度，使隧道断层带及其两侧一定范围内的各节段保持相对独立，通过多个节段的小位移适应活动断裂带的大位错，避免出现大面积垮塌。节段长度在 6～12m 之间，按照"两侧密中间宽"的分布原则，具体各活动断裂带节段分布根据活动断裂带宽度、与正线夹角等因素综合确定。

（3）活动断裂带地段围岩注浆

隧道衬砌结构的刚度较围岩大，特别是活动断裂带段隧道结构刚度更是远大于断层带岩体刚度，根据力学原理，较大的刚度结构使其承担更多的动荷载，易使隧道发生破坏。因此，通过对活动断裂带围岩进行周边径向注浆加固，提高围岩刚度，达到抗减震目的。

（4）实施监测方案

对活动断裂带开展衬砌变形、衬砌受力、三向变形监测，掌握活动断裂带健康状态，以便发现异常，及时采取应急对策。

4.4 隧道结构防寒抗冻设计

极复杂环境铁路沿线气候条件恶劣，具有典型的高海拔寒区特征。隧道结构设计除应考虑围岩压力、结构自重、附加荷载等主要荷载外，还需考虑因周期性环境温度变化而产生的冻融作用，以及较大负温差引起的以拉应力为主的温度应力作用影响。

工程实践表明，寒区隧道由于受冻融作用、温度应力作用影响，衬砌、洞门端墙等结构常常出现开裂、酥脆、剥落甚至掉块等劣化特征，大大地影响了隧道结构的耐久性，严重时甚至危及行车安全。此外，近年来国内开通的多个寒区铁路项目隧道运营经验也表明，设置以深埋排水设施为主体的隧道保温排水系统，可大大降低衬砌挂冰、道床积冰等病害。但与此同时也出现了一些新的结构冻害特征：一类表现为隧道冻害多发生于春融期间，由于冻胀导致隧道结构开裂，严重时甚至出现了衬砌裂损、掉块等情况危及行车安全，给运营部门带来了诸多不便；另一类表现为寒区隧道内尤其是长大隧道洞口一定范围段，由于施工期与运营期冬季洞内出现较大负温差，不仅各类结构缝张开明显，局部甚至造成二次衬砌、轨道板、侧沟等结构拉裂，大大削弱了结构的耐久性。

4.4.1 寒区隧道的环境作用

1）冻融作用

寒区实践经验表明，持续的低温和充足的地下水是产生冻融作用的必要条件。大量工程实践和近代工程材料的细观研究也表明，属于脆性材料的混凝土结构的裂缝是不可避免的，但其有害程度通常是可以控制的。目前国内外技术人员在进行混凝土结构设计时通常以结构最大允许裂缝宽度作为无害裂缝的控制标准。由于混凝土结构裂缝的存在，当寒区隧道防排水系统失效且结构自身无缺陷时，地层中的地下水可能进入隧道结构内部，加之混凝土结构体内大量的空隙、粗孔及毛细孔中的自含水，当隧道所在地区持续低温且衬砌背后出现负温区时，隧道结构不可避免受冻胀作用影响。

混凝土冻融试验研究表明：混凝土冻融破坏作用主要与所处环境中的地下水、最低温度、降温速率、反复冻融循环次数等因素相关，且在相同的条件下，处于含氯盐水体环境的混凝土冻融破坏作用更大。因此，目前进行铁路混凝土结构耐久性设计时，通常根据工程所在地区的最冷月平均气温、混凝土的饱水状况和水中是否含氯盐情况，将冻融破坏环境划分为 4 个等级，并重点提出了混凝土最低强度等级、氯离子含量、碱含量、电通量、抗冻等级、含气量、气泡间距系数、抗裂性、护筋性、抗碱-骨料反应性等耐久性评价项目。

我国铁路隧道多采用新奥法理念设计，多数采用拱墙设置防水层的“半包”防水形式，少部分采用全环设置防水层的“全包”防水形式。如果防排水系统功能正常，隧道各部位初期支护及二次衬砌受冻融作用影响分析如下：

（1）隧道二次衬砌拱墙为防水板保护下的薄壁结构，一般情况下与水不直接接触，无冻融作用。

（2）初期支护与地下水直接接触，当拱墙二次衬砌背后出现负温区域时，拱墙初期支护及围岩需考虑受冻融作用影响。

（3）仰拱（含填充）厚度大，仰拱与围岩或初期支护密贴，仰拱底部积水或冻融的可能性小，仰拱部位的初期支护和二次衬砌可不考虑冻融作用影响。

因此，在隧道防排水系统功能正常的前提下，且拱墙二次衬砌背后存在负温区域时，寒区隧道的初期支护及围岩应考虑冻融作用影响，而二次衬砌（含仰拱）、仰拱部位的初期支护及围岩均可不考虑冻融作用影响。

2）负温差引起温度应力作用

通过对近些年开通的牡绥铁路、哈佳铁路、哈牡客专等位于东北季节性冻土区地层的铁路隧道进行现场调研后发现，冬季隧道内尤其是长大隧道距洞口一定范围段，不仅环向结构缝明显张开，个别隧道在非缝处甚至产生了环向裂缝，而夏季同一位置现场裂缝并不明显。

分析产生上述裂缝的主要原因是寒区隧道二次衬砌结构冬季受较大的负温差引起的以拉应力为主的温度应力作用影响：由于隧道内混凝土施工时要求环境温度不应低于 5℃，而隧道开通运营后受自然通风和列车活塞风等因素影响，洞内外热交换急剧增大，加之寒区冬季气温低、持续时间长，运营后冬季隧道内温度远低于施工期间，从而形成较大的负温差，导致衬砌结构产生较大温度应力。

4.4.2 寒区隧道结构抗冻设计

1）洞门及明洞结构抗冻措施

（1）当隧道洞门墙基础位于冻胀性地层时，应将洞门墙基础底面埋置于冻结线以下至少 0.25m 处；当冻结深度较大时，可采取基底换填处理等措施，确保洞门墙基底安全。

（2）当隧道洞口浅埋段位于冻胀性敏感性高的围岩地段时，宜优先采用明挖法施工，并采用非冻胀性材料回填。

2）暗洞结构抗冻措施

（1）初期支护

实测数据表明，严寒地区隧道衬砌背后冬季会出现负温区域。当隧道周边的地下水发育时，喷射混凝土孔隙内必然含水，冻融作用不可避免会对初期支护结构产生影响。

①喷射混凝土

工程试验表明：一方面，在冻融循环作用下，混凝土结构表面剥蚀严重，抗压强度和劈裂强度等力学性能指标均有一定程度的降低，而从微观状态下观察到喷射混凝土内部的孔隙含量进一步增加，水化物变得酥松、劣化，裂缝宽度增大，导致结构承载能力逐渐降低；而另一方面，由于喷射混凝土结构内部形成的封闭球状气泡隔断了混凝土体内渗水的毛细通道，有效地缓解了冻胀力和渗透压力对硬化水泥基体的破坏，故喷射混凝土的抗冻性能较高，一般不采取加强措施。

②钢架及钢筋网

不同类型的初期支护，其抗冻性能差异较大：由于工字钢、H 型钢等本身多为半封闭的空间结构，喷射混凝土与钢架之间不仅难以形成完整的结合体，其接触面局部还极易形成渗水通道，在冻融循环作用下，易导致初期支护的耐久性降低。格栅钢架则恰好相反，与喷射混凝土可形成整体。因此，初期支护采用格栅钢架时抗冻性能一般要优于型钢钢架。此外，钢筋网的使用也增加了渗水通道，降低了初期支护的抗冻性能。因此，初期支护喷射混凝土中宜减少钢筋网片的使用，设计钢架时宜采用格栅钢架。

（2）二次衬砌

实践经验与实测数据表明，寒区长大隧道洞口段受环境温度影响大，洞口应设置抗冻设防段。抗冻设防段长度可根据隧道的长度、坡度，及洞口朝向，当地最冷月平均气温、地下水水量，隧道内外气温、风速、风向，列车长度、行车速度和密度等影响因素综合确定，一般可参考当地最冷月平均气温并结合邻近项目既有隧道的设防条件类别及效果等。通过调研近年来陆续开通的牡绥铁路、哈佳铁路、哈牡客专、吉图珲高铁、京沈客专等东北地区铁路的隧道结构抗冻设防段长度并结合其抗冻效果，提出极复杂环境铁路隧道结构抗冻设防段长度建议值，见表 4-10。

极复杂环境铁路隧道结构抗冻设防段长度建议值 表 4-10

极复杂环境铁路气候环境分类	最冷月平均气温 T（℃）	抗冻设防段长度
寒冷地区	−8～0	高端洞口 800m，低端洞口 1200m
严寒地区	−15～−8	高端洞口 1000m，低端洞口 1500m

此外，抗冻设防段结构还应满足下列要求：

①抗冻设防段应采用曲墙带仰拱形式复合式衬砌，二次衬砌采用防水钢筋混凝土。

②隧道抗冻设防段结构应设置温度伸缩缝，且温度伸缩缝设置应避开地下水集中出水点。由于隧道二次衬砌浇筑及养护的环境条件要求，加之寒区温差大、冰冻期长的气候特点，且隧道冬季沿纵向温度场的分布一般呈“两端低、中间高”的抛物线形规律，因而隧道抗冻设防段二次衬砌纵向间隔一定距离后需设置温度伸缩缝消除负温差引起的温度

应力。

③位于抗冻设防段的隧道拱墙、仰拱、仰拱填充的施工缝、温度伸缩缝、沉降缝上下应贯通对齐，以避免由于隧道结构上下部位变形不一致而导致结构开裂。

4.4.3 寒区隧道结构保温层设计

1）保温层设置目的

设置保温层也是防止寒区隧道结构产生冻害的有效手段之一。该方法一般通过对隧道洞口易受冻融影响地段设置保温层，目的是避免衬砌背后环境与洞内空气发生剧烈的热交换，防止衬砌背后形成负温区域，从而达到防治冻害的目的。

2）保温层设置位置分析

设置保温层防止隧道结构冻害时，保温层的敷设位置通常有两种：一种是直接在隧道二次衬砌结构表面设置保温层，另一种则是在隧道初期支护与二次衬砌之间设置保温层。不同设置位置保温层的优缺点对比分析详见表4-11。

不同设置位置保温层的优缺点对比分析　　表4-11

位置	优点	缺点
二次衬砌表面	施工工艺相对简单，质量易控制；维修相对方便	①保温层安装受洞内表面悬挂设备的影响大，固定较复杂，且保温材料需采取特殊的防火和饰面处理。 ②衬砌结构发生破坏时，设置保温层后无法及时观察衬砌表面病害发生、发展情况，不利于病害的预防与及时处置。 ③隧道内运营车辆产生的气流、振动等易对保温层耐久性造成破坏，危及行车安全
初期支护与二次衬砌之间	有利于行车安全；对洞内设备安装干扰小	①施工工序烦琐，工效低。 ②保温层阻燃性能低，施工时易发生火灾，风险高。 ③保温层在二次衬砌混凝土振捣过程中易脱位而造成局部空洞。 ④当受到围岩压力时，由于保温层的强度和弹性模量偏低，受压后保温层变形破坏，从而降低保温性能。 ⑤处于夹层位置的保温层维修难度大，无更换可能性

考虑隧道内运营列车密度、时速等影响以及维修养护的要求，为保证安全，铁路隧道的保温层一般不得敷设于衬砌结构表面。此外，实践经验表明，保温层要达到保温效果的关键在于保温层必须处于相对干燥的环境中，分析多年冻土区及季节性土区地层中地下水的不同形态对设置于初期支护与二次衬砌之间保温层的保温效果的影响如下：

（1）对于多年冻土区铁路隧道，设置保温层的主要目的是防止夏季隧道周边多年冻土圈发生融化。由于该地层中地下水多为固态，设置于初期支护与二次衬砌间的保温层基本可保持为干燥状态，因此，设置保温层基本可实现保温防融的目的。

（2）对于季节性冻土区铁路隧道，由于该地层中的地下水长时间为液态，且防水层的破损等原因极易导致地下水在保温层内窜流，位于初期支护与二次衬砌之间的保温层难以保持干燥，不仅使得保温效果大大降低甚至失效，且当保温层内窜水不能及时排出时，低温状态下将不可避免地产生冻结，进而对隧道结构产生破坏。

总结上述分析得出：铁路隧道的保温层应设置在初期支护与二次衬砌之间，且通过设置保温层防止铁路隧道产生冻害的方法主要适用于多年冻土区隧道，季节性冻土区的铁路隧道应慎用保温层。

4.5 结构耐久性设计

极复杂环境铁路隧道沿线复杂的地质环境、恶劣的气候环境，给隧道结构耐久性造成极大的威胁。此外，由于高原低压低氧环境影响，后期人员维修养护作业较为困难。

极复杂环境铁路在现浇混凝土材料、服役环境、结构形式方面有其自身特点，包括：原材料复杂，沿线原材料差异大，优质材料特别是矿物掺合料等资源匮乏，材料变化导致的裂缝控制方面的需求突显；服役环境严酷，铁路沿线处于低温、干燥、大温差等严酷服役环境，而低温条件下混凝土收缩机理和普通环境存在显著不同，同时大温差下的温度疲劳等作用引起的开裂问题同样不容忽视；约束条件复杂，隧道二次衬砌收缩受底板和仰拱约束，还受到初期支护约束，这些约束和隧道所处的围岩压力密切相关，而外荷载的引入导致开裂问题复杂性显著增加。

4.5.1 结构及构件设计使用年限

铁路混凝土结构的设计使用年限应符合表 4-12 的规定。

铁路混凝土结构设计使用年限　　表 4-12

设计使用年限级别	设计使用年限（年）	适用范围
一	100	涵洞、隧道等主体结构，路基支挡及承载结构，无砟轨道道床板、底座板
二	60	路基防护结构，200km/h 及以上铁路路基排水结构，接触网支柱等
三	30	其他铁路路基排水结构，电缆沟槽、防护砌块、栏杆等可更换小型构件

结合极复杂铁路工程特点及其重要性，确定极复杂铁路隧道工程结构及构件的设计使用年限具体为：隧道洞身衬砌、洞口挡（翼）墙、洞室等设计使用年限应为 100 年；边仰坡防护结构、洞内外排水结构、电缆沟槽等设计使用年限应为 60 年；兼具运营服务使用功能的辅助坑道、弃渣挡护工程具备一定的维护条件，设计使用年限应为 30 年。

4.5.2 结构环境类别及环境作用等级

铁路结构所处的常见环境按其对混凝土材料和钢筋的腐蚀机理分为 5 类，即碳化环境、氯盐环境、化学侵蚀环境、盐类结晶破坏环境和冻融破坏环境，见表 4-13。不同类别环境的作用等级可按现行行业标准《铁路混凝土结构耐久性设计规范》（TB 10005）进行划分。

环境类别　　表 4-13

环境类别	腐蚀机理
碳化环境	保护层混凝土碳化导致钢筋锈蚀
氯盐环境	氯盐渗入混凝土内部导致钢筋锈蚀
化学侵蚀环境	硫酸盐等化学物质与水泥水化产物发生化学反应导致混凝土损伤
盐类结晶破坏环境	硫酸盐等化学物质在混凝土孔中结晶膨胀导致混凝土损伤
冻融破坏环境	反复冻融作用导致混凝土损伤

4.5.3 混凝土结构材料性能及耐久性要求

1）二次衬砌结构混凝土

（1）原材料

水泥宜为硅酸盐水泥和普通硅酸盐水泥，不宜使用早强水泥。C30 以下混凝土可采用粉煤灰硅酸盐水泥、矿渣硅酸盐水泥和复合硅酸盐水泥。硅酸盐水泥和普通硅酸盐水泥的性能除应符合现行国家标准《通用硅酸盐水泥》（GB 175）的规定外，还应符合表 4-14 的规定。其他水泥的性能应符合现行国家标准《通用硅酸盐水泥》（GB 175）的规定。

硅酸盐水泥和普通硅酸盐水泥的性能　　表 4-14

序号	项目	技术要求
1	比表面积（m^2/kg）	300～350
2	游离 CaO 含量（%）	≤1.0
3	碱含量（%）	≤0.80
4	熟料中的 C_3A 含量（%）	≤8.09

对于表 4-14，还应注意：当骨料具有碱-硅酸反应活性时，水泥的碱含量不应超过 0.60%；C40 以上混凝土用水泥的碱含量不宜超过 0.60%；当混凝土结构所处环境为氯盐环境时，混凝土宜采用氯离子含量低的水泥，不宜使用抗硫酸盐硅酸盐水泥；当混凝土结构所处环境为硫酸盐化学侵蚀环境时，混凝土应采用低铝酸三钙含量的水泥，且胶凝材料的抗蚀系数（56d）不得小于 0.80。

矿物掺合料应为性能稳定的粉煤灰、磨细矿渣粉和硅灰，当使用其他新型矿物掺合料时，应按国家和相关部门有关规定进行试验验证并经审定通过后方可使用。细骨料应选用级配合理、质地坚固、吸水率低、空隙率小的洁净天然中粗河砂，也可选用专门机组生产的人工砂，不得使用海砂。

粗骨料应选用粒形良好、质地坚固、线胀系数小的洁净碎石，无抗拉和抗疲劳要求的 C40 以下混凝土也可采用卵石。粗骨料应采用二级或多级级配骨料混配而成，粗骨料的性能应符合国家标准要求。

外加剂应选用能明显提高混凝土耐久性能的产品。外加剂与水泥及矿物掺合料间应具有良好的相容性，外加剂的匀质性应符合现行国家标准《混凝土外加剂》（GB 8076）的规定。

拌和用水可采用饮用水，不得采用海水。当采用其他来源的水时，其性能应符合按现行行业标准《铁路混凝土结构耐久性设计规范》（TB 10005）中相关规定。

（2）配合比、抗压强度及耐久性评价

不同强度等级混凝土配合比、不同环境下，隧道衬砌混凝土的抗压强度及耐久性评价项目应按现行行业标准《铁路混凝土结构耐久性设计规范》（TB 10005）中相关规定和要求进行设计。

2）纤维混凝土

按纤维材料，纤维混凝土可分为钢纤维、合成纤维及玄武岩纤维混凝土等。

钢纤维混凝土可采用碳钢纤维、低合金钢纤维或不锈钢纤维，对有耐腐蚀或耐高温要求的钢纤维混凝土结构，宜选用耐热不锈钢纤维。合成纤维混凝土可采用聚酯纤维、聚丙烯纤维、聚酰纤维或聚乙烯醇纤维等，合成纤维可为单丝纤维、束状纤维、膜裂纤维和粗纤维等。

纤维混凝土在使用中，应注意原材料选用、配合比、强度及耐久性要求等，应符合和参考现行相关标准、技术规程等要求，包括《纤维混凝土应用技术规程》（JGJ/T 221）、《钢纤维混凝土》（JG/T 472）等。

玄武岩纤维可有效改善素混凝土的脆性问题，显著加强素混凝土抗压、抗拉以及抗折等力学性能。同时，玄武岩纤维具有良好的耐腐蚀性，突出的耐高温性以及抗冻性，并且玄武岩纤维与素混凝土密度接近，所以理论上玄武岩纤维能与混凝土更好地结合。玄武岩纤维混凝土在土木工程领域的应用还处于探索阶段，在使用中，应参考现行国家标准《水泥混凝土和砂浆用短切玄武岩纤维》（GB/T 23265）中相关要求。

4.5.4 结构裂缝控制措施

铁路混凝土实现长寿命的首要前提在于根据服役环境、设计寿命及结构形式、施工工艺等进行混凝土的抗裂性、耐久性设计，提升其性能。其中，抗裂性设计是有效保障混凝土长寿命的基础，能最大程度避免或降低混凝土开裂风险。通过抗裂性与耐久性提升将显著地降低侵蚀性离子和水分在混凝土内部的传输速率，从而有效延长铁路混凝土的实际使用寿命。

在抗裂性评价方面，应力准则是裂缝控制的重要依据。在计算过程中，针对材料性能、环境作用存在的随机性，目前通过概率方法分析影响混凝土早龄期开裂的安全系数。铁路钢筋混凝土结构表面裂缝计算宽度限值，应在参考现行铁路工程有关专业设计规范及《铁路混凝土结构耐久性设计规范》（TB 10005）中相关要求的基础上，根据工程环境及特点进行针对性的研究制定。

合理选择原材料、优化配合比并使用功能性抗裂材料，从源头上减小混凝土的温降收缩、自收缩和干燥收缩，提升混凝土的韧性，是目前提升结构混凝土抗裂性能的主要措施，包括：

（1）采用纤维增韧提高混凝土的抗裂性。

（2）采取补偿收缩措施减少混凝土收缩。

（3）采取温控措施降低衬砌混凝土的水化温升。

混凝土施工控制措施可按参考现行行业标准《铁路混凝土结构耐久性设计规范》（TB 10005）相关要求。

4.5.5 结构构造措施

采用机械连接的钢筋连接套筒外缘至混凝土结构表面的混凝土厚度应不低于相同环境钢筋的混凝土保护层厚度。钢筋的混凝土保护层垫块的强度、密实度和耐久性不应低于结构本体混凝土的相应要求。隧道混凝土结构钢筋的混凝土保护层厚度应符合表 4-15 规定。

隧道混凝土结构钢筋的混凝土保护层最小厚度　　表 4-15

环境类别	作用等级	保护层最小厚度（mm）
碳化环境	T1	35
	T2	35
	T3	40
氯盐环境	L1	40
	L2	45
	L3	55
化学侵蚀环境	H1	35
	H2	40
	H3	45
	H4	55
盐类结晶破坏环境	Y1	35
	Y2	40
	Y3	45
	Y4	55
冻融破坏环境	D1	35
	D2	40
	D3	45
	D4	55

注：1. 当隧道衬砌采用钢筋混凝土结构时，其迎水面钢筋的混凝土保护层最小厚度不应小于 50mm。

2. 当条件许可时，盐类结晶破坏环境和严重腐蚀环境下，隧道混凝土结构钢筋的最小保护层厚度应适当增加。

4.5.6　特殊环境下对结构采取的强化措施

当混凝土结构处于严重腐蚀环境（L3、H4、Y4、D4）条件时，应根据工程的具体情况，对混凝土结构采取一种或多种防腐蚀强化措施。

不同环境下混凝土结构的防腐蚀强化措施可按表 4-16 选择。

不同环境下混凝土的防腐蚀强化措施　　表 4-16

环境作用等级	强化措施							
	外包钢筋	表面涂层	表面浸渍	防水卷材	涂层钢筋	钢筋阴极保护	降低地下水位	换填土
L3	√	√	√	√	√	√		
H4	√	√	√	√			√	√

续上表

环境作用等级	强化措施							
	外包钢筋	表面涂层	表面浸渍	防水卷材	涂层钢筋	钢筋阴极保护	降低地下水位	换填土
Y4	√	√	√				√	√
D4	√	√	√					

注：1. “√”表示在该环境条件下可以选择该项防腐蚀强化措施。

2. 表面涂层包括防腐蚀涂层和防水涂层等。

当采用防腐蚀强化措施时，应明确防腐蚀强化措施所用主要材料的有效防护年限、性能指标及其检验方法。

4.5.7 跟踪检查与维修要求

铁路结构耐久性设计应充分考虑运营检查、维修的需要，并预设检查与维修的构造和设施。对结构使用年限内的跟踪检查与维修做出规划，明确跟踪检查的内容。

对于特殊环境下的重要铁路结构，应在工程现场设置专供跟踪检查取样用的构件，构件的尺寸、材料、配筋、成型、养护以及暴露环境条件等应与实际结构一致。必要时，可在有代表性的结构部位设置传感元件，监测结构耐久性的变化情况。根据实测材料劣化数据和保护层厚度变化，对结构的剩余寿命做出评估；必要时，应对结构采取防腐蚀强化措施。

4.5.8 提高隧道结构耐久性的对策措施

（1）采用高性能复合胶凝材

高性能复合胶凝材是指在普通硅酸盐水泥中掺入粒化高炉矿渣微粉（简称“矿粉”）、粉煤灰、硅灰等活性矿物掺合料，等量替代大部分水泥，可有效改善水泥的性能。

（2）采用高性能复合胶凝材配制高性能衬砌和喷射混凝土

采用高性能复合胶凝材配制适用于隧道结构的中等强度等级高性能、高密实、高耐久的衬砌和喷射混凝土。多元复合胶凝材改变了原有水泥的矿物组分，改善了胶凝材的微观级配，实现混凝土的高性能（高强度、高密实度、高抗渗、低溶蚀、低开裂、低碳）。

（3）采用减薄、增强、加纤维和留空的衬砌技术

我国传统山岭隧道衬砌混凝土设计通常采用等强度不等厚度设计，针对不同的围岩级别及特性采用不同的衬砌混凝土厚度，这样会导致隧道开挖方量、圬工量增加，提高工程造价，既不经济又不环保。实际上，随着混凝土技术的发展，在不提高成本的条件下完全可以配制出高强度、高性能混凝土。若按等厚度不等强度设计，可以节约工程造价，实现低碳环保，是一条利国利民的技术途径。必要时可在混凝土中加入适量的纤维，纤维种类繁多，采用钢纤维或粗纤维，防裂效果较好，且明显提高了混凝土的韧性。在不减少原有隧道净空尺寸的前提下，由于减薄了衬砌厚度，可为最大限度利用结构承载力和维修加固提供空间保障，同时为后期维修创造条件。

（4）采用适宜的养生技术

混凝土养生技术既可以提高混凝土早期强度，又可以减少初裂。混凝土试验证实喷射混凝土采用洒水养生、衬砌混凝土采用气雾养生均明显提高混凝土性能。一般环境下，隧道喷射混凝土养生时间为3d,衬砌混凝土养生时间为7d,二次衬砌混凝土拆模时间宜为2d。

（5）完善防排水系统

在仰拱浇筑之前彻底清除隧底虚渣、落石及其他杂物，确保隧道底部结构与基岩良好接触，可有效提高或保障隧道底部结构的耐久性。合理设计隧道底部排水系统，最好将水沟降到仰拱最低点以下部位，以便降低隧道底部地下水位，同时确保排水系统畅通，使隧道底部结构和振动影响范围内的基岩处于无水状态。防水层设计施工主要是防水材料选择和施工方法优化。防水材料应选用性能稳定、耐化学腐蚀及耐久性好，并具有足够的低温柔性、抗拉和抗剪强度高、易于施工的塑料制品。此外，防水板的施工工艺也会影响防水效果，采用机械化铺设或先进的焊接工艺都可使防水板施工的薄弱环节得到改善，避免防水板破损。隧道的沉降缝和施工缝也是防水系统薄弱之处，是渗漏水的多发地。各种缝的防水施工不但要注意其防水方式的构造，止水带或止水条在衬砌过程中出现错位时的力学性能也很重要。

（6）建立先进的维护理念

隧道的维护应根据隧道所处围岩等外部环境条件“有的放矢”，尽量避免大规模修护，可进行中小型修护。在隧道工程设计和施工中，应本着易维护的原则，积极考虑预留维修空间或其他维护措施。

总之，隧道结构耐久性设计，应针对铁路隧道在施工和运营中的病害特点，从隧道工程的系统性角度出发，探索隧道结构耐久性设计与实际施工的要点及各影响因素关联性。采用全寿命系统设计是实现铁路隧道最优耐久性的根本方法。全寿命系统设计包含策划、设计、施工、使用和报废等相互关联和制约的各个阶段，将这些被分割成若干独立的、彼此缺乏有机联系的阶段协调集成，整体优化，实现铁路隧道工程全寿命的最优化和可持续发展。

第 5 章

特殊及不良地质隧道设计

极复杂环境铁路工程构造运动活跃，不良地质类型多、规模大、风险高，隧道工程将穿越高地应力软岩大变形、高地应力硬岩岩爆、高地温、活动断裂带、高压富水构造带等多种高风险特殊不良地质。隧道工程施工能否安全顺利通过特殊及不良地质段，是极复杂环境隧道工程能否按期建成的关键。

本章系统阐述了各类特殊及不良地质隧道的工程特征，提出了应对理念和处置原则，并提出了针对性的工程对策。

5.1 高地应力软岩大变形隧道

5.1.1 大变形隧道特征及要点

1）高地应力软岩大变形隧道定义

隧道软岩大变形是一个相对概念，围岩是否发生大变形与隧道支护体系的强度、刚度等密切相关。理论上讲，当支护措施足够强大时可使软岩大变形不发生，因此，判断软岩大变形的基础应为普通地质条件下常规支护的隧道围岩变形。高地应力软岩大变形是指在高地应力软弱围岩环境，采用常规初期支护条件下，隧道开挖后初期支护在围岩形变压力（非松动荷载）作用下，向内发生变形位移，当变形位移量超出常规预计最大变形量时，称为高地应力软岩大变形。若变形位移不加以控制或控制不及时，将会造成初期支护变形侵限、二次衬砌开裂，或支护变形过大丧失承载能力直至塌方等严重的后果。因此大变形的发生需具备两个必备条件，一是高地应力环境，二是软岩。

交通隧道在常规初期支护条件下，不同国家和行业均预留了一定的变形量。如我国《铁路隧道设计规范》（TB 10003—2016）对于II～V级围岩预留变形量的数值均给出了建议，见表 5-1。若把两侧边墙预留变形之和作为收敛变形的上限，则在V级围岩条件下，收敛变形上限值单线隧道约 20cm，双线隧道约 30cm，为其开挖跨度的 2%左右。在该变形量上限范围内的围岩变形称为常规变形，当变形进一步发展超过常规变形时，可认为发生了大变形。

铁路隧道复合式衬砌预留变形量（单位：mm） 表 5-1

围岩级别	小跨	中跨	大跨
Ⅱ	—	0～30	30～50
Ⅲ	10～30	30～50	50～80
Ⅳ	30～50	50～80	80～120
Ⅴ	50～80	80～120	120～170

2）大变形特征及类型

（1）大变形特征

高地应力软岩大变形的外在表现有着明显不同于常规变形的特征，其最主要的表观特征是变形量大（实测数据表明，相对收敛变形一般可达数十厘米，大多数大于 30cm，严重者超过 100cm），并常伴有初期支护开裂、掉块及钢架扭曲剪断等现象，严重时可导致初期支护失效、洞室坍塌，甚至造成二次衬砌混凝土开裂、压溃等现象，另外还不同程度地具有变形速率高、变形剧烈、挤压性围岩变形持续时间长、支护结构受力大等特征。

（2）大变形类型

目前，国内外软岩大变形分类多种多样，尚无统一的规定。大多数学者认为，在高地应力条件下软岩挤压初期支护导致了支护大变形的发生，因此，高地应力软岩大变形统称为挤压型大变形。同时也有在挤压型大变形类型下进行细分的情况。如成兰铁路高地应力大变形隧道根据其成因和变形特征对变形类型进行了分类，分为挤压型软岩大变形、岩层扩容弯折型大变形（也称结构型或产状不利型大变形）、碎裂岩体挤压型大变形（也称松散型大变形）三种，见表 5-2。

成兰铁路高地应力软岩大变形分类 表 5-2

大变形类型	发生条件	变形特征	围岩压力
挤压型软岩大变形	高地应力、软质岩；强度应力比低	围岩变形量大、持续时间长，常伴有隧底上拱现象	形变压力
岩层扩容弯折型大变形	高地应力条件；薄层岩层或软质岩；岩层与线路小角度相交	变形优势方向明显，为不利产状法线方向。陡倾岩层时，改变洞室走向时，可降低大变形等级，甚至可避免大变形发生	形变压力
碎裂岩体挤压型大变形	高地应力条件；岩体破碎，岩体强度低；岩块强度较高	前期变形剧烈，位移速率增长快，不及时处理将增大塌方概率	形变压力为主、部分松动荷载

注：高地应力软岩隧道实际大变形的成因机制复杂，可能是多种机制的组合作用。

调研显示，国内外大变形隧道主要以高地应力挤压型软岩大变形为主，国内代表性工程有成兰铁路的茂县、榴桐寨、跃龙门等隧道，兰渝铁路的木寨岭隧道，国外代表性工程有奥地利的陶恩、日本的惠那山、瑞士的圣哥达等隧道；高地应力岩层扩容弯折型大变形代表性工程有成兰铁路的杨家坪隧道（顺线路走向陡倾千枚岩地层），成贵铁路的高坡隧道（缓倾薄层煤系地层），成昆二线小相岭隧道（缓倾砂泥岩地层）等；碎裂岩体挤压型大变形代表工程有成兰铁路柿子园隧道（5·12 汶川地震龙门山活动断裂带新发断裂及影响带）、松潘隧道（岷江活动断裂影响带）等。

3）变形机理及影响因素

（1）变形机理

隧道开挖后引起围岩应力重分布，在大埋深或高地应力条件下，围岩强度不足以承受重分布后的围岩应力，岩体将发生塑性变形、剪切滑移破坏或弯折变形，引发高地应力软岩大变形。不同的大变形类型其变形机理也不尽相同。

挤压型软岩大变形发生于围岩松弛阶段，由于围岩本身强度较低，岩体受过大剪应力作用而破坏，剪切破坏区形成环形塑性区，其中剪切破坏过程伴随有围岩的滑移和突然分离，在埋深大、地壳经历过剧烈运动、地质构造复杂的泥岩、页岩、千枚岩、片岩、煤层等都容易出现较大的挤压大变形，如图 5-1 所示。

a) 典型掌子面

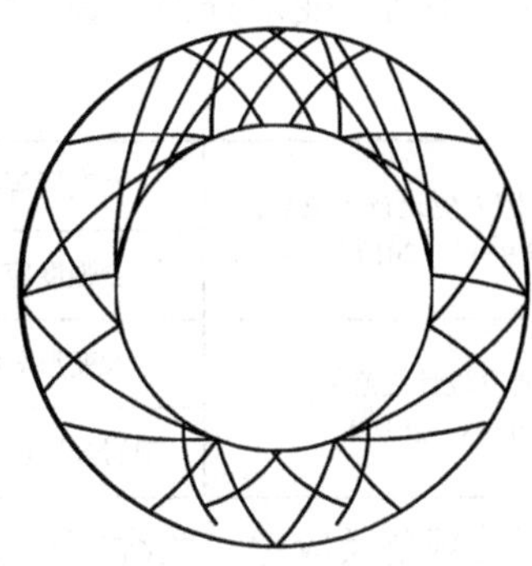

b) 变形模式

图 5-1 挤压型软岩大变形掌子面及变形模式图

碎裂岩体挤压型大变形也发生于围岩松弛阶段，由于岩块间结构面强度低，岩体受过大剪应力作用而沿结构面破坏，剪切破坏过程伴随岩体的滑移和突然分离，在水平应力高的硬质岩构造带、构造影响带易发生此类大变形。

岩层扩容弯折型大变形隧道穿越的地层，其层（节）理发育，具有明显的各向异性，变形力学机制主要是受岩层层面影响，当隧道线路方向与岩层走向平行或小角度相交时，隧道开挖后，结构面发生扩容、弯折、滑移变形，如图 5-2 所示。

a) 典型层状岩体

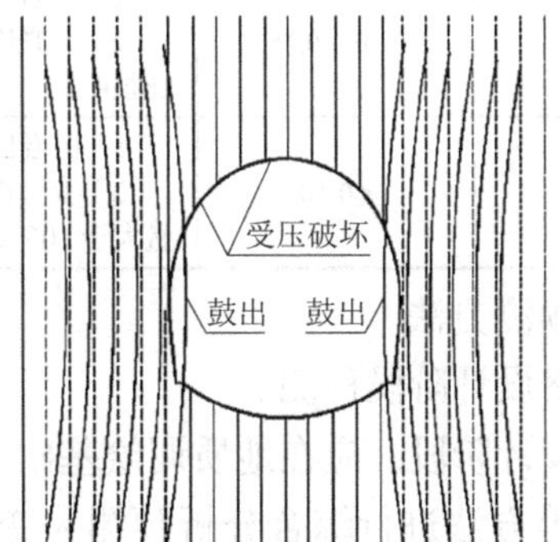

b) 变形模式

图 5-2 岩层扩容弯折型大变形掌子面及变形模式图

（2）主要影响因素

软岩大变形是众多因素综合作用的结果，通过对近几年典型高地应力软岩大变形铁路隧道统计分析，初始地应力、岩体强度是主控因素，同时岩层产状、工程设计及施工技术也与之密切相关。

4）大变形分级及预测

（1）分级标准

分级标准是确定隧道设计措施的主要依据，涉及两个核心问题，一个是大变形等级分类，另一个是分级指标。从国内外软岩大变形分级指标的调研情况来看，主要分级指标一般包括强度应力比、初始地应力及隧道初期支护的相对变形量三项，个别也有利用多项指标进行综合判断分级。为便于现场操作，分级评判指标不宜太多。

《铁路隧道设计规范》（TB 10003—2016）和《铁路挤压性围岩隧道技术规范》（Q/CR 9512—2019）中将大变形分为三级，但分级标准有所差异，见表5-3。

现行规范分级对比　　表5-3

《铁路挤压性围岩隧道技术规范》（Q/CR 9512—2019）	大变形等级	一级	二级	三级
	围岩强度应力比	$0.3 \geqslant G_n > 0.2$	$0.2 \geqslant G_n > 0.15$	$G_n \leqslant 0.15$
《铁路隧道设计规范》（TB 10003—2016）	大变形等级	Ⅰ级	Ⅱ级	Ⅲ级
	围岩强度应力比	0.25～0.5	0.15～0.25	<0.15

综合相关规范及成兰、兰渝等铁路的经验，将高地应力软岩隧道分为一、二、三、四级，具体见表5-4。

高地应力软岩隧道地质分级　　表5-4

大变形等级	围岩强度应力比	围岩变形特征
一级	0.20～0.30	（1）围岩有一定自稳能力，开挖后围岩位移较大，以塑流型、弯曲型、滑移型变形模式为主，兼有剪切型变形。 （2）支护局部出现开裂或破损，相对变形量1%～2.5%
二级	0.15～0.20	（1）围岩自稳时间短，开挖后围岩位移大，持续时间较长，以塑流型、弯曲型变形模式为主。 （2）支护开裂或破损严重，相对变形量2.5%～5%
三级	0.10～0.15	（1）围岩自稳时间很短，开挖后围岩位移很大，持续时间长，以塑流型为主。 （2）支护开裂或破损很严重，相对变形量5%～10%；洞底有隆起现象，流变特征很明显
四级	≤0.10	（1）围岩自稳时间很短，开挖后围岩位移很大，持续时间很长，以塑流型为主。 （2）变形极难控制，采用加强支护仍出现很严重的开裂或破损情况，相对变形量大于10%；洞底有明显隆起现象，流变特征很明显

（2）预测方法

①勘察设计阶段预测。

勘察设计阶段，应在地质调绘基础上，采用遥感、物探、挖探、钻探、硐探、测试、室内试验等方法进行综合分析预测大变形，为设计提供依据，合理确定工程投资和建设工期。

通过地质调绘、勘探和测试，初步查明软岩大变形的段落和工程地质特征；通过钻探详细查明软弱围岩的岩性特征、原始地应力情况，并结合地质分析方法和应力反演技术等手段查明区域地应力水平等情况；通过测试手段，测试岩体强度。通过以上勘察手段，获取区域地应力水平、软弱围岩岩性特征、岩体强度等地质参数，根据分级标准对大变形进行预测。

②施工阶段预测。

施工阶段应开展核查工作，并结合地质勘察资料和设计文件，采用超前地质预报、地质分析方法、监控量测手段和数值模拟技术进行定量、定性的综合预测，根据预测结果调整设计。

对勘察设计阶段预测可能出现中等及以下大变形段落，应结合围岩情况、围岩弹性波速等，采用超前地质预报和地质分析法进行定性判定；对预测出现三级及以上大变形情况，除采用上述方法判定外，必要时还应采用强度应力比和地应力测试方法进行定量判定，最后结合定性判定和定量判定综合确定。

5.1.2 大变形隧道设计对策

1）大变形控制理念及原则

极复杂环境隧道软岩大变形控制应遵循“优化洞形、主动加固、分级控制、强化支护”的基本原则，贯彻“快开挖、快支护、快封闭”的理念。

“快开挖”——采用微台阶开挖取代传统的多台阶开挖，避免多次扰动围岩。

“快支护”——开挖后及时封闭岩面，尽快施作喷锚网等支护措施，防止高地应力软岩长时间暴露产生更大变形，并根据监测数据动态调整支护参数。

“快封闭”——支护结构尽快封闭成环，在最短的时间发挥最有效的作用。

机械化配套技术是实现施工“快”的基础，软岩大变形段应结合环境条件和作业要求配备自动化程度高的施工机械设备，提高施工效率，降低劳动强度，保证施工质量。

（1）针对一、二级大变形，以优化洞形、主动支护为主，保护、加固围岩，控制变形。

（2）针对三、四级大变形，在优化洞形的基础上，进一步加强主动支护措施，采取必要的让压措施适度释放能量，强化初期支护刚度，控制围岩变形。

2）设计措施

（1）优化断面形状

隧道断面内轮廓首先要满足建筑限界的要求；同时，作为一种承载结构，还应兼顾结构受力和经济性。对大变形隧道，衬砌内轮廓应结合建筑限界、跨度、大变形等级等综合确定，可采用椭圆形、近圆形或圆形内轮廓。

①单线隧道：一、二级大变形地段，可采用椭圆形轮廓；三、四级大变形地段，可采用圆形轮廓。其中，仰拱矢跨比，一级大变形地段不宜小于 1/8，二级大变形地段不宜小于 1/6，三、四级大变形地段仰拱宜采用圆形。

②双线隧道：双线隧道具有轨面以上衬砌内轮廓近圆形的特点，因此，一、二级大变形地段仅需对仰拱矢跨比进行调整即可。其中，一级大变形地段不宜小于 1/10，二级大变

形地段不宜小于1/8，三、四级大变形地段衬砌宜采用近圆形或圆形。

（2）强化主动支护体系，充分发挥围岩自承能力

高地应力软弱围岩地段，通过采用主动支护体系，充分发挥围岩自承能力，提高支护结构强度和刚度（必要时）等工程措施，控制隧道围岩产生过大变形。主动支护体系设计应选用合适的预应力锚杆（索）参数，提高锚固体系的施工效率，实现主动加固围岩，充分发挥围岩自承能力。结合地质条件，锚杆可针对性选用涨壳式锚杆、树脂锚杆、自进式锚杆以及锚索等，配合联结钢带、防护网等形成预应力锚固体系。为满足快速施工、平行施工的需要，锚固体系设计可长短结合、分序施作。对于三、四级大变形地段，采取必要的让压释能设计，结合现场试验及数值模拟，合理确定预留变形量；采用高性能喷射混凝土（提高喷射混凝土早期强度及柔性）及大刚度钢架，适时约束围岩变形。

（3）改善开挖方法，减少对围岩扰动

施工过程中应尽量减少对隧道周边围岩的扰动，限制隧道周边塑性区发展，充分发挥围岩的自稳能力，以控制围岩变形。施工实践表明，隧道软岩段采用机械开挖工法或钻爆法大断面施工工法（图5-3），可减少对围岩的扰动，且可实现支护尽早闭合成环，控制围岩变形效果较为明显，因此，机械开挖工法和钻爆法大断面施工工法是控制软岩变形的较为理想的开挖方法。

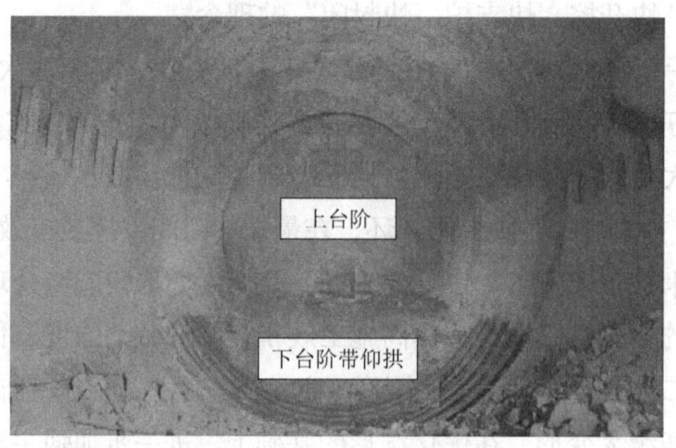

图5-3　大断面施工工法

针对不同等级的软岩大变形，其基本措施见表5-5。

极复杂环境铁路软岩大变形基本措施（预设计）　　表5-5

线别	等级	断面形式	喷射混凝土	系统锚杆（索）	钢架	径向注浆	特殊措施	二次衬砌
单线	一级	必要时加大曲率断面	C30	短锚杆	I 20型钢	可采用		钢筋混凝土
	二级	加大曲率断面	C30	中、短锚杆	H175型钢	宜采用		钢筋混凝土
	三级	圆形	C30	长、短锚杆	HW175型钢	应采用	必要时锚索、多层支护、应力释放	钢筋混凝土
	四级	圆形	C30	长、短锚杆	HW175-HW200型钢（双层）	采用	必要时锚索、应力释放、掌子面前方加固	钢筋混凝土

续上表

线别	等级	断面形式	喷射混凝土	系统锚杆（索）	钢架	径向注浆	特殊措施	二次衬砌
双线	一级	加大曲率断面	C30	短锚杆	I 22 型钢	可采用		钢筋混凝土
	二级	加大曲率断面	C30	中、短锚杆	H200 型钢	宜采用		钢筋混凝土
	三级	近圆形	C30	长、短锚杆	HW200 型钢	应采用	必要时长锚索、多层支护、应力释放	钢筋混凝土
	四级	圆形	C30	长、短锚杆、锚索	HW200-HW200 型钢（双层）	采用	必要时应力释放、掌子面前方加固	钢筋混凝土

（4）二次衬砌施作时机

①二次衬砌作用。

对于稳定性较好的围岩，二次衬砌主要作用是安全储备和防水；而对于高地应力软岩大变形隧道，初期支护变形量及变形速率均较大，很难在短时间内趋于稳定，仅仅依靠初期支护不足以抑制围岩变形的发展，二次衬砌将承受部分后期围岩形变压力。

②施作时机确定方法。

高地应力软岩地质条件下，特别是围岩强度应力比极低时，围岩压力大，流变特性显著，隧道变形持续时间长。二次衬砌施作时机是否适宜，关系到二次衬砌承载能力的发挥、隧道结构稳定及运营安全。二次衬砌对于控制高地应力软岩隧道变形具有显著的作用。从控制变形角度来说，二次衬砌施作越早，对控制变形越有利，但受力也就越大，易导致二次衬砌开裂破坏。确定合理的二次衬砌施作时机，应结合软岩隧道变形大、变形持续时间长的特点，既要围岩释放一部分自由变形，防止围岩压力过大破坏二次衬砌，又要防止变形过大导致衬砌结构失稳破坏。但目前国内对二次衬砌施作时机的控制标准不尽相同。

3）工程案例

（1）成兰铁路二次衬砌施作时机

结合成兰铁路科研成果及施工实践经验，软岩大变形地段二次衬砌施作时机见表 5-6。

大变形地段二次衬砌施作时机　　表 5-6

隧道断面	大变形等级	变形速率准则
单线隧道	一级	拱顶下沉速率达到 0.2mm/d，边墙收敛速率达到 0.5mm/d
	二级	
	三、四级	拱顶下沉速率达到 0.2mm/d，边墙收敛速率达到 0.6mm/d
双线隧道	一级	拱顶下沉速率达到 0.2mm/d，边墙收敛速率达到 0.5mm/d
	二级	
	三、四级	拱顶下沉速率达到 0.3mm/d，边墙收敛速率达到 0.6mm/d

（2）兰渝铁路二次衬砌施作时机

兰渝铁路工程实践表明，大刚度衬砌适当提前施作是稳定隧道变形的有效方法。适当提前施作二次衬砌，合理的施作时机十分重要。应考虑围岩蠕变、结构可靠性和耐久性，经理论分析、现场监测等综合手段进行确定，兰渝铁路软岩隧道二次衬砌施作时应满足以下条件。

①隧道周边变形速率明显趋于减缓。

②变形速率（不小于 7d 的平均值）：双线≤ 2mm/d，单线≤ 1mm/d。

③初期支护表面裂隙已稳定，不再继续发展。

从目前的工程实践来看，对于一、二级变形已有较为成熟的变形控制技术；三、四级变形目前也有一定的技术储备。但鉴于软岩大变形的复杂性，高地应力软岩大变形隧道二次衬砌施作时机还需结合现场试验、科研攻关等进一步研究与创新，指导超大埋深、极高地应力软岩大变形隧道建设。

5.2 高地应力岩爆隧道

5.2.1 岩爆隧道特征及要点

1）岩爆定义

关于岩爆的定义，不同学者的表述不尽相同。目前在国内文献中引述最多的岩爆定义是王兰生（1998）提出的：地下空间开挖过程中，高地应力条件下的洞室围岩因开挖卸荷而引起周边围岩产生应力分异作用，造成岩石内部破裂和弹性能突然释放而引起的爆裂松脱、剥离、弹射乃至抛掷性破坏现象。

相关文献对岩爆做出如下定义：岩爆是指在地下工程开挖或其他外界扰动下，初始高应力的存在使深部岩体储存大量的弹性变形势能，这些弹性变形势能突然释放，导致围岩爆裂、弹射的动力现象。

2）岩爆预测方法

目前岩爆预测的常用方法主要有地质综合分析法和理论分析法两种。

（1）地质综合分析法

地质综合分析法以勘察设计阶段地勘资料为基础，研究区内高地应力环境、岩性及围岩条件、构造地质条件、水文地质条件等，在此基础上进行地质综合分析评价预测。主要考虑的因素有高地应力条件、岩性及围岩条件、构造地质条件、水文地质条件等。

（2）理论分析法

①强度应力比法。

目前岩爆预测采用最多的是强度应力比判据。《水利水电工程地质勘察规范》（GB 50487—2008）给出强度应力比判据标准，见下式：

$$\frac{R_b}{\sigma_{max}}=\begin{cases}4\sim7 & \text{轻微岩爆}\quad(\text{I级})\\2\sim4 & \text{中等岩爆}\quad(\text{II级})\\1\sim2 & \text{强烈岩爆}\quad(\text{III级})\\<1 & \text{极强烈岩爆}(\text{IV级})\end{cases}\tag{5-1}$$

此外，还有基于强度应力比的陶振宇判据、巴顿判据等。

②临界深度法。

侯发亮认为若洞室埋深较大，即便无构造应力作用，由于上覆岩体自重作用，洞室也可能会发生岩爆，并根据弹性力学推导出仅考虑上覆岩体自重情况下的临界埋深计算公式：

$$H_{cr} = 0.31\sigma_b \frac{1-\mu}{3-4\mu}\gamma \tag{5-2}$$

式中：μ——泊松比；

σ_b——岩石饱和单轴抗压强度（MPa）；

γ——岩石重度（N/m^3）。

值得注意的是，岩爆的临界深度判据是只考虑岩体自重作用下发生岩爆的判别方法，某些位置岩体虽然不满足最小埋深条件，但是若构造应力较大，也有发生岩爆的可能。

③应力强度比法。

利用洞壁最大切向应力$\sigma_{\theta_{max}}$与岩石单轴抗压强度R_c与之比进行判别，该方法中洞壁最大切向应力属于洞室开挖后的二次应力状态，其实测值须在洞室开挖后进行测试，因此多用于施工阶段岩爆预报。将其应用于前期岩爆预测时，则需以数值模拟手段获取洞室最大切向应力。应力强度比法判据诸多，岩爆等级阈值取值也不尽相同，常用的有 Hoek 判据、Russense 判据、安德森判据、王兰生判据、关宝树判据等，其中 Hoek 判据见下式：

$$\frac{\sigma_{\theta_{max}}}{R_c} = \begin{cases} 0.34 & \text{少量片帮，弱岩爆} \\ 0.42 & \text{严重片帮，中等岩爆} \\ 0.56 & \text{需重型支护，强烈岩爆} \\ \geqslant 0.7 & \text{严重破坏，严重岩爆} \end{cases} \tag{5-3}$$

④能量法。

由岩石室内试验获取岩石能量相关的物理力学参数并建立岩爆预测判据的方法，最常用的方法是冲击能系数判据：由岩石全应力-应变曲线峰值前后部分与坐标轴围成面积之比定义冲击能系数W_{cf}，并以此预测岩爆等级，见下式：

$$W_{cf} = \begin{cases} < 1.0 & \text{无岩爆} \\ 1.0 \sim 2.5 & \text{轻微岩爆} \\ 2.5 \sim 5.0 & \text{中等岩爆} \\ > 5 & \text{严重岩爆} \end{cases} \tag{5-4}$$

⑤其他方法。

除上述方法外，还有岩石脆性系数法、复合判据法（如秦岭隧道岩爆判据、天生桥二级水电站引水隧洞判据）等岩爆预测方法。

3）岩爆预测和分级

关于岩爆分级及分级标准目前尚未统一，但总体上以三、四级分级为主。三级即为：轻微岩爆、中等岩爆、强烈岩爆；四级即为：轻微岩爆、中等岩爆、强烈岩爆、极强岩爆。

岩爆根据工程实施阶段不同预测分为勘察设计阶段的岩爆预测评价和施工阶段的岩爆预报。

（1）勘察设计阶段预测评价

勘察设计阶段所能获取的地应力、岩石强度等参数较少，因此岩爆预测的手段有限，通常依据强度应力比法、临界深度法、岩石脆性系数法等进行判别，应用最为广泛的方法是《铁路隧道设计规范》（TB 10003—2016）和《水利水电工程地质勘察规范》（GB 50487—2008）中给出的强度应力比法，目前多数工程勘察设计中均采用这一方法。

在极复杂环境铁路隧道勘察设计阶段可采用地质调查分析法、强度应力比法、临界埋深法等方法对岩爆进行综合评价。

①岩爆初判。

地质调查分析法，根据工程经验初步判断岩爆可能发生的区段和等级，地质调查可按《铁路隧道超前地质预报技术规程》（Q/CR 9217—2015）相关要求规定，同时满足表 5-7 的条件时，可初步判定为隧道可能发生岩爆。

岩爆的初判条件　　表 5-7

判定项目	环境地质条件
初始地应力状态	$R_c/\sigma_m \leqslant 7$
岩石坚硬程度	$R_c \geqslant 60$MPa
隧道埋深	一般大于 500m 的段落
岩体完整程度	$K_v > 0.55$

临界埋深法，当隧道位于较完整或完整的中硬、坚硬岩体且无地下水活动的地段，地应力主要由岩体自重产生，可根据下式计算临界埋深：

$$H_{cr} = 318R_c\frac{1-\mu}{3-4\mu}\gamma \tag{5-5}$$

式中：H_{cr}——临界埋深，即发生岩爆的最小埋深（m）；

R_c——岩石饱和单轴抗压强度（MPa）；

μ——岩石泊松比；

γ——岩石重度（kN/m³）。

②岩爆等级评价。

勘察设计阶段可依据表 5-8 强度应力比法进行岩爆等级的评价。

岩石强度应力比法岩爆等级评价　　表 5-8

判别阈值	岩爆等级
$4 < R_c/\sigma_m \leqslant 7$	轻微岩爆（Ⅰ）
$2 < R_c/\sigma_m \leqslant 4$	中等岩爆（Ⅱ）
$1 < R_c/\sigma_m \leqslant 2$	强烈岩爆（Ⅲ）
$R_c/\sigma_m \leqslant 1$	极强岩爆（Ⅳ）

（2）施工阶段岩爆预测

施工阶段，可以获取岩爆现场第一手岩爆信息，因此常常根据岩爆发生时声响特征、运动特征、爆坑深度、岩块形态、对工程影响程度等表观现象来进行岩爆的分级。这种分级方法简单明了，便于操作，是岩爆分级的重要方法之一，但仅能用来定性分级，各等级之间并无明确的界限，具体可参照表 5-9 办理。

岩爆分级标准 表 5-9

岩爆等级	岩爆破坏深度D（m）	岩爆沿洞轴线破坏长度L（m）	爆块平均弹射初速度v_0（m/s）	爆块特征	声响特征	主要现象
轻微	$D < 0.5$	$0.5 \leqslant L < 1.5$	$v_0 < 1$	呈薄片状～板状，厚 1～5cm	清脆的噼啪、撕裂声，似鞭炮声，偶有爆裂声响	围岩表层有爆裂脱落、剥落现象，内部有噼啪、撕裂声，人耳偶尔可听到，无弹射现象；主要表现为洞顶的劈裂—松脱破坏和侧壁的劈裂—松胀、隆起等。岩爆零星间断发生，影响深度小于 0.5m；对施工影响较小
中等	$0.5 \leqslant D < 1$	$1.5 \leqslant L < 5$	$1 \leqslant v_0 < 5$	呈薄片状、板状和块状，板状岩石厚 5～20cm，块状岩石厚 10～30cm	清脆的似子弹射击声或雷管爆破的爆裂声，围岩内部偶有闷响	围岩爆裂脱落、剥离现象较严重，有少量弹射，破坏范围明显。有似雷管爆破的清脆爆裂声，人耳常可听到围岩内的岩石的撕裂声；有一定持续时间，影响深度 0.5～1.0m；对施工有一定影响
强烈	$1 \leqslant D < 3$	$5 \leqslant L < 20$	$5 \leqslant v_0 < 10$	围岩大片爆裂脱落、抛射，伴有岩粉喷射现象，块度差异较大，大块体与小岩片混杂，呈薄片状、板状和块状，块状岩石厚 20～40cm	似炸药爆破的爆裂声，声响强烈	围岩大片爆裂脱落，出现强烈弹射，发生岩块的抛射及岩粉喷射现象；有似爆破的爆裂声，声响强烈；持续时间长，并向围岩深部发展，破坏范围和块度大，影响深度 1～3m；对施工影响大
极强	$D \geqslant 3$	$L \geqslant 20$	$v_0 \geqslant 10$	围岩大面积爆裂垮落，岩粉喷射充满开挖空间，块度差异大，大块体与小岩片混杂，最大块体厚度一般可达 1m	低沉的似炮弹爆炸声或闷雷声，声响剧烈	围岩大片严重爆裂，大块岩片出现剧烈弹射，震动强烈，有似炮弹、闷雷声，声响剧烈；迅速向围岩深部发展，破坏范围和块度大，影响深度大于 3m；严重影响工程施工

施工阶段可以借助地下洞室内部靠近原岩的天然优势及更加精确的测试手段，采用更多方法对岩爆进行定量分级。如利用原位测试获得的洞壁切向应力，可采用多种应力强度比判据对岩爆进行分级；也可采用现场实测法，进行掌子面前方岩爆的评价和预测，如利用微震监测技术为现场岩爆分级提供有效途径。基于微震能量的岩爆分级方法也被提出，并应用于引汉济渭秦岭隧洞、拉林铁路巴玉隧道、锦屏引水隧洞等项目中。

上述各种岩爆预测方法各有优势，在具体实施过程中，可依据工程实际及其需求进行选用，但从目前岩爆预测实施效果来看，岩爆预测中仍存在如下技术难题。

①预测结果的准确率仍偏低。基于既有工程实践看，即使采用先进的预测技术，预测结果准确率也仅可达到 70%左右，因此，如何提升预测结果准确性仍是困扰岩爆预测的关

键技术难题。

②无论采用何种预测技术，预测仍具有工程局限性。如对于不同的工程，由于工程条件有所不同，岩爆预测判据会存在差异，如何建立一种普遍性的岩爆预测判据，从而准确指导不同工程岩爆预测，也是岩爆预测中亟待解决的技术难题。

因此，隧道岩爆预测，在初步设计阶段采用地质综合分析及强度应力比准则进行；在岩爆隧道施工过程中，应根据现场岩爆发生情况及围岩力学参数实测数据，进一步细化岩爆评价、预测准则，动态指导岩爆隧道的设计与施工。

5.2.2 岩爆隧道设计对策

1）岩爆防治原则

结合目前国内外岩爆隧道的调研及分析，隧道岩爆处理措施应根据岩爆类型和等级，遵循“预警先行、主动控制、多机少人、保证安全”的总体原则，开展岩爆防治设计和施工。在工程措施方面，设计时根据地质勘察资料，做好岩爆判别和岩爆等级划分，制定针对性防治预案；施工中加强岩爆监测，做好岩爆发生可能性与岩爆级别的预测、快速施作喷锚支护、加强超前支护，同时辅以加强光面爆破效果等措施进行综合防治；在人员装备方面，应立足于大型机械化施工，提高设备的自动化、智能化水平，提高设备防护能力，减少作业人员，进一步降低岩爆地段人员安全风险。

2）设计措施

（1）选择合适的隧道断面形状，以改善围岩应力状态。尽量选用圆形或类圆形断面，避免因尖角引起的应力集中。

（2）轻微～中等岩爆，宜采用全断面法开挖，加强光面爆破效果，减小爆破孔周边眼的间距，减少爆破施工对围岩的不良扰动；可提高围岩稳定性，具有封闭成环快、机械化程度高的特点。合理控制循环进尺，轻微岩爆 3.0～4.0m，中等岩爆 2.0～3.0m，强烈～极强岩爆 1.0～2.0m。钻爆法隧道采用台阶法施工时，应根据围岩条件、岩爆等级和施工设备合理确定台阶长度和高度，宜采用短（微）台阶法施工。

（3）对于钻爆法隧道，可采用超前应力释放孔或掌子面应力解除爆破等措施，提前释放围岩聚集能量，尽量降低岩爆风险。

（4）支护结构系统采用喷射混凝土、涨壳式中空预应力锚杆、钢筋网或高强柔性钢丝网、格栅钢架或型钢拱架组成联合支护结构体系。

（5）岩爆隧道对围岩的二次扰动，是产生二次岩爆的诱因，双洞岩爆隧道宜适当增大隧道净距。

（6）岩爆隧道施工应采用地质综合分析、地应力测试、岩石物理力学试验、现场监测等方法对设计岩爆等级进行核对，进行动态调整和修正，并及时总结岩爆规律，指导后续设计、施工。

（7）施工机械设备配备应遵循“经济适用、高效、节能环保”的原则。积极采用大型机械化配套作业，推行少人化、自动化和信息化施工，选配高原配置型机械，并满足岩爆隧道施工工法需要。掘进机施工，应遵循“先预测、再施工”的原则，提前实施岩爆预防措施。

（8）极复杂环境铁路单双线钻爆法隧道岩爆地段及 TBM 法隧道岩爆地段支护参数分别见表 5-10 和表 5-11。

钻爆法隧道岩爆地段支护参数（预设计） 表 5-10

线别	岩爆等级	围岩级别	喷射混凝土厚度（cm）	钢筋网	锚杆	钢架
单线	轻微	Ⅱ	5	—	局部设置（岩爆部位），ϕ25mm，$L=3$m	—
		Ⅲ	8	—	拱墙设置，ϕ25mm，$L=3$m，间距 1.5m	—
	中等	Ⅱ	5	拱墙设置，消能防护网	拱墙设置，ϕ25mm，$L=4$m，间距 1.0m	必要时设置
		Ⅲ	8	拱墙设置，消能防护网	—	
	强烈	Ⅱ、Ⅲ	初喷 5cm，复喷 15cm	拱墙设置，消能防护网	拱墙设置，ϕ25mm，$L=5$m，间距 1.0m	拱墙设置，HW125 钢架 ，间距 1.2m
	极强	Ⅱ、Ⅲ	初喷 5cm，复喷 18cm	拱墙设置，消能防护网	拱墙设置，ϕ25mm，$L=6$m，间距 1.0m	拱墙设置，HW150 钢架，间距 1m
双线	轻微	Ⅱ	5	—	局部设置（岩爆部位），ϕ25mm，$L=3$m	—
		Ⅲ	12	—	拱墙设置，ϕ25mm，$L=3$m，间距 1.5m	—
	中等	Ⅱ	5	拱墙设置，消能防护网	拱墙设置，ϕ25mm，$L=4$m，间距 1.0m	必要时设置
		Ⅲ	12	拱墙设置，消能防护网	—	
	强烈	Ⅱ、Ⅲ	初喷 5cm，复喷 19cm	拱墙设置，消能防护网	拱墙设置，ϕ25mm，$L=5$m，间距 1.0m	拱墙设置，HW150 钢架，间距 1.2m
	极强	Ⅱ、Ⅲ	初喷 5cm，复喷 21cm	拱墙设置，消能防护网	拱墙设置，ϕ25mm，$L=6$m，间距 1.0m	拱墙设置，HW175 钢架，间距 1m

注：喷射混凝土采用 C30 高性能钢纤维喷射混凝土；锚杆采用ϕ25mm 低预应力涨壳式中空注浆锚杆，或适应岩爆的特种锚杆。

TBM 法隧道岩爆地段支护参数（预设计） 表 5-11

岩爆等级	围岩级别	喷射混凝土厚度（cm）	钢筋网/钢筋排	锚杆	钢架
轻微	Ⅱ	局部（挂网处）喷 5	—	局部设置（岩爆部位），ϕ25mm，$L=3$m	—
	Ⅲ	12	—	拱墙设置，ϕ25mm，$L=3$m，间距 1.5m	—
中等	Ⅱ、Ⅲ	12	拱部 120°，ϕ18mm，钢筋排间距 5cm，边墙设置消能防护网	拱墙设置，ϕ25mm，$L=4$m，间距 1.0m	全环设置，HW100 钢架，间距 1.8m
强烈	Ⅱ、Ⅲ	12	拱部 120°，ϕ18mm，钢筋排间距 5cm，边墙设置消能防护网	拱墙设置，ϕ25mm，$L=6$m，间距 1.0m	全环设置，HW100 钢架，间距 0.9m
极强	Ⅱ、Ⅲ	17	拱部 120°，ϕ18mm，钢筋排间距 5cm，边墙设置消能防护网	拱墙设置，ϕ25mm，$L=6$m，间距 1.0m	全环设置，HW150 钢架，间距 0.9m

5.3 高地温隧道

5.3.1 高地温隧道特征及要点

1）高地温隧道定义

高地温是一个相对概念，是相较于常温地层而言的。目前，交通隧道、水利隧洞及矿井等相关行业规范尚未对高地温做出明确的定义。一般情况下，当隧道或矿井等地下工程所处的地质环境温度较高时，则可能在施工作业期间对洞内或井下人员身体健康、劳动生产率和结构安全性、耐久性等造成威胁和危害，因此习惯上将可能引发上述热害的异常地温视为高地温。在大瑞铁路高黎贡山隧道高地温勘察中，将地层温度大于28℃的地温带划分为高地温带。

2）隧道高地温影响因素及工程危害

（1）影响因素

①地质因素。

地热异常是地球内部热活动和各种自然、地质因素综合作用的结果，也是地壳中地热能局部集中的一种表现，其在地表常有热显示，如沸泉、温泉、喷气孔或钻孔中揭露地热热水等。地质因素包含热源、水源、储热层、构造、高程（埋深）等因素。

②环境及施工因素。

环境及施工因素包括地表大气状态的变化、围岩向隧道内散热、热水的涌出、机械机电设备散热、化学反应放热、人员放热等因素。

（2）主要工程危害

①恶化施工作业环境，降低劳动生产率，并严重威胁到施工人员的健康和安全。

②隧道高温高湿导致机械设备的工作条件恶化、效率降低、故障增多。

③高地温条件下导爆索、雷管等爆破器材性能稳定性下降，易出现瞎炮、哑炮等，易危及施工安全。

④喷射混凝土及二次衬砌混凝土水化热逸出受困，初期支护及二次衬砌早期强度较常温高，但后期强度明显倒缩，极易影响支护结构承载能力。

⑤高温差条件下产生的附加温度应力可能引起衬砌结构出现开裂，对衬砌结构的安全及耐久性不利。

⑥影响防水材料的选取，如止水带、排水盲管及防水板等。

⑦隧道建成运营后，可能因洞内环境温度过高引起隧道养护维修困难，从而可能导致运营成本大幅度提高。

3）隧道热源分布特征

（1）隧道围岩散热的基本规律

隧道围岩的散热包括围岩向岩壁的热传导和围岩壁与洞空气的对流热交换，不同条件下隧道围岩散热差别如下：

①新掘进隧道围岩的散热。

围岩在隧道掘成初期，通风后，由于原始围岩温度与风流温差较大，围岩与风流的热交换比较活跃，冷却带会迅速扩大，靠近巷道的围岩迅速降温，风流温度上升。

②通风时间长的隧道围岩的散热。

当通风时间到某一程度后（一般是一年之后），围岩与风流已进行了较充分的热交换，冷却带扩大趋势变弱，隧道壁面的温度逐渐接近风流的温度。

③干燥隧道围岩的散热。

在岩石中开掘隧道后，当有比围岩原始温度低的风流通过时，因为存在温差，故隧道壁以对流放热方式向风流放热，而围岩体以热传导的方式向被冷却的隧道壁传导热流，与此同时，周围深部的围岩体也相应被冷却而形成冷却带。

④潮湿隧道围岩的散热。

当巷道壁面潮湿时，从围岩放出的一部分热量消耗作为水蒸发的潜热，剩余的部分才用于风流温度的上升。一般认为，消耗于潜热的热量远比显热大。隧道壁面温度与风流的温度差是隧道壁向风流放热的动力；而隧道内湿空气的浓度差，即含湿量的大小就是隧道壁面水分蒸发向风流放湿的动力。

（2）调热圈的形成机理

从热量传递的机理上说，有三种基本热传递方式，即热传导、热对流和热辐射。由于隧道工程位于地壳浅层，围岩的温度变化幅度较小，而热辐射的量值与物体绝对温度的四次方的差值成正比，故其可以忽略不计。所以在隧道工程的围岩温度场研究中只需考虑热传导与热对流，其中传导是岩体内部的热量传递的主要方式，对流传热主要发生在隧道内岩壁表面与隧道内流动空气之间。

在未开挖隧道之前，岩体基本上处于一种热平衡状态，即各点的温度为原始岩温。当开挖隧道并通风后，这种热平衡状态遭到破坏，岩体会散热给气流，气流又将热量带走，与此同时，岩体内部的温度不断降低，并且温度降低的范围不断向岩体内部延伸，直至达到新的热平衡状态。由传热学可知，这个延伸厚度随时间加长而不断变大。该厚度的外边界有一个特点，即该处的岩体温度接近原始岩温，在这一外边界所包围的岩体范围则是所谓的调热圈。调热圈对隧道风流的温度具有调节作用，影响调热圈的因素除进风温度的年变化幅度外，其厚度随隧道围岩的导热系数的加大和通风时间延长而增大，一般在 25～60m 之间。隧道岩体调热圈的等温线分布如图 5-4 所示，隧道围岩调热圈半径的变化如图 5-5 所示。

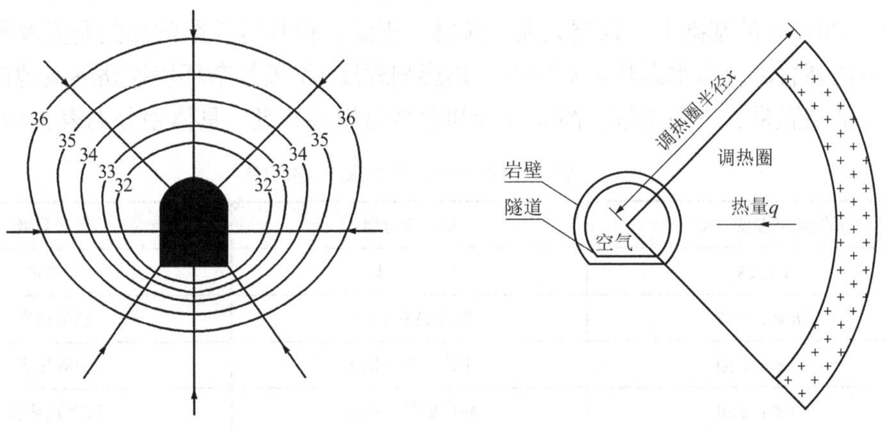

图 5-4 隧道岩体调热圈的等温线分布（单位：℃）

图 5-5 隧道围岩调热圈半径的变化

4）高地温隧道热害分级及预测

（1）热害分级

在大瑞铁路高黎贡山隧道高地温勘察中，根据我国目前隧道施工技术状况和劳动防护要求，依据断裂导热水能力、热害分析评估标准、降温处理措施提出了地温带分级及热害等级划分标准，并纳入《铁路工程不良地质勘察规程》（TB 10027—2012）的条文说明，具体见表 5-12。

大瑞铁路高黎贡山隧道地温带分级及热害评估　　表 5-12

<table>
<tr><th>地温带分级</th><th colspan="2">岩温t（℃）</th><th>断裂导热水能力</th><th>热害分析评估标准</th><th>降温处理措施</th></tr>
<tr><td>常温带</td><td colspan="2">$t \leqslant 28$</td><td>差</td><td>无热害</td><td>无须处理</td></tr>
<tr><td>低高温带（Ⅰ）</td><td colspan="2">$28 < t \leqslant 37$</td><td>弱</td><td>热害轻微</td><td>非制冷（加强通风）</td></tr>
<tr><td>中高温带（$Ⅱ_1$）</td><td rowspan="2">$37 < t \leqslant 60$</td><td>$37 < t \leqslant 50$</td><td>中等</td><td>热害中等</td><td>人工制冷</td></tr>
<tr><td>中高温带（$Ⅱ_2$）</td><td>$50 < t \leqslant 60$</td><td>较强</td><td>热害较严重</td><td>人工强制冷</td></tr>
<tr><td>超高温带（Ⅲ）</td><td colspan="2">$t > 60$</td><td>强</td><td>热害严重</td><td>专题研究</td></tr>
</table>

拉日铁路高地温隧道勘察过程中，结合该隧道的自然环境条件，对地温带分级及热害等级划分标准进行了细化分级，见表 5-13。

拉日铁路高地温隧道地温带分级及热害评估　　表 5-13

<table>
<tr><th>地温带分级</th><th colspan="2">岩温t（℃）</th><th>热害分析评估标准</th><th>降温处理措施</th></tr>
<tr><td>常温带</td><td colspan="2">$t \leqslant 28$</td><td>无热害</td><td>无须处理</td></tr>
<tr><td>低温带（Ⅰ）</td><td colspan="2">$28 < t \leqslant 37$</td><td>热害轻微</td><td>加强通风</td></tr>
<tr><td>中温带（Ⅱ）</td><td colspan="2">$37 < t \leqslant 45$</td><td>热害中等</td><td>加强通风、喷淋、个体防护</td></tr>
<tr><td>中高温带（$Ⅲ_1$）</td><td rowspan="2">$45 < t \leqslant 60$</td><td>$45 < t \leqslant 50$</td><td>热害较严重</td><td rowspan="2">加强通风、人工制冷、个体防护</td></tr>
<tr><td>中高温带（$Ⅲ_2$）</td><td>$50 < t \leqslant 60$</td><td>热害较严重</td></tr>
<tr><td>高温带（Ⅳ）</td><td colspan="2">$60 < t \leqslant 80$</td><td>热害严重</td><td>专题研究</td></tr>
<tr><td>极高温带（Ⅴ）</td><td colspan="2">$t > 80$</td><td>热害极严重</td><td>专题研究、绕避</td></tr>
</table>

极复杂环境铁路隧道高地温等级的划分，在《铁路工程不良地质勘察规程》（TB 10027—2012）的基础上，根据大瑞、拉林、玉蒙、拉日等铁路的相关研究及科研成果，结合隧道高岩温及高水温热害对隧道修建影响程度，将极复杂环境铁路隧道地温带分为常温带、低高温带、中高温带、高高温带和超高温带共五级，具体划分见表 5-14。

铁路隧道地温带分级及热害等级　　表 5-14

原始地层温度（℃）	地温带分级	热害等级
$t \leqslant 28$	常温带（Ⅰ）	无热害
$28 < t < 37$	低高温带（Ⅱ）	轻微热害
$37 \leqslant t < 50$	中高温带（Ⅲ）	中等热害
$50 \leqslant t < 60$	高高温带（Ⅳ）	较严重热害
$t \geqslant 60$	超高温带（Ⅴ）	严重热害

（2）高地温预测、预报

①高地温工程地质预测可充分利用热红外遥感技术、钻探、物探、化探、综合测井和室内试验等“空、天、地”一体化地质综合勘察技术，查明高地温隧道工程地质和水文地质特征，为工程选线及热害评估、工程设计提供基础地质资料。

②高地温隧道需进行针对性的超前地质预报专项设计，重点对岩温、高温热水等进行预测、预报，收集分析预报资料，及时反馈，调整设计并指导施工，降低隧道施工风险。超前地质预报以超前钻孔、加深炮孔和洞周探测等超前钻探法为主，以弹性波反射法、地质雷达探测法、红外探测法、时域瞬变电磁法等物探法为辅，结合地质调查，对水文地质、岩温情况等情况进行综合判定。

5.3.2 高地温隧道设计对策

1）高地温隧道热害防治原则

根据极复杂铁路隧道高地温类型、热害特征及自然环境条件，热害防治遵循“加强地质预报、热害分级防控、综合降温配套、合理适配材料、强化劳动保障”的设计原则，建立高地温隧道施工环境温湿防控体系，根据不同地温等级和热源形式，有针对性地采取通风降温、喷洒低温水冷却、局部冰块降温或机械制冷等综合降温措施，强化地下高温热水防治，并建立高温医疗卫生保健和健康监护体系，保障人员健康、安全、高效作业。根据高地温等级，选择合理的隧道衬砌结构和适应高地温环境的建筑材料，保障衬砌结构的安全性、稳定性和耐久性。

2）设计措施

（1）高地温隧道降温及安全设计

①为保障作业环境，高地温隧道施工可采用通风、喷雾洒水、冰块和机械制冷等综合降温手段，采用 TBM 法施工时，可采用局部喷淋、冰块、机械制冷、加强通风等综合降温措施。制冰降温如图 5-6 所示。

a)

b)

图 5-6　制冰降温

②高温热水地段，通过设置合适的排水通道、注浆封堵和热水隔热归管引排等措施，控制地下热水涌出。当掌子面前方存在大规模的高温热水或导热断裂，热水（汽）排放会严重恶化洞内作业环境时，应采取“以堵为主、限量排放”的原则，宜采用超前注浆封堵，控制湿热散逸；以基岩裂隙热水为主、排放不会造成地表失水风险且对洞内环境影响较小

时，可采取“控制散水、集中引排”的原则，宜采用径向注浆将散水封堵为股状水集中引排；洞内热水有条件时可综合利用，如可供施工营地取暖、用作隧道洞口段防寒抗冻、热水发电等。

③由于高地温对隧道爆破器材存在影响，施工中需根据炮孔温度选用合适的爆炸材料和爆破方案。当炮孔温度小于 50℃时，采用普通爆破器材；炮孔内温度位于 50～70℃时，采用耐 80℃高温的导爆管、导爆索；炮孔内温度大于 70℃时，采用耐 120℃高温的导爆管、导爆索，并改进装药结构，将雷管置于孔口，导爆索与炸药装入炮孔，由雷管在炮孔口激发导爆索，导爆索在孔底反向起爆炸药。

④高地温隧道监控量测，除进行常规监测外，还应对洞内环境温湿度，地下水温度，炮孔温度，氧气含量，有毒有害气体含量，洞内围岩温度，衬砌表面温度，洞口气象参数（温度、湿度、气压）等项目进行监测，量测频率可根据现场情况适当加大。设置制冷机组时，宜对降温效果进行测试。

⑤隧道高地温处置措施采用预设计，根据不同的热害等级、施工工法、洞外环境温度和临近江河等情况制定相应的施工预案，现场结合超前地质预报、开挖揭示的地质情况和洞内环境温度综合选用工程措施。施工预案可按表 5-15 办理，施工过程中进行动态调整。

高地温隧道施工预案 表 5-15

工程措施	温度（℃）			
	28～37	37～50	50～60	60～89（岩温） 60～82（水温）
加强通风	★	★	★	★
洒水喷雾降温	★	★	★	★
冰块降温	○	★	★	★
机械制冷降温	○	○	☆	★
超前帷幕注浆*	○	☆	★	★
局部径向注浆*	○	☆	★	★
隔热管（沟）排水	○	☆	★	★
个体防护	☆	★	★	★
高温爆破	—	○	≥50℃，耐高温导爆管反向起爆	≥70℃，增加乳化炸药隔热处理
TBM 制冷降温	○	☆	★	★
TBM 设备冷却	☆	★	★	★

注：*表示存在高温热水时采用；★表示应采用；☆表示宜采用；○表示可采用；冰块一般用于局部降温。

（2）高地温隧道结构设计

地温小于 37℃地段可采用普通复合式衬砌结构；地温 37～50℃地段，采用复合式耐热衬砌结构；地温 50℃及以上地段，应考虑温度应力，采用钢筋混凝土衬砌，并设置隔热层。

为进一步降低高地温对二次衬砌结构的危害，二次衬砌也可根据需要选用以下防裂措施：缩短混凝土衬砌一次浇筑长度，一般不大于 6.0m；在混凝土中混入降低干燥收缩的材料；二次衬砌内表面布设钢筋网。

根据相关研究的数值模拟计算结果，高地温对二次衬砌安全性影响较大。随着地温升高，隧道二次衬砌各个部位的安全系数呈下降趋势，特别是当岩温从 30℃升为 50℃时，安全系数下降明显。当岩温高于 50℃时，隧道混凝土二次衬砌安全系数会出现不满足规范要求的情况；当岩温高于 80℃时，一般Ⅳ级围岩隧道钢筋混凝土二次衬砌和Ⅴ级围岩隧道钢筋混凝土二次衬砌安全系数也出现不满足规范要求的情况。高地温隧道在勘察设计阶段，当无实测资料时，可参考表 5-16 开展预案设计，施工过程中进行动态调整。

高地温隧道结构设计措施　　表 5-16

温度范围（℃）	地温带分级	支护结构设计
$t < 37$	低高温带（Ⅱ）	标准设计
$37 \leqslant t < 50$	中高温带（Ⅲ）	优化喷射混凝土和模筑混凝土配合比
$t \geqslant 50$	高、超高高温带（Ⅳ、Ⅴ）	隔热层+初期支护加强+二次衬砌配筋，特殊设计混凝土配合比，选用耐高热型防水和隔热材料

（3）高地温隧道结构建筑材料

为确保结构的力学性能和耐久性，高地温隧道需根据温度采用耐热性等指标较好的喷射混凝土、模筑混凝土，隔热层、防排水和封闭隔热材料等建筑材料，并且材料施工前应先开展试验。

①喷射混凝土。在普通喷射混凝土材料中添加掺合料替代部分水泥，掺加减水剂，降低水灰比等措施减小热害影响，包括使用高炉矿渣水泥、添加高效引气剂等。

②二次衬砌混凝土。衬砌混凝土综合选用粉煤灰、高性能外加剂、复合掺合料等，并优化配合比。

③防水材料。岩温低于 50℃可采用常规防水材料，岩温高于 50℃时宜采用耐热型防水材料。

测试结果表明，当温度升高时，乙烯-醋酸乙烯酯共聚物（EVA）防水板和橡胶止水带的力学性能指标降低。高温对 EVA 防水板物理力学性能的影响规律是着重降低其横向上的拉伸强度和伸长率；高温对橡胶止水带物理力学性能的影响规律是着重提高其硬度，降低其撕裂强度。EVA 防水板和橡胶止水带在 50℃、55℃下的力学性能不满足相关规定要求。

④封闭隔热材料。封闭隔热材料应具有导热系数小、轻质、均质、吸水性差、耐火性好等特征，同时还需综合考虑其力学性能和经济指标。

选用隔热材料时，必须综合考虑隧道内的隔热要求，材料的性能、耐久性、经济指标等因素。目前建筑工程中使用的保温隔热材料品种繁多，通过对目前高地温隧道工程中采用的隔热材料进行比选，硅酸盐复合隔热材料和硬质聚氨酯隔热材料均具备优良的隔热性能、较高的结构强度、耐酸耐碱、施工便利等优点，相对而言，硬质聚氨酯隔热材料隔热效果较优。

⑤注浆材料。根据水温和水量情况宜选用凝结时间、强度、结石率等性能指标较好的

水泥-水玻璃双浆液或水泥浆材料。

⑥隧道衬砌应采用防水混凝土。二次衬砌混凝土抗渗等级不应低于 P10，地下水发育、侵蚀性环境等地段不应低于 P12。

5.4 活动断裂带隧道

5.4.1 活动断裂带隧道特征及要点

1）活动断裂定义

活动断裂一般理解为目前还在持续活动的断裂，或在历史时期或近期地质时期活动过、极可能在不远的将来重新活动的断裂。在我国由于第四纪的早更新世和中更新世之间的构造运动是一次大范围的大地运动，它引起的断裂活动基本上是一直延续至今的，而且由中更新世至今几十万年间的具体活动部位也没有多大改变，这个时期以来的活动性断裂与现代地震活动在空间分布上大体也相吻合，所以把中更新世以来有过活动痕迹的断裂，定为活动断裂；也可将晚第三纪以来，特别是第四纪以来有过一次或多次活动，有过小震活动或多次历史地震记载，有过地面破裂证据或发生过蠕动的断裂，定为活动性断裂。也可根据工程建设的需要，在近代地质时期（一万年）内有过较强烈地震活动或近期正在活动、在将来（今后一百年）可能继续活动的断裂定为全新活动断裂。

2）活动断裂特征

按构造应力状态及两盘相对位移的性质，活动断裂分为走向滑动断层（平移断层）、逆断层和正断层，其中以走向滑动断层最为常见。三种活动断裂由于几何特性和运动特性的不同，对工程的影响也各不相同。

活动断裂的长度和断距是表征活动断裂规模的重要数据，通常用强震导致的地面破裂（地震断裂或地表错断）的长度和伴随地震产生的一次突然错断的最大位移值表示。

活动断裂的错动速率是反映活动断裂活动强弱、断裂所在地区应变速率大小的重要数据。错动速率和地震重现周期是长期地震预报的重要数据。活动断裂以黏滑式间断性地产生突然错断，错动速率以平均错动速率表示。断裂的错动速率越大，其重复周期（地震重现周期）也就越短。突然错动事件总是伴有地震，所以重复错动周期也就是地震重现周期。活动断层的错动速率很小，一般为每年几毫米；板块边缘断层错动最强，一般为每年几厘米。

3）活动断裂带工程危害

（1）恶化工程地质条件

活动断层由于近期活动过，因此地层往往受挤压严重，使围岩软弱破碎，原始地应力高或者富水。在施工中，极容易出现塌方、突水涌泥或软岩大变形，给工程带来很大安全风险。

①岩体软弱破碎。

由于活动断裂两盘发生相对运动，常使断裂面附近岩石破碎成碎石或粉末，形成断层角砾或断层泥，岩体软弱破碎，如成兰铁路茂县隧道穿越龙门山后山活动断裂（茂汶断裂），开挖揭示活动断裂核部围岩受构造影响严重，节理裂隙较发育，围岩软弱破碎，掌子面围岩情况如图 5-7 所示。

a)

b)

图 5-7 茂县隧道穿越活动断裂带掌子面围岩情况

②构造地应力高。

活动断裂带由于上、下盘发生相对错动，常使其核部或影响带出现高地应力，且通常以构造应力为主，加之围岩软弱破碎，极易发生高地应力软岩大变形。如成兰铁路茂县隧道穿越茂汶活动断裂带，地应力测量结果显示，以构造水平应力为主，最大水平主应力为 27.51MPa，最大主应力方向为 N19.3°W，与洞轴线交角为 36.7°，最小水平主应力为 16.35MPa，中间应力为 19.291MPa，属于高地应力区。

③富水破碎。

如果活动断裂带岩体为灰岩、白云岩等可溶岩，由于上、下盘错动，岩体破碎形成导水通道，当有地下水来源时，常形成富水破碎带，隧道施工时易发生突水涌泥等风险。如成兰铁路跃龙门隧道穿越龙门山中央断裂带—高川坪活动断裂带，断层破碎带宽度 50～100m，断层活动方式为逆断兼右旋走滑。断层上盘为泥盆系中统观雾山组白云质灰岩，下盘为二叠系下统灰岩。掌子面揭示情况如图 5-8 和图 5-9 所示。受构造影响，岩体节理裂隙发育，岩体富水、导水性极好，活动断裂核部地下水极为发育，以构造裂隙水为主，岩溶弱～中等发育，局部可见溶蚀裂隙。隧道涌水多呈淋雨状流出，局部汇集至较宽大裂隙中呈股状流出。该段涌水量为$(1.5\sim2)\times10^4 m^3/d$。

图 5-8 隧道穿越活动断裂带掌子面围岩情况

图 5-9 隧道穿越活动断裂带掌子面地下水情况

（2）地震波引起衬砌结构强烈振动破坏

地震波包括 P 波、S 波、表面波（Rayleigh 波和 Love 波）。隧道遭受地震波作用时，将可能发生轴向变形、横断面压缩变形、轴向弯曲变形。轴向变形主要是由沿隧道纵向行进的

P 波所致。若 P 波入射方向与隧道轴线成正交，即 P 波沿隧道横断面方向行进时，将造成隧道横断面的压缩变形。轴向弯曲变形主要由沿隧道纵向行进的 S 波及表面波（如 Love 波）所造成。地震波引起隧道本身出现剧烈振动，产生的是循环交替的压应变和张应变，这是由于隧道的轴向变形和弯曲变形引起的。对于无衬砌或柔性衬砌的岩石隧道，在出现正弯曲时，衬砌顶板承受张应变，底部承受压应变；如果隧道衬砌的刚度比围岩大，则正好相反。这些应变叠加在隧道衬砌和围岩原有的压应变之上。当叠加压应变时，导致原有压应变进一步增大，衬砌即可能局部弯曲，出现剥落；如果叠加张应变且大于原有压应变，则由此产生的张应变状态可能导致某个部位的衬砌开裂。

（3）断层错动直接破坏结构

活动断裂的特殊性在于它的活动性，断裂破碎带产生蠕滑或黏滑，当发生蠕滑位移时，结构出现缓慢位移；当发生黏滑位错时，积聚的弹性应变能释放出来，从而发生地震。

断层错动使围岩直接产生剪切位移，它可以穿过覆盖层直达地表。这种剪切变形通常被限制在活动断层周围一个狭小的范围内，但这种突然的变位方式引起的隧道破坏是灾难性的，结构通常难以抵御，造成隧道主体破坏，如图 5-10 所示。

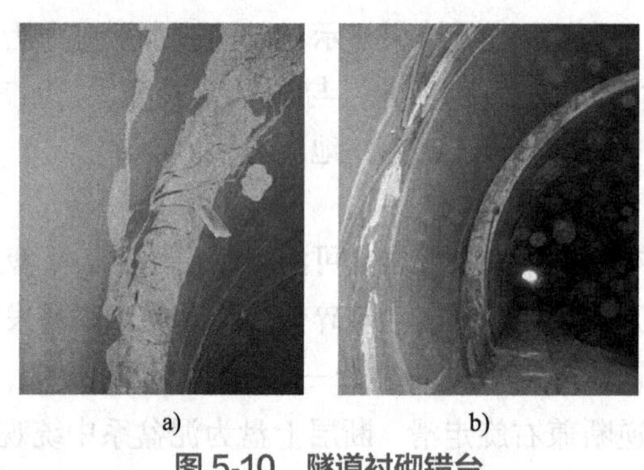

a)　　b)

图 5-10　隧道衬砌错台

5.4.2　活动断裂带隧道设计对策

1）活动断裂带隧道抗震设防目标

结合极复杂环境铁路隧道工程特点，在现行国家标准《铁路工程抗震设计规范》（GB 50111）对隧道工程的抗震设防目标基础上，经研究，提出穿越活动断裂带铁路隧道的设防总体目标为“蠕滑可控、黏滑抢通”。

（1）蠕滑可控。即对于活动断裂发生的小尺度（每年位移为毫米级）位移，隧道结构可适应变形，不影响或基本不影响正常使用功能。

（2）黏滑抢通。即对于活动断裂发生的大尺度（每次位错为米级）位错，隧道结构难以适应变形，但结构不出现大面积坍塌，具备抢修的条件。

2）活动断裂带隧道设计原则

活动断裂带是隧道抗震的薄弱环节，特别是遇到发震断裂时，断层带出现一定幅度的位错，将造成衬砌破坏垮塌，影响线路运营，造成生命财产损失。

活动断裂地段设计遵循“预留空间、优化断面、节段设计、运营监测”的总体原则，采用圆形衬砌结构，节段之间设置宽变形缝，断面内净空预留补强空间，并采取径向注浆加固围岩、加强支护结构、结构安全状态监测等措施。

3）结构抗断设计

（1）活动断裂设防范围及边界确定

活动断裂设防范围应综合考虑断裂带的倾角、与线路的交角、隧道断面大小、断裂带的性质等因素确定。施工阶段，为提高工程措施的针对性，防止定位不准导致断裂带外两侧抗错动衬砌延伸段长度不足或浪费，需准确定位活动断裂带的边界，超前地质预报中的超前取芯钻孔长度单次不宜小于 100m，在掌子面进入设计预测的活动断裂近端边界前，两次超前取芯钻孔间的搭接长度不应小于 50m。

（2）活动断裂带隧道内轮廓

活动断裂隧道拟定内轮廓时，在满足设计速度对应建筑限界的基础上，考虑活动断裂错动方向的不确定性，在水平和垂直方向按活动断裂百年错动量预留且不小于 30cm 的补强空间。为改善衬砌结构受力状态，单线隧道衬砌内轮廓宜采用圆形，双线隧道衬砌内轮廓采用近圆形。活动断裂单线隧道内轮廓采用圆形（图 5-11），双线隧道衬砌内轮廓采用近圆形（图 5-12）。

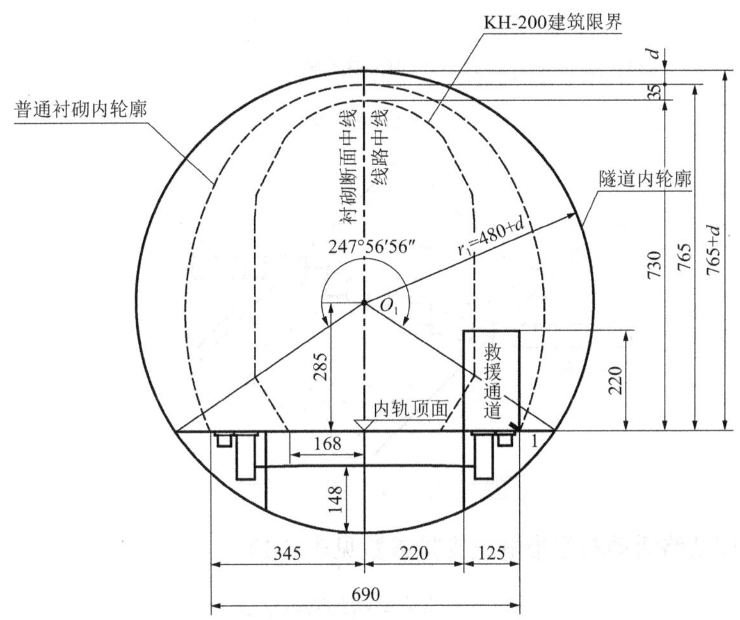

图 5-11　活动断裂带单线隧道内轮廓（尺寸单位：cm）

d-预留补强空间

（3）活动断裂带隧道支护结构设计

根据断层错动时隧道的变形特征，采用“大刚度环形衬砌 + 预留补强空间 + 组合宽变形缝”的结构体系，即尽量减小隧道节段长度，使断层带及其两侧一定范围内的节段保持相对独立，各刚性隧道节段间采用刚度相对较小的柔性连接。在断层错动时，破坏集中在连接部位或结构的局部，而不会导致结构整体性破坏，如图 5-13 所示。此类设计方法已在国内外大多数穿越活动断裂带的隧道得到运用。

目前活动断裂带隧道错动荷载不能准确计算，大多采用数值分析结合工程类比确定。但根据数值分析和模型试验，活动断裂带的节段应按“宜小不宜大”的原则，综合考虑对施工影响，缩短活动断裂带地段衬砌节段，以使隧道结构更好地适应变形。

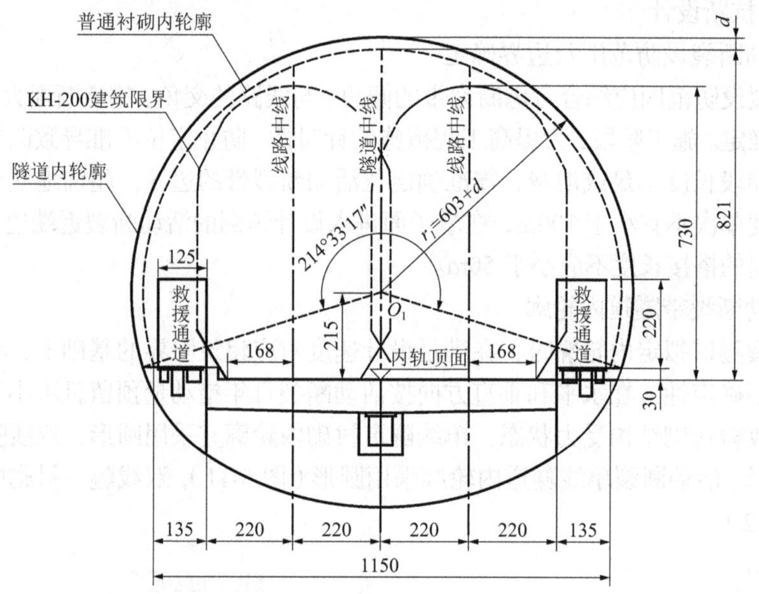

图 5-12　活动断裂带双线隧道内轮廓（尺寸单位：cm）

d-预留补强空间

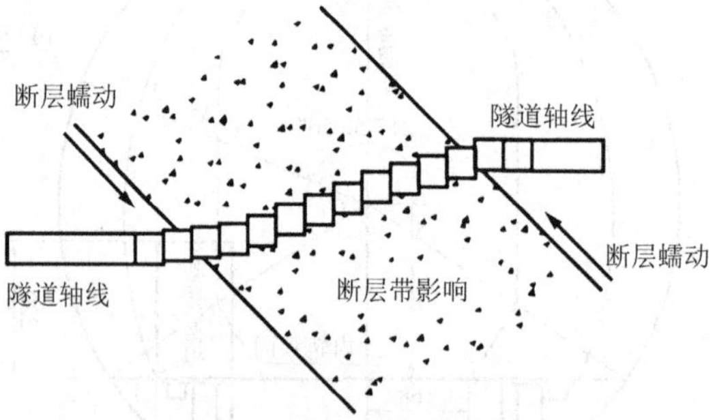

图 5-13　节段设计示意图

极复杂环境铁路活动断裂带隧道支护参数见表 5-17。

极复杂环境铁路活动断裂带隧道支护参数　　表 5-17

线别	断面形式	预留变形量（cm）	初期支护：C30 早强纤维喷射混凝土厚度（cm）拱墙	初期支护：C30 早强纤维喷射混凝土厚度（cm）仰拱	初期支护：注浆锚管 类型	初期支护：注浆锚管 长度（m）	初期支护：注浆锚管 环×纵（m×m）	初期支护：钢筋网（cm×cm）	加强支护：钢架	二次衬砌厚度（cm）拱墙	二次衬砌厚度（cm）仰拱
单线	圆形	8～10	27	27	ϕ42mm 注浆锚管	5	1.5×1.5	全环ϕ8mm 20×20	全环 I 20b 0.6m/榀	45*	45*
双线	近圆形	12～17	27	27	ϕ42mm 注浆锚管	5	1.5×1.5	全环ϕ8mm 20×20	全环 H175 0.6m/榀	60*	65*

注：*表示钢筋混凝土。

（4）组合变形缝设计

活动断裂带隧道通过在二次衬砌设置一定宽度的宽变形缝实现隧道分节段及柔性连接，变形缝的设置宽度和间距根据活动断裂的宽度、百年位错量等参数确定。

断层发生错动之后，在断裂破碎带内出现了大面积的塑性损伤破坏区域，但由于设置了连续变形缝，塑性损伤的变化趋势被变形缝截断。虽然根据研究得出变形缝间距越小越好，而变形缝宽度越大越好，但是过小的变形缝间距设计和过大的变形缝宽度在结构设计上将带来变形缝防排水、节段施工等问题。因此，应采用合理的变形缝间距和宽度。

为实现“大刚度衬砌环＋组合变形缝”的设计，在活动断裂衬砌范围内采用宽变形缝。宽变形缝的宽度是常规变形缝宽度的 5～8 倍，宽变形缝间距为几米至十几米不等。活动断裂部与普通围岩分界处前后一定范围采用宽变形缝且其间距小，其余设防范围可适当采用小宽度的变形缝且间距较大。

（5）轨道结构的适应性设计

活动断裂每年以几毫米至数十毫米的速率不断错动。为便于轨道及时、方便、快捷调整，以及应对突发性、较大错动，活动断裂带轨道应具有快速修复、可调整量大等特点。

在相同的断层错动量下，有砟轨道结构钢轨所受应力明显小于无砟轨道。钢轨应力过大会减少其疲劳寿命，严重情况下会导致钢轨变形、断裂，甚至列车脱离轨道，给列车的运行带来巨大的安全隐患。相比无砟轨道结构，活动断裂带隧道采用有砟轨道结构，具有以下优点：

①无砟轨道为整体结构，对下部基础的变形比较敏感，断层发生较大错动变形时，无砟轨道会发生混凝土损伤等病害，现场修复时受隧道空间限制，作业环境差，修复时间长且成本高，对于预制轨道结构，难以在现场修复，需全部更换，造成经济损失；有砟道床属于散粒体结构，因断层错动发生结构破坏的风险相对较低，且维修简单、方便。

②断层错动时，上层轨道结构发生跟随性变形造成线路不平顺，需要对线路几何形位进行调整，无砟轨道只能通过扣件调整，调整量较小，对线下基础变形适应性差；而有砟轨道由于采用散体道砟，轨道不平顺可以通过抬道或落道、捣固枕下道砟加以找平，轨道水平错动可以通过拨道予以调整，调整量相对较大，能充分适应活动断裂的变形。

③养护维修方面，无砟轨道若出现基础变形、混凝土损伤等病害，维修难度大，时间较长；而有砟轨道可采用大型机械作业的方式，维修简单且方便。

对于极复杂环境铁路隧道工程穿越活动断裂带，为便于轨道及时、方便、快捷调整，建议采用有砟或可调性强的无砟轨道。

总的来讲，对于穿越活动断裂带隧道工程，一旦发生大尺度位错，隧道结构难以适应，关键在于研究活动断裂带发震时的监测、预警技术及相关机制，必要扣停列车，确保行车安全。在此基础上，一方面进一步加强活动断裂带的活动性、错动方式及洞内外错动位移量等地质基础理论研究，进一步加强对铁路沿线断裂带的活动性调查工作；另一方面开展可适应活动断裂带大尺度位错的韧性隧道结构的攻关，解决隧道错断难题，以提升我国铁路隧道抗灾水平。

5.5 高压富水构造带隧道

5.5.1 富水构造带类型及特征

1）富水断层

未胶结的逆断层上盘强烈破碎带，多由具有一定定向排列的破碎岩块和充填于破碎岩块间的黏土构成，破碎岩块和充填黏土间具有一定的空隙，主干断层带多由糜棱岩或断层泥组成，属于相对隔水层。因此，逆断层上盘强烈破碎带多富水，当其与地表水或其他地下含水构造单元相通时则成为地下水过水通道。当上盘强烈破碎带含水体与隧道开挖工作面或隧道轮廓线间的隔水岩盘厚度小于或等于最小安全厚度时，或由于降水使得断层上盘富水破碎带地下水水位上升，上盘强烈破碎带含水体与隧道开挖工作面或隧道轮廓线间的隔水岩盘厚度小于或等于新的地下水位状态下的最小安全厚度，则易导致突泥涌水。

未胶结的富水正性断层，主要由形状大小不一、棱角明显且无定向排列的破碎岩块组成，破碎岩块间少至无细颗粒物质充填，空隙大，为良好的地下水储水构造，与地表水或其他地下含水构造单元相通时则成为地下水过水通道。

2）富水褶皱

一般情况下，褶皱构造受挤压越严重，岩体越破碎；脆性介质组成的褶曲相对更为破碎。另外，向斜构造中隔水层的存在，是形成地下向斜储水构造含水体的基本条件。向斜储水构造含水体水的补给，可以是地表水（地表水系、大气降雨等）的入渗，也可以是地表水系通过相对透水层的侧向补给，其主要通过隔水层中的节理裂隙或向斜核部的纵张节理、纵张断层连通。

由于向斜储水构造储水量大，突水量大且稳定突水时间长。当向斜储水构造含水体存在表水补给时，稳定突水时间更长。另外，由于向斜构造中相对隔水层的存在，含水体多呈分层含水状态，突水具有承压特性。

3）节理密集带

当节理密集带中裂隙少有物质充填时，则该节理密集带为良好的地下水储水构造；当与地表水或其他地下含水构造单元相通时，则成为地下水过水通道。节理密集带的岩体破碎是由于岩体受应力作用发育节理切割所致，破碎岩块长轴方向与所受应力方向垂直。

节理密集带含水体仅为一封闭含水构造，其突水量通常由小到大，然后逐渐变小直至枯竭；若其与地表水或其他含水构造单元相连，突水量则由小变大直至稳定。

4）可溶岩与非可溶岩接触带

在岩层组合中，碳酸盐岩层等可溶性较强的岩层的透水性较好，非可溶岩不透水或透水层较差。这些岩层互层排列或相对空间位置变化时，其岩溶发育特征及岩溶水径流特点通常呈现出较大的差异。岩层产状平缓的区域，非可溶岩上覆于可溶岩时，非可溶岩形成隔水层，从而阻隔了地下水的竖向运动，下部的灰岩仅受到微弱的水平方向的地下水作用，故岩溶发育程度通常很弱。只有地表受到强烈的沟谷切割作用时，在沟底及两侧的灰岩才受到地下水作用，从而出现较强的岩溶现象。

岩层产状平缓的区域，非可溶岩下伏于可溶岩时，如果可溶岩与非可溶岩接触面高于地下水排泄基准面，由于非可溶岩阻隔了岩溶水的运动，从而在接触面上，岩溶形态以悬挂泉最为常见；如果接触面低于地下水排泄基准面时，非可溶岩阻碍了岩溶的向下发育，经常为区域岩溶发育的下限。

当可溶岩与非可溶岩互层排列，产状陡倾或近似直立时，其接触带通常岩溶水动力运动强烈，岩溶作用明显，岩溶发育程度强烈，岩溶形态主要为落水洞、岩溶漏斗及岩溶泉等。

5）火成岩蚀变带

当地壳内部的热液流体沿着一定的通道进入成分和物理化学条件与其有很大差别的岩石体系后，便会与之发生化学反应，使得这些岩石的化学成分、矿物成分以及结构构造都发生很大改变，形成新的岩石。这一过程称为交代作用或蚀变作用，所形成的新岩石称为交代岩或蚀变岩。

蚀变岩为低吸水率的弱膨胀性岩石，其强度、变形特性分别受蚀变程度、风化程度及岩石性质共同影响。水对蚀变岩的作用也是以降低黏聚力为主，随蚀变程度的增加，水的弱化作用增强。

隧道通过蚀变带时，蚀变岩在地下水的作用下易软化、膨胀，施工过程中易发生大变形。

5.5.2 富水构造带设计对策

1）富水构造带设计原则

极复杂环境铁路富水构造带隧道设计应以防治突泥涌水等灾害为重点，环境敏感带还需考虑地下水的限排措施。工程措施应遵循“超前长距离预报、超前排水泄压、超前堵水限排、超前围岩加固、加强支护结构、监控量测通过”的原则。根据工程地质及水文条件、施工方法、工期需求、机械配套和工程所处环境等，优先选择较简单的措施或同时选择几种措施来超前处理富水构造带，以降低施工、运营和环保风险。

2）设计措施

（1）强化超前地质预报

隧道富水构造带的超前地质预报工作应坚持地质调查法、物探法和钻探法三者相结合的综合预报技术，并突出“物探先行、钻探补充验证”的执行原则。对超前地质预报所得的资料进行综合分析与评判，相互印证，并结合掌子面揭示的地质条件、发展规律、趋势及前兆进行预测判断，确保施工安全。

调研大量的工程案例发现，物探法受地质复杂程度、解译人员技术水平等因素影响较大，而钻探法又存在耗时较长的缺点。因此，富水构造带的超前地质预报应先利用多种不同类型的物探手段综合分析，再采用钻探法印证，过程中不断优化总结，提高预测的准确性。表5-18为大瑞铁路高黎贡山隧道富水构造带超前地质预报方案。从高黎贡山隧道的物探及钻探实施情况来看，利用物探与钻探相结合的综合超前地质预报手段，能够较为准确地判断围岩的破碎程度及地下水赋存部位及规模。同时，受现有钻孔设备性能的限制，软弱破碎带的单次钻孔深度仍有待提高。

高黎贡山隧道富水构造带超前地质预报方案 表 5-18

探测手段	适用条件	设计技术参数	现场实施参数	备注
地震波反射法（TSP）	探测物性差异明显的地层界线、断层破碎带、节理密集带及软弱破碎岩体、富水带、岩溶等	每次预报距离120m，搭接长度 20m	按设计办理	对于破碎围岩的探测效果较好
地质雷达	主要用于岩溶探测，亦可用于断层破碎带、软弱夹层等不均匀体的探测	每次预报距离 30m，搭接长度 5m	按设计办理	对于短距离的空腔及破碎围岩探测效果较好
红外探水	定性判断探测点前方有无水体存在及其方位	每次预报距离 30m，搭接长度 5m	按设计办理，高风险段逐步优化为时域瞬变电磁法	与时域瞬变电磁法功能接近，单价较低，但精度相对较差，后期更多采用时域瞬变电磁法来探水
时域瞬变电磁法（图 5-14）	适用于探测任何地层中存在的地下水体、断层破碎带、溶洞、溶隙、暗河等	每次预报距离 70m，搭接长度 10m	按设计办理	探水精度相对较高，但延米单价是红外探水的 15～20 倍
钻探法（超前钻孔 + 加深炮孔）	验证中近距离物探超前探测存在异常地段	钻孔直径 76mm，活动断裂带超前探测长度 80～100m，搭接长度不小于 10m，其余地段超前探测长度不小于 30m，搭接长度不小于 5m	地质较完整段每次钻孔长 50m，搭接 5m；围岩破碎段每次钻孔 35m，搭接 5m	现场采用 YGL-C150 型钻机，机械标注钻孔深度为 80～150m。但在实际施工中，围岩破碎带的卡钻较为严重，尤其是钻进深度 30m 以后速度较慢

图 5-14 时域瞬变电磁法

对极复杂环境富水构造带发育的隧道，应大规模推广采用 100m 以上长距离超前水平钻孔，必要时配置 500m 以上超长距离快速水平钻孔且能取芯的装备，实现富水构造带发现时间大幅度提前，为降低施工安全风险、超前设计防治预案、保障施工工期提供有力保障。

（2）超前排水泄压

隧道穿越富水向斜、富水断层等富水构造段且地下水环境不敏感时，可考虑采用排水泄压的措施。可通过地表或洞内钻孔泄压的措施，降低地下水势能，减小隧道周围的水头高度，减小掌子面涌水量。可采取疏导措施，改变地下水的流动方向，如采用泄水洞、排水降压洞和排水钻孔等措施，截断或改变地下水的流动路径、方向，从而减小隧道掌子面水压力和涌水量。如大瑞铁路大柱山隧道燕子窝断层为富水张性正断层，断层破碎带宽度95m，断层影响带宽度61m，断层倾角约70°，与隧道平面交角约47°。施工揭示燕子窝断层上下盘均为可溶岩（白云岩），上盘相对阻水，下盘呈富水性质，断层破碎带出现岩溶化迹象，特征较为复杂，导致隧道穿越燕子窝断层施工过程中多次发生较大规模的突泥涌水。针对燕子窝断层施工中的突泥涌水情况，现场采取了增设高位排水支洞、迂回导坑、排水泄压，超前注浆等综合措施，最终顺利通过该断层，如图5-15～图5-17所示。

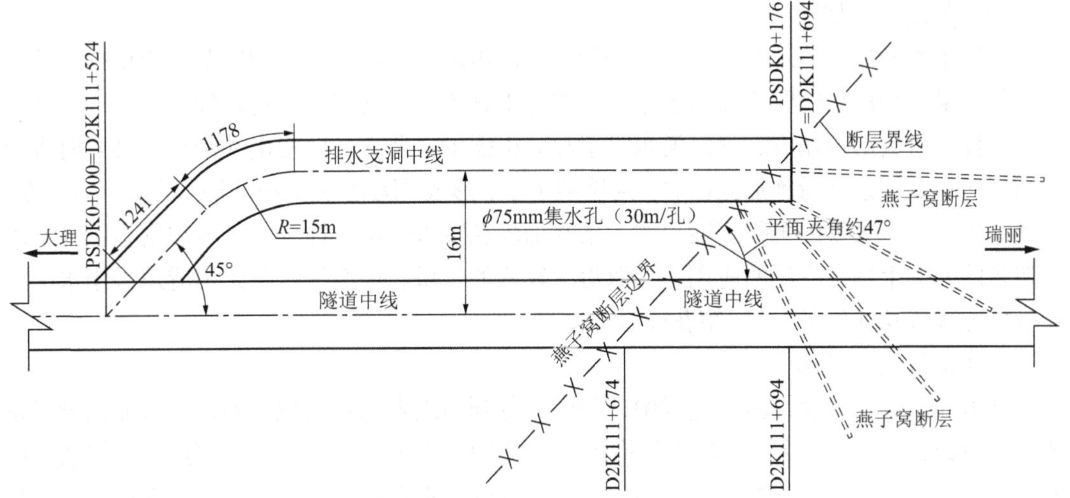

图5-15　高位排水支洞平面布置示意图（尺寸单位：cm）

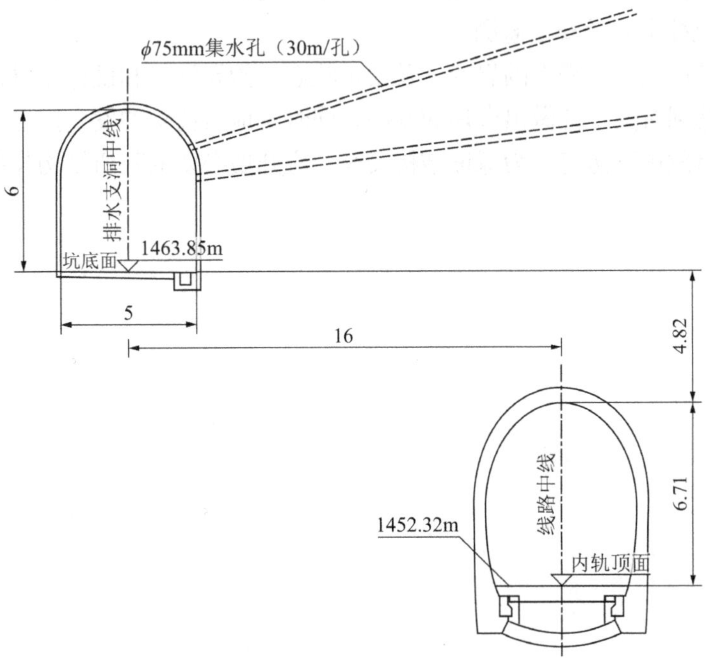

图5-16　高位排水支洞横断面示意图（尺寸单位：m）

图 5-17　钻孔出水情况

（3）超前堵水加固

对于富水断层、节理密集带、蚀变带等可能出现突泥涌水风险的段落，应根据超前地质预报成果，采用超前管棚或超前帷幕注浆等工程措施提前对围岩进行加固，形成可靠的掘进条件，避免出现塌方、突泥涌水等事故。根据围岩及支护的稳定性判释，必要时进行工后径向补充注浆等措施加固围岩、封堵地下水，形成“围岩 + 支护结构”共同受力体系，保证结构安全。大量的工程实践表明，堵水加固在富水断层、蚀变带、节理密集带等富水构造带的处理上均有广泛的应用，且取得了较好的效果。如厦深铁路梁山隧道采用水平旋喷桩的方式成功通过了 L7 巨型花岗岩蚀变带。

（4）加强支护结构

隧道在断层及蚀变带施工过程中，除应充分利用围岩的自承载力外，还需加强设置系统支护及处置钢架、二次衬砌的支护措施。可根据围岩条件、岩性等情况分别对系统锚杆、衬砌配筋及厚度等进行了相应的加强；设置完善的排水系统，确保进入初期支护与二次衬砌之间的地下水能够及时排出，避免隧道结构承受过高的水压力，确保结构和运营安全。

（5）加强监控量测及安全监测

为准确地掌握施工过程中围岩变形及稳定状态，指导施工和设计变更，应加强监控量测工作，从而达到对安全性做出合理的预测，同时对地质灾害的发生提出预警，进而对可能出现的工程事故进行防范。为保证结构安全，应开展必要的隧道结构长期健康监测。

第 6 章 防排水设计

本章根据现有技术水平，针对极复杂环境铁路隧道工程的地质、气候和地下水环境特点，介绍了极复杂环境铁路隧道防排水设计原则和具体措施，构建出结构可靠、功能适用、环境友好的铁路隧道防排水技术体系。

6.1 隧道防排水设计标准和总体原则

6.1.1 隧道防排水设计标准

极复杂环境铁路隧道防排水设计标准应根据全线气候环境、水文与工程地质条件及工程自身特点进行分类确定，采取“防、排、截、堵”多种措施相结合、因地（环境）制宜、综合治理的相关措施，应充分体现防排水系统与复杂严酷环境的适应性、耐久性、全生命周期可（免）维护、保护环境的设计理念，推广应用新材料、新工艺、新结构、新技术，重视隧道防排水系统机械化、工厂化、专业化、信息化施工。

隧道防水应以衬砌结构自防水为主，接缝防水为重点，其防水等级应满足规范及运营要求。

当隧道排水对地表环境无影响时，排水量按不影响隧道正常施工进行控制；当隧道排水对地表环境有影响时，排水量按环境要求通过计算确定。

6.1.2 隧道防排水设计总体原则

极复杂环境铁路工程，沿线生态环境敏感脆弱，水体平衡极为重要。因此，极复杂环境铁路隧道工程防排水设计应遵循“防、排、截、堵相结合，因地制宜，综合治理，保护环境”的基本原则。

当地表无水体、地下水不发育或隧道工程对环境影响较小时，采取“以排为主”的设计原则；当隧道临近水体或地下水较发育时，为减少对环境的影响和保证施工安全，采取

“排堵结合”的设计原则；当水环境有特殊要求时，为避免地下水流失影响生态环境，采取“以堵为主，限量排放”的设计原则；当地下水环境保护要求高时，埋深小的隧道可考虑采用全断面封闭防水的原则。

1）隧道防水设计原则

隧道洞内防水系统除了衬砌本体自防水、衬砌背后敷设防水层外，还可以考虑隧道周边围岩加固防渗以及地表防渗处理。但是否采取围岩、地表的防渗处理，需结合隧道所处的工程地质、地形、环境条件以及隧道的防水等级、处理措施的技术经济合理性等因素来确定。因此，隧道的防水系统可由地表处理、围岩防渗、衬砌结构自防水、防水层防水、接缝防水等方式根据需要组合构成。

（1）二次衬砌混凝土抗渗等级，一般地段不低于 P10，地下水发育、除 T2 外其他环境作用等级地段不低于 P12。

（2）暗挖段拱墙二次衬砌与初期支护间一般段落铺设防排水板；明洞衬砌外缘敷设外贴式防水层，明洞结构回填土表面铺设隔水层，隔水层优先选用黏土层。

（3）衬砌环向施工缝采用中埋式止水带+背贴式止水带，纵向施工缝采用中埋式止水带 + 水泥基渗透结晶型防水材料；衬砌变形缝采用中埋式止水带 + 背贴式止水带 + 防排水板；侧沟施工缝采用遇水膨胀止水条。

（4）TBM 掘进段落预制块底部采用压注水泥砂浆充填，确保预制块的稳定和防水。隧底相邻仰拱预制块之间设置复合型膨胀止水带，仰拱预制块与拱墙二次衬砌间纵向设置遇水膨胀橡胶止水条，仰拱预制块中心沟接头处采用复合型膨胀橡胶板和水泥砂浆抹面的方式进行防水。

2）隧道排水设计原则

隧道洞内排水系统包括洞内侧沟及中心水沟，衬砌背后环向盲管（沟）、纵向盲管（沟）、横向排水管、泄水孔，必要时可设泄水洞或隧底设排水管（沟）。

（1）双线隧道内设置双侧水沟和中心沟，钻爆法施工的单线隧道内设置双侧水沟，TBM 法施工的隧道内设双侧水沟和中心水沟。

（2）拱墙范围内环向施工缝设置排水带，纵向设置波纹管，侧沟内边墙预留泄水孔。

（3）地下水发育的隧道应根据正洞及辅助坑道的预测涌水量，检算隧底盲管、深埋水沟、中心水沟的排水能力，充分利用施工横洞或平行导坑进行分流排水，必要时增设泄水洞。

3）洞口及地表排水设计原则

隧道洞口排水系统设计应遵循截、排水相结合的原则，保证洞内水顺畅排出，并避免洞外水冲刷隧道洞门及边仰坡。

（1）多雨地区，宜采取措施防止洞口仰坡范围内地表水下渗和冲刷。

（2）截水沟、洞口外过渡段侧沟在路隧分界处应顺接路基排水沟。

（3）洞口截水沟汇水宜接至路堑天沟或远离线路沟谷处，不得冲刷桥台、道路、村庄等。

6.2 隧道防排水设计

6.2.1 隧道防排水系统

极复杂环境铁路工程，沿线地形条件复杂多变，具有长大隧道多、出水量大、生态环境脆弱等特点。防排水设计是关乎隧道使用质量的重要措施，对于保证安全运营、减少养护维修工作量至关重要。对于铁路隧道所采用的复合式衬砌而言，其防排水设计主要包括两部分内容，即隧道防水设计和隧道排水设计。隧道防水设计主要包括围岩防水、初期支护防水、防水层（板）防水、二次衬砌防水、接缝防水等；隧道排水主要包括盲管、盲沟、排水板等衬砌背后排水系统及洞内沟槽排水系统。复合式衬砌防排水系统组成如图 6-1 所示。

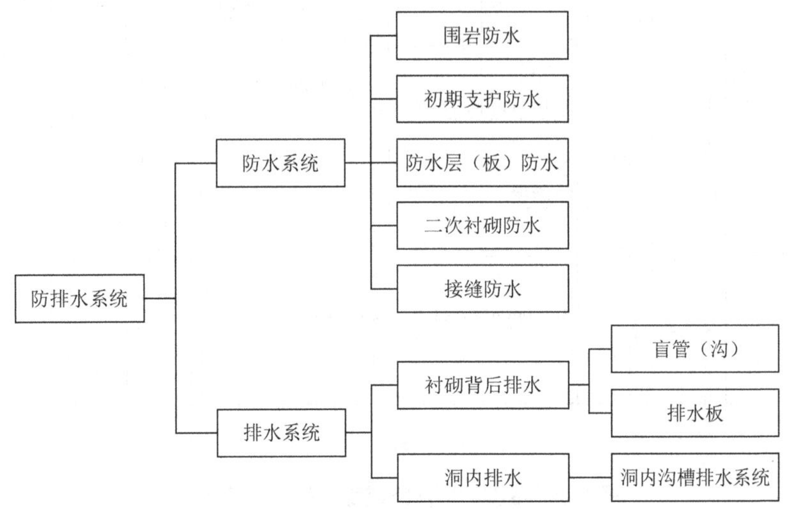

图 6-1　复合式衬砌防排水系统组成

1）钻爆法隧道防排水系统

铁路钻爆法隧道防水系统主要以拱墙设置防水层为基础，施工接缝防水、沟槽接缝防水为重点，并结合衬砌结构自防水能力形成完整的防水体系，其防排水系统设计如图6-2所示。

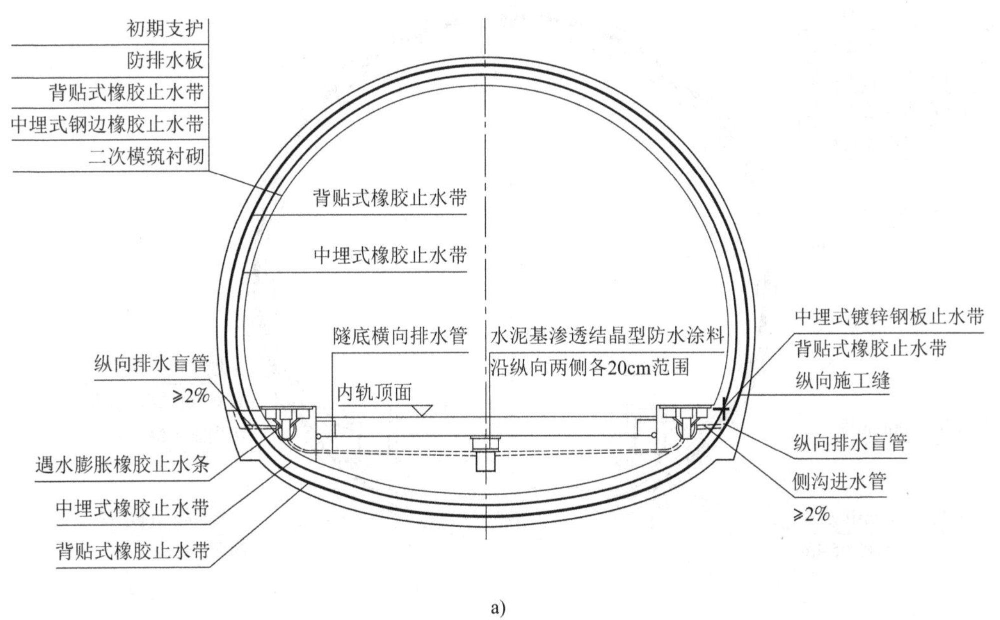

a)

图　6-2

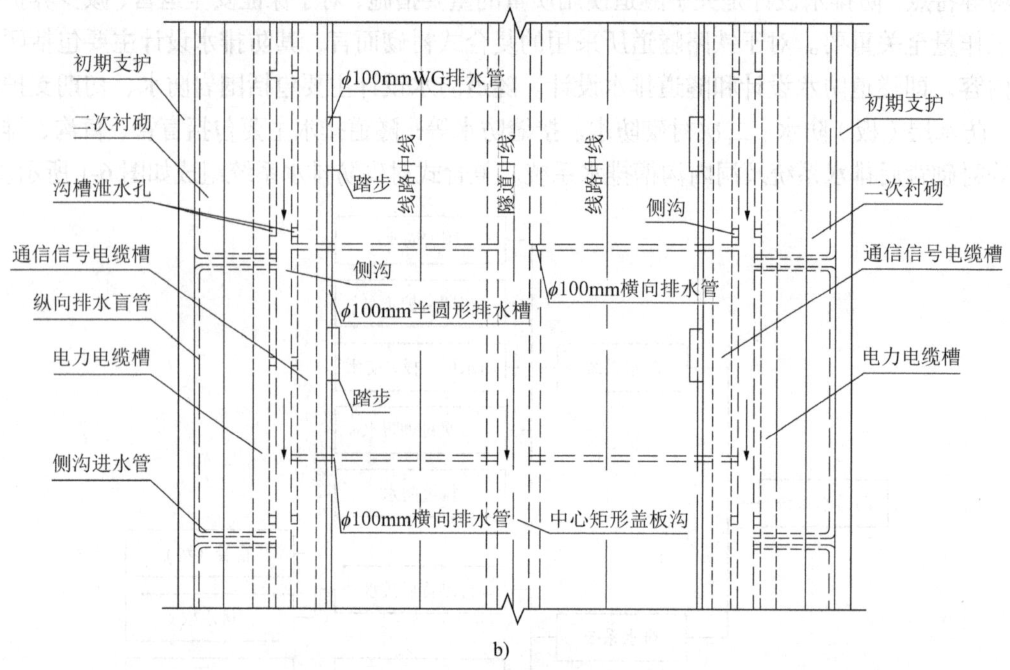

b)

图 6-2　铁路钻爆法隧道综合防排水示意图

2）TBM 法隧道防排水系统

铁路 TBM 法隧道均采用单线断面设计，其防排水系统设计如图 6-3 所示。TBM 法隧道洞内采用双侧水沟 + 中心水沟排水，双侧水沟承担主要排水任务；当水量较大时，则由中心水沟分担部分排水的任务。

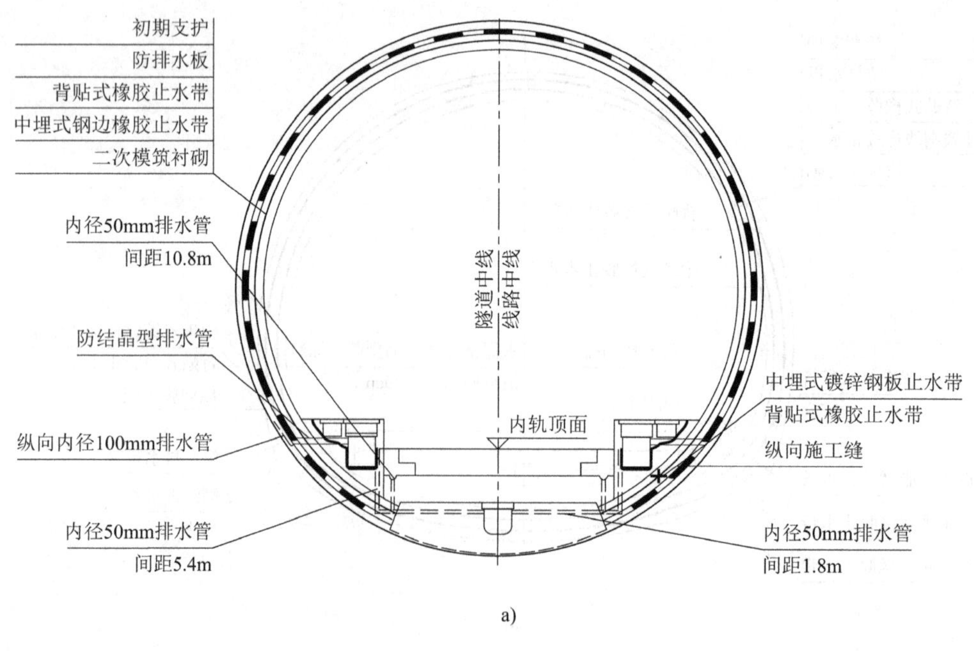

a)

图　6-3

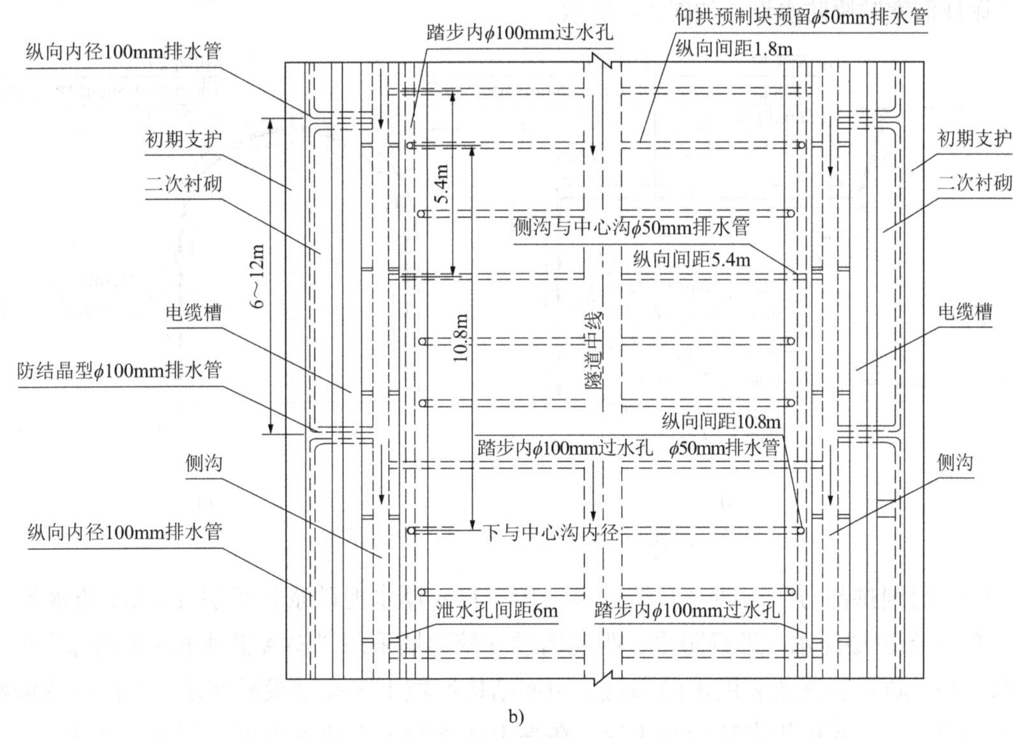

图 6-3　铁路 TBM 法隧道综合防排水示意图

6.2.2　洞内防水设计

洞内防水主要考虑降低施工工艺要求和难度，确保施工质量，减少施工工序，从而可以达到快速、高效、高质量地施工。极复杂环境铁路隧道防水宜多采用新型工艺、新材料、新技术，可采取的主要措施如下：

（1）充分利用衬砌结构的自防水能力，隧道二次衬砌混凝土抗渗等级一般地段不低于 P10，地下水发育及有侵蚀性地下水地段不低于 P12。

（2）传统防水板施工效果不够理想，施工要求高，质量不易控制；环向盲管通水量小，容易结晶堵塞，不可维护或极难维护，可能导致运营期间失效，在衬砌背后形成承压水，发生施工缝部位渗漏等病害。因此，地下水发育地段可采用隧道初期支护与二次衬砌间铺设防排水板来取代传统的防水板和环向盲管，从而减少工序，提高施工效率，确保施工质量。防排水板配套无纺布缓冲层，防水板厚度不小于 1.2mm，无纺布质量不小于 300g/m^2。

（3）隧道衬砌施工缝采用中埋式止水带 + 背贴式止水带。

（4）隧道两侧侧沟混凝土施工缝使用遇水膨胀橡胶止水条进行防水处理，中心水沟施工缝也需要加强防水处理。

（5）地下水发育或对地下水排放要求较高的地段，采用对周边围岩径向注浆堵水的方式，提高结构周边围岩的抗渗性能，减少地下水的渗透和排放。

（6）附属洞室中阴阳角等部位防水板卷材铺设困难，导致洞内设备洞室的特殊部位成为渗漏水的高发区。为了确保施工质量，附属洞室可采用喷膜防水工艺替代传统的防水卷材。附属洞室喷膜防水设计如图 6-4 所示。

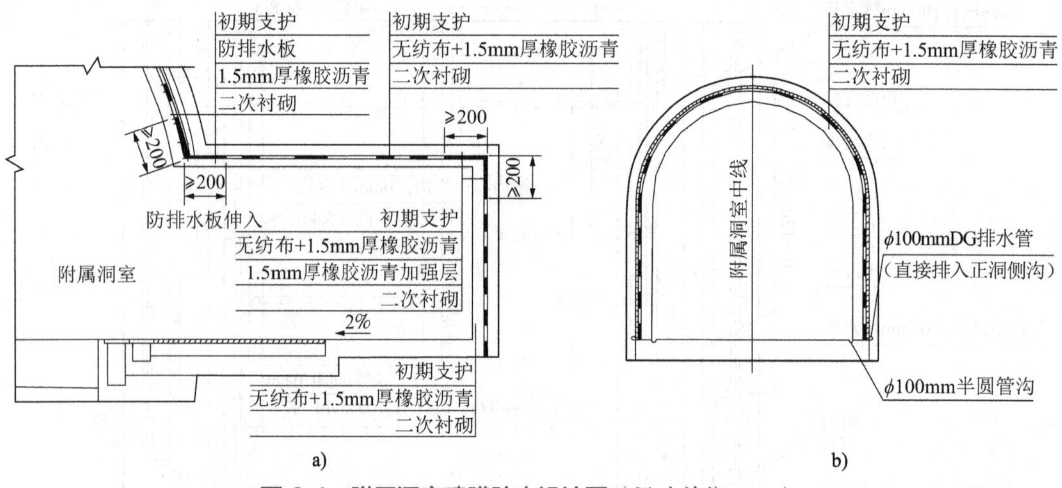

图 6-4　附属洞室喷膜防水设计图（尺寸单位：cm）

（7）明洞拱部与明洞墙底开挖边墙采用“1cm 厚水泥砂浆找平层 + EVA 防水板 + 无纺布 + 保护层防水”进行防水，明洞墙顶开挖边墙采用“EVA 防水板+无纺布”进行防水。为了防止洞顶地表汇水的渗透，明洞结构回填土表面铺设隔水层，以减少或隔断水流的通路。隔水层优先选用黏土层，在黏土缺乏的工程地点也可选用复合防水层，如图 6-5 所示。

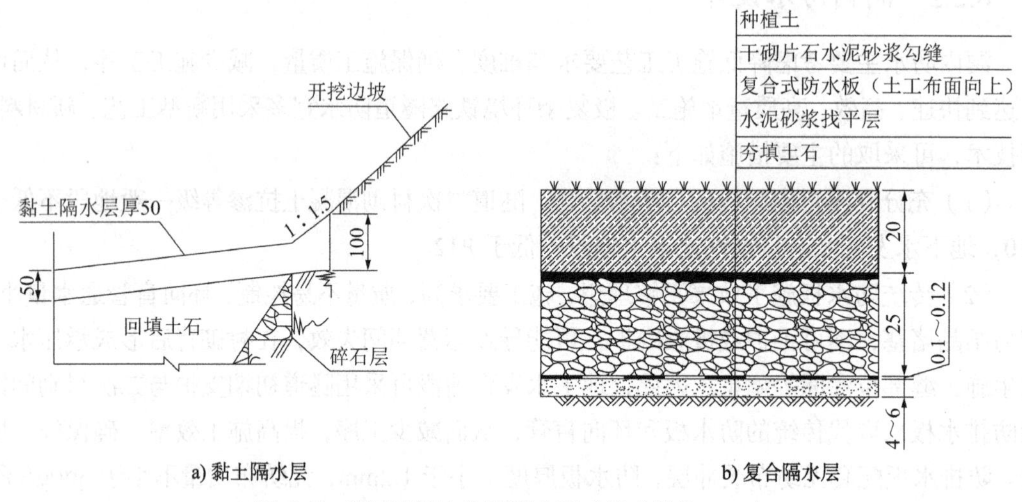

图 6-5　明洞回填土表面隔水层（尺寸单位：cm）

（8）TBM 隧道施工缝、防水板等与钻爆法双线隧道的防水原则一致。由于 TBM 法施工隧道仰拱采用工厂化预制施工，预制块凹凸面采用 DP-821BF 复合型膨胀止水带止水，预制块接头处接缝采用 HF-78 水沟接头止水带止水，并用水泥砂浆抹面。仰拱预制块两侧预留止水槽采用遇水膨胀橡胶止水条止水。预制块底部采用压注水泥砂浆充填的方式，确保预制块的稳定和防水。仰拱预制块防水如图 6-6 所示，DP-821BF 复合型膨胀止水带大样图如图 6-7 所示。

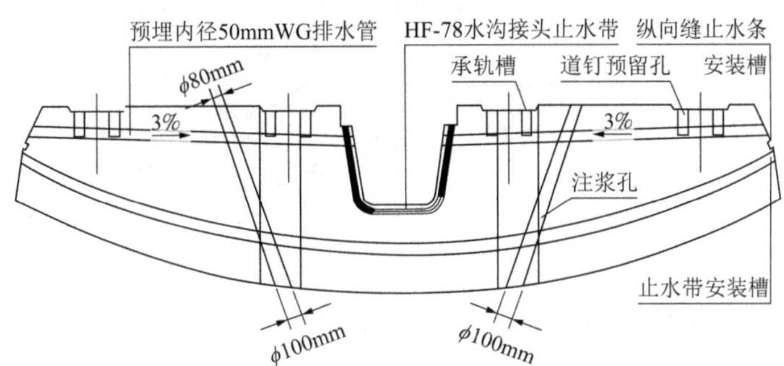

图 6-6 TBM 仰拱预制块防水示意图

图 6-7 DP-821BF 复合型膨胀止水带大样图

6.2.3 洞内排水设计

洞内排水的目标是充分利用排水板及排水盲管等，将渗透至二次衬砌防水层背后的地下水快速引排至沟槽排水系统，防止衬砌背后积水。采取的主要措施如下：

（1）双线隧道采用双侧水沟和中心水沟，侧沟沟底通过内径 100mmDG（DG 表示打孔）横向排水管与中心水沟连通，侧沟汇集的地下水均汇入中心水沟内，中心水沟起主要排水作用，双线隧道排水设计如图 6-2 所示；单线钻爆法隧道采用双侧水沟，由于排水系统缺少中心水沟，侧沟承担全部的排水功能，单线隧道轨下排水设计如图 6-8 所示。

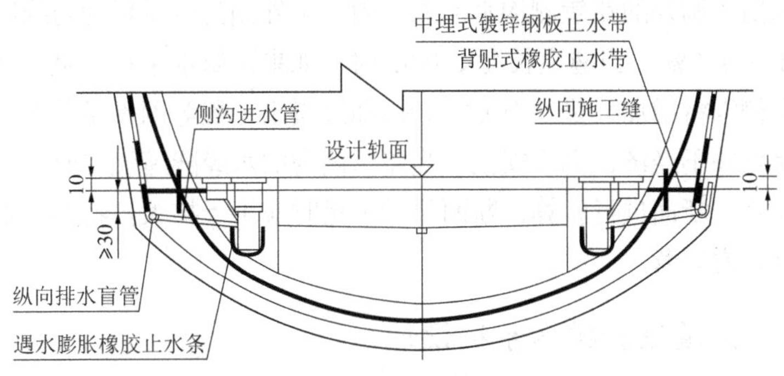

图 6-8 单线隧道轨下防排水示意图（尺寸单位：cm）

（2）隧道地下水较为发育的富水段或地下水位较高的段落，在中心水沟下方宜设承压水排水系统，防止仰拱底部积水承压，破坏仰拱施工缝防水，形成病害。有中心水沟时设置于断面最低点，即中心水沟下方；无中心水沟时，设置于两侧的侧沟下方，排水装置每隔 30m 设一处单向阀，出水口宜高于水沟的过水断面，防止水倒流。中心水沟和侧沟单向阀布置如图 6-9 所示。

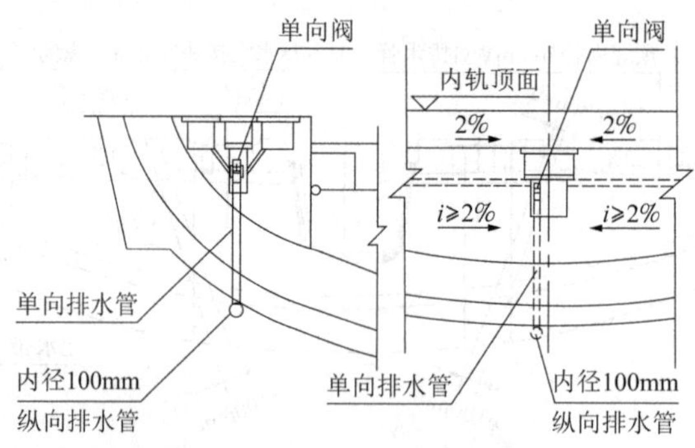

图 6-9　单向阀布置示意图

（3）TBM 法施工的单线隧道的侧沟为主要排水沟槽，中心水沟起到预留排水的作用。根据吐库二线中天山隧道、兰渝铁路西秦岭隧道 TBM 法施工经验，为便于现场施作，仰拱预制块一般按照纵向 1.8m 长度进行预制较为合理，预制块内均预埋的ϕ50mm WG（盲管 WG 表示无孔）排水管连通中心预制沟槽。TBM 正洞侧沟及盲管平面布置如图 6-3 所示。

（4）纵向排水管每隔 6～12m 与边墙进水管通过接头弯管连通接入侧沟，边墙进水管采用防结晶型ϕ100mm WG 排水管；电缆槽与侧沟间设ϕ30mm WG 泄水管，纵向间距 6m。

（5）纵向施工缝设置于距离水沟盖板顶以下 10cm 的位置，纵向盲管引入侧沟的管顶高度应不高于纵向施工缝以下 30cm 处。

6.2.4　洞口及地表防排水设计

（1）为防止水流冲刷洞口，保持边仰坡的稳定，应在开挖边缘线外 5～10m 处修筑截水天沟，其断面形式、大小及长度根据地形、流量等情况确定，纵坡较陡时，应设置防滑基座及必要的跌水消能设施。当洞口地形陡峻，排水条件有利时，可不设置天沟。

（2）对洞外水流的处理，应从保证隧道正常运营和安全方面进行考虑。当出洞方向路堑为上坡时，为防止洞外的路堑侧沟水流入洞内，洞外侧沟应设置为与线路纵坡相反的排水坡，且坡度不小于 2‰。当隧道长度<300m 时，如果路堑水量小，且含泥量少，不易淤积，或修建反向侧沟将增加大量土石方、砌体和混凝土工程等困难条件下，也要求做反坡排水。修建反水坡并不经济，也不安全。当路堑侧沟的水经隧道流出时，为了保证安全和正常运营，应对水沟断面进行验算，断面尺寸不足时应给予扩大。特别要求在高洞口设置沉淀井，以保证正常运营。

6.2.5　长大隧道运营排水系统设计

1）特长分修隧道运营排水系统

特长分修隧道正洞排水系统与辅助坑道排水系统应统筹考虑，连为整体。正洞涌水量较大时宜优先考虑利用横洞或平行导坑分担正洞排水压力。色季拉山左右线隧道靠近出口端侧沟，汇水通过矩形排水涵洞引入横洞并排出洞外，如图 6-10 所示。这种方式不但解决了长大隧道当出水量较大时侧沟排水压力大的问题，也解决了 TBM 法施工向单线钻爆法施工隧道水沟过渡衔接的难题。

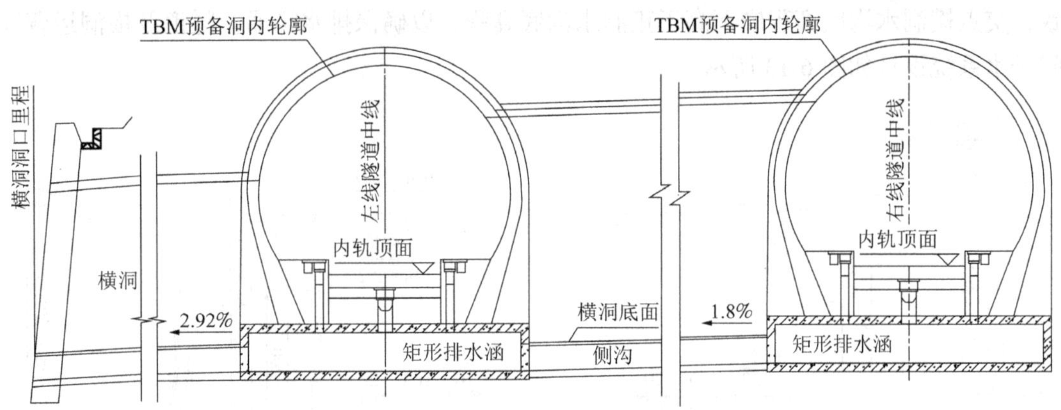

图 6-10 特长分修隧道与横洞排水系统图

2）合修隧道 + 贯通平行导坑运营排水系统

特长合修隧道考虑防灾救援及运营维护需要，一般设有贯通平行导坑，正洞排水系统宜与贯通平行导坑水沟连通，通过平行导坑将正洞内的水进行引排，以减少正洞的排水压力。平行导坑和正洞之间通过横通道连接。横通道作为连接正洞和平行导坑的主要过水通道，坡度不宜小于 2%，平行导坑的路面高程与正洞内轨顶面高程的高差应不小于 3.0m，保证水流畅通。同时路面应考虑防灾救援需求，将横通道路面与正洞救援通道路面坡度进行铺砌顺接，实现运营排水与防灾救援的双需求。合修隧道正洞与贯通平行导坑连通排水系统设计示意如图 6-11 所示。

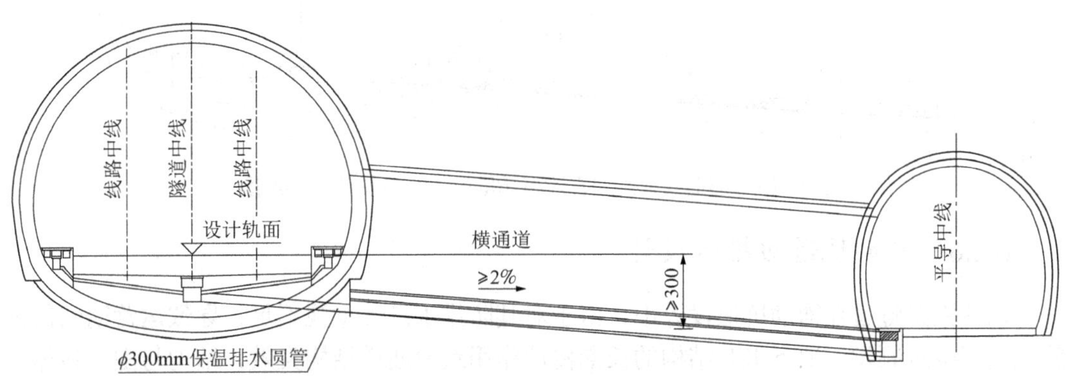

图 6-11 合修隧道正洞与贯通平行导坑连通排水系统设计示意图（尺寸单位：cm）

3）斜井与正洞连接排水系统

斜井运营期间不承担排水任务，与正洞连接处的斜井侧沟内汇水经过两级沉淀后，汇入隧道同侧侧沟，汇入点斜井侧沟底面高程不宜低于同侧侧沟底面高程，以便斜井侧沟汇水可以顺畅地引入正洞。斜井与正洞运营期间排水系统设计示意如图 6-12 所示。

4）横洞与正洞连接排水系统

横洞在运营期间不承担正洞排水任务时，考虑防灾救援需要，将盖板施作与顶部齐平即可。横洞在承担正洞运营期间排水泄压任务（尤其是正洞水量较大）时，隧道正洞排水系统与横洞排水系统应统筹考虑，横洞与正洞连接和平行导坑横通道与正洞连接的要求一致，交点横洞水沟底高程应不高于正洞水沟底高程，以确保排水畅通。隧道及横洞运营期间排水系统设计如图 6-13 所示。

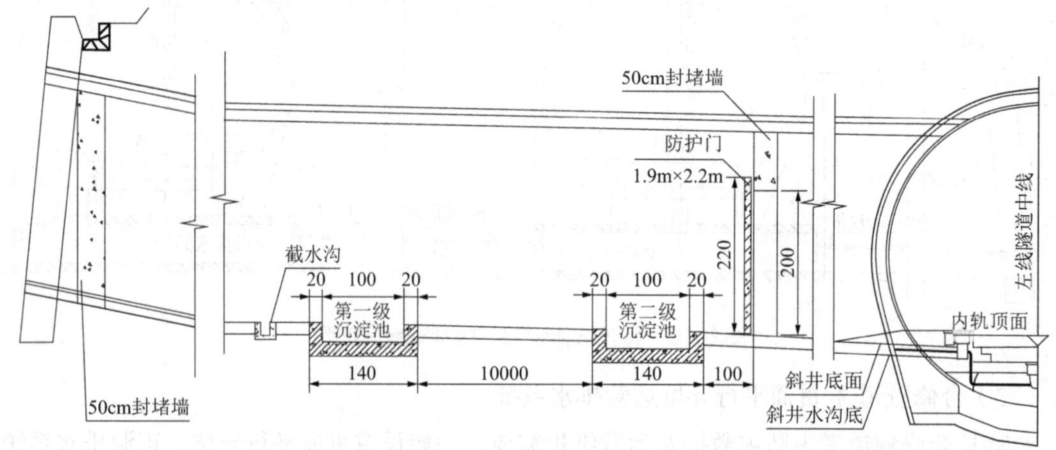

图 6-12　斜井与正洞运营期间排水系统设计示意图（尺寸单位：cm）

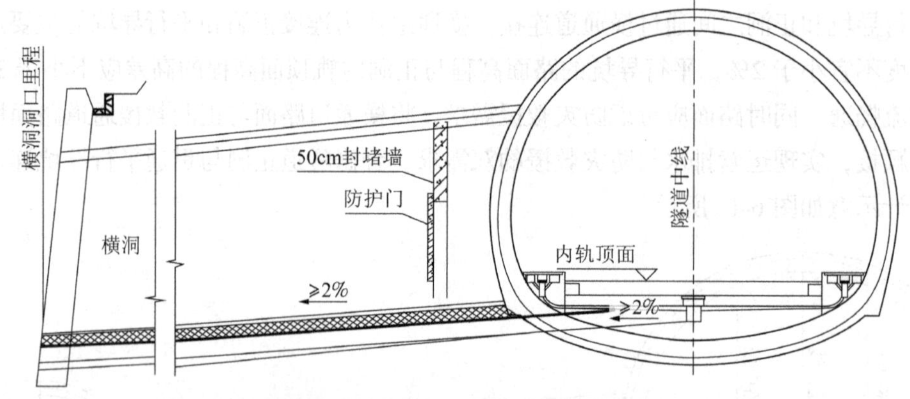

图 6-13　隧道及横洞与正洞运营期间排水系统设计示意图

6.2.6　辅助坑道防排水设计

以往铁路隧道在辅助坑道设计中，由于对其防排水设计重视不足，导致运营期间甚至施工期间事故频发，地下水对结构的长期侵蚀作用致使隧道结构失效，结构与围岩整体承载能力弱化导致掉块、塌方等事故，影响运营期间工务维修、防灾救援等功能的正常使用。因此，很有必要针对辅助坑道的防排水进行系统的梳理，尤其是喷锚衬砌地段，应采取一定的防水措施，提高结构整体的耐久性。

辅助坑道喷锚衬砌主要适用于围岩岩性整体性较好且无安装机电设备、非待避区的地段，临时工程防水等级采用四级，永久工程防水等级采用三级，防排水以“喷涂 1.5mm 厚的橡胶沥青 + 无纺布”作为主要防水措施，辅助坑道底部应做成 2%的排水坡度。喷锚段防排水设计如图 6-14 所示。

辅助坑道永久结构将模筑衬砌地段防水层设置在初期支护与二次衬砌之间，采用防排水板；两侧墙脚纵向设置ϕ80mm DG 排水管，并按 12m 分段引入水沟；环向施工缝设置中埋橡胶止水带，变形缝部位采用“中埋橡胶止水带 + 背贴式橡胶止水带”的止水措施。辅助坑道止水带规格尺寸与正洞施工缝、变形缝所用止水带一致。模筑段防排水设计如图 6-15 所示。

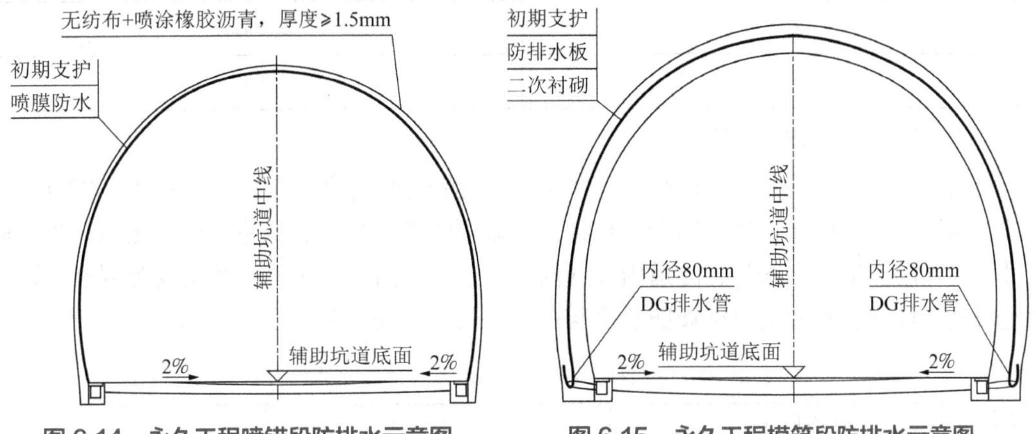

图 6-14　永久工程喷锚段防排水示意图　　图 6-15　永久工程模筑段防排水示意图

6.3 寒区隧道防排水系统设计

6.3.1 寒区隧道防寒抗冻设计原则

寒区隧道防排水系统除了满足一般地区防排水的要求外，还应确保水流在侧沟、中心水沟及洞外出水口处均不发生冻结堵塞的情况，衬砌结构背后无空洞、无积水，不发生冻胀破坏。因此，需要针对各个环节做好防寒保温措施，不留薄弱环节。

1）寒区分类

寒区气候环境影响因素主要包括当地最大土壤冻结深度、极端最低气温、年（月）平均气温、最冷月平均气温、年平均降雨（雪）量及季节分布、日照时间、风向、风速、区域冻结指数等。《铁路隧道设计规范》（TB 10003—2016）根据最冷月平均气温将寒区划分为微冻地区、寒冷地区、严寒地区，见表 6-1。

《铁路隧道设计规范》（TB 10003—2016）气候环境分类　　表 6-1

最冷月平均气温（℃）	气候环境分类
−3～2.5	微冻地区
−8～−3	寒冷地区
≤ −8	严寒地区

极复杂环境铁路多位于青藏高原地块，沿线地形起伏大，垂直气候特征明显，根据气象统计资料分析，拉林铁路、成兰铁路均位于季节性冻土区，所处区域最冷月平均气温为 −9.1～6.2℃，相对于东北高纬度寒区，具有海拔高，最冷月平均气温和极端最低气温不低，但年平均气温较低的高海拔寒区特点。隧道防寒分区可结合年平均气温，对最冷月平均气温进行调整。极复杂环境铁路沿线寒区分为寒冷地区和严寒地区，见表 6-2。

极复杂环境铁路寒区分类 表 6-2

最冷月平均气温（℃）	气候环境分类
−8～0	寒冷地区
−15～−8	严寒地区

2）抗冻设防段设计原则

根据极复杂环境铁路的寒区分类，并参照《铁路隧道设计规范》（TB 10003—2016）中关于抗冻设防段长度建议值，结合工程特点，兼顾隧道的长度、线路走向，光照，当地最冷月平均气温，地下水水量，隧道内外气温、风速、风向，行车速度和密度等因素，综合确定极复杂环境铁路隧道抗冻设防长度与措施，具体见表 6-3。

极复杂环境铁路隧道抗冻设防段长度与措施（建议值） 表 6-3

<table>
<tr><th>最冷月平均气温（℃）</th><th>洞口类型</th><th>结构设防长度（m）</th><th>结构要求</th><th>辅助措施</th><th>保温防排水</th><th>备注</th></tr>
<tr><td rowspan="2">−8～0</td><td>高端</td><td>800</td><td rowspan="4">衬砌抗冻性能指标不低于F300，设防段衬砌采用钢筋混凝土</td><td rowspan="4">结构设防范围内，土质地层及构造富水地段采用径向注浆堵水措施</td><td rowspan="2">保温侧沟＋保温中心水沟（双线隧道），隧道长度L ≤ 3km，全隧设置；隧道长度L > 3km，高端洞口1300m，低端洞口1800m</td><td rowspan="4">洞外水沟按保温暗管设置，每隔 50m设置一处检查井，并采用保温出水口</td></tr>
<tr><td>低端</td><td>1200</td></tr>
<tr><td rowspan="2">−15～−8</td><td>高端</td><td>1000</td><td rowspan="2">洞口端800m范围内设置深埋中心水沟；隧道长度L ≤ 5km，其余地段均设置保温中心水沟和保温侧沟；隧道长度L > 5km，低洞口端2000m及高洞口端1500m范围内设置保温中心水沟及保温侧沟</td></tr>
<tr><td>低端</td><td>1500</td></tr>
</table>

3）洞口防寒抗冻设计原则

（1）对于位于季节性冻土地区的洞口（含辅助坑道），应根据地质条件、降雨和冰冻环境进行洞门墙、边仰坡防护的抗融滑检算。抗滑安全系数不满足要求时，采取放缓坡度、换填、桩基处理、锚杆框架梁或土钉墙等硬性防护。

（2）位于寒冷或严寒地区的铁路隧道，洞口（含辅助坑道）基底在最大冻结深度以下至少 0.25m。

（3）洞口及洞外的配套排水设施需要考虑防寒措施，发挥防寒抗冻系统的整体功能。

4）辅助坑道抗冻设计原则

运营期间承担排水及防灾救援通道作用的平行导坑或横洞，最冷月平均气温低于 0℃的洞口段设置保温水沟及洞外保温出水口。

6.3.2 寒区隧道抗冻措施

实践经验表明，寒区运营隧道的冻害大多数是由于防排水系统失效或极端天气导致侧沟冻结堵塞产生的。隧道的开挖改变了周边地下水的渗流场，导致地下水不断向隧道内入渗，当寒区隧道的盲沟、隧底深埋排水沟等隧道衬砌外部排水系统出现不畅时，易造成衬砌背后积水，冬季则产生结冰冻胀。如果地下水在衬砌薄弱位置进入隧道，则容易出现挂冰等冻害；而侧沟和出水口则是整个排水通道的薄弱环节，虽然设置有双层盖板保温水沟，但是当出现极端天气，侧沟和洞外出水口冻结后导致洞内排水系统出现不畅时，则易产生道床积冰等冻害，从而影响铁路安全。此外，由于在低温状态下隧道所采用的防水材料性能往往急剧下降，也极易造成隧道的冻害问题。

1）围岩防渗圈

当隧道洞口地层松散、透水性较强时，或隧道洞口位于浅埋沟谷等易形成汇水、储水的地段时，冬季隧道内形成冻害的可能性将大大增加，采用以“防寒堵水”为主要目的的径向注浆或超前注浆方式，可以在隧道初期支护外侧的围岩体中构建一个封闭的防渗圈，以减少地下水向隧道的入渗，从而降低隧道出现冻害风险。隧道周边围岩防渗圈如图 6-16 所示。

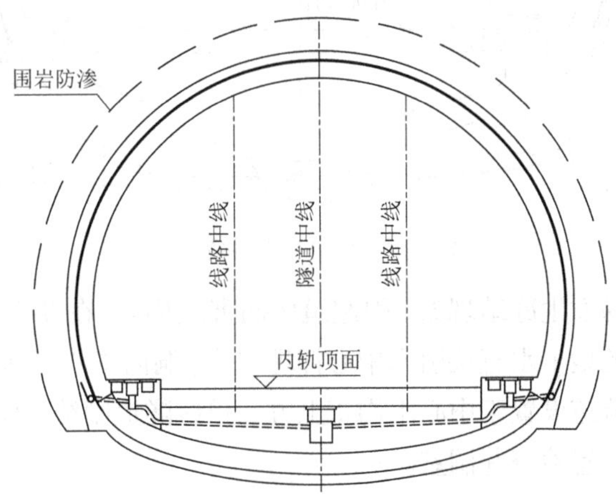

图 6-16　寒区隧道周边围岩防渗圈

围岩防渗圈的长度一般根据冬季洞周冻融圈的长度范围来确定，与洞口抗冻设防段长度宜保持统一。

2）结构自身抗冻要求

结合多年冻土区年平均地温为负温的不利因素，洞口抗冻设防段各级围岩隧道衬砌均采用曲墙带仰拱的封闭结构，必要时可适当加大边墙曲率，对混凝土强度及抗渗要求予以提高。混凝土抗渗等级不低于 P10，抗冻性能指标不低于 F300。衬砌设计考虑冻胀作用的影响，采用钢筋混凝土衬砌，混凝土强度根据隧道所处冻融破坏的环境作用等级来确定，并满足《铁路混凝土结构耐久性设计规范》（TB 10005—2010）的要求。

3）洞内保温排水设计

为防止寒区隧道排水系统发生冻害，保证隧道排水通畅，必须结合气候条件和地下水发育程度制定针对性的防寒措施。目前隧道发生衬砌冻胀破坏的情况相对较少，大部分还是水沟冻结造成积水结冰影响行车安全。因此，水沟的保温形式和保温措施成为隧道防冻害成败至关重要的一环。由于隧道内气温、水温的影响因素复杂，防寒水沟的形式与长度的确定，采用工程类比法，根据当地最冷月平均气温和参照具有相似工程外部环境条件的隧道确定。

（1）保温水沟

根据极复杂环境铁路所处区域的气象特征，寒冷地区（最冷月平均气温−8～0℃）洞内主要采用设置保温水沟的方式防寒抗冻。单线钻爆法隧道采用双侧保温水沟（图 6-8）的方式，双线及 TBM 断面隧道采用“双侧保温水沟 + 中心保温水沟”（图 6-2 和图 6-3）的方式。

（2）中心深埋水沟

严寒地区（最冷月平均气温−15～−8℃）的隧道一般在低端洞口 800m 范围采用中心深埋水沟取代中心盖板水沟。中心深埋水沟位于仰拱下部，埋置深度大于当地的最大冻结深度以下 0.25m，设置形式如图 6-17 所示。

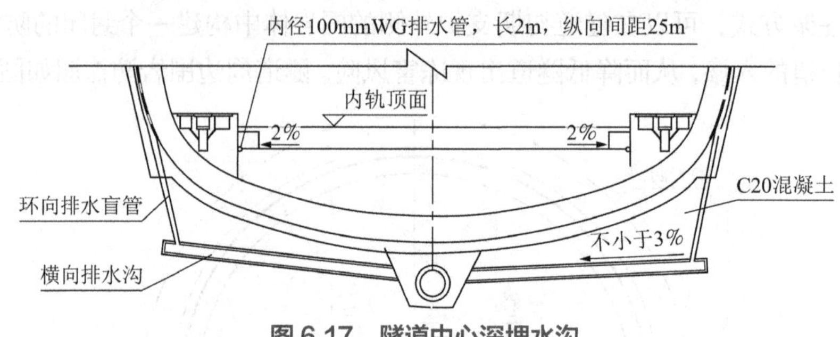

图 6-17 隧道中心深埋水沟

严寒地区侧沟极易发生冻结现象，引起道床病害。因此，在设置中心深埋水沟的地段，将通过纵向盲管汇集的地下水直接引入中心深埋水沟。洞内中心深埋水沟每隔 30m 左右设置一处检查井，双线隧道设置于中心水沟正上方，单线隧道则结合轨道专业要求设置中心检查井或在隧道侧壁设置检查井洞室。

（3）防寒泄水洞

当处于严寒地区（最冷月平均气温−15～−8℃）的隧道由于地下水量极为丰富，或者低端洞口坡度较缓等因素，造成中心深埋水沟过水能力不足时，可以结合防寒的需要，采用防寒泄水洞进行排水，防寒泄水洞兼顾泄水和防寒的功能。双线隧道防寒泄水洞宜设置于隧道正下方，由纵向盲管汇集的地下水宜直接引入泄水洞内。两单线隧道可以把防寒泄水洞设置于两条正洞中间，通过横向支洞引排隧道正洞的地下水，防寒泄水洞和正洞的连通如图 6-18 所示。

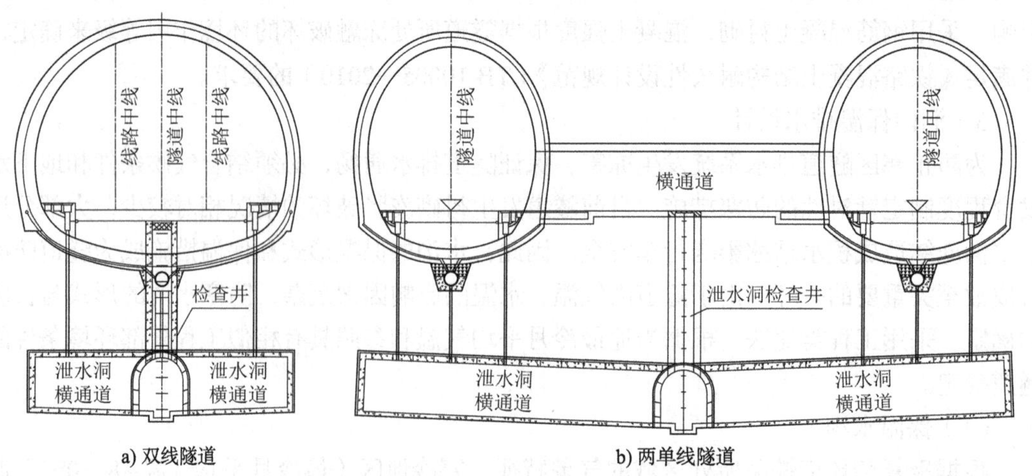

图 6-18 防寒泄水洞与正洞连通示意图

4）冻胀伸缩缝的设置

极复杂环境铁路沿线所在地区年平均气温不高，气温年较差不大而气温日较差大。因此，隧道需要设置冻胀伸缩缝。由于隧道施工期间的环境温度要求在5℃以上，且开通运营后冬季隧道内的温度低，隧道结构应考虑混凝土结构自身收缩的变形影响和由于“负温差”引起的纵向收缩的变形影响，故温度伸缩缝可不考虑缝宽，仅考虑设置隔离材料即可。冻胀伸缩缝的设置可以按照变形缝的设计要求进行设置，但应满足接缝防水及防脱落要求。设置范围与洞口抗冻设防段长度一致，每隔20～30m设置一道，并宜结合隧道施工缝设置。

5）配套排水设施防寒设计

除了上述几种防寒水沟和结构防寒措施外，洞口及洞外的配套排水设施的防寒措施也需要加以重视。配套排水设施主要指衬砌外的盲管、横沟、水沟检查井、洞外水沟和出水口等。为了防止流水冻结，均需采用防寒措施，以保证洞内外排水防寒系统的整体有效运转。

（1）洞口过渡设计

寒区隧道的洞口过渡与普通地区存在明显的差异，普通地区隧道内的水沟汇水可以直接引出洞外进行排放，但是寒区隧道需要考虑整个排水系统的防寒有效性，不能直接引排汇水，洞内防寒保温水沟与洞外保温水沟在洞口外需要通过保温检查井转换过渡，如图6-19所示。

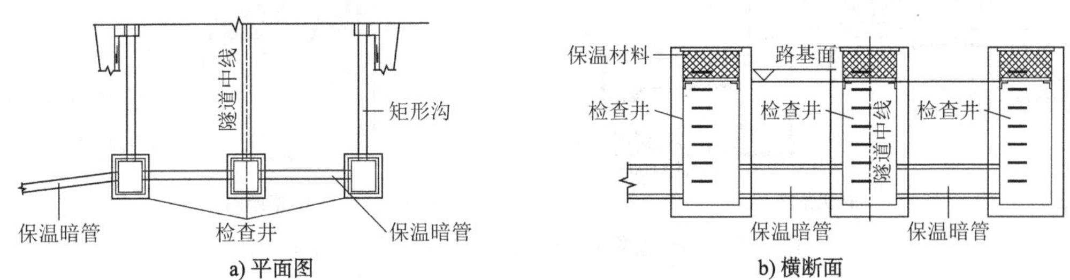

图6-19　寒区排水系统洞口转换示意图

（2）洞外深埋保温暗管

隧道内的水经洞内保温水沟引排后，通过洞口保温检查井过渡，结合洞外地形条件，采用深埋排水暗沟的方式将水引排至地形低洼处或邻近河道内。洞外深埋排水暗沟一般采用明挖法施工，其流水面应位于最大冻结深度以下，排水纵坡一般不小于5‰，在地形困难地段不小于2‰。为方便运营期维修养护，洞外深埋排水暗沟每隔50m左右设置一处保温检查井。洞外深埋排水暗沟一般采用钢筋混凝土预制管分节拼装而成，排水管沟内径应满足出水量要求。洞外检查井保温措施可参考洞内保温检查井施作。

（3）保温出水口

在洞外深埋排水暗沟的末端，一般选择背风向阳处设置保温出水口。目前常用的保温出水口形式有圆包头式、端墙式、三排管式及阳光房式。

①圆包头式保温出水口适用于水量不大，出水口地形较为平缓、洞外排水条件相对较差的情况；由于出水口附近地形平缓，为防止出水口附近因出水流速缓慢而冻结封堵，从

而引起病害，出水口处需要设置至少0.5m的落差，必要时可以清方顺坡，满足落差要求，消除隐患。圆包头式保温出水口如图6-20所示。

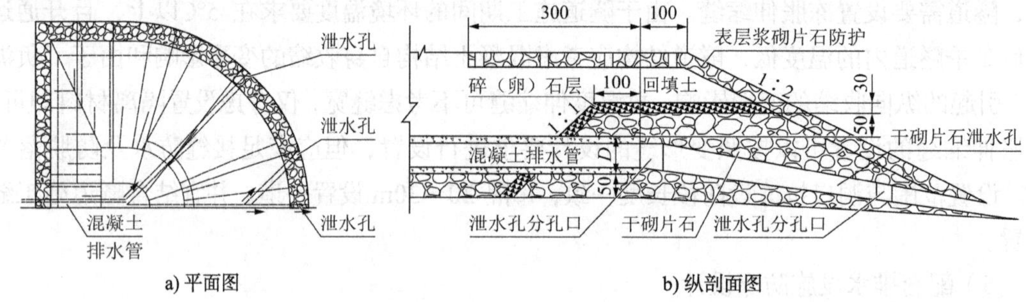

图6-20　圆包头式保温出水口（尺寸单位：cm）

D-出水口直径

②端墙式保温出水口适用于隧道出水量大，出水口地形相对陡峭、洞外排水条件较好，且隧道内的水经保温出水口能迅速排泄的地方；端墙式出水口可设计成“八”字墙形式，集中水流后引入下游沟谷或低洼处。端墙式保温出水口如图6-21所示。

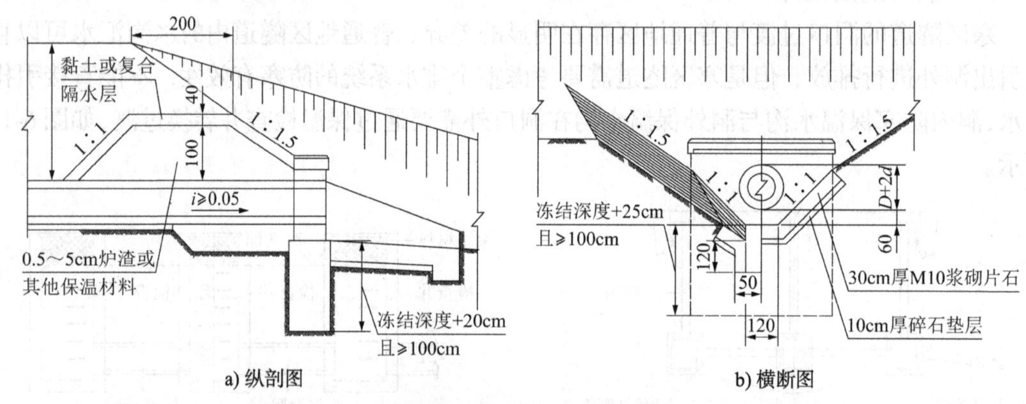

图6-21　端墙式保温出水口（尺寸单位：cm）

i-排水管坡度；*D*-出水口直径；*d*-保温层厚度

③阳光房式保温出水口适用于阳光充足、向阳、水量较小、水流较慢、出水口地形相对陡峭、洞外排水条件较好的地段。出水口外应确保足够的落差，满足跌水要求。阳光房式保温出水口如图6-22所示。

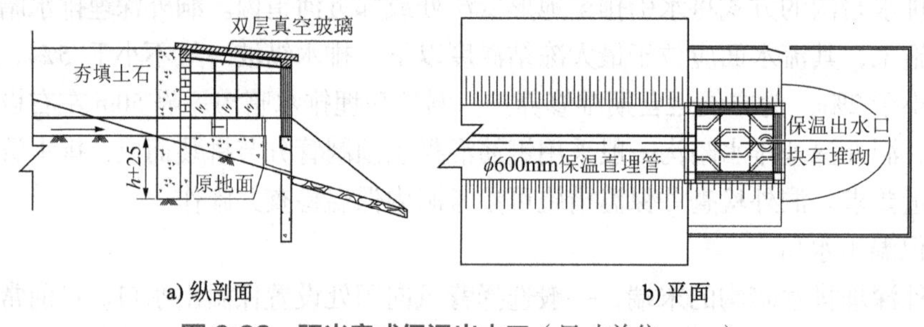

图6-22　阳光房式保温出水口（尺寸单位：cm）

（4）保温检查井

检查井是中心深埋水沟及防寒泄水洞等主要排水设施与隧道内的连接和转换通道，冬季易对隧道的排水系统造成影响，是寒区隧道保温的薄弱环节，也是关键环节。因此，检查井的保温设计、施工至关重要。检查井一般沿线路纵向设置，间距为30～50m；检查井断面一般为方形，截面净尺寸一般为1.0m×1.0m。保温检查井设置双层盖板，双层盖板之间充填保温层，保温层的厚度一般为25～50cm。为确保检查井盖板四周与井壁周边密贴，防止冷空气进入，盖板下加设橡胶垫圈。

（5）泄水孔

实践证明，严寒地区冬季气温低、冰冻期长，现有的技术条件下保温侧沟的防寒能力有限。因此，位于严寒地区隧道的保温侧沟不宜作为排水通路，即严寒地区设置中心深埋水沟段的边墙处侧沟不应设置泄水孔，其余段边墙至侧沟可设置泄水孔。与之相对，寒冷地区隧道保温侧沟可作为主要排水设施，边墙处侧沟应设泄水孔。

6.4 高地温隧道防排水设计

极复杂环境铁路隧道工程的高地温问题也十分突出，特别是沿线深大活动断裂带附近的高温水问题和地温异常区高岩温问题，如拉林铁路桑珠岭隧道，最高地温达89.3℃。在高地温隧道中，防排水系统也需要进行特殊的设计。

6.4.1 高地温隧道防排水设计原则

在高地温隧道中，防排水系统面临的最大问题是防排水材料在长期高温作用下的耐久性。目前普通环境下防排水材料包括止水带、防水板、排水盲管等。这些材料在经过长期高地温的作用后性能明显衰减，老化速度加快且防排水效果减弱。

高地温隧道分为高岩温和高水温两种。岩温过高将导致无法铺设防水材料；防水板材和混凝土施工缝止水材料因高温将加速材料本身的老化，大幅缩短其使用寿命，严重影响材料功能的发挥，当防水材料失效后，会形成隧道壁高温热水泛流，严重影响隧道运营环境。所以需根据隧道所处的地热高低采用相应的耐高温防排水设计和隔热设计。基本设计原则如下：

（1）高地温隧道防排水系统内的止水带、防水板、盲管无法承受长期高温作用，应有针对性地采用耐高温材料进行替换，保障隧道长期运营稳定。

（2）富水区高水温隧道可在掌子面因地制宜设计高温热水聚集处理区，集中排放高温热水并隔离高温蒸汽，降低对环境和作业人员身体的影响。

（3）高温热水常含有大量碱性离子，与隧道内二氧化碳作用后形成盐类物质，从而堵塞排水系统。因此，可针对现场环境设计防结晶排水系统，保障隧道排水畅通。

（4）高地温隧道衬砌混凝土在高温作用下产生内外温差，导致温度应力过大而产生拉裂缝。因此，可在隧道二次衬砌表面设计隔热层，或将隔热层与防排水层耦合设计，保障衬砌结构安全。

6.4.2 耐高温防排水系统设计

高地温隧道防排水设计主要围绕改善防排水材料，从隔热、保温两个方面进行防控。对高温热水地段，采取“以堵为主”的治水原则，控制地下热水涌出量及热水散热面积；对于未完全封堵的地下热水，通过保温水管或有隔热盖板的水沟将热水集中引排至洞外，减少热水源的热量和蒸汽散发。

针对极复杂环境铁路隧道高地温隧道特点及目前常用防排水材料性能特征，采用适用于高地温环境的高分子共聚物防水板，以提高高地温隧道防排水系统适应性。耐高温高分子共聚物防水板的基本物理力学性能满足常用 EVA 防水板的指标要求，耐热性极限温度可达 120℃以上。

高温热水中常伴有大量钙化物、硫化物等杂质，且高温热水长期与二氧化碳相互作用形成结晶，从而堵塞排水系统。为防止排水盲管堵塞，根据隧道地下水的物质含量，应考虑防结晶排水措施：可采用全密封设计，避免排水管道内空气流动，保持排水系统内压力、温度、湿度等环境条件稳定，抑制 CO_2 的逸失或补充，控制碳酸盐结晶沉淀生成；将排水管道内壁涂覆疏水材料涂层，以提高内壁耐沾污性，有效降低结晶体或泥沙在排水管内壁的黏附能力。防结晶排水系统组成如图 6-23 所示。

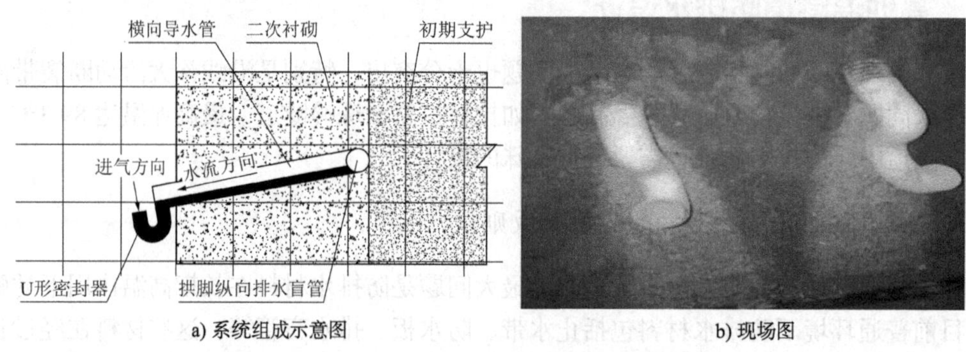

a) 系统组成示意图　　b) 现场图

图 6-23　防结晶排水系统组成

6.5 结语

本章系统介绍了极复杂环境铁路隧道防排水设计，但铁路隧道防排水还存在一些问题：一是纵环向盲管的结晶堵塞问题，严重影响隧道排水体系的排水能力；二是侧沟较轨面高，易出现侧沟开裂向道床渗水的情况；三是防水系统较为复杂，施工安装复杂，易出现施工安装引起结构安全隐患的情况；四是防排水系统的可维护性总体不高。针对上述问题，有关科研院所正开展技术攻关，以“可靠、耐久、易维护”为设计理念，开展隧道防排水系统优化，并经现场试验验证，以期形成一套完善的铁路山岭隧道防排水系统。

第 7 章
辅助坑道设计

处于极复杂环境的铁路隧道，面对艰险的地形条件，多为越岭特长隧道，为满足施工及运营需要，需设置与隧道相连的坑道，以增加工作面，实现长隧短打，满足洞内排水、通风、运输等施工要求，以及防灾疏散救援、防寒、排水等运营需要，这些坑道通称为辅助坑道。在极复杂环境铁路隧道工程中，辅助坑道工程规模极大，因此辅助坑道设计至关重要。

本章针对极复杂环境铁路隧道工程地质、环境特点及施工组织要求，结合辅助坑道的功能、类型、选择方法、设计时应考虑的因素等，系统地介绍极复杂环境铁路辅助坑道特点、设置原则、平纵断面设计、结构设计、耐久性设计和运输方式等内容。

7.1 概述

7.1.1 辅助坑道的分类及技术现状

辅助坑道一般包括斜井、横洞、平行导坑和竖井等。但根据用途、功能以及其他方面因素，又可细化分类，并衍生出一些新的辅助坑道形式。从管理角度经常采用的分类方法主要有按照使用功能、断面大小和运输方式三种分类方法。在设计阶段通常按使用寿命、断面形式等方法进行分类，以便于进行设计、施工组织安排和运营管理。

1）按使用功能分类

（1）辅助施工

①以增加工作面、缩短隧道施工工期为基本目的，一般采用的辅助坑道形式有斜井、横洞、平行导坑、竖井、迂回导坑等。

②特殊情况下为改善隧道内施工作业条件而设置的用于专门通风的辅助坑道，一般采用竖井。

③在施工中遇到特殊难题而设置的辅助坑道，一般有释能降压泄水洞、应力释放导洞等。

（2）辅助运营维护

①随着高铁（客运专线）的快速发展，以及长大隧道及隧道群的出现，用于防灾救援的专门通道应运而生，防灾救援工程的设置一般结合施工辅助导坑进行，仅需改造结构空间和安全性即可。

②对于岩溶地区或地下水极为发育处修建的隧道，往往还需要修建用于排水的专用泄水洞或排水洞（涵、管）等。

③高寒地区为防止冻害而专门设置的防寒泄水洞等也属于辅助坑道范畴。

2）其他分类方法

（1）按运输方式分类，一般分为有轨运输、无轨运输、垂直提升等。近年来随着技术进步，皮带运输也在工程中被越来越多地使用，尤其是采用 TBM 掘进施工的辅助坑道，皮带运输几乎是标配。

（2）按断面内轮廓尺寸大小分类，平行导坑、横洞和斜井可分为单车道和双车道，竖井可分为主井和副井。

（3）按断面形状分类，可分为直墙拱形、曲墙拱形、圆形、矩形等。斜井、横洞、平行导坑一般采用直墙、曲墙拱形或圆形断面（特殊地层或掘进机施工），根据辅助坑道所通过的地形地质条件、断面大小等相关因素，可在具体工程中综合选定；竖井一般采用圆形或矩形断面。

（4）按使用寿命分类，可分为永久和临时辅助坑道。永久辅助坑道对衬砌支护要求相对较高；临时辅助坑道仅在有限时间内使用，完成其功能后即可进行封闭处理。

3）辅助坑道技术现状

在历经几十年的技术发展和工程经验积累后，常规的辅助坑道设计施工均已比较成熟，因此不再赘述。但在最近十几年中，辅助坑道自身的修建规模越来越大，一些辅助坑道，尤其是斜井和竖井设计施工长度和深度均突破了传统规格。例如，我国铁路隧道施工中已经建成的乌鞘岭隧道 7 号斜井长度已达 3.3km，水利工程中陕西秦岭引汉济渭输水洞 4 号斜井长度则达 5.8km。而竖井深度也屡创新高，已建成的秦岭终南山公路隧道 3 号通风竖井深 661m，在建的大瑞铁路高黎贡山隧道 2 号竖井深 764m。

7.1.2 极复杂环境铁路隧道工程辅助坑道特点

极复杂环境铁路隧道工程辅助坑道有以下特点：

1）洞口海拔高

受高原地形影响，隧道辅助坑道洞口海拔普遍较高。某在建高原铁路某标段 75%的辅助坑道洞口海拔在 3000m 以上，最高海拔达到 4479m。拉日铁路全线海拔在 3600～4000m 之间。

2）辅助坑道长度大

沿线地形地貌极为复杂，线路穿越高山峡谷，隧道埋深大，辅助坑道设置困难。某在建高原铁路某标段平均辅助坑道长度约 1.8km，最长斜井达 4.1km。成兰铁路隧道最长辅助坑道长度为 2.2km。

3）交通运输难度大

极复杂环境铁路隧道多位于高山峡谷区，山高谷深，道路交通十分不便。某在建高原铁路仅若干标段线路走向与主要公路干道并行，其余工程范围内道路密度极低，需通过改建（乡、村）或新建支线实现施工道路网。

4）环境敏感点多

成兰铁路穿越四川宝顶沟省级自然保护区、四川千佛山国家级自然保护区、四川省安县睢水海绵礁省级自然保护区，邻近卧龙国家级自然保护区、九寨沟国家级自然保护区等国家级自然保护区；某在建高原铁路沿线 30km 范围内分布有环境敏感区 75 处，选线虽最大限度规避环境敏感区，但受极其复杂的地形地质条件及经济据点控制，线路仍涉及 22 处环境敏感区，多采用隧道形式穿越自然保护区核心区、缓冲区。受环境敏感区的限制，隧道辅助坑道设置难度增大，部分辅助坑道洞口为避开核心区和缓冲区，采取了加长辅助坑道的措施。

5）地质条件极其复杂

受复杂地质构造环境和大埋深影响，隧道辅助坑道地质条件极其复杂，岩爆、软岩大变形、高地温等问题突出。

7.2 辅助坑道设置原则

辅助通道的设置受工期、地质、地形、施工通风、排水等多种因素的影响，必须综合分析，有时还需要进行多方案比选，才能得到既满足工程需要又经济可靠的设置方案。

7.2.1 影响因素分析

辅助坑道的设置应根据隧道长度、施工期限、地形、工程地质与水文地质条件、弃渣场地等因素，以及通风和排水需要，通过技术经济比较确定，辅助坑道可以单个、多个或组合使用。隧道施工组织规划时，需要考虑辅助坑道的影响因素及技术指标，进行辅助坑道规模的量化设计。以下简要介绍各因素对辅助坑道设置的影响。

1）工期因素

长大隧道施工中，为满足工期，需要设置辅助坑道，增设工作面，这是加快长隧道施工的基本方法。因此，合理的工期是合理设置辅助坑道的重要前提。

2）地质条件

辅助坑道应避免通过工程地质、水文地质条件复杂和不良地质地段。必须通过时，应采取可靠的工程技术措施。特殊地质对辅助坑道要求如下：

（1）排水通道

在岩溶发育区、地下水发育地区修建隧道，若采用斜井进行反坡排水施工，不但施工进度缓慢，工期风险大，作业环境差，而且在突水时容易造成淹井事故，往往造成较大损失。因此，在岩溶发育区、地下水发育地区设置平行导坑或横洞，尽可能营造顺坡施工条件是规避风险、提高施工效率、降低工程成本（抽水）的必要手段。

（2）高瓦斯巷道通风

高瓦斯隧道施工通风应采用巷道式通风方案，这是瓦斯隧道安全施工的必要保障。因此，瓦斯隧道需结合施工通风，设置平行导坑或斜井（横洞）主副井。

3）地形及交通条件

当地形条件困难，斜井、横洞等辅助坑道长度太大时，也影响辅助坑道的设置形式。

受地形影响，隧道洞口施工便道引入困难，无法开展工作面时，需结合道路、场地条件，增设辅助坑道来创造进洞条件。

4）施工通风

长大隧道施工通风是影响施工安全和施工进度的重要因素之一，尤其在高海拔地区、高温高湿、瓦斯隧道、陡坡斜井多工作面等复杂条件下，独头通风能力决定着最长独头施工长度，也决定着辅助坑道的设置规模。高海拔条件下，相同的通风方案和设备，在高海拔地区漏风率明显大于平原地区，高海拔地区隧道的辅助坑道设置方案受通风长度的制约严重。

5）防灾通风

洞内救援站的通风排烟，需要利用施工辅助坑道作为通风排烟井，如无施工辅助坑道时，需要专门设置通风井。

6）环保要求

考虑沿线通过多处环境敏感地段，辅助坑道的设置，应尽可能控制设置数量，减少场地、道路对环境的破坏；在辅助坑道选址时，也往往受自然保护区等环保因素的影响，导致辅助坑道选址困难、长度大。

7.2.2 设置原则

综合以上影响因素分析，极复杂环境铁路隧道辅助坑道的设置原则如下：

（1）坚持环保原则，尽量少设辅助坑道。除特殊情况外，长度小于 7km 的隧道不设辅助坑道。

（2）辅助坑道优先选用横洞和平行导坑，其次是斜井。

（3）高瓦斯隧道的辅助坑道采用主副井方案。

（4）辅助坑道断面尺寸应根据施工运输（或功能发挥）需要、施工设备外形尺寸、支护类型、人行道设置、管线布置及地质条件等因素综合确定。

（5）超长隧道的辅助坑道设置方案应充分考虑建设工期要求，并留有工期裕量，困难条件下不少于 6 个月。

（6）辅助坑道的设置应统筹考虑隧道防灾疏散救援需要。

7.3 辅助坑道设计要点

7.3.1 洞口设计

辅助坑道洞（井）口是隧道施工的重要通道，在设计时要充分考虑地形条件、工程地质及水文地质条件等，从结构、防排水方面采取相应的措施。

（1）辅助坑道洞口位置选择通常结合地形条件、洪水位高程、施工场地布置、交通条件、环境保护及弃渣场地综合确定。洞口位置在设计时应考虑场地条件和防洪要求，高出百年洪水位不小于 0.5m。

（2）辅助坑道洞口边仰坡土石有可能剥落或有危岩落石时，设计考虑采用清理或嵌补，设防护网、骨架护坡、锚杆框架梁、锚索框架梁等防护工程。

（3）一般情况下，横洞、平行导坑、斜井的洞（井）口均设置洞门结构，洞门结构形式力求简单，因地制宜，适应当地地形、地质等要求。当洞口自然山坡陡峭，地形开阔，岩层较好时，采用端墙式洞门；当路堑开挖坡度较缓，岩层较差时，采用翼墙式洞门；地面横坡较陡，为适应地形减少开挖，采用台阶式洞门。对于完整不易风化的硬岩，采用喷锚加固确保稳定后，可直接将洞（井）口衬砌接长延伸，采用无端墙式洞口结构，延伸段衬砌也可以起到防护少量剥落而保障洞（井）口安全的作用。

（4）洞（井）口的截、排水系统要与洞外排水系统统筹考虑，目的在于保证排水系统安全可靠、经济合理，确保辅助坑道与隧道正洞的施工顺利进行。

（5）竖井井口一般设置有锁口圈，锁口圈采用钢筋混凝土结构，并高出地面至少0.25m。锁口圈竖向长度及结构厚度一般根据地层情况及施工荷载确定，其竖向长度一般不小于2m。竖井井口场地应设置完善的截、排水系统，确保施工期安全。

（6）隧道正洞工程竣工后，横洞、平行导坑和斜井应按下列规定处理：

①横洞洞口、平行导坑洞口、斜井井底与辅助坑道洞身排水系统应确保畅通。

②兼作运营服务使用的辅助坑道，洞（井）口及与正洞连接处设置有安全防护设施。

③仅作为施工使用的斜井和横洞，其洞口及与正洞连接处，竣工后采用片石混凝土或混凝土进行封堵，厚度不小于5m。洞口封堵后并采用夯填土回填，恢复原地貌。

（7）仅作为施工使用的竖井竣工后加设盖板用覆土封闭或用弃渣进行回填处理。井窝及井底至通道顶部范围采用混凝土回填封堵，并保持排水系统畅通。井口回填土高出地面1.5m，并设截水沟，将地表汇水引离井口。

7.3.2 平面设计

辅助坑道平面设计重点控制平面位置、线形、与隧道相交里程和角度、井口位置等。设计要点如下：

（1）横洞、斜井与隧道正洞的连接根据施工需要，可采用单联式或双联式；辅助坑道中线与隧道中线的夹角不宜小于40°，曲线半径不宜小于12m；横洞、斜井与隧道正洞连接如图7-1所示。

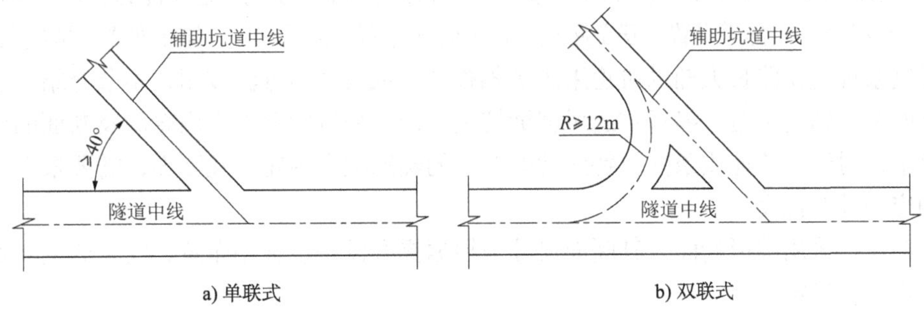

a) 单联式　　b) 双联式

图7-1　横洞、斜井与隧道正洞的连接示意图

R-曲线半径

（2）无轨运输的横洞、斜井一般设置为直线形，受地形、地质条件限制时，采用曲线形。

（3）平行导坑一般设在高山侧或地下水来源一侧。平行导坑与隧道正洞的净距根据地质条件、隧道正洞断面尺寸及施工方法等因素确定，硬质岩隧道净距一般按40m，软岩大变形隧道净距按50m考虑。

（4）平行导坑与隧道正洞之间一般每隔500m设置一处横通道，当横通道在断层、软弱破碎地层中时，可根据需要适当调整位置。

（5）竖井与隧道正洞的连接可采用单向垂直通道双联式或双向环形通道双联式，通道曲线半径不宜小于 10m。

（6）辅助坑道洞身设计一般尽量避免穿越不良地层，如溶洞、断层、高瓦斯以及富水地带等。

（7）采用有轨运输或皮带运输的辅助坑道平面线形一般设置为直线形，当无条件时，通常设置半径大于 800m 的曲线过渡。

7.3.3 纵断面设计

辅助坑道纵断面设计的重点内容是控制地质纵剖面、坡度、坡段长度、分段工程措施等。设计要点如下：

（1）横洞纵坡应设计为向洞外不小于 3‰的下坡，其最大纵坡在设计时一般不大于6%。

（2）斜井间隔一定距离设置缓坡段，综合坡度一般情况下按不大于 10%控制，最大坡度一般情况下按不大于 12%控制，特殊条件下可适当突破；井口场坪应设计为向洞外不小于 3‰的下坡；井口和井底变坡点应设竖曲线。

（3）平行导坑纵向坡度宜与正洞一致，其高程应低于正线隧道。

（4）竖井井底车场连接通道重车方向宜为下坡，其坡度不宜小于 3‰。

（5）有轨运输斜井采用矿车提升时倾角不宜大于 25°，斜井采用带式输送机出渣时，其倾角不宜大于 20°。

7.4 辅助坑道结构设计

7.4.1 内轮廓及断面设计

辅助坑道断面尺寸应根据工程所处区域环境特征，结合施工需求和运营期维护、防灾救援等功能需求，确定经济合理的断面内轮廓。内轮廓控制因素主要为：运输能力、施工设备外形尺寸、支护类型、人行道设置、安全距离、各种管线布置、通风方式、排水布置、地质条件等。

极复杂环境铁路长大辅助坑道采用了隔板式通风及清污分流技术，本节介绍一般围岩条件下的常规辅助坑道、隔板式通风辅助坑道、清污分流辅助坑道内轮廓及断面的设计方法和要求，对于特殊地质条件及特殊功能要求的辅助坑道内轮廓及断面，需要根据具体情况做相应的针对性设计。

竖井设计采用圆形断面，其断面尺寸应根据提升设备、管路布置、安全通道、安全距离等因素综合确定。

1）常规辅助坑道内轮廓及断面设计

（1）运输能力

运输能力主要体现在车道选择上，具体尺寸要求如下：

无轨单车道运输断面净空尺寸为 5.0m（宽）× 6.0m（高）；

无轨双车道运输断面净空尺寸一般地段为 7.5m（宽）× 6.5m（高）。

（2）施工设备外形尺寸

运输断面需满足大型隧道机械（如混凝土搅拌运输车、ITC312 装渣机及 20t 重型载重汽车、TBM 主机大件等）通行要求及通风、排水管路布置和人行通道设置相关规定。主要设备的尺寸参考值如下：

混凝土搅拌运输车：8.204m（长）× 2.496m（宽）× 3.85m（高）；

ITC312 装渣机：12.6m（长）× 2.4m（宽）× 3.65m（高）；

载重汽车：8.825m（长）× 2.80m（宽）× 3.484m（高）；

10m 级 TBM 主轴承尺寸：7.3m（长）× 7.3m（宽）× 1.4m（高）；

皮带运输断面中带式输送机的尺寸需根据出渣量计算确定。

（3）斜井及横洞内轮廓及断面设计

对于承担施工任务的斜井及横洞，当位于一般地段时，可按无轨双车道运输断面进行设计，断面净空尺寸为 7.5m（宽）× 6.5m（高），断面内净空面积为 43.50m^2，可满足大型隧道机械通行及通风、排水管路布置及人行安全相关规定的要求；通风管设于拱顶悬挂，按 2 根ϕ200cm 风管考虑，风、水、电管线设于人行道对侧边墙，水沟设于人行道对侧。

当作为风渠使用时，净空尺寸采用 7.5m（宽）× 7.5m（高），断面内净空面积为 52.07m^2，通风管按 2 根ϕ180cm 或 2 根ϕ200cm 风管考虑。

各类辅助坑道断面内净空如图 7-2～图 7-5 所示。

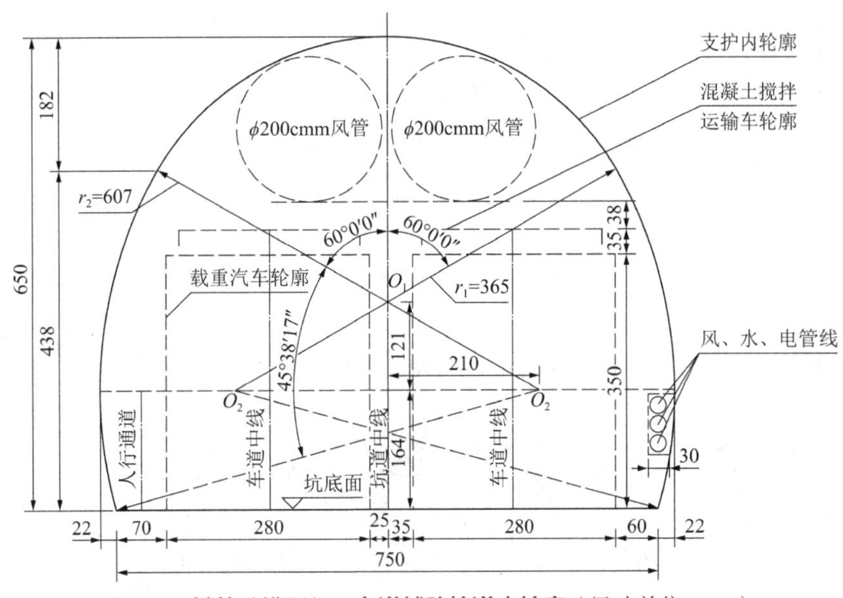

图 7-2　斜井（横洞）双车道辅助坑道内轮廓（尺寸单位：cm）

（4）平行导坑内轮廓及断面设计

对于一般段贯通平行导坑，可按无轨单车道运输断面进行设计，其中断面内净空面积为 30.10m^2，可满足大型隧道机械通行及通风、排水管路布置及人行安全相关规定的要求；通风管设于拱顶悬挂，按 2 根ϕ160cm 或 1 根ϕ180cm 风管考虑，风、水、电管线设于人行道对侧边墙，水沟设于人行道对侧。对于担负正洞施工的贯通平行导坑，考虑行车避让、通风距离等因素，可对平行导坑断面进行适当加宽，同时通风管按 2 根ϕ200cm 风管考虑，如图 7-3 和图 7-4 所示。

2）隔板式通风辅助坑道内轮廓及断面设计

为解决长大辅助坑道施工通风问题，提出采用隔板式通风技术，该技术采用分隔材料将斜井分为上下两部分，上半部分为进风道，间隔一定距离设置射流风机将洞口新鲜空气压入；下半部分为出风道，通过循环将污浊空气排出。隔板式双车道辅助坑道内轮廓如图 7-5 所示。

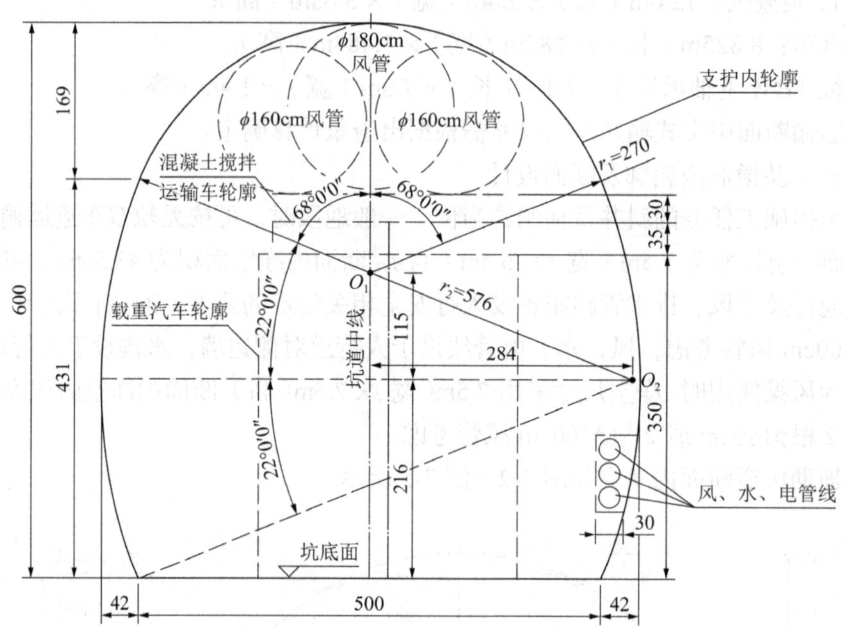

图 7-3　平导Ⅰ型内轮廓（尺寸单位：cm）

（适用于平行导坑一般段）

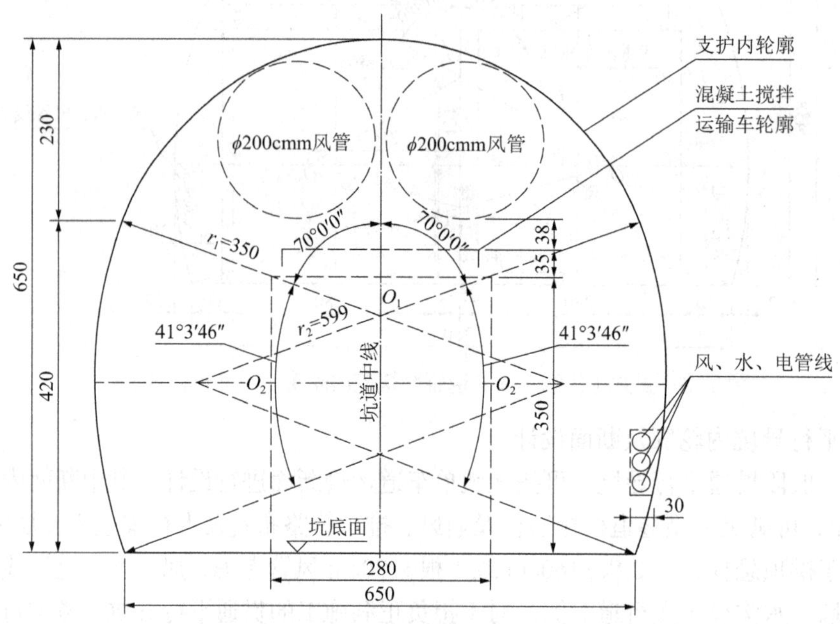

图 7-4　平导Ⅱ型内轮廓（尺寸单位：cm）

（适用于担负正洞施工的平行导坑）

（1）风道的经济断面

风道的断面形状和风道断面面积的大小对风道的气流阻力有很大的影响。如果采用较大的风道断面面积，则固然风道气流阻力较小，但风道造价要增高；如果风道断面面积较小，则气流阻力又较大，从而通风的功率和运营电费增大。因此，确定风道的断面面积时应综合考虑风道的造价及通风运营费两个因素，力求造价及运营费的总和为最小，这样的风道断面称为经济断面。根据施工通风要求计算，上部风道面积为 10～20m²。

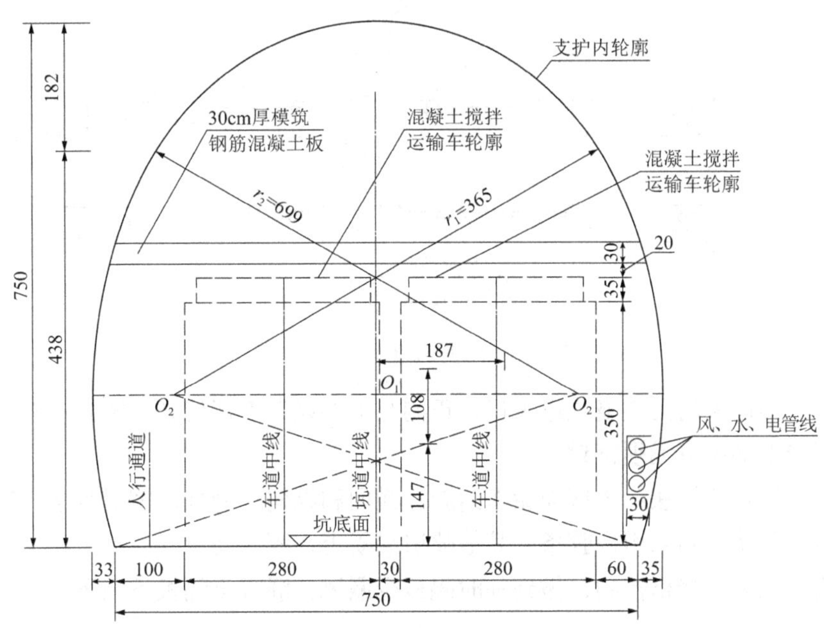

图 7-5　隔板式双车道辅助坑道内轮廓（尺寸单位：cm）

（2）隔板材料及施作

隔板施作分为钢筋混凝土隔板和临时性隔板两种类型。

①钢筋混凝土隔板

如果施工周期比较长，或者隔板用于运营阶段，辅助坑道可采用钢筋混凝土隔板。钢筋混凝土隔板与隧道墙壁形成一体，从而保证密封性。施作时可增加 PVC 密封布或薄膜材料，整体耐久性、刚度、强度和密封性均较好，被施工破坏的概率低，维修保养费用较低，可保证通风效果。虽造价相对较高，但在条件允许的情况下，应尽可能采用钢筋混凝土隔板。

②临时性隔板

如果施工周期短，斜井在运营阶段不再利用，可采用临时性隔板。目前的成功案例是采用彩钢板分隔，其造价低，而且可以回收利用。但其刚度、强度和密封性相对较低，施工振动和爆破时都会导致彩钢板抖动，横向和纵向接缝较多，与隧道墙壁也不能形成一体，密封处理反复遭到破坏，难以增设 PVC 密封布或薄膜材料；维修保养费用较高，需要定期进行通风效果和漏风检测，并根据检测结果进行维修。

③隔板实施要点

隔板上部风道在斜井口向洞外延伸一定长度，长度大于斜井当量直径 10 倍，以防止污风循环，如图 7-6 所示。

隔板风道进入正洞后继续向各个方向延伸一段距离，延伸长度大于斜井当量直径10倍。

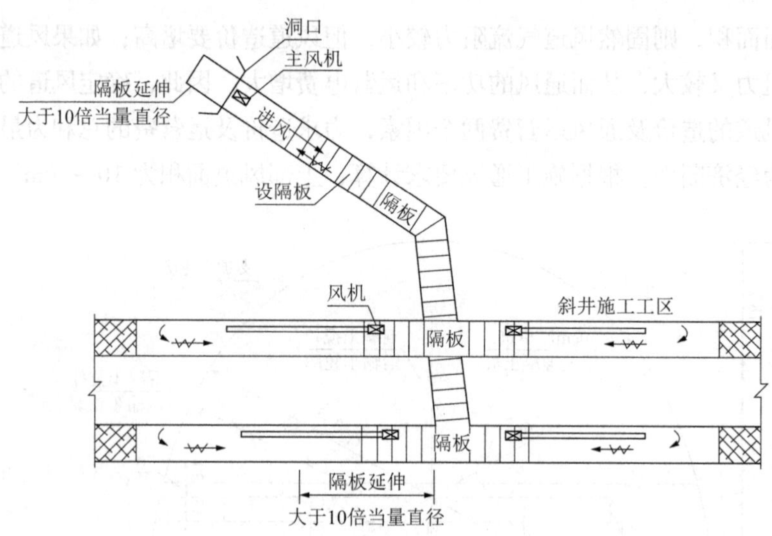

图 7-6　隔板式通风平面示意图

对为作业面送风的无主扇式送风机，正洞与上部风道连接处必须密封；对于主扇式送风机，正洞与上部风道无须密封。

临时隔板密封的做法：搭接面涂密封胶，横向和纵向接缝采用密封胶条，铆接部位采用涂胶密封，与墙壁间采用橡胶条。其他喷射混凝土、灌注沥青。

隔板施作工艺要严格控制，做到临时隔板少漏风，混凝土隔板不漏风。

7.4.2　支护结构类型

辅助坑道支护结构设计一般为喷锚单层衬砌，并采用高性能支护体系；软弱破碎围岩、挤压性围岩等特殊地质地段，洞（井）口段、岔洞段、与正洞交叉段及有特殊要求地段应采用复合式衬砌。兼作运营服务使用的辅助坑道应按永久工程进行结构和防排水设计，设计使用年限为 60 年。辅助坑道（横洞、平行导坑及斜井）衬砌常用喷锚衬砌和复合式衬砌；竖井衬砌常用喷锚衬砌和模筑衬砌。

实践证明，喷锚衬砌具有支护及时、柔性、密贴，且施工灵活、简便、工序少、施工空间大、安全可靠等优点，对加快施工进度，节约劳动力及原材料，降低工程成本等效果显著，亦能保证施工安全，故被广泛采用。

洞（井）口段及软弱破碎围岩地段往往地质复杂，为保证施工安全，采用复合式衬砌。辅助坑道与正洞交叉段结构受力复杂，为保证施工安全和后期隧道运营安全，采用复合式衬砌。竖井马头门应采用模筑混凝土衬砌。

7.4.3　支护参数

横洞、平行导坑和斜井的衬砌支护参数，应根据围岩级别、工程地质、水文地质、坑道宽度、埋置深度、施工方法、使用功能等条件，并通过工程类比确定。

辅助坑道支护参数见表 7-1，辅助坑道大变形地段支护参数见表 7-2，辅助坑道岩爆地段支护参数见表 7-3。

表 7-1

辅助坑道支护参数

车道类型	衬砌类型	初期支护											二次衬砌			备注
		C30 喷射混凝土		钢筋网			锚杆			格栅（型钢）钢架			部位	厚度（cm）	底板（仰拱）（cm）	
		施作部位	厚度（cm）	设置部位	钢筋规格（mm）	网格间距（cm × cm）	设置部位	长度（m）	间距（环 × 纵）（m × m）	设置部位	钢架类型	间距（m）				
单车道I型	II级喷锚	拱墙	5				局部 2 根	2							20	
	II级模筑	拱墙	5				局部 2 根	2					拱墙	25	20	
	III级喷锚	拱墙	10	拱部	$\phi 6$	25 × 25	拱部	2.5	1.2 × 1.5						20	
	III级模筑	拱墙	7	拱部 50%	$\phi 6$	25 × 25	拱部	2	1.5 × 1.5				拱墙	25	20	
	IV级喷锚I型	拱墙	15（纤维混凝土）				拱墙	3	1.2 × 1.2	必要时设置					20	IV 级深埋硬质岩一般地段
	IV级喷锚II型	拱墙	21	拱墙	$\phi 6$	25 × 25	拱墙	3	1.2 × 1.2	拱墙	I 14	1.2			20	IV 级软质岩或硬质岩节理密集地段
	IV级模筑	拱墙	21	拱部 100% 边墙 50%	$\phi 6$	25 × 25	拱墙	3	1.2 × 1.5	拱墙（必要时）	I 14	1.2	拱墙	30	20	
	V 级喷锚	拱墙	23	拱墙	$\phi 8$	25 × 25	拱墙	3	1.2 × 1.2	拱墙	I 16	1.0			20	
	V 级带仰拱模筑	拱墙	23	拱墙	$\phi 8$	25 × 25	拱墙	3	1.2 × 1.2	拱墙	I 16	1.0	拱墙	35	35	
	V 级抗震	拱墙	23	拱墙	$\phi 8$	25 × 25	拱墙	3	1.2 × 1.2	拱墙	I 16	1.0	拱墙	35*	35*	

续上表

车道类型	衬砌类型	初期支护											二次衬砌			备注
		C30 喷射混凝土		钢筋网			锚杆			格栅（型钢）钢架			部位	厚度（cm）	底板（仰拱）（cm）	
		施作部位	厚度（cm）	设置部位	钢筋规格（mm）	网格间距（cm×cm）	设置部位	长度（m）	间距（环×纵）（m×m）	设置部位	钢架类型	间距（m）				
单车道Ⅱ型及双车道	Ⅱ级喷锚	拱墙	8	拱部 50%		25×25	局部 2 根	2							20（25）	
	Ⅱ级模筑	拱墙	5	—	—	—	局部 2 根	2					拱墙	25		
	Ⅲ级喷锚	拱墙	12	拱部	$\phi 6$	25×25	拱部	2.5	1.2×1.2						20（25）	
	Ⅲ级模筑	拱墙	8	拱部	$\phi 6$	25×25	拱部	2.5	1.5×1.5				拱墙	25	20（25）	
	Ⅳ级喷锚Ⅰ型	拱墙	15（纤维混凝土）				拱墙	3	1.2×1.2	必要时设置					25（30）	Ⅳ级深埋硬质岩一般地段
	Ⅳ级喷锚Ⅱ型	拱墙	23	拱墙	$\phi 6$	25×25	拱墙	3	1.2×1.2	拱墙	Ⅰ16	1			25（30）	Ⅳ级软质岩或硬质岩节理密集地段
	Ⅳ级模筑	拱墙	23	拱墙	$\phi 6$	25×25	拱墙	3	1.2×1.5	拱墙	Ⅰ16	1.2	拱墙	35	25（30）	
	Ⅴ级喷锚	拱墙	25	拱墙	$\phi 8$	25×25	拱墙	3.5	1.2×1.2	拱墙	Ⅰ18	1.0			25（30）	
	Ⅴ级模筑仰拱	拱墙	25	拱墙	$\phi 8$	20×20	拱墙	3	1.2×1.2	拱墙	Ⅰ18	0.8～1	拱墙、仰拱	40	40	
	Ⅴ级抗震	拱墙	25	拱墙	$\phi 8$	20×20	拱墙	3	1.2×1.2	拱墙	Ⅰ18	0.8～1	拱墙、仰拱	40*	40*	

注：1. 支护参数应根据施工工法、建筑材料、施工工艺等因素，结合现场试验进一步调整优化。

2. Ⅳ级喷锚Ⅰ型衬砌应在类似工程开展试验，根据试验结果调整支护参数。

3. 括号内参数为仰拱厚度。

4. 喷射混凝土采用 C30 高性能混凝土；锚杆拱部采用低预应力锚杆，边墙采用药卷锚杆；二次衬砌栏中带*号者为钢筋混凝土。

辅助坑道大变形地段支护参数

表 7-2

<table>
<tr><th>大变形等级</th><th>断面形式</th><th>喷射混凝土</th><th>钢架形式</th><th>钢架锁脚</th><th colspan="2">锚杆形式</th><th>钢筋网</th><th>二次衬砌</th><th>注浆加固</th></tr>
<tr><td>一级
（轻微）</td><td>优化拱墙曲率</td><td>喷 C30 早高强纤维混凝土，27cm 厚</td><td>全环 I 20b 型钢钢架，0.8m/榀</td><td>ϕ42mm 钢花管（4.0m）</td><td>拱墙低预应力树脂药卷锚杆（4.0m）</td><td>间距 1.2m×0.8m（环×纵）</td><td rowspan="2">全环ϕ8mm 钢筋网（20cm×20cm）</td><td>35cm 素混凝土</td><td></td></tr>
<tr><td>二级
（中等）</td><td>椭圆形轮廓</td><td>喷 C30 早高强钢纤维混凝土，25cm 厚</td><td>全环 HW175 型钢，0.6m/榀</td><td>ϕ42mm 钢花管（5.0m）或 6m 药包锚杆</td><td>拱部低预应力树脂药卷锚杆（4.0m）+ 边墙低预应力树脂药卷锚杆（6.0m）</td><td>间距 1.2m×0.8m（环×纵）</td><td>40cm 素混凝土</td><td></td></tr>
<tr><td>三级
（严重）</td><td>圆形轮廓</td><td>喷 C30 早高强钢纤维混凝土，25cm 厚</td><td>全环 HW175 型钢，0.6m/榀</td><td>加密锁脚，树脂（药包）锁脚或ϕ32mm 自进式锚杆（6.0m）</td><td>长短结合，树脂（药包）锚杆（4m）（短锚杆）+ 让压式锚杆（8m）（长锚杆）</td><td>间距 1.2m×0.6m（环×纵）</td><td>全环ϕ8mm 钢筋网（20cm×20cm）</td><td>45cm 厚钢筋混凝土</td><td>径向注浆</td></tr>
<tr><td rowspan="2">四级
（极严重）</td><td rowspan="2">圆形轮廓</td><td rowspan="2">喷 C30 早高强钢纤维混凝土，27cm + 21cm 厚</td><td rowspan="2">双层全环 HW200/HW175 型钢，分次施作，0.5m/榀</td><td rowspan="2">加密锁脚，树脂（药包）锁脚或ϕ32mm 自进式锚杆（8.0m）</td><td>长短结合，树脂（药包）锚杆（4m）（短锚杆）+ 让压式锚杆（10m）（长锚杆）</td><td>间距 1.2m×0.6m（环×纵）</td><td rowspan="2">内外层初期支护均设全环ϕ8mm 钢筋网（20cm×20cm）</td><td rowspan="2">50cm 厚钢筋混凝土</td><td rowspan="2">径向注浆</td></tr>
<tr><td>边墙预应力锚索（15m）</td><td>间距 1.5m×1.5m（环×纵）</td></tr>
</table>

辅助坑道岩爆地段支护参数　　表 7-3

<table>
<tr><th>岩爆等级</th><th>喷射混凝土</th><th>钢筋网</th><th>锚杆</th><th>钢架</th><th>其他措施</th></tr>
<tr><td>轻微</td><td>厚度同系统支护</td><td>拱墙设置消能防护网</td><td>Ⅱ级围岩地段结合岩爆发生部位随机布设ϕ22mm、长 3m 低预应力锚杆</td><td></td><td rowspan="4">加强光爆效果、喷洒高压水、人员设备防护</td></tr>
<tr><td>中等</td><td>厚度同系统支护</td><td>拱墙设置消能防护网</td><td>ϕ25mm 低预应力锚杆，长 3m，间距 1.0m × 1.0m，梅花形布置</td><td></td></tr>
<tr><td>强烈</td><td rowspan="2">初喷 5cm 厚 CF25 钢纤维混凝土，复喷 15cm（强烈）/17cm（极强烈）纤维混凝土</td><td rowspan="2">拱墙设置消能防护网</td><td rowspan="2">ϕ25mm 低预应力锚杆，长 4m，间距 1.0m × 1.0m，梅花形布置</td><td>HW125 型钢钢架，间距 1.2m</td></tr>
<tr><td>极强烈</td><td>HW150 型钢钢架，间距 1m</td></tr>
</table>

7.5　辅助坑道耐久性设计

辅助坑道支护结构可采用喷锚衬砌，对于软弱破碎围岩、挤压性围岩等特殊地质地段，洞（井）口段、岔洞段、与正洞交叉段及有特殊要求的地段应采用复合式衬砌，而兼作运营服务使用的辅助坑道应按永久工程进行结构和防排水设计。采用复合式衬砌，结构耐久性设计可参考本书相关章节，本节主要介绍喷锚衬砌耐久性设计。

（1）软弱围岩及浅埋隧道地下工程所用喷射混凝土 3h 强度不应小于 2MPa，且 1d 抗压强度应大于设计强度的 40%；喷射混凝土设计厚度不应小于 50mm，且不宜超过 300mm；钢筋网喷射混凝土的钢筋保护层厚度不应小于 20mm，双层钢筋网喷射混凝土的钢筋保护层厚度不应小于 25mm，钢架喷射混凝土的保护层厚度不应小于 40mm；处于塑性流变岩体、高应力挤压层的岩体、受扰动影响或承受高速水流冲刷的地下工程，宜采用喷射钢纤维混凝土；喷射混凝土的设计强度等级不应低于 C30，喷射混凝土的 1d 龄期混凝土抗压强度不应低于 15MPa，最小黏结强度应符合相关规定；喷射混凝土支护的设计厚度不应小于 50mm，含水岩层中的喷射混凝土支护设计厚度不应小于 80mm，钢筋网喷射混凝土支护设计厚度不应小于 80mm。

（2）钢筋网材料宜采用 HPR300 钢筋，钢筋直径宜为 6～12mm；钢筋间距宜为 150～300mm；当喷射混凝土层设计厚度大于 150mm 时，钢筋保护层厚度不应小于 20mm。

（3）围岩自稳时间很短，在喷射混凝土或锚杆的支护作用发挥前就要求工作面稳定时，喷射混凝土中应增设钢架。

（4）钢架喷射混凝土支护中刚性钢架可采用型钢拱架或格栅拱架；钢架间距宜为 1～2m，钢架之间应设置纵向钢拉杆；钢架与围岩之间的喷射混凝土保护层厚度不应小于 40mm。

（5）喷射混凝土衬砌的组成应根据围岩条件、地下水情况、隧道断面尺寸及其埋置深度等条件确定，并应符合以下规定：喷射混凝土应采用湿喷工艺，厚度不应小于 5cm；钢筋网应用直径 6～8mm 的钢筋焊接而成，网格间距宜为 15～25cm，钢筋网应在初喷混凝土后铺挂；系统锚杆宜沿隧道周边按梅花形均匀布置，其方向应接近于径向或垂直岩层。系统锚杆应设垫板，垫板应与喷层面密贴；钢架可设于隧道拱墙或全环；钢架应在开挖后或初喷混凝土后及时架设，钢架背后的间隙应设置垫块并充填密实。

7.6 运输方式

斜井、横洞、平行导坑等辅助坑道运输方式多种多样，目前主流运输方式分为无轨、有轨、皮带运输，竖井作业人员升降、出渣和进料采用垂直提升。选择辅助坑道运输与提升设备时，根据施工机械配备情况，辅助坑道的坡度、长度、断面大小，出渣量及工期等条件，经技术、经济比较后确定。

7.6.1 无轨及有轨运输

常规辅助坑道的设置应首先考虑无轨运输的斜井，因为其技术在铁路施工中比较成熟，灵活多变，能有效地保证施工进度。

当无轨运输斜井太长、承担正洞开挖长度很短时，应考虑采用有轨运输斜井；当无法采用斜井时，再考虑设置竖井。但有轨运输斜井及竖井在运输能力、施工技术及设备配置、投入，以及在地质、工程条件发生重大变化时，灵活性不如无轨运输。

采用无轨运输的斜井，其坡度应与运输车辆的爬行能力相适应，设计综合坡度一般不大于 10%。斜井宜按 200～300m 间距设置缓坡段，缓坡段坡度不宜大于 3%，并应与错车道或防撞设施结合设置。

有轨运输斜井采用矿车提升时，倾角不宜大于 25°。

斜井在修建和使用期间应有相应的安全措施。大坡度无轨斜井应考虑预防制动失灵的防撞措施，并在适当位置设挡车设备以严防溜车；倾角在 15°以上的有轨斜井应有轨道防滑措施。

有轨运输斜井井身每隔 30～50m 应设置避车洞，井底停车场应设避车洞，井底附近的固定设备应设置在专用洞室内。

7.6.2 皮带运输

长大 TBM 法施工隧道，目前出渣系统主要采用“主洞连续带式输送机+支洞带式输送机”的出渣运输方式，该方法已较广泛应用。

钻爆法斜井工况下主要以内燃机车等无轨运输为主。位于高原高寒地区的极复杂环境铁路隧道工程，在高原缺氧条件下，工作效率低，施工组织困难。同时，由于内燃机械在高原缺氧环境下燃烧不充分，不但效率降低，而且排放尾气的污染程度增大，进一步加大了施工环境控制难度，严重威胁安全生产。尤其是长大斜井采用无轨内燃汽车出渣，需要长距离爬坡，对机械设备的耐用性、安全性将是一大考验。因此，高原缺氧环境下长大斜井推荐采用皮带运输技术，我国在该工况下应用案例较少，其设计要点如下：

（1）斜井带式输送机出渣运输选用标准为：海拔高度大于 3000m 且长度大于 3km 的长斜井。

（2）钻爆法斜井工区推荐采用“正洞无轨+斜井带式输送机”运输方案，因斜井同时存在无轨运输及皮带运输，斜井综合倾角选取不宜大于 10°。

（3）钻爆法斜井工区如采用皮带出渣，需要设置破碎站对渣体进行二次破碎。

（4）斜井带式输送机出渣运输系统主要由井底破碎站、井身带式输送机和洞外转运装置组成。斜井底部需设置井底破碎站、带式输送机通道、变压器洞室、临时渣仓等配套工程。

（5）皮带运输具体出渣流程是：开挖面爆破→装载机装渣→自卸式汽车运输→井底破碎站破碎→井身带式输送机运输→洞外转运→渣场。

（6）带式输送机宜安装在辅助坑道靠侧壁位置，且距离坑道壁间隙宜为 30cm，距行车道的安全距离宜为 50cm。辅助坑道断面设计时应规划带式输送机的安装空间，如图 7-7 所示。

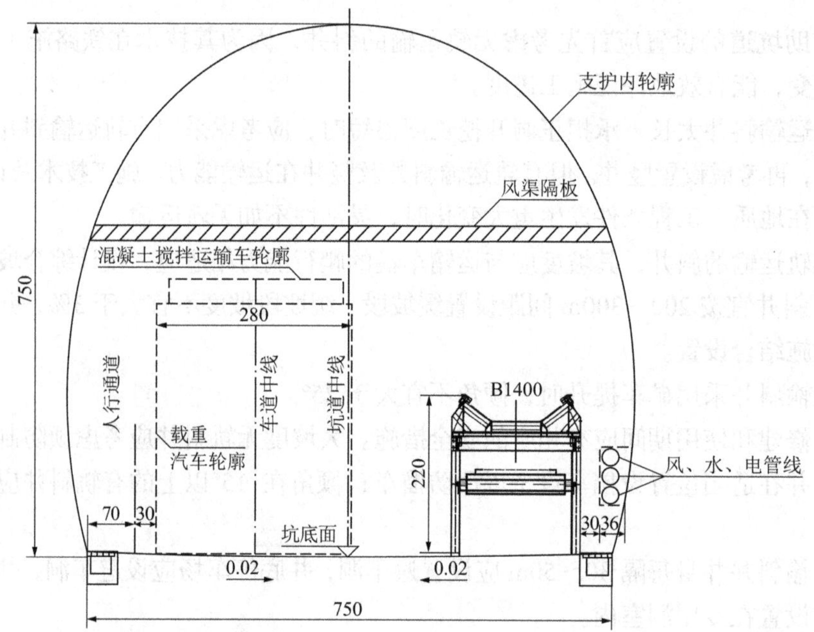

图 7-7　辅助坑道带式输送机断面布置图（尺寸单位：cm）

第 8 章
钻爆法机械化快速施工设计

位于高原地区的极复杂环境铁路隧道面对高原低氧的自然环境及复杂的地质环境特征，按“快速施工、以机代人”的原则，选择能适应高原低氧环境的机械设备（少内燃多电力、高效、能力匹配），以保证施工质量，降低作业人员劳动强度，减少隧道作业人员，防止人员伤亡，保证施工进度，满足“安全高效、绿色环保”的建设要求。

本章结合国内外隧道施工机械化配套发展应用情况，以及极复杂环境铁路隧道建设要求，介绍了施工装备选型原则、配套方案、工法优化等，提出铁路隧道装备的数字化、信息化需求与智能化建造的目标。

8.1 国内外现状

近十年来，我国钻爆法隧道的配套施工机械逐步向大型化及自动化方向发展，施工人员劳动强度不断降低，隧道施工水平不断提高。隧道施工机械除了在开挖方面呈现机械化程度越来越高的特点以外，在出渣、初期支护、仰拱施工、二次衬砌、沟槽施工等工序中，其配套专用设备也得到了快速发展和广泛应用。

8.1.1 国内铁路隧道机械化配套工程案例

近年来，国内铁路隧道机械化配套有了长足进步，具有代表性的当属郑万高铁大断面机械化快速施工配套、成昆铁路小相岭隧道机械化施工配套、拉林铁路高海拔机械化施工及岩爆段机械化施工配套。

1）郑万高铁大断面机械化快速施工配套

（1）工程概况

郑万高铁位于豫、鄂、渝三省市境内，全长 818km，设计速度为 350km/h，设 20 座车站。湖北段全长 287km，新建车站 6 座，隧道 32.5 座（香树湾隧道跨鄂、渝省界），10km

以上隧道 7 座，最长隧道为新华隧道（18.77km），隧道总长 167.619km，隧线比为 58.4%，均为单洞双线隧道。

（2）机械化配套情况

郑万高铁湖北段隧道工程在建设过程中，对机械化装备配套模式进行了试验研究，其机械化配套涵盖了超前支护、开挖、初期支护、二次衬砌四大作业工序。按照配置机械的完备程度，分为高度和中度两种机械化配套模式。中度机械化配套机械主要包括风动凿岩钻机、普通注浆台车、挖掘机、运渣车、普通拱架安装台架、混凝土喷射台车、自行式仰拱栈桥、普通防水板钢筋铺设台车、普通衬砌模板台车、喷淋养护台架、整体式沟槽模板台车等。高度机械化配套在钻孔、注浆、锚杆施作、拱架安装、衬砌养护等工序方面对设备进行了强化，增设了 2 台三臂凿岩台车、1 台锚杆钻注一体机、1 台自动拱架安装台架、1 台数字化养护台车。

（3）施工进度

郑万高铁高度和中度机械化配套施工进度统计见表 8-1。

郑万高铁高度和中度机械化配套施工进度（单位：m/月）　　表 8-1

配套方案	实际施工进度		
	Ⅲ级	Ⅳ级	Ⅴ级
中度机械化配套	127.5	84	51.8
高度机械化配套	144	91	65

2）成昆铁路小相岭隧道机械化施工配套

（1）工程概况

改建成都至昆明铁路小相岭隧道位于四川省凉山彝族自治州越西县和喜德县境内，全长 21.775km，是成昆复线第一长隧，属Ⅰ级高风险隧道，是全线重点控制性工程，设计速度 160km/h，单洞双线。小相岭隧道地质条件复杂，Ⅳ、Ⅴ级围岩占 65%，含有煤层瓦斯、高地应力软岩、岩溶、岩堆、放射性、弱岩爆、断层破碎带等多种不良地质，堪称地质博物馆。设有贯通平行导坑 1 座（长 21579.67m），斜井 2 座（分别长 2425m 和 2200m），均采用无轨运输。

（2）机械化配套情况

成昆铁路小相岭隧道不同工区采用了高度机械化配套和基本机械化配套方案。高度机械化配套方案比基本机械化配套方案增加了 C6 多功能钻机、三臂凿岩台车、拱架安装机等设备。

（3）施工进度

成昆铁路小相岭隧道各工区施工进度统计见表 8-2 和表 8-3。

高度机械化配套施工进度（单位：m/月）　　表 8-2

隧道	工区	Ⅲ级	Ⅳ级	Ⅴ级
成昆铁路小相岭隧道	2 号斜井进正洞大里程	162	104	59

基本机械化配套施工进度（单位：m/月） 表 8-3

隧道	工区	Ⅳ级	Ⅴ级
成昆铁路小相岭隧道	2 号斜井进正洞小里程	80	47
	出口和横洞进正洞小里程	76	51
平均		78	49

3）拉林铁路高海拔机械化施工及岩爆段机械化施工配套

（1）工程概况

拉林铁路新建正线长度 403.144km，线路从拉萨至日喀则铁路协荣站引出，向南穿过冈底斯山余脉进入雅鲁藏布江河谷，先后穿越桑加峡谷区（桑日至加查）、雅鲁藏布江板块结合带（加查至朗县）、藏南山原湖盆地貌区（朗县至米林），山高坡陡，地势陡峻，全线新建隧道 47 座，总长度 216.465km，占线路长度的 53.7%。设计速度为 160km/h，单线铁路隧道，部分车站隧道为双线及三线。

（2）机械化配套情况

基本机械化配套采用了《铁路隧道施工机械配置的指导意见》（铁建设函〔2008〕777 号）推荐的无轨运输单线隧道基本配置，出渣自卸汽车和通风设备要求进行高原适应性改装。

（3）岩爆施工配套（拉林铁路达嘎拉隧道）

达嘎拉隧道全长 17324m，其中单线隧道长 15335m，车站隧道长 1989m，隧道最大埋深约 1730m。洞身以Ⅲ级围岩为主，穿越白垩纪（晚白垩世）似斑状二长花岗岩、白垩纪（早白垩世）黑云母二长花岗岩，岩质坚硬。主要不良地质为岩爆，在进口方向较严重，表现为施工中出现闷响声，开挖过程中及爆破后出现弹射甚至大面积的剥落和掉块，对作业人员及设备造成巨大的威胁。在高原型大型设备进场之前，岩爆多次损坏施工设备，人员无法进入隧道施工，现场停工数月等待机械化施工。

由于进口作业面岩爆较严重，施工单位采用高原型大型机械设备从达嘎拉隧道进口施工。主要设备为经过高原和抗爆改装的三臂凿岩台车和混凝土湿喷台车，如在凿岩台车驾驶室等易损部位增加钢结构和钢板等抗爆措施，以保证操作人员安全。

8.1.2 新设备研制与应用现状

除上述隧道机械化施工常用的机械设备外，近年来国内外又有一些新型装备出现，并在工程中成功使用。

1）混装炸药设备

（1）混装炸药车

混装炸药车主要运用于矿山开发，适用于孔径较大且一次性装药量多（约 3000kg）的爆破施工。采用该设备装药可大幅提高劳动效率，降低劳动强度。混装炸药车使用案例较多，但仅在矿山开发等领域使用，尚无在隧道施工中使用的实例。

（2）混装炸药单元

混装炸药单元是一种不含行走动力、靠外力进行移动的设备，既可装填散装混装炸药，也能装填乳胶基质，包括乳胶基质储存箱、敏化剂储存箱、泵送系统、计量系统和控制系统等。具有结构简单、适用范围广、造价低、使用方便等特点。根据底盘形式不同，可放置于皮卡车之上，也可做成拖挂式、一体式及分体式等多种结构形式，如图 8-1 所示。在隧道施工中，因单次装药量较少（一般不超过 500kg），建议采用混装炸药单元。

a) 分体式

b) 拖挂式

图 8-1　混装炸药不同结构形式

2）除尘设备

（1）使用案例

隧道除尘风机在日本第二名神高速公路的栗东隧道（2636m，断面 155.6m^2）等 3 个隧道中进行了试验，除尘基础效果达到 86%。在国内新京张铁路、延崇高速公路进行了试验，试验效果良好。

（2）设备主要参数

XA 系列除尘净化设备，在新京张铁路八达岭隧道及延崇高速佛裕口、松山隧道进行了试验，该设备为引进国外先进技术、集成制造的新型高效隧道除尘净化环保设备，如图 8-2 所示。该特有的风幕隔绝技术，可有效控制粉尘扩散；处理后空气粉尘含量可低至 0.1mg/m^3，并可净化 PM2.5；集群滤芯为脉冲自动清洗重复使用型，可靠耐用，现场免维护，使用成本低；可快速清洁掌子面爆破后的粉尘，大幅减少爆破后等待时间；降低送风机的要求，尤其是掌子面风量受限时仍能进行除尘净化作业；粉尘浓度与整机动力自动匹配，高效节能。隧道爆破施工后传统施工依靠洞外向掌子面通风除尘的方式，需 30min 以上，通过除尘风机除尘仅需 15min，同时除尘后排出清洁风，避免隧道内空气污染，改善行车视野，提高出渣效率。

图 8-2　移动除尘设备

3）千米定向钻机

（1）国内应用

千米定向钻机目前在国内主要用于煤矿瓦斯抽采，实现“以孔代巷”，即以 3～5 个大孔径长钻孔替代高抽巷进行瓦斯抽采。在国内部分铁路勘察设计阶段，也有运用千米定向钻机的工程实例。在香港启德隧道（旧称“九龙湾隧道”）项目中，采用某岩芯勘探钻机进行超前预报，钻探 1300m，耗时约 6 个月。

（2）国外案例

日本某磁悬浮隧道曾使用千米水平钻机进行 1000m 以上钻探。未取芯，根据钻机参数（扭矩钻速等）及排渣判断围岩性质，钻进 1000m，耗时 2.5 个月。

4）双臂湿喷机械手

双臂湿喷机械手已经在安九铁路某隧道中试用，喷射效果与单臂机械手相同，效率约为常规单臂机械手的 1.5 倍，如图 8-3 所示。

a)

b)

图 8-3　双臂湿喷机械手

5）锚杆钻注一体机

根据隧道新奥法施工充分发挥围岩自承能力的原理，通过借鉴国外隧道施工经验及相关试验验证，锚杆是隧道支护体系的重要部分，并对锚杆施工的“及时性、可靠性、永久性”等提出了更高的要求。锚杆钻注一体机在郑万高铁、玉磨铁路、重遵高速公路等项目得到应用，并以此为基础研发了智能型锚杆钻注一体机，在安九铁路客运专线进行了应用，如图 8-4 所示。

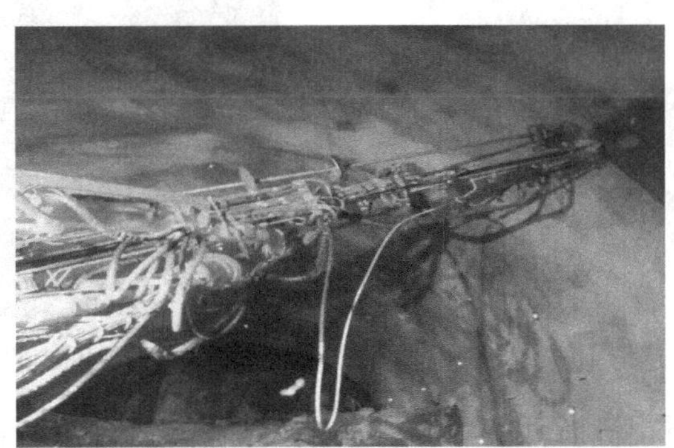

图 8-4　智能型锚杆钻注一体机现场应用

（1）主要工作原理

锚杆钻注一体机集成钻孔工作臂、锚杆库、锚杆推进装置、锚杆锁紧装置及注浆系统于一体，施工时提前把锚杆存放在锚杆库上，通过钻孔工作臂成孔以后，锚杆库将锚杆旋转到对应孔口位置，通过锚杆推进装置安装锚杆并进行锁紧，随后进行注浆，可施工以砂浆锚杆为代表的“先注后锚式锚杆”和以中空注浆锚杆为代表的“先锚后注式锚杆”。

（2）应用案例

锚杆钻注一体机在郑万高铁湖北段杨家坪隧道、五盘山隧道，玉磨铁路曼木树隧道，重遵高速公路桐梓隧道，安九铁路客运专线界子墩隧道等均有应用。

（3）施工优势

①机械化程度高，能够实现钻、安、注自动化，基本不需要人工配合。

②能够记录钻孔深度、锚杆位置、注浆数量等数据，钻注一体机施工锚杆质量更可控。

6）悬臂掘进机

悬臂掘进机（图 8-5）利用机械的截齿切割围岩，属于铣挖法施工，具有灵活方便的特点，可以大幅降低开挖的振动。切割头旋转，通过行走系统的推进，切割头铣入岩石，通过升降和回旋油缸工作，完成断面的横纵向切削。装运机构将岩渣甩到溜槽内，通过刮板链转动，将岩渣带到机尾处甩落至运渣车内。

7）带式输送机出渣系统

由于带式输送机具有输送能力强、运量大、轻便安全、节能减排和保护环境及自动化程度高等特点，已成为隧道出渣的主要发展方向，在 TBM 隧道中得到了广泛应用。在国外，钻爆法施工的隧道也越来越多地采用带式输送机出渣系统。

（1）国内案例

关角隧道首次尝试在斜井内设置带式输送机，采用“正洞无轨 + 斜井带式输送机 + 洞外汽车转运”方案，现场运行良好，施工进度、环境、安全效益较好，为山岭隧道施工提供了新的模式。

香港西部铁路隧道项目也采用了洞内破碎、连续带式输送机出渣方式。隧道长 4.8km，截面面积 110m^2，洞身为花岗岩，破碎后的石料粒径为 0～200mm，如图 8-6 所示。

图 8-5　悬臂掘进机

图 8-6　香港西部铁路隧道连续带式输送机出渣

但目前，国内正洞出渣尚无使用带式输送机运输的先例，还需进一步研究具体实施方案。

（2）国外案例

在欧美国家及日本、澳大利亚等国的隧道施工中已有数十项工程采用了带式输送机出渣方案。目前，在欧美国家带式输送机出渣技术已趋于成熟，美国 80% 的工程项目采用带式输送机出渣，欧洲长大隧道也大多采用带式输送机出渣；从查阅到的资料来看，国外长大隧道中较多采用带式输送机运输出渣。

美国波士顿某隧道工程长 16km、直径 7.192m，采用了宽 914mm、出渣能力 800t/h 的皮带运输系统。瑞士的英格堡（Engelberg）隧道和勒奇山（Loetschberg）隧道施工，采用连续带式输送机输送的出渣方式。日本九州新干线的饭田隧道及田上隧道均采用带式输送机出渣系统。日本东北新干线八户到青森间的全部隧道施工中，连续带式输送机出渣方式的采用率在长度 2km 以上的工区中占 40%。

8）集装箱出渣系统

在掌子面后方，预备多个箱斗，待爆破后采用大型叉车将这些箱斗运到掌子面装渣，装渣采用装载机，在洞内进行喷射混凝土、锚杆等作业的同时将集装箱运出洞外，完成出渣后再拉至隧道内临时放置。

8.2 极复杂环境铁路隧道钻爆法施工设备选用原则

高海拔地区的低温、低压、低氧环境是影响极复杂环境铁路隧道钻爆法施工的重要因素，人工、机械功效均存在不同程度的降低。高原长距离钻爆法快速施工的控制工序主要有钻孔、装药、出渣、初期支护等，针对隧道高原低氧自然环境及复杂地质环境特征，对控制性工序采取针对性措施，以便提高功效，实现快速施工的目标。

8.2.1 施工进度影响因素分析及改善方案

1）钻孔

采用作业台架 + 人工风钻的钻孔方式效率低，安全风险大，施工功效受高原影响较大。采用传统人工风钻作业方式，掌子面作业人数多，一旦掌子面出现突涌水、掉块等异常情况，极易引发群死群伤。极复杂环境铁路隧道采用凿岩台车代替人工钻孔达到减人提效的目的。

2）装药

受现行火工品管理政策影响，混装炸药目前尚未在铁路隧道中使用，装药工序目前采用人工装填作业，需要人数较多且施工速度较慢，难以发挥机械化配套施工功效，严重制约施工进度。建议后续相关单位加强与管理部门协调，制定可行的混装炸药管理办法，提高功效。

3）出渣

目前，出渣工序中装渣设备的铲装能力与出渣车辆的装渣能力不匹配，多次重复铲、举、倒动作，造成装渣时间延长；在单线隧道内受制于断面影响，各车辆的会车、掉头等组织管理不到位，也延长了出渣工序时间。

极复杂环境铁路隧道施工应采用与施工断面相匹配且能力相匹配的装渣设备和出渣车辆设备，长大斜井可采用皮带运输出渣系统。对于长距离独头掘进工区，出渣能力难以满足掌子面出渣需要，可研究集装箱出渣系统及正洞移动破碎机 + 皮带运输出渣系统以提高出渣效率。采用快速降尘设备，在爆破后快速吸尘排烟，减轻高海拔长距离通风排烟压力，改善洞内施工环境，缩短爆破后出渣时间。

4）初期支护

目前，主要采用多功能台架人工立架，挂网存在劳动强度大、效率低等问题。采用拱架安装机可降低劳动强度，提高效率。喷射混凝土目前普遍采用小型湿喷机人工喷射，而采用大型机械化配套的隧道一般采用单臂湿喷机械手，效率有待进一步提升。

极复杂环境隧道施工可采用双臂湿喷机械手喷射混凝土提升效率（约为常规单臂机械

手的 1.5 倍)，采用高强度支护体系（如高性能喷射混凝土或钢纤维喷射混凝土）以减少或取消钢架，加快施工进度。

8.2.2　高寒缺氧环境对设备的要求

高海拔严寒地区隧道工程建设受环境影响大，随着海拔的升高，大气压力、空气密度和含氧量随之减少，气温也随之下降。因此，高原型工程机械的动力、液压系统的制造及其所用原材料等均与平原地区的工程机械有很大差别。根据对拉林铁路以及青藏线机械设备使用情况的调研，高原型工程机械至少应考虑以下特殊要求：

（1）内燃发动机需要风冷增压和多级滤清或湿式空气滤清器。高原低气压，含氧量低，发动机工作条件恶化，发动机功率随着海拔高度增大而显著降低。因此，不能采用电力发动机的设备必须采用增压型发动机，以保持发动机功率基本不变。高原地区多风、富沙，对发动机的进气过滤也有特殊要求。

（2）配置更有效的低温启动装置。高原环境一般有高寒的特点，应配置低温启动措施。

（3）提高液压系统的流动性和散热性。高原条件下，发动机、变速器、液压系统的最佳匹配设计点发生变化，变速器长时间在低效区工作产生的热量大，空气稀薄散热能力低，密封件密封性能下降，因而需要对整机液体、液压系统进行改进，使其散热能力增强。

8.2.3　施工设备选用原则

设备自身应具备良好的高原适应性，以保障人员健康、确保工程质量等。设备选型原则如下：

1）少内燃多电力原则

极复杂环境铁路海拔高，气候环境恶劣，应多配置电力设备，少采用内燃设备。

2）能力匹配原则

（1）作业线配套能力顺序由大到小为运输能力、装渣能力、开挖能力、施工组织能力。

（2）设备外形尺寸应与施工空间相适应，既要考虑围岩较好时的全断面法，又要兼顾地质较差时的应变方法，同一施工作业面，尽量采用一种机械化配套方案。

（3）尽可能采用同一个厂家生产的同类机械设备，以方便其维修、配件供应和通用互换，确保机械使用率。

3）数字化、信息化、智能化原则

应优先选择智能化装备，以实现对地质数据的采集、施工数据的存储及装备少人（无人）化控制。

8.2.4　施工设备选型

结合极复杂环境铁路隧道高原低氧自然环境及复杂地质环境特征，依据“快速施工，以机代人”的原则，选择能适应高原低氧环境的施工设备，并满足复杂地质环境对设备性能的需求，各作业线设备选型见表 8-4。

铁路隧道主要大型机械设备选型 表 8-4

序号	作业工序	设备名称	规格型号	适应条件/作业空间
1	超前钻探、支护作业线	多功能钻机		单、双线铁路隧道，辅助坑道均适用
2		全断面隧道型液压多功能钻机		支腿状态时钻架最大高度 10.245m
3		长距离水平定向钻机		
4	开挖作业线	凿岩台车	三臂两篮（或一篮）	单、双线铁路隧道，双车道辅助坑道适用
5		凿岩台车	两臂一篮	单线铁路隧道、辅助坑道均适用
6		悬臂掘进机	单臂	单、双线铁路隧道，辅助坑道均适用，开挖
7		机械化装药		
8	装渣运渣作业线	装载机		
9		挖装机		电动设备对作业环境的污染小，履带行走，但发生故障时对施工有较大影响
10		集装箱出渣	集装箱/装载机/大型叉车	
11		带式输送机	500t/h 或 300t/h	单、双线铁路隧道，辅助坑道均适用
12		移动式破碎站	≥500t/h 或≥300t/h	单、双线铁路隧道，辅助坑道均适用
13		自卸汽车	25t	单、双线铁路隧道，辅助坑道均适用
14		除尘净化设备		最大处理风量 3200m^3/min，80～120m^2 断面适用
15	支护作业线	双臂湿喷机械手	喷射混凝土速度大于 60m^3/h	单、双线铁路隧道，辅助坑道均适用
16		单臂湿喷机械手	喷射混凝土速度大于 30m^3/h	单、双线铁路隧道，辅助坑道均适用
17		钢拱架拼装机	三臂	单、双线铁路隧道，辅助坑道均适用
18		钢拱架拼装机	门架式	
19		锚杆钻注一体机	单臂单篮	单、双线铁路隧道，辅助坑道均适用
20	仰拱作业线（检铺底）	自行式仰拱栈桥	24m	单、双线铁路隧道，辅助坑道适用
21		简易仰拱栈桥	12m	单、双线铁路隧道，辅助坑道适用
22		挖掘机		
23	防排水作业线	防水板铺设台车	6m	单、双线铁路隧道，辅助坑道适用
24		防水板自动铺设台车	6m	单、双线铁路隧道，辅助坑道适用
25	混凝土衬砌作业线	模板台车	9m、12m	单、双线铁路隧道，辅助坑道适用
26		智能化模板台车	9m、12m	单、双线铁路隧道，辅助坑道适用
27		车载式混凝土输送泵		单线铁路隧道、辅助坑道适用
28		混凝土输送泵		单、双线铁路隧道适用
29		混凝土运输车	斗容量 8m^3 以上	单线铁路隧道、辅助坑道适用
30	养护作业线	养护作业台车	悬臂式	单、双线铁路隧道，辅助坑道适用
31	沟槽施工作业线	沟槽台车	12m	单、双线铁路隧道适用

8.3 钻爆法施工机械化配套方案

8.3.1 隧道钻爆法施工机械化配套原则

极复杂环境铁路隧道钻爆法施工以“分级配置，少人化，保证施工质量和安全必配，降低劳动强度和有利提高功效，有利平行作业”为配套原则。

1）分级配置原则

设备配套方案分成大型机械化、基本机械化两种配套模式。

2）少人化原则

实施机械化配套可减少隧道施工作业人员，降低日益紧张的人力需求，同时能降低人工成本。只有通过机械化施工才能减轻人力需求压力，保证铁路隧道的正常施工。

3）保证施工质量和安全必配原则

（1）为保证施工质量，仰拱作业线（检铺底）配置自行式仰拱栈桥，防排水作业线配置防水板自动铺设台车，混凝土衬砌作业线配置智能化模板台车，养护作业线配置养护作业台车，沟槽施工作业线配置沟槽台车。

（2）机械化配套施工提高了施工效率，可减少隧道作业人员的投入，降低人员在洞内发生安全事故的概率。同时，机械化施工效率提高可使隧道作业快速封闭成环，确保隧道及时得到支护，减少对隧道围岩的扰动，提高隧道施工的安全性。

4）降低劳动强度和有利提高功效原则

（1）在铁路长大隧道施工中实施机械化配套技术是降低作业人员劳动强度和提高功效的需要。机械化施工中，作业设备进行人性化设计，操作起来更舒适、更轻松，既提高了作业效率，又降低了作业人员的劳动强度。

（2）施工机械与人员配套。一方面，应保证操作人员的安全；另一方面，先进的施工机械必须配备高素质的操作人员，采取专业化的管理模式，以便发挥其最好的作用。

5）有利平行作业原则

针对不同的施工工序按专业化组织流水作业，以性能好、效率高、机况良好、满足高原施工环境的大型设备进行挖、装、运、喷锚、衬砌、辅助作业等主要作业线，实现各机械化作业线的有机配合，确保隧道施工的安全、环保、节能、稳产和高产。

8.3.2 隧道钻爆法机械化配套方案

针对单线、双线隧道及辅助坑道钻爆法施工，分别研究了I型机械化配套、II型机械化配套两种配套方案，设备见表8-5～表8-7。在开展隧道具体设计时，可根据工点地质条件进行针对性调整。

单线隧道配套设备　　表8-5

作业工序	I型机械化配套	II型机械化配套
超前地质预报作业线	长距离取芯钻机	工程钻机
开挖作业线	三臂凿岩台车	电动空压机
	机械化装药	手持钻机
	—	多功能台架

续上表

作业工序	I型机械化配套	II型机械化配套
装运作业线	装载机	装载机
	自卸汽车	自卸汽车
	长度大于 3km 斜井可使用皮带运输系统	—
支护作业线	双臂湿喷机械手	单臂湿喷机械手
	混凝土搅拌运输车	混凝土搅拌运输车
	混凝土拌和站	混凝土拌和站
	钢拱架拼装机	—
	锚杆钻注一体机	锚杆钻注一体机
	高压注浆泵	高压注浆泵
仰拱作业线（检铺底）	自行式仰拱栈桥	简易仰拱栈桥
	挖掘机	挖掘机
	自卸汽车	自卸汽车
	混凝土搅拌运输车	混凝土搅拌运输车
防排水作业线	防水板自动铺设台车	防水板铺设台架
混凝土衬砌作业线	智能化模板台车	智能化模板台车
	混凝土输送泵	混凝土输送泵
	混凝土搅拌运输车	混凝土搅拌运输车
	混凝土拌和站	混凝土拌和站
	发电机	发电机
养护作业线	养护作业台车	养护作业台车
沟槽作业线	沟槽台车	沟槽台车
施工通风	除尘净化设备	除尘净化设备
	轴流风机	轴流风机
	射流风机	射流风机

双线隧道配套设备 表 8-6

作业工序	I型机械化配置	II型机械化配套
超前地质预报作业线	长距离取芯钻机	工程钻机
开挖作业线	三臂凿岩台车	电动空压机
	机械化装药	手持钻机
	—	多功能台架
装运作业线	装载机	装载机
	自卸汽车	自卸汽车
	长度大于 3km 斜井可使用皮带运输系统	—

续上表

作业工序	I型机械化配置	II型机械化配套
支护作业线	双臂湿喷机械手	单臂湿喷机械手
	混凝土搅拌运输车	混凝土搅拌运输车
	混凝土拌和站	混凝土拌和站
	钢拱架拼装机	—
	锚杆钻注一体机	锚杆钻注一体机
	高压注浆泵	高压注浆泵
仰拱作业线（检铺底）	自行式仰拱栈桥	简易仰拱栈桥
	挖掘机	挖掘机
	自卸汽车	自卸汽车
	混凝土搅拌运输车	混凝土搅拌运输车
防排水作业线	防水板自动铺设台车	防水板铺设台架
混凝土衬砌作业线	智能化模板台车	智能化模板台车
	混凝土输送泵	混凝土输送泵
	混凝土搅拌运输车	混凝土搅拌运输车
	混凝土拌和站	混凝土拌和站
	发电机	发电机
养护作业线	养护作业台车	养护作业台车
沟槽作业线	沟槽台车	沟槽台车
施工通风	除尘净化设备	除尘净化设备
	轴流风机	轴流风机
	射流风机	射流风机

辅助坑道配套设备　表 8-7

作业工序	II型机械化配置	II型机械化配套
超前地质预报作业线	全断面多功能钻机	工程钻机
开挖作业线	三臂凿岩台车（双车道使用）	电动空压机
	双臂凿岩台车（单车道使用）	手持钻机
	机械化装药	多功能台架
装运作业线	挖装机（单车道使用）	挖装机（单车道使用）
	装载机（双车道使用）	装载机（双车道使用）
	自卸汽车	自卸汽车
支护作业线	双臂湿喷机械手	单臂湿喷机械手
	混凝土搅拌运输车	混凝土搅拌运输车
	混凝土拌和站	混凝土拌和站

续上表

作业工序	II型机械化配置	II型机械化配套
支护作业线	锚杆钻注一体机	锚杆钻注一体机
	高压注浆泵	高压注浆泵
仰拱作业线（检铺底）	简易仰拱栈桥	简易仰拱栈桥
	挖掘机	挖掘机
	自卸汽车	自卸汽车
仰拱作业线（检铺底）	混凝土搅拌运输车	混凝土搅拌运输车
施工通风	除尘净化设备	除尘净化设备
	轴流风机	轴流风机
	射流风机	射流风机

8.4 施工方法选择

为适用隧道大型机械化施工，与之匹配的施工工法必不可少。极复杂环境铁路沿线岩石破碎，裂隙发育，隧道以IV、V级围岩为主，传统的台阶法等施工方法工序多，上台阶施工空间狭小，工序间相互干扰严重，大型机械化设备能力难以施展，效率大大受阻。需采用与机械设备配套的大断面施工方法为机械设备创造施工空间，提高施工效率。

采用全断面法施工，一次开挖到位。这种方法的优点是施工场地开阔、出渣方便、掘进速度快。微台阶法是在全断面法的基础上预留 3～6m 的短台阶。短台阶对掌子面稳定有一定作用，配合超前预加固，可适用于较差围岩机械化施工。微台阶法可上下台阶同时钻孔、装药，部分工序可平行作业，节约时间。开挖作业占用空间减少，工序间相互干扰降低，较一般台阶法，二次衬砌距掌子面距离也可大幅度缩短。

采用全断面法或微台阶法施工，根据掌子面水文、工程地质特性及掌子面变形特性对掌子面稳定性进行评价，根据评价结果，采取掌子面加强、超前支护、加强支护及监控量测等不同组合措施，对掌子面前方及洞周围岩进行预加固，以保证隧道施工质量和安全。全断面法和微台阶法分别如图 8-7 和图 8-8 所示。

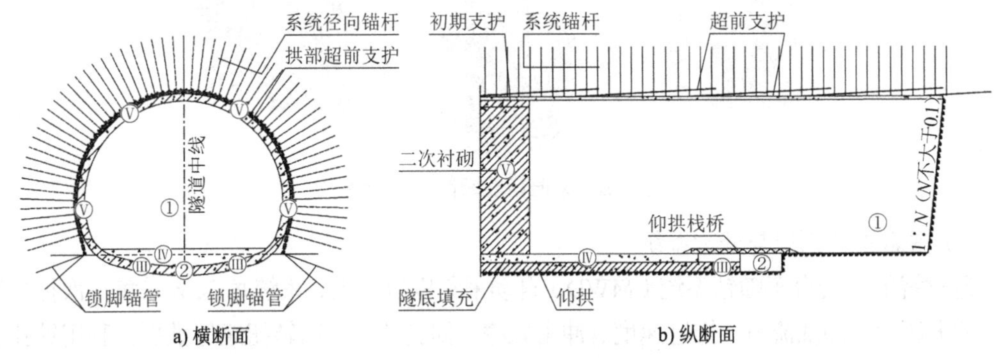

图 8-7　全断面法示意图

①、②-开挖顺序；Ⅲ～Ⅴ-支护顺序

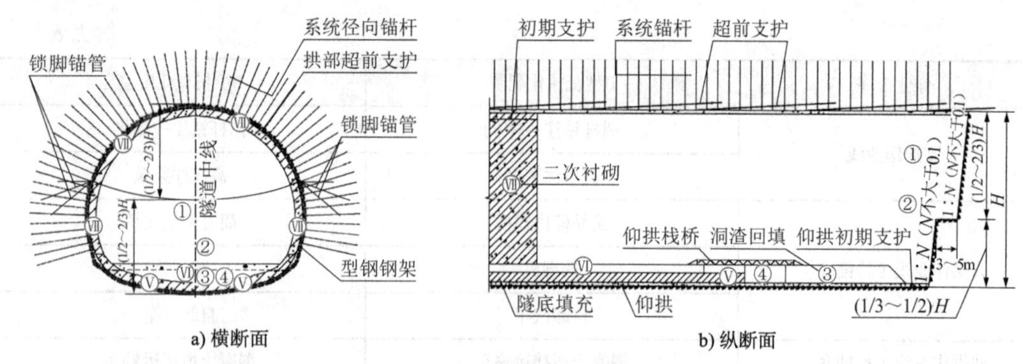

图 8-8 微台阶法示意图

①~④-开挖顺序；Ⅴ~Ⅶ-支护顺序；*H*-掌子面高度

8.5 智能化施工装备与管理

智能建造是利用大数据、人工智能、移动互联网、云计算、物联网、机器人等技术，结合隧道施工工法，应用隧道智能建造管理平台和隧道施工机器人，打造机械化和信息化深度融合的全生命周期的隧道智能建造系统解决方案，也是实现“智能化”目标的有效途径。

智能化施工在国内外应用均较少，本节主要介绍隧道智能装备体系及智能机械化管理平台。

8.5.1 隧道智能装备体系

隧道智能装备体系由自主创新的四大基础性系统构成，即围岩参数判识与处理系统、三维空间定位与量测系统、大数据处理与共享系统、人工智能系统，如图 8-9 所示。四大系统是相互耦合、相互协同和互为反馈的闭环系统，是构建隧道智能装备体系的灵魂，也是智能装备的大脑和五官，更是实现隧道全生命周期智能化的前提和关键。四大基础性系统应融入隧道智能建造的全工序装备中。

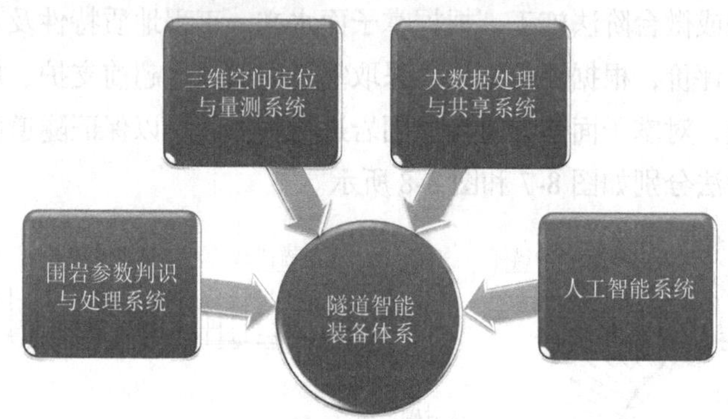

图 8-9 隧道智能装备体系构成

1）围岩参数判识与处理系统

通过智能凿岩台车随钻系统（MWD）自动采集围岩数据，系统每 2cm 采集一次推进压力、冲击压力、冲洗流量、推进速度、冲击频率、回转速度、回转扭矩等数据。利用钻孔分析法和图像分析法，自动输出围岩亚分级结果，自动判识掌子面前方围岩地质及掌子面稳定性，并自动实现设计参数优化。

2）三维空间定位与量测系统

为实现施工装备精准定位、施工过程精准控制、工程参数精准量测和施工装备远程操控等功能，隧道智能装备必须要构建自身的三维空间定位系统。

（1）隧道智能装备坐标体系的基准（隧道工程设计基准）

隧道智能装备三维空间体系的基准是利用隧道 BIM（Building Information Modeling，建筑信息模型）三维坐标基准，通过激光扫描定位、空间坐标变换和实时位姿测控系统等技术，构建隧道智能装备的空间定位、工程量测、目标路径规划和机器人控制等智能装备自身功能需求的系统。凿岩台车三维空间体系如图 8-10 所示。

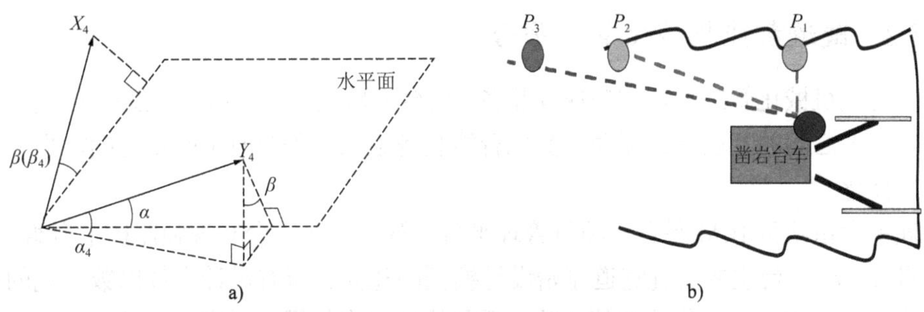

图 8-10　凿岩台车三维空间体系

P_1-前点；P_2-后点；P_3-监测点

（2）三维空间定位与量测系统的主要应用

①实现隧道智能装备在运动时的空间仿真、精准定位、精准操作、远程控制。

②实现隧道智能装备及其工作装置在工作时的空间仿真、精准定位、自动操作和工作量计算，如凿岩台车钻孔、锚杆，湿喷台车混凝土自动喷射、自动找平、方量计算等。

③实现超欠挖、锚杆、拱架、喷射混凝土、防水板、衬砌混凝土、养护等隧道构筑物的精准量测和数字化档案建立。

3）大数据处理与共享系统

大数据处理与共享系统是通过隧道智能装备自身具备的全通道、多物理量数据自动采集系统，集中监测、采集和反馈施工过程、施工状态、围岩参数、环境感知等数据，并将数据应用到隧道智能装备体系本身，并通过后台大数据交互系统处理之后，实时传送到信息化管理系统，应用于建设、设计和施工单位，如图 8-11 所示。

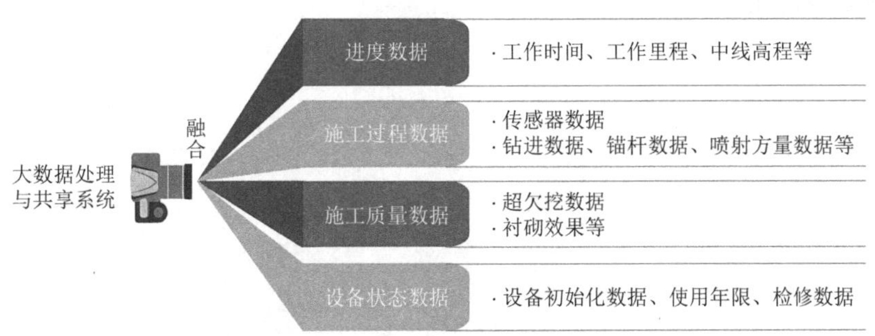

图 8-11　大数据处理与共享系统

大数据处理与共享系统为隧道全生命周期提供关键数据，用于工程设计和施工图动态设计优化、安全质量风险控制和信誉评价、隧道施工和验工计价、项目经济性分析、项目信息化管理系统与信息化系统互联、工程项目数字化档案建立等。可实现数据在装备与装备、装备与围岩、装备与环境之间的互联互通互动；实现移动式指挥控制中心远程遥控指挥智能装备机群，为隧道智能装备机群提供智能保障。

4）人工智能系统

充分应用人工智能技术，实现隧道智能装备施工环境自感知、目标导向定位自执行、施工状态与反馈自学习、施工效果自评估、施工组织自决策、施工过程自管理，打造更实用、更智能、更经济、全系列的铁路隧道智能装备。

8.5.2 隧道智能机械化管理平台

隧道智能机械化管理平台实现现场装备、后台大数据交互系统、建设单位、设计单位、施工单位五者之间的互联互通互动，实现智能装备施工过程全时不间断连续数据采集、分析与动态优化。

管理平台由项目BIM平台、项目管理平台、智能设备平台和视频监控平台组成。

项目 BIM 平台主要负责隧道原始设计模型的建立，所有设计文件以数字化的形式在BIM平台流转，集成设计优化功能，并为质量检验提供依据，形成完善的隧道全生命周期数字档案。

项目管理平台主要负责整条线路相关隧道项目的创建与管理，包括单价合同管理、验工计价管理、甲方供应物资管理、进度管控、监控量测、质量验收和信誉评价等。

智能设备平台主要负责设计数据下载、施工数据监视、设备状态监视、施工日志管理、围岩判别。

视频监控平台主要集成现场施工视频监控功能，可回放、可追溯。

8.6 结语

综上所述，在铁路隧道施工中实施机械化配套技术是铁路隧道建造技术发展的必然趋势，是我国劳动力供给减少的必然选择，是保证施工安全降低工程风险的必要措施。工程技术人员应坚定不移地推进铁路隧道机械化施工，通过开展相关的试验研究和科研攻关，打造出更安全、更高效、更可靠、更智能、更经济的系列化隧道智能施工装备，逐步实现隧道工程的智能化建造。

第 9 章
TBM 隧道设计

极复杂环境铁路具有高寒缺氧、气候恶劣、地形条件艰险、环保要求高、特长隧道多、辅助坑道设置条件差等特点，在海拔 3000m 的高海拔地区氧气含量约为平原地区的 60%，采用钻爆法施工时人工与机械施工工效大幅降低，传统施工技术难以满足建设需要。因此，极复杂环境铁路隧道工程建设必须提高机械化使用水平，采用 TBM 是解决途径之一。

TBM 是当前隧道施工最先进的机械化设备之一，具有施工速度快、扰动小、环境影响小等优点。TBM 设备制造、工程设计、施工应用技术等都已经成熟，目前正朝着适应极端环境、超长距离掘进的方向发展，在设备可靠性、寿命等关键指标方面已实现突破，能够满足极复杂环境铁路隧道长距离施工需要，可有效保障工程整体进度和工期。

本章对国内外 TBM 应用情况、隧道 TBM 适应性分析、TBM 选型原则、TBM 设备性能优化及配套设计等方面的内容进行介绍。

9.1 国内外 TBM 应用情况

全断面岩石隧道掘进机，英文名为 Tunnel Boring Machine，简称 TBM，是一种集掘进、出渣、导向、支护、通风、防尘、排水等多功能为一体的大型高效隧道施工机械，主要用于以岩石类地层为主的隧道施工，为隧道施工迈向机械化、标准化、集成化乃至将来的智能化创造了条件。相对于钻爆法，TBM 主要适用于以下几种情况：

（1）在隧道特长、工期较紧、没有条件设置辅助坑道或辅助坑道条件很差、生态环境脆弱、工作环境恶劣等情况下，较宜采用 TBM 工法。

（2）国外实践表明，从隧道施工成本方面考虑，一般来说，当隧道长度大于 6km，或隧道长度与直径之比大于 600 时，宜采用 TBM 工法。

（3）当地质条件相对较好时，TBM 适用于中硬岩层，岩石单轴饱和抗压强度以 20～

150MPa 为最佳。

从 20 世纪 50 年代以来，TBM 掘进技术在世界各国得到了广泛应用。经过半个世纪的发展，TBM 掘进技术已相当成熟，被广泛应用于世界各国能源、交通、水利以及国防等部门的地下工程建设。

在欧美地区，盾构也称为 TBM，但在我国和日本，习惯上将用于软土类地层的隧道掘进机称为盾构，将用于岩石类地层的隧道掘进机称为 TBM。从 19 世纪末 TBM 诞生起，经过百余年发展，国际上已采用 TBM 建成了许多举世瞩目的隧道工程，如 1994 年开通运营的全长 51km 的英法海峡隧道、2016 年开通运营的全长 57km 的圣哥达基线隧道以及 2011 年贯通的总长 10.4km 的尼亚加拉引水隧洞，其 TBM 开挖直径达到 14.44m。

我国于 1985 年天生桥水电站工程首次成功引进 TBM 进行隧道施工，采用两台美国罗宾斯公司生产的直径 10.8m 的全断面硬岩敞开式 TBM 开挖。在交通工程领域，于 1997 年首次将全断面、大直径 TBM 应用在铁路工程，目前已在铁路、地铁等领域成功应用 TBM。采用 TBM 建成的铁路及地铁隧道有西康线秦岭隧道、西南线桃花铺 1 号隧道、磨沟岭隧道、南疆线中天山隧道、兰渝线西秦岭隧道及重庆地铁、青岛地铁等，目前正在使用 TBM 法施工的有大瑞铁路高黎贡山隧道等。国内外 TBM 应用典型案例见表 9-1。

随着采用 TBM 修建的隧道的不断增多，TBM 类型也在不断增多，我国以往采用 TBM 修建的隧道工程，敞开式 TBM 和双护盾 TBM 都有选用，主要应用于水利水电和铁路行业。另外，公路、地铁、煤矿行业也有少量应用，各种类型的 TBM 适用范围不断扩大，开挖断面尺寸不断突破，适用的地质条件也更为复杂。TBM 发展趋势可以大致归纳为：

（1）超长寿命。目前 TBM 在水工隧道领域独头掘进长度已经超过 30km，对应的 TBM 寿命也将超过 3 万 h。

（2）超大断面。目前国际上 TBM 最大断面直径达到 14.44m，由罗宾斯公司生产，用于尼亚加拉引水发电隧洞工程。

（3）结构形式多样化和适应性宽泛。TBM 的结构形式从大体上划分有敞开式、单护盾式和双护盾式等，TBM 能够掘进的围岩单轴抗压强度范围可达 3～385MPa。

（4）高度自动化和信息化。随着计算机控制技术的快速发展，TBM 的自动化和信息化程度越来越高。

9.2 TBM 适应性分析

9.2.1 TBM 选用原则

TBM 应用主要考虑以下几个方面：特长隧道多，TBM 法施工可减少辅助坑道设置，利于环保；高海拔、低氧环境下施工效率下降明显，需尽可能采用全工序大机械化施工，提升工效；地形地质复杂、环境敏感，辅助坑道条件差，部分隧道钻爆法施工难度极大；隧道长、工期风险大，TBM 综合掘进速度快。因此，对于极复杂环境铁路隧道工程，地质条件适应、海拔高、钻爆法施工条件差的隧道，可优先选用机械化程度最高的 TBM 法施工，充分发挥 TBM 法施工“高效、环保、安全、优质”的特点，减少辅助坑道设置，综合提高隧道修建水平。

表 9-1

国内外 TBM 应用典型案例

序号	领域	工程名称	隧道概况	直径（m）	TBM 类型	制造商	施工单位	TBM 施工段地质概况	施工长度（m）	平均进度（m/月）	TBM 施工出现的主要问题
1	铁路	西康铁路秦岭隧道	1995—1999 年施工，隧道长约 18km	8.8	敞开式	德国维尔特公司	中铁隧道局、中铁十八局	混合花岗岩、混合片麻岩	单机 5234	310	断层及断层破碎带稳定性一般，出现隧道侧壁的围岩脱离岩壁
2	铁路	兰渝铁路西秦岭隧道	2008—2015 年施工，隧道长约 28km	10.2	敞开式	美国罗宾斯公司	中铁隧道局、中铁十八局	变质砂岩、千枚岩、砂质千枚岩	单机 14850	480	断层及断层破碎带稳定性一般，隧道侧壁的围岩脱离岩壁；岩层软硬不均，刀具刀盘磨耗
3	铁路	大瑞铁路高黎贡山隧道	2015 年至今施工，全隧长约 34.5km	9.03	敞开式	中铁装备	中铁隧道局	花岗岩、岩溶不发育的可溶岩	截至 2019 年 5 月 19 日，已施工 3080m	197	因围岩松散破碎，刀盘容易被掌子面坍塌渣体卡住
4	铁路	大瑞铁路高黎贡山隧道出口平行导坑	2015 年至今施工，TBM 施工段长 11.518km	6.36	敞开式	美国罗宾斯公司	中铁隧道局	花岗岩、岩溶不发育的可溶岩	截至 2019 年 5 月 19 日，已施工 4106m	230	因围岩松散破碎，刀盘容易被掌子面坍塌渣体卡住
5	铁路	南疆铁路中天山隧道	2007—2014 年施工，隧道长 22.467km	8.8	敞开式	德国维尔特公司	中铁隧道局、中铁十八局	石炭系沉积岩及浅变质岩	单机 13515	315	因围岩松散破碎坍塌
6	铁路	瑞士圣哥达基线隧道	2003—2006 年施工，隧道长约 57km	9.58、8.83～9.43	敞开式	德国海瑞克公司	—	花岗岩、片麻岩、千枚岩	11420	201	发生多次强烈岩爆、极强岩爆，导致多次卡机
7	铁路	西南线磨沟岭隧道	2000—2002 年施工，隧道长 6.112km	8.8	敞开式	德国维尔特公司	中铁隧道局	大理岩、云母石英片岩	5702	—	局部围岩松散破碎，坍塌，拱顶沉降量大
8	铁路	西南线桃花铺 1 号隧道	2000—2002 年施工，隧道长 6.112km	8.8	敞开式	德国维尔特公司	中铁十八局	石英片岩及大理岩	6016	—	局部围岩松散破碎，坍塌，拱顶沉降量大
9	水利水电	大伙房水库输水工程隧洞	2003—2008 年施工，隧道长约 85km	8.03	敞开式	美国罗宾斯公司	中铁隧道局	花岗岩、片麻岩、千枚岩、角砾岩	13100	488	破碎严重
10	水利水电	西藏旁多水利枢纽工程	2013—2018 年施工，隧道长约 16.8km	4	敞开式	德国海瑞克公司	武警水电第三总队	二长花岗岩	9856	300	轻微岩爆，高原缺氧
11	水利水电	四川锦屏Ⅱ级水电站输水洞	2008—2012 年施工，隧道长约 16.7km	12.4	敞开式	美国罗宾斯公司、德国海瑞克公司	中铁十八局、北京振冲	大理岩、灰岩、砂岩、板岩	6298	—	轻微～极强岩爆，两台 TBM 报废

续上表

序号	领域	工程名称	隧道概况	直径（m）	TBM类型	制造商	施工单位	TBM施工段地质概况	施工长度（m）	平均进度（m/月）	TBM施工出现的主要问题
12	水利水电	巴基斯坦N-J工程引水隧洞	2008—2017年施工，隧道长约68.5km	8.53	敞开式	德国海瑞克公司	葛洲坝三公司	轻微变质砂岩和页岩	10432/9893	—	轻微～极强岩爆、软岩大变形、剪切破碎带、软硬岩互层频繁、高地温
13	水利水电	EH工程KS标段TBM1	2017年至今施工，隧道长约23km	7.03	敞开式	铁建重工	水电三局	石炭系凝灰岩、凝灰质砂岩	20840	178	断层破碎带、突水
14	水利水电	EH工程XE标段TBM1	2016年至今施工，隧道长约25km	7.83	敞开式	中铁装备	中铁建大桥工程局	灰岩、砂岩、花岗岩	21365.5	120	蚀变岩地层、大断层、突水
15	水利水电	EH工程KS标段TBM5	2018年至今施工，隧道长43.847km	7.03	敞开式	中铁装备、铁建重工	中铁隧道局	花岗岩、泥盆系凝灰岩、凝灰质砂岩	17491/23624	500	撑靴位置破碎带局部塌方
16	水利水电	引汉济渭秦岭隧洞	2013年至今施工，隧道全长82km	8.02	敞开式	美国罗宾斯公司、德国海瑞克公司	中铁隧道局、中铁十八局	石英岩、花岗岩、碎裂岩、闪长岩	单台16700	—	岭南硬岩刀具刀盘磨耗，岭北存在断层破碎带影响
17	水利水电	吉林引松供水工程隧洞	2015—2018年施工，隧道长约23km	8.03	敞开式	中铁装备、铁建重工	中铁隧道局、中铁十八局	砂砾岩、钠长斑岩、灰岩、石英闪长岩	17000	660	7km灰岩、断层破碎带、突水，涌泥
18	水利水电	新疆ABH工程某输水隧洞	2016年至今施工，隧道长约41km	6.53	敞开式	铁建重工	中铁十八局	泥岩、砂岩、大理岩、花岗岩	18020	465	富水蚀变带、岩爆
19	水利水电	云南那邦水电站引水隧洞	2009—2011年施工，隧道长约9.8km	4.5	敞开式	德国海瑞克公司	中国水电	混合片麻岩、斜长片麻岩、石英片岩	7370	368	—
20	水利水电	甘肃引洮工程主干输水隧洞	2007—2012年施工，隧道长约17km	5.75	单护盾	北方重工	中铁隧道局	砂岩、粉砂质泥岩、安山岩	17116	1013	第三系饱水疏松砂岩，TBM发生涌沙被埋，TBM改造刀盘和盾体
21	水利水电	青海引大济湟工程	2006—2015年施工，隧道长21.165kn	5.93	双护盾	德国维尔特公司	中铁隧道局	花岗岩、片麻岩、千枚岩、角砾岩	20538	356	长距离断层交会带，围岩破碎，多次卡机
22	水利水电	新疆某工程T4勘探试验洞	TBM施工段施工长度6.4km	8.5	敞开式	—	—	岩性属凝灰岩、砂岩地层	6443.73	350	斜井坡度11%，TBM开挖大坡度隧道，针对性设计

续上表

序号	领域	工程名称	隧道概况	直径（m）	TBM 类型	制造商	施工单位	TBM 施工段地质概况	施工长度（m）	平均进度（m/月）	TBM 施工出现的主要问题
23	水利水电	兰州水源地项目	隧道长度31.29km	5.46	双护盾	铁建重工、中铁装备	水电三局、水电四局	砂岩、石英片岩	24630	—	TBM 过局部破碎带时出现卡机，处理后通过
24	公路	雪山隧道工程	1996—2005 年施工，隧道长约 12.9km	11.74	双护盾	—	—	破碎剪裂泥层、高石英硬岩	—	—	突水、涌泥、卡机，一台 TBM 因塌方掩埋改为钻爆法施工，另一台因施工进度缓慢，改为钻爆法施工
25	公路	林芝公路隧道	总长 4.78km	9.13	双护盾	—	—	岩石以混合片麻岩为主，总体属中硬岩～坚硬岩	4780	—	存在岩爆、洞室变形等问题，设备先后卡机 4 次，平均单次脱困时间 15d
26	地铁	青岛地铁 2 号线	2017 年至今施工，隧道长约 25km	6.3	双护盾	中船重工	中铁隧道局、中铁十八局	花岗岩	4800/7000	260	因围岩松散破碎，刀盘被掌子面坍塌渣体卡住无法启动

注：1. 中铁工程装备集团有限公司简称为“中铁装备”。

2. 中国铁建重工集团股份有限公司简称为“铁建重工”。

3. 北方重工集团有限公司简称为“北方重工”。

4. 中国船舶重工集团有限公司简称为“中船重工”。

5. 中铁隧道局集团有限公司简称为“中铁隧道局”。

6. 中铁十八局集团有限公司简称为“中铁十八局”

7. 北京振冲工程股份有限公司简称为“北京振冲”。

8. 中国葛洲坝集团第三工程有限公司简称为“葛洲坝三公司”。

9. 中国水利水电第三工程局有限公司简称为“水电三局”。

10. 中国铁建大桥工程局集团有限公司简称为“中铁建大桥工程局”。

11. 中国水利水电建设股份有限公司简称为“中国水电”。

12. 中国水利水电第四工程局有限公司简称为“水电四局”。

在调研国内外TBM法施工隧道的基础上，经系统分析，TBM选用原则如下：

（1）TBM选用需规避重大风险。由于极端不良地质占比大，易造成长期被困和重大安全事故等情况，如长段落软岩大变形、强岩爆、长距离软弱破碎带、岩溶发育地段、长段落完整极硬岩（抗压强度大于180MPa）。

（2）对于较完整岩石，有一定自稳性的较硬岩～硬岩地层，断裂、褶皱等地质构造不发育的隧道，重点研究使用TBM法施工方案。

（3）正洞TBM独头掘进距离不宜超过16km。

（4）由于目前国内TBM最大直径约12m，不足以支撑双线铁路断面净空要求，出于安全稳妥考虑，铁路TBM法施工隧道按双洞单线分别修建的方案考虑。

（5）对于正洞采用钻爆法施工的隧道，结合地质条件研究TBM法施工长大斜井及平行导坑等辅助坑道的方案。

9.2.2 TBM适应性分类标准

综合考虑隧道地质条件、施工风险、辅助坑道设置条件、施工工期等因素，可将特长隧道TBM适应性分为以下5类：

（1）A类：工程地质条件好（硬岩为主），构造影响小；钻爆法辅助坑道设置极其困难，工期长，工期风险大；适合TBM法施工的隧道。

（2）B类：工程地质条件好（硬岩为主），构造影响小；钻爆法辅助坑道设置条件好；也适合TBM法施工的隧道。

（3）C类：工程地质条件较好（以较软岩～硬岩为主）、构造影响小；钻爆法辅助坑道设置困难，工期较长；TBM法施工有一定的风险，研究TBM法施工平行导坑的可行性。

（4）D类：工程地质条件较差，构造影响较大；钻爆法辅助坑道设置困难，工期较长，工期风险大；目前掌握的地质资料看，TBM法施工风险较大，后续进一步研究TBM法施工的可行性。

（5）E类：工程地质条件差，构造影响大；钻爆法辅助坑道设置条件好，工期短；不适宜采用TBM法施工的隧道。

9.3 TBM选型

9.3.1 TBM主要类型

目前TBM主要类型有敞开式TBM、单护盾TBM和双护盾TBM。选用的TBM类型不同，地质风险、工程工期、工程成本、工程可靠性和寿命等也不同。

（1）敞开式TBM（图9-1）。也称主梁式TBM，敞开式TBM有一套支撑系统，掘进时支撑靴板用液压缸撑紧洞壁，推进千斤顶伸出，推动刀盘前进。

（2）单护盾TBM（图9-2）。在刀盘后面有一个相对较长的护盾，在护盾保护下有管片安装设备，刀盘为敞开式，盘形滚刀适用于开挖较硬围岩，其推力由液压千斤顶作用在管片上提供反力。

图 9-1　敞开式 TBM

图 9-2　单护盾 TBM

（3）双护盾 TBM（图 9-3）。又称伸缩护盾式 TBM，具有全长的护盾，在地质条件良好时掘进与安装管片可同时进行，伸缩护盾是双护盾 TBM 独有的技术特点，是实现软硬岩作业转换的关键。

图 9-3　双护盾 TBM

9.3.2　各类型 TBM 的区别

各类型 TBM 的刀盘、开挖系统和主驱动系统基本相同，都是驱动刀盘旋转，推进刀盘上的滚刀挤压掌子面破岩掘进，主要区别在于 TBM 主机推进支撑系统结构、配套支护设备和支护方式不同。

1）支护方式和配套支护设备的不同

敞开式 TBM 的一次支护采取喷锚支护，包括钢拱架、锚杆、喷射混凝土、网片、钢筋排等，后期二次支护可进行模筑现浇混凝土衬砌；双护盾 TBM 和单护盾 TBM 采取预制管片支护，管片背部与洞壁之间的空间充填砾石和灌浆。因此，敞开式 TBM 配置的支护设备主要为锚杆钻机、拱架安装器、混凝土喷射系统；双护盾 TBM 和单护盾 TBM 配置的支护设备主要是管片安装器、豆砾石喷射泵、注浆系统。另外，敞开式 TBM、双护盾 TBM 和单护盾 TBM 都可以配置超前钻机，进行超前钻探和超前支护处理。

2）主机推进支撑系统的不同

敞开式 TBM 一般只有主推进液压缸系统，利用水平支撑靴提供反力掘进，洞壁软弱无法支撑时需对洞壁加固处理后掘进；双护盾 TBM 有主推进系统和辅助推进系统，通常利用水平支撑靴支撑洞壁、主推进液压缸提供推力掘进，即双护盾掘进模式，洞壁软弱无法支撑时利用辅助推进液压缸纵向支撑管片向前掘进，即单护盾掘进模式；单护盾 TBM 无支撑靴，只有主推进液压缸，利用主推进液压缸纵向支撑管片向前掘进。因此，双护盾 TBM 有双护盾掘进模式和单护盾掘进模式，双护盾掘进模式下掘进和管片安装可同时进行，而单护盾掘进模式下掘进和管片安装只能交替进行。

3）主机盾体结构不同

敞开式 TBM 护盾长度较小且可通过液压缸径向伸缩，盾尾后的主机部分可见洞壁；护盾式 TBM 盾体较长且径向无法伸缩，长度包含了整个主机部分，紧接盾尾后部进行管片安装。因此，敞开式 TBM 不易被卡，且在需要超前地质处理或卡机脱困时有较大作业空间，洞内实施较为便利。

综上，如果软弱围岩洞段比例较长，但不会频繁或长期被卡被困时，采用双护盾 TBM 时掘进支护一次成洞，具有一定的工期优势；如果软弱围岩洞段较短，支护量不大，采用敞开式 TBM 具有成本优势。此外，深埋隧洞存在严重的大断层破碎带、软岩大变形时，双护盾 TBM 长期被卡被困的风险更大；而岩爆洞段，通常双护盾 TBM 比敞开式 TBM 安全性更高。单护盾 TBM 掘进和管片安装不能同步进行，施工进度慢，一般用于以软弱围岩洞段为主、撑靴无法支撑洞壁提供有效反力的隧道工程。表 9-2 详细对比了敞开式 TBM、单护盾 TBM 和双护盾 TBM 的区别和特点。

各类型 TBM 区别及特点 表 9-2

<table>
<tr><th colspan="2">对比项目</th><th>敞开式 TBM</th><th>单护盾 TBM</th><th>双护盾 TBM</th></tr>
<tr><td colspan="2">支护方式</td><td>初期支护：喷锚支护（锚杆、钢拱架、网片、钢筋排、喷射混凝土等）；
二次衬砌：模筑混凝土</td><td>预制管片；洞壁空间充填豆砾石并灌浆</td><td>预制管片；洞壁空间充填豆砾石并灌浆</td></tr>
<tr><td rowspan="3">主机结构及配套支护设备</td><td>配套支护设备</td><td>锚杆钻机、拱架安装器、混凝土喷射系统、超前钻机</td><td>管片安装器、豆砾石喷射系统、注浆系统、超前钻机</td><td>管片安装器、豆砾石喷射系统、注浆系统、超前钻机</td></tr>
<tr><td>护盾</td><td>较短、径向可伸缩</td><td>较长、无撑紧盾和伸缩护盾，径向无伸缩、与洞壁预留较小间隙</td><td>护盾最长，包括前盾、中盾、伸缩护盾、撑紧盾和尾盾；径向无伸缩，与洞壁预留较小间隙</td></tr>
<tr><td>推进、支撑系统</td><td>主推进系统，支撑靴撑紧洞壁掘进</td><td>靠推进系统支撑管片推进，不可支撑洞壁</td><td>包括主推进系统和辅助推进系统，可支撑洞壁，也可支撑管片掘进</td></tr>
<tr><td colspan="2">适应范围</td><td>硬岩、中硬岩</td><td>软岩、破碎岩层</td><td>中硬岩、软岩、破碎岩层</td></tr>
<tr><td colspan="2">掘进速度</td><td>掘进速度快，受围岩影响大，过破碎带时较慢，平均 400～800m/月</td><td>相对较慢，在个别隧道或局部段落中达到平均 400m/月</td><td>围岩较好时，能够保持在一个较稳定的高速度下掘进，300～700m/月</td></tr>
<tr><td colspan="2">施工安全</td><td>采用初期支护，较安全</td><td>采用长护盾及管片衬砌保护，安全</td><td>采用长护盾及管片衬砌保护，安全</td></tr>
<tr><td colspan="2">施工灵活性</td><td>灵活性好，可适应不良地质情况</td><td>灵活性较差，受护盾影响，处理不良地质较困难</td><td>灵活性较差，受护盾影响，处理不良地质较困难</td></tr>
<tr><td colspan="2">结构及防水</td><td>现浇衬砌结构，复合式衬砌，可靠性高</td><td>管片衬砌，以堵水为主，在裂隙水发育时，管片承受水压，整体性和可靠性比现浇衬砌要差</td><td>管片或现浇衬砌，管片段结构、防水与单护盾 TBM 相同</td></tr>
<tr><td colspan="2">造价</td><td>低</td><td>中</td><td>高</td></tr>
</table>

续上表

综合优缺点	一般性不良地质	围岩条件好时，支护量小，二次衬砌采用模筑现浇混凝土衬砌，有成本优势；围岩较差时地层支护时间长，效率降低	适合软弱围岩洞段，采用管片衬砌，一次成洞，有工期优势	软硬兼顾，软弱塌方围岩洞段容易被卡，采用管片衬砌，一次成洞，有工期优势
	深埋极端不良地质	深埋隧道大断层破碎带、软岩大变形被卡被困相对风险较小，有处理作业空间，脱困较方便	深埋隧道大断层破碎带、软岩大变形情况下较易被卡被困，脱困不便，但岩爆洞段相对安全	深埋隧道大断层破碎带、软岩大变形情况下较易被卡被困，脱困不便，但岩爆洞段相对安全

9.3.3 极复杂环境铁路隧道 TBM 选型原则

TBM 选型不仅要考虑地质适应性，还要考虑工程质量、工程风险、工程工期和工程成本。因此，应从地质条件出发，分析工程质量、工程风险、工程进度、工程成本等多种因素，并抓住关键因素进行 TBM 选型。本书总结既有工程经验，提出“地质适应原则、风险控制原则、工期成本原则、相容有利原则”的 TBM 选型四大原则。

1）地质适应原则

不同类型 TBM 的地质适应性不同，选用 TBM 时首先根据地质条件确定掘进机类型。通常，各类型 TBM 地质适应性如下：

（1）敞开式 TBM 一般适用于岩石整体较完整、有较好自稳性的较硬岩、坚硬岩地层（抗压强度 20～150MPa），一般不适用于软岩、极软岩（抗压强度<15MPa）及破碎地层。在掘进通过破碎带岩体时，敞开式 TBM 可以利用自身的支护系统，施作喷锚支护稳定围岩；当掌子面前方遇到局部破碎带时，敞开式 TBM 可以用自身携带的超前钻机和注浆系统提前加固破碎带岩体，确保顺利通过。

（2）单护盾 TBM 适用于开挖地层以软弱围岩为主、岩石抗压强度较低的隧道，适用于有一定自稳性的岩石（抗压强度 5～100MPa）。当软弱围岩所占比例较大，且 TBM 的撑靴无法支撑住洞壁的隧道时，可考虑采用单护盾 TBM 掘进。

（3）双护盾 TBM 的地质适应性比较广泛，涵盖了敞开式 TBM 和单护盾 TBM，主要适用于围岩较完整、具有一定自稳性的软岩～硬岩地层（抗压强度 5～150MPa）。

2）风险控制原则

对于存在较多严重不良地质的隧道，如大断层破碎带、软岩大变形、强岩爆、突泥突水等，若选型不当，将加大设备人员重大安全风险及 TBM 长期被困而使工期成本难以控制的风险。因此，此类隧道应重点考虑遵循风险控制原则进行 TBM 选型。

长段落断层破碎带、软岩大变形、突泥突水问题突出的隧道，如选用护盾式 TBM，TBM 被困被卡风险大，且洞内缺乏脱困处理空间，处理不灵活不方便，此时应尽可能选用敞开式 TBM；强岩爆洞段占比大的隧道，选用护盾式 TBM 对保证设备及人员安全更为有利，此时优先选用护盾式 TBM。

3）工期成本原则

对于不存在严重不良地质风险的隧道，应主要遵循工期成本原则进行 TBM 选型。如果软弱破碎段落所占整个隧道长度比例不大，选用敞开式 TBM 在施工成本上有优势，可优先选用敞开式 TBM；若软弱破碎段落所占比例较大，敞开式 TBM 支护量大，且洞壁可能不能为 TBM 撑靴提供足够的支撑反力，综合施工速度慢，此时优先选用护盾式 TBM。

4）相容有利原则

有些隧道工程并非只能选用某种类型的 TBM。这种隧道工程，从地质适应性来说，采用双护盾 TBM 和敞开式 TBM 均可，且工期和成本优势不是十分明显。在这种情况下，可发挥不同建设单位、设计单位和施工单位以往运用某类型 TBM 的设计、施工经验和技术优势，进行不同的选型，即遵循相容有利原则进行 TBM 选型。

TBM 选型考虑的因素较多，四个原则在不同工程中的权重不同，一般情况下，TBM 选型四项原则的优先考虑顺序如图 9-4 所示。

图 9-4 TBM 选型原则的优先顺序

极复杂环境铁路隧道大部分均为超长超大深埋复杂地质隧道，地质条件很难完全查明，存在断层破碎带、软岩大变形、岩爆及高地温等重大风险，采用预制管片支护灵活性相对较差，且管片衬砌接缝很多，在接缝处的防水性及耐久性以及全隧道衬砌结构的整体性方面还有待研究。根据工程地质条件、围岩岩性、隧道长度及辅助坑道设置条件等，推荐采用敞开式 TBM。

9.4 TBM 设备性能优化及配套设计

传统 TBM 直接应用于极复杂环境铁路隧道均存在不同程度的不足，还需根据极复杂环境铁路特有的地质条件、环境特征对 TBM 性能进行优化，并针对极复杂环境铁路隧道面临的主要地质风险和工程问题进行针对性设备配置研究，不同的配置可以结合具体隧道地质情况和洞段长度灵活搭配，主要有以下几个方面。

9.4.1 TBM 超前地质预报系统

研究多种物探系统、地质钻探系统、岩爆监测预警系统在 TBM 上的有效集成技术，同时结合超前钻探和 TBM 掘进参数，实现长短距离结合、宏观与微观探测结合的高精度地质超前探测，形成一套适应多种地质风险探测、人性化设计的 TBM 综合超前地质探测系统，主要包括地震波系统、激发极化系统、水平地质钻探或 MWD 系统。TBM 综合探查系统方案如图 9-5 所示。

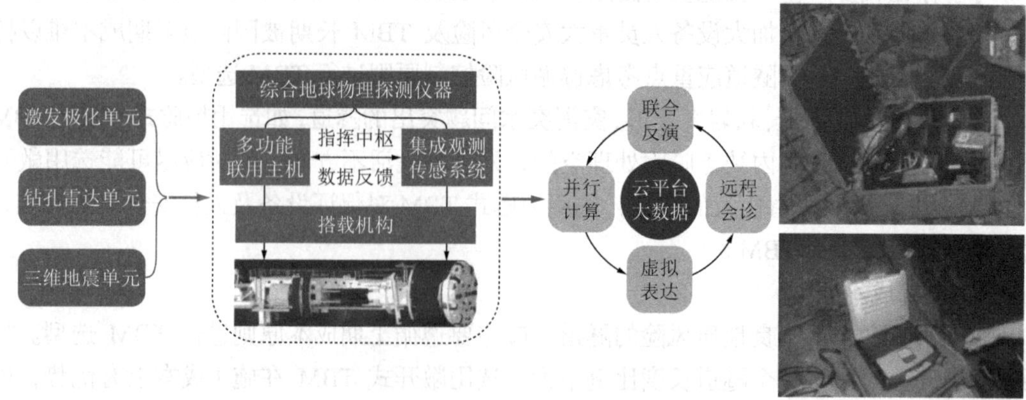

图 9-5 TBM 综合探查系统方案

9.4.2 TBM 支护系统

重点提升 TBM 支护速度和自动化作业水平，实现高风险地段特别是 L1 区段减少作业人员和降低劳动强度的目标，并能良好适应不同支护结构和参数的变化。同时，随机搭载完善的辅助支护系统，包括管棚作业系统、二次加固系统以及 H 型钢梁、钢管、波纹钢板、帘式网等多种支护方式等。图 9-6、图 9-7 分别为自动喷射混凝土系统及集成管棚作业系统。

图 9-6 自动喷射混凝土系统

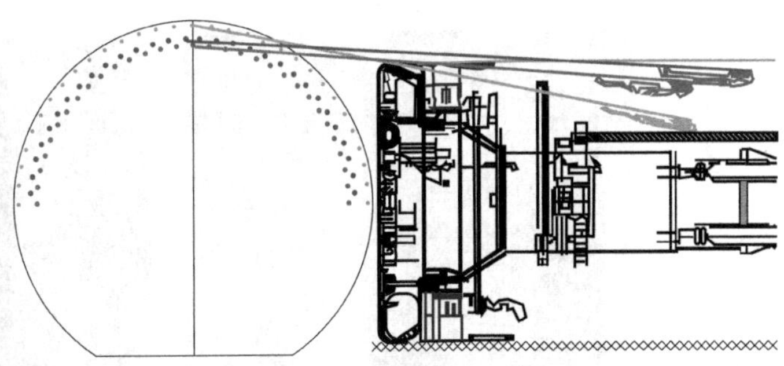

图 9-7 集成管棚作业系统

加强超前支护系统，设备上需配置多台超前钻机，可对围岩进行超前支护。目前 TBM 上虽然配置有超前钻机，但由于受空间限制，拆装非常不便，均未有效使用。对于直径大于 10m 的 TBM 隧道，有足够的空间可布置超前钻机。

在埋深大的不良地质段以及在地质条件不明确的情况下，必须采用“先探后掘”的施工理念。TBM 锚杆钻机可旋转 90°兼作超前钻机使用，TBM 上专门配置的超前钻机，可在刀盘前部实现 360°围岩支护，如图 9-8 所示。

a)

b)

图 9-8 TBM 上锚杆钻机旋转 90°作为超前钻机使用

加强 TBM 支护设备应对高应力条件下围岩收敛：TBM 在护盾尾部加强配置锚杆钻机、钢拱架拼装器、钢筋排支护系统、喷射混凝土系统等一次支护系统。在断层带、节理密集带、软岩变形等地段采取“锚、注、喷”一体化（以锚、注为核心）和围岩加固-支护的施工措施，如图 9-9 所示。

a) b) c) d)

图 9-9 TBM 设备进行"锚、注、喷"一体化围岩加固

9.4.3 TBM 连续长距离掘进

极复杂环境铁路隧道处于高原地区，地质条件复杂，连续长距离掘进对 TBM 设备要求高，重点涉及长距离硬岩掘进，TBM 设备应结构可靠、参数合理，需按大功率、高扭矩、强推力进行设计。

我国已掘进完成的 TBM 工程项目中，西康铁路秦岭隧道和云南那邦水电站引水隧洞岩石坚硬，为花岗岩和片麻岩，平均抗压强度约 150MPa，最高超过 325MPa，石英含量超过 50%。陕西引汉济渭秦岭隧洞工程岭南段围岩更加坚硬完整，给 TBM 法施工带来更大困难。根据这些极硬岩 TBM 工程的经验和数据，分析极硬岩带来的施工影响主要有：刀盘贯入度、掘进速度极低，刀具磨耗数量、成本急剧增加，换刀次数和换刀时间严重增加，掘进作业利用率大幅下降，进尺大大下降，工期、成本大幅增加，主轴承、主驱动寿命风险加大，刀盘磨损寿命、开裂、变形风险加大。

针对极硬岩对 TBM 法施工的影响，根据岩石抗压强度、石英含量等指标，在 TBM 设计与制造时，进行针对性的设计。

（1）选用合理的刀盘、刀座结构，易磨损区域要进行针对性耐磨设计，整体强度和刚度满足长距离全断面硬岩隧道掘进要求。

（2）主轴承设计要充分考虑大推力、抗震性能和使用寿命的要求，实现同等荷载条件下应力分布更均匀，平均应力小，抗震能力更强，主轴承设计寿命不小于 20000h。

（3）选用合理的滚刀安装方式，刀具更换作业完全在刀盘的保护下实施；为了减小刀具除刀圈以外的部件磨损程度，严格控制滚刀高出刀盘表面的尺寸。

（4）应采用重型滚刀，适应大推力条件，提高掘进效率。

（5）护盾具有足够的强度与刚度，有防止壳体变形、开裂的措施，在可能遇到的地质条件下保证不发生塑性变形；耐磨性能良好且具备收缩功能。

风险地段必须按照先探后掘的流程施工，尽量提前发现地质风险以便于及时采取防控措施；关键部件如刀盘、主驱动、连续带式输送机等采用超长寿命设计；易损零部件和结构按分体式设计，便于现场更换；TBM 整机配置完善的不良地质处置系统，能够应对常见的地质风险；通风系统采用中继增压加大风量，配合高效冷却系统对整机进行环境温度控制；高风险隧道配置优化设计后的 TBM 远程监控系统，借助大数据等信息平台手段，对掘进参数和关键零部件状态实时监控，为制定科学维护保养计划和风险防控措施提供及时指导。“人、机、岩” TBM 远程监控系统如图 9-10 所示。

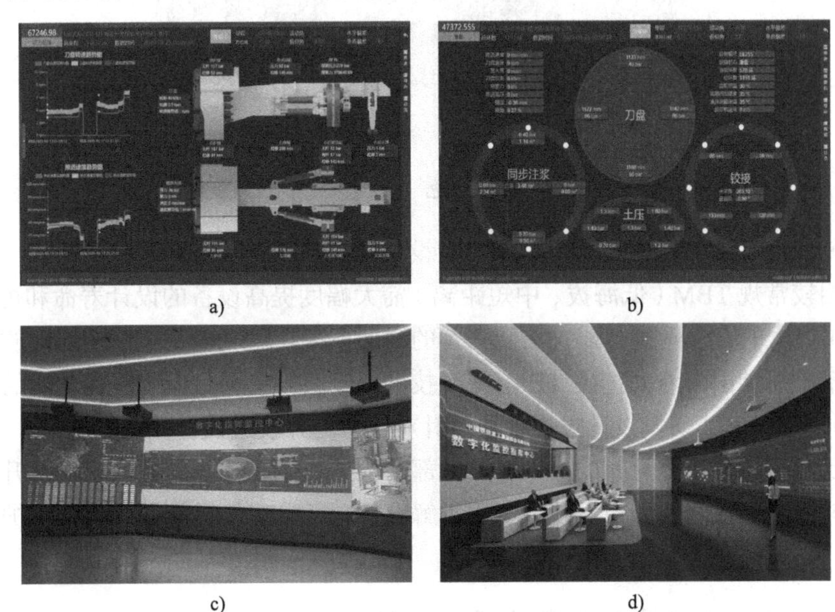

a)　　b)

c)　　d)

图 9-10　“人、机、岩” TBM 远程监控系统

9.4.4　TBM 高海拔作业环境

高海拔作业环境下，主要应优化 TBM 电气系统选型，提高设备线路阻抗系统；加大电气设备功率储备，保证降容后具备足够驱动功率；设备上配置制氧等应急保障系统（图 9-11），方便作业人员随时吸氧；钢拱架安装、混凝土喷射、岩渣清扫、设备上物料倒运等作业大范围采用自动化技术，尽量减少洞内人员数量和劳动强度，钢拱架自动拼装系统如图 9-12 所示。

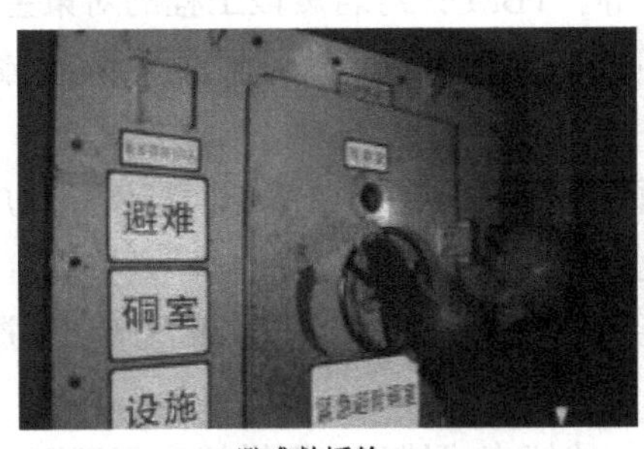

a) 避难救援舱

b) 制氧系统

图 9-11　应急保障系统

图 9-12　钢拱架自动拼装系统

9.4.5　提高 TBM 掘进效率的措施

为了提高大直径 TBM 施工效率，TBM 设备主要从以下几方面采取措施：

（1）相较常规 TBM（低海拔、中短距离）需大幅度提高设备的设计寿命和可靠性，关键部位采用更大的安全储备，配置功能完善的辅助系统，适应多变、极端的地质条件。

（2）系统总结国内外大直径 TBM 施工技术和经验，特别是应对不良地质的成功经验和失败教训，在 TBM 研发设计过程中予以针对性考虑并改进设计。

（3）研发更完善、更可靠的 TBM 关键部件状态和作业环境监测系统，提升系统智能化水平，辅助施工管理人员和驾驶员全面了解设备运行状态，提前做好设备维护和风险防控措施。

9.4.6　TBM 应对典型不良地质的对策

1）岩爆

铁路隧道采用 TBM 法施工的区段多为岩性较好的硬岩段，在超大埋深、高地应力条件下容易引发岩爆，造成工作面破坏、施工人员伤亡及机械设备损毁，严重时有可能造成卡机、重要设备毁坏等长时间的停机事故，必须给予关注。

TBM 岩爆隧道应采取探、控、防相结合，实现连续防护。TBM 应预留微震监测系统接口条件，配备高效能的掌子面和周边超前钻探设备，以便必要时进行地应力释放；配备设备、人员安全防护系统和应急支护体系设备等。TBM 针对岩爆段工程的对策主要有：

（1）增加岩爆监测预警功能。TBM 设备应配置超前探测、微震监测等系统，做好超前地质预报及岩爆预警。

（2）应力释放。针对易发生岩爆的段落预先采用超前钻机在掌子面打设超前应力释放孔或利用设备上配置的锚杆钻机在拱墙处增设释能卸压孔。

（3）及时支护。采用低预应力锚杆、消能防护网、钢筋排、钢拱架及喷射混凝土（纤维混凝土）等方式，尽快支护裸露围岩。

（4）加强支护。局部支护材料增设高强机械式锚索或锚杆，钢拱架采用型钢。TBM 设备配置钢拱架快速拼装设备，可在强岩爆段落增大 H 型钢或采用波纹板、帘式网等新型手段进行支护。

（5）加强防护。在 TBM 主机和后配套人员作业部位和主要设备顶部增加防护板，加强 TBM 上人员和设备的防护。

（6）加强监控。密切关注 TBM 刀盘推力及扭矩等情况，安装闭路监控系统，监控施工情况，及时反馈信息。

2）高地温

高地温对隧道工程的不利影响主要有恶化施工环境、降低机械设备效率、威胁施工人员健康、加速建筑材料老化、增大隧道运营养护维修成本等。应对 TBM 施工段高地温问题的主要对策有：

（1）超前探测。当掌子面前方可能存在高地温情况时，采用超前钻孔或取芯进行地温探测，提前考虑降温、设备配置等预案。

（2）加强通风。配备性能可靠的风机和高强度通风软管，确保功率、风量、风压满足要求，为洞内源源不断输送新鲜空气，以保证洞内氧气供应和降温需求。风机采用变频控制，高地温段尤其应加大风机供风量。

（3）局部降温。在 TBM 上配备制冷设备，可降低 TBM 局部区域温度，也可将制冷设备与二次通风系统连接，冷却空气经管路压送到 TBM 主机区域，降低 TBM 主要作业区域的环境温度。其他部位如果在通风和 TBM 制冷设备的共同作用下，环境温度仍然较高，则可运送冰块到相应部位，辅助降温。

（4）设备特殊配置。

在 TBM 设计制造过程中，与生产单位进行设备联络及充分沟通，在高温地段对 TBM 进行以下特殊配置：

①TBM 配备制冷设备，制冷设备需能实现局部和主要工作区域的降温要求。

②电机、油泵、变压器等选型时需考虑高地温情况，选择散热少、性能好的设备。

③空压机、变压器等避免选择风冷类型，尽量选择水冷或油冷设备。

④散热量大的设备使用大容量冷却器，增加散热面积，设备产生的热量由水带出洞外。

3）断层破碎带

当遭遇断层或较大破碎带时，破裂松散的围岩容易造成 TBM 掘进、支护困难，甚至出现卡机等故障；当断层内富水时，还有可能造成突涌水等风险。TBM 过断层段卡机脱困、防治突涌水主要有以下几种处理方法：

（1）加强综合超前地质预报。

TBM 上配备超前钻探设备，并采用地震波等方法进行探测，结合地质勘探、隧道设计以及施工掌子面素描等成果，预测前方地质情况，为正确选择开挖方法及支护技术参数提供科学依据。

（2）提高 TBM 脱困能力。

①TBM 选用技术先进、性能可靠的锚杆钻机产品，配置超前支护钻机，必要时可对刀盘前方的围岩实施超前加固。

②加装钢拱架快速安装器，根据围岩条件可快速拼装普通钢拱架、加强型钢拱架、可

伸缩钢拱架甚至钢管片等。

③提高 TBM 脱困扭矩，合理配置 TBM 撑靴面积。

（3）加强支护。

破碎带需要施作长锚杆、高强度锚杆、快速施工锚杆，采用可快速施工的柔性钢筋网、高强度钢拱架等支护。

9.4.7 掘进机服务洞室设计

敞开式 TBM 施工服务洞室包括预备洞、始发洞、检修洞、组装洞、接收洞及拆卸洞等，采用钻爆法施工及复合式衬砌结构，并应符合下列规定：

（1）掘进机法施工隧道应设置始发洞。始发洞尺寸可根据掘进机类型和始发方式确定，断面采用类圆形，其衬砌净空与掘进机刀盘之间宜适当预留不小于 5cm 间隙，长度设置为 20m。

（2）接收洞采用曲墙近圆形衬砌结构，其衬砌净空与掘进机刀盘之间宜适当预留不小于 25cm 的间隙，长度设置为 20m。

（3）洞内组装宜在地质条件较好的地段设置组装洞，长度不应小于 80m；宽度大于刀盘直径 3.2m；高度宜按吊装设备起吊刀盘不小于 2m 考虑。

（4）拆卸洞设置同组装洞室，应尽量设置在地质条件较好的地段，拆卸洞长度为主机长度 +2倍刀盘直径，且不宜小于 40m。

（5）预备洞采用曲墙近圆形衬砌结构，其衬砌净空与掘进机刀盘之间宜适当预留不小于 25cm 的间隙。

TBM 服务洞室断面如图 9-13 所示。

9.4.8 TBM 法施工场地

TBM 法施工场地包括场内无轨、有轨运输道路，掘进机组装和部件储存场地，风、水、电设施安装场地，预制构件厂及构件存放场，拌和站、加工厂及材料存储场地，机械设备停放、检修及配件存储场地，刀具检修、存储场地，高压变、配电站，大型电动设备充电区，油库及火工品库房场地，洞外带式输送机及弃渣转运场地，办公、生活用房等建筑场地，通风、制冷、制氧、供暖设施安装场地，检测、试验室用房建筑场地等。

场地布置应充分利用洞外场地条件，合理布局，统筹安排，确保各项施工活动有序进行，避免相互干扰。施工场地内应设置截、排水措施，防止场地内积水。施工场地宜集中布置在洞口附近位置，洞口周边场地不足时，可分区布置。多工点共用的拌和站、加工厂、预制构件厂等辅助工程应结合运输条件、场地条件合理布置。施工场地周围应设置封闭围挡，山岭地区围挡高度不低于 1.8m，城镇地区不低于 2.5m。采用有轨运输时，应确定洞外出渣线、备料线、编组线和其他作业线的布置。采用连续带式输送机出渣方式时，应确定洞外分渣设施的位置及存渣场地。采用有轨运输方式出渣的，应确定洞外翻渣设施的位置及存渣场地。填筑场地内的桥涵工程，应做好施工组织协调，制定墩台防护措施，确保结构安全。单台掘进机施工场地面积建议规模见表 9-3。

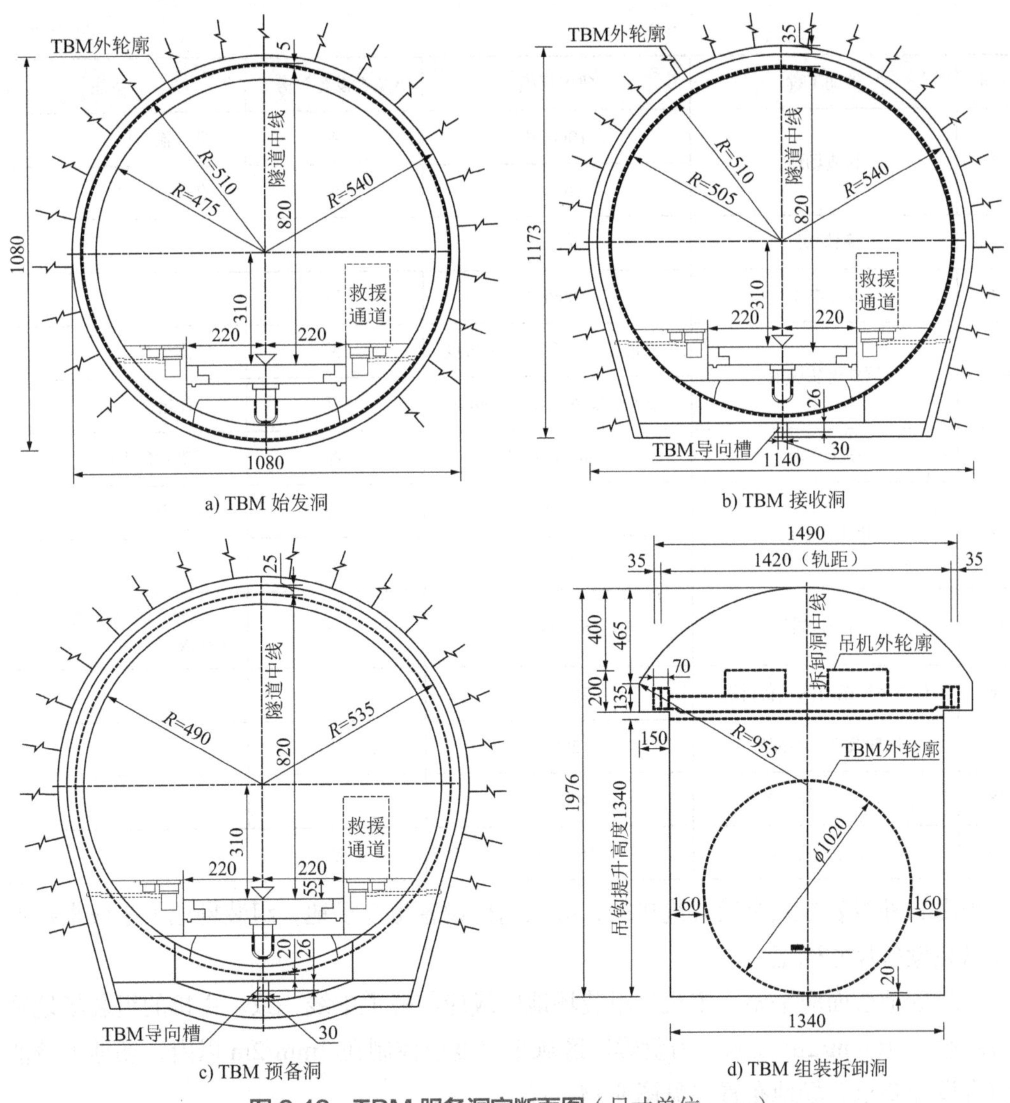

图 9-13　TBM 服务洞室断面图（尺寸单位：cm）

单台掘进机施工场地建议规模　　表 9-3

序号	辅助工程	建议规模	是否设置厂房	备注
1	拌和站（含料仓）	10000m²	是	
2	加工厂	4000m²	是	敞开式掘进机
		1000m²	是	护盾式掘进机
3	维修车间	500m²	是	
4	配件库房	600m²	是	
5	刀具修理、存储车间	400m²	是	
6	中心试验室	1200m²	是	
7	材料库房	2000m²	是	

续上表

序号	辅助工程	建议规模	是否设置厂房	备注
8	转渣场地	1000m^2	否	带式输送机
		2400m^2	否	有轨编组出渣
9	锅炉房	200m^2	是	
10	变配电站	1000m^2	是	
11	洞外组装场地	2.5 倍设备宽度 × 设备长度	否	整体组装
12		2.5 倍设备宽度 × 100m	否	分体组装
13	高压水池	300～600m^3	否	高温时耗水量大
14	拼装预制厂	6000m^2	是	仰拱块
		18000m^2	是	管片
15	构件存放区	5000m^2	否	寒冷地区应设置厂房，室内存放
16	有轨运输编组区、备料区	2000m^2	否	
17	油库及火工品库房	1200m^2	是	
18	大型电动设备充电区	800m^2	是	
19	办公、生活区	10000m^2	是	

采用洞外组装方式组装掘进机的，应在洞口设置组装场地，组装场地大小应根据掘进机及吊装设备尺寸确定。

组装场地表面应平整，主机的组装场地中线应与隧道中线一致。主机的组装场地平整度应控制在 10mm/2m 以内，刀盘焊接区域平整度应控制在 3mm/2m 以内，场地承载能力应符合设计要求。场地布置参见图 9-14。

图 9-14　兰渝铁路西秦岭隧道 TBM 法施工场地布置

主机组装区及后配套组装区内应设置吊装设备，主机组装区的吊装设备起重能力须满足掘进机质量及最大构件的吊装需求。

组装场地地基应有足够的承载能力，应采用不低于 C20 混凝土硬化，承载能力及硬化厚度应根据组装要求计算确定。主机组装区的吊装设备基础应进行专项设计及验算，基础施工验收合格后方可进行设备安装。掘进机在冬期进行组装时，洞外组装区应搭设厂房并配置保温设施。

9.4.9 TBM 大件运输

（1）TBM 设备运输控制尺寸

TBM 设备运输的控制因素为主轴承尺寸及主梁，10m 级 TBM 主轴承在运输时最大部件可按长度 10.5m、宽度 7.3m、高度 4.3m、质量 115t 考虑。10m 级 TBM 主要大件尺寸见表 9-4，采用液压轴线板车运输，板车距地面 50～80cm，固定长度 15m。

10m 级 TBM 主要大件尺寸　　表 9-4

TBM 形式	大件名称	大件包装尺寸（m × m × m）	质量（t）
敞开式 TBM	主轴承	7.3 × 7.3 × 1.4	115
	主梁一	8.01 × 4.9 × 4.3	
护盾式 TBM	主轴承	7.1 × 7.1 × 2.1	115
	拼装机主梁	10.5 × 3.9 × 3.8	

（2）运输道路技术指标要求

根据 TBM 设备构件参数，TBM 大件运输按一般县道即可满足运输要求，具体道路技术指标要求见表 9-5。

运输道路技术指标　　表 9-5

序号	指标	要求值	备注
1	净宽	7.5m	
2	净高	5.1m	车辆高度 0.5m
3	载重量	184t	包含车重
4	最小平面半径	22m	
5	最大纵坡坡度	10%	未考虑高原折减

9.4.10 TBM 吊装设备

TBM 最大的部件为刀盘，如刀盘直径为 10.2m，质量约为 180t，吊装设备可选择 2 台 100t 门式起重机组装，跨度 18m，后期安装 1 台跨度 40m 的门式起重机。

常规隧道洞外场地均有限，无法满足整机部件现场摆放。为避免大件到场后二次倒运，门式起重机需在 TBM 到场前 1 个月完成组装、试验及取证工作，以便 TBM 及时组装，如图 9-15 所示。

图 9-15　TBM 吊装设备

9.4.11　TBM 供电

供电系统也是 TBM 选型的一个控制条件。施工供电应进行专项设计，并应符合下列要求：

（1）宜考虑与铁路、当地电网布局永临结合。

（2）供电接口宜采用 20kV 供电电压，并采用双回路。

供配电容量应根据掘进机、连续带式输送机及其他配套装备、办公生活、施工照明等用电总负荷确定，掘进机装机总功率见表 9-6。

掘进机装机功率建议值　　表 9-6

掘进机直径（m）	掘进机装机功率（kW）	掘进机直径（m）	掘进机装机功率（kW）
6～7	5200	9～10	7800
7～8	6000	10～11	8500
8～9	7000	11～12	9300

各种电气设备和输电线路应有专人经常进行检查维修、调整等工作，其作业要求应符合现行国家标准《建设工程施工现场供用电安全规范》（GB 50194）的相关规定。

9.5　结语

近年来，通过工程实践，铁路行业积累了一些 TBM 法施工的成功经验，也总结了一些失败的教训。对于极复杂环境 TBM 隧道，我们要高度重视 TBM 隧道地质勘察工作，准确查明隧道工程地质条件，扎实做好适应性分析工作，同时提升 TBM 不良地质感知、主动支护系及快速施工技术，提高装备适应性，切实提升 TBM 处置不良地质的能力，以实现 TBM 在复杂环境条件下安全高效掘进。

第10章 防灾疏散救援工程及运营通风设计

位于高原地区的极复杂环境铁路工程，具有高寒、大温差、强紫外线、气候干燥等特点。隧道在运营期可能面临自然灾害和人为灾害的影响，而低压、低氧和低温的自然环境一定程度上降低了人员的行动能力，导致人员疏散格外困难。因此，结合沿线自然条件，探明人员在高海拔条件下的行动规律，确定相关工程参数，制定预防措施，成为极复杂环境铁路隧道防灾疏散救援工程设计的首要任务。

本章首先对既有铁路运营期灾害类型及防治措施进行了调研和分析，进而结合极复杂环境铁路隧道特点，对隧道防灾疏散救援模式、人员安全疏散时间、关键参数设计、防灾通风及控（排）烟设计、运营通风设计及设备监控系统设计等进行了详细阐述。

10.1 隧道运营期间灾害类型及预防措施

10.1.1 运营期灾害类型

既有铁路隧道运营期灾害主要体现为火灾、列车碰撞、列车脱轨和自然灾害，发生的原因包括人为原因、自然原因和结构原因等。考虑到极复杂环境铁路隧道的线路特征，运营期间可能发生的灾害类型见表10-1。

极复杂环境铁路隧道运营期可能的灾害类型　　表10-1

灾害类型	发生原因
火灾	列车车辆关键部位故障，超速、纵火等人为行为，车辆缺陷
列车碰撞	车厢脱落、车辆故障，衬砌剥落、设备坠落，人为因素
列车脱轨	列车碰撞，轨道缺陷或断裂，轨道尺寸突变
自然灾害	地震，高位泥石流，崩塌

10.1.2 灾害预防措施

针对极复杂环境铁路隧道的灾害类型和特点，制定的主要预防措施有：

（1）强化对人员和设备的管理，减小火灾事故发生的概率。

（2）提高列车的防火性能和火灾探测能力，配备火灾报警系统。

（3）在线路上设置轴温探测装置等系统，对列车状态进行实时监控，当列车车体温度超高或出现其他异常状态时，阻止列车进入隧道，同时对其他列车发出警告，防止次生灾害。

（4）加强对轨道、列车、隧道内设备、隧道结构的检修养护，减少列车脱轨、擦剐、碰撞等事故的发生。

（5）针对大风、暴雨、大雪、地震及异物侵入等灾害或事故，建立铁路防灾安全监控系统，保证运营安全。

（6）对于洞口危岩落石、高位岩崩等山地灾害，应从选线阶段尽量绕避。当无法绕避时，则需通过加强设计手段将风险降至最低。

（7）根据隧道长度和海拔高度，制定分级分区段救援方案。

10.2 极复杂环境铁路隧道防灾疏散救援模式

10.2.1 极复杂环境铁路隧道防灾疏散救援总体原则

目前我国铁路隧道的防灾疏散救援设计主要以现行行业标准《铁路隧道防灾疏散救援工程设计规范》（TB 10020）为指导，主要适用于平原地区，针对极复杂环境铁路隧道特殊环境，防灾疏散救援的总体原则如下：

（1）考虑到海拔高度对人员疏散能力的影响，隧道防灾救援设计按 3000m 进行分级。海拔低于 3000m 的隧道按现行行业标准《铁路隧道防灾救援疏散救援工程设计规范》（TB 10020）要求，铁路隧道防灾救援工程设计应遵循“以人为本、安全疏散、自救为主、方便救援”的原则。海拔高于 3000m 的隧道的防灾救援应遵循“以人为本、便于疏散、安全待避、及时救援”的原则，健全防灾系统，预防灾害发生，建立完善的疏散设施及救援系统，提供人员安全、有效的疏散途径及避难场所，在限定的合理时间内将人员救援至相邻铁路车站或地方应急中心等安全地带，把灾害造成的影响降至最低程度。

（2）乘客列车火灾工况，以紧急救援站定点疏散模式为主；故障列车或自然灾害（如地震、高位泥石流、崩塌）工况，采取随机停车疏散为主的模式。

（3）分修隧道互为救援；设置平行导坑的合修隧道，利用平行导坑作为待避空间实施外部救援；对其余隧道利用横洞（斜井）式避难所作为待避空间。

（4）外部救援以铁路自救为主，辅以公路救援相结合的模式，在铁路、公路均中断的极端条件下采用空中救援。

10.2.2 极复杂环境铁路隧道疏散和救援模式

1）极复杂环境铁路隧道疏散模式

极复杂环境铁路隧道的洞内疏散模式包括向洞外疏散和在洞内待避两种。

向洞外疏散是指在不依靠外部救援力量的情况下，人员步行疏散至隧道洞外的疏散模式。发生灾害后，受困乘客在乘务人员的组织下，应快速有序地沿隧道内疏散通道疏散至隧道洞外，等待外部救援力量到来。

在洞内待避是指人员自受灾列车转移至隧道内紧急救援站、避难所等待避区域的疏散模式。受困人员需沿疏散通道等路径疏散至隧道内待避区域，等待外部救援力量进入隧道实施救援。

对于铁路隧道，向洞外疏散和在洞内待避两种疏散模式各有其适用条件。若所发生的灾害可用安全疏散时间较短，则需要选择在洞内避难；若所发生的灾害可用安全疏散时间较长，且位置距隧道洞口较近、洞外气候条件较适宜，可选择向洞外疏散。

2）极复杂环境铁路隧道外部救援模式

极复杂环境隧道救援模式可采用铁路救援、公路救援及空中救援三种模式。

铁路救援是指采用铁路救援列车将人员运送至附近车站的救援模式。救援列车在接到救援命令后，从救援基地通过铁路行驶至事故隧道附近，将乘客运送至车站，该救援模式的终点为附近车站。

公路救援是指采用汽车将人员从平行导坑、横洞或斜井等通道运输至地方应急避难场所或附近车站的救援模式。该救援模式在接到救援命令后，应急中心组织地方救援力量，采用汽车将人员运送至地方应急避难场所或车站，该救援模式的终点是地方应急避难场所或车站。

空中救援是指采用直升机将人员运送至附近机场或直升机坪的救援模式。该救援模式可结合沿线机场，必要时配置救援直升机，在隧道洞口设置直升机坪，预留起降条件。

对于极复杂环境铁路隧道，一旦发生火灾等紧急事故，采用公路救援存在一定的困难和不确定性。而采用空中救援，一方面直升机单次运送能力有限，另一方面直升机起降对场地和天气要求高，因此空中救援只能在紧急或极端情况下采用。铁路救援由于采用救援列车进行救援，具有运输能力大、响应时间短、组织性强的特点，因此对于极复杂环境隧道救援以铁路救援为主，对海拔低、外部交通条件较好的地段可采用公路救援模式，而空中救援模式是在铁路救援或公路救援均无法到达的特殊情况下采用。

3）极复杂环境铁路隧道不同结构形式的疏散救援模式

隧道内发生灾害后，分为洞内疏散和外部救援两个阶段。火灾工况采用定点停车模式，列车故障（非火灾事故）及自然灾害采用随机停车模式。

（1）火灾列车救援站定点停车疏散待避及救援模式

列车在隧道内发生火灾时，应尽量控制列车驶出隧道，并将失火车厢完全停靠于露天地段开展人员疏散及消防扑救；当列车不能驶出隧道时，应控制列车停靠在紧急救援站进行疏散待避和救援。铁路隧道紧急救援站分为单洞双线隧道、单洞双线隧道＋平行导坑、双洞单线隧道 3 种方案。

①单洞双线隧道紧急救援站定点停车。

当着火列车停靠在紧急救援站开展人员疏散时，为方便人员逃生疏散，可于紧急救援站范围内按一定间距设置疏散联络通道，与两侧平行导坑相接。人员下车后，通过紧急救援站疏散站台、疏散联络通道向相邻侧的平行导坑疏散待避（图 10-1）。

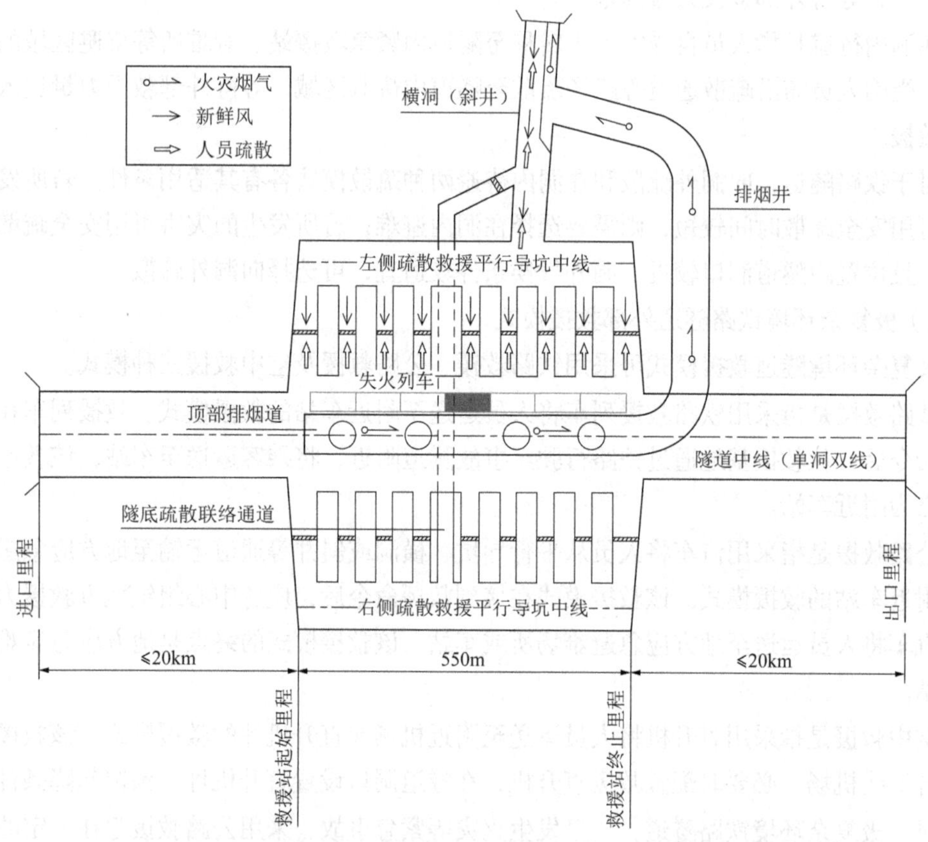

图 10-1　单洞双线隧道紧急救援站定点停车疏散方案平面示意图

由于单洞双线隧道紧急救援站仅一侧设置有横洞或斜井，其中一侧的平行导坑可与斜井或横洞相接，为便于向另一侧平行导坑内供风及实现互通功能需求，于隧道下方设置一处联络通道，实现两侧平行导坑之间或平行导坑与横洞或斜井的互联互通（图 10-2）。

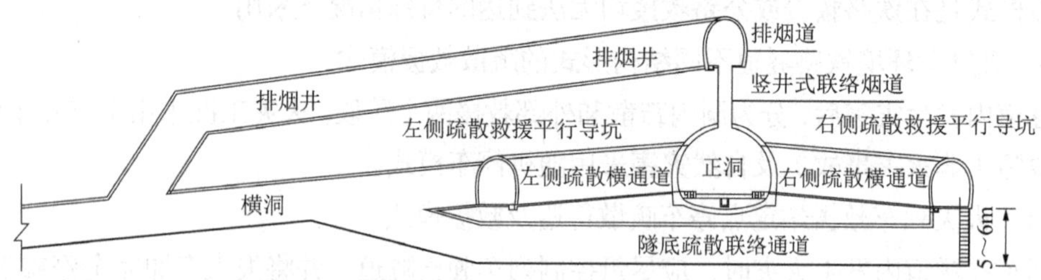

图 10-2　单洞双线隧道紧急救援站定点停车人员疏散后的待避方案示意图

若采用救援列车进入火灾隧道转运人员，则需利用正洞内的机械通风将火灾烟气控制在一侧。救援列车从供送新鲜风的洞口一侧进入隧道，并停靠在距火区一定距离处，人员需从救援站待避区步行一定距离到救援列车处上车，救援列车将人员运送至附近车站（图 10-3）。

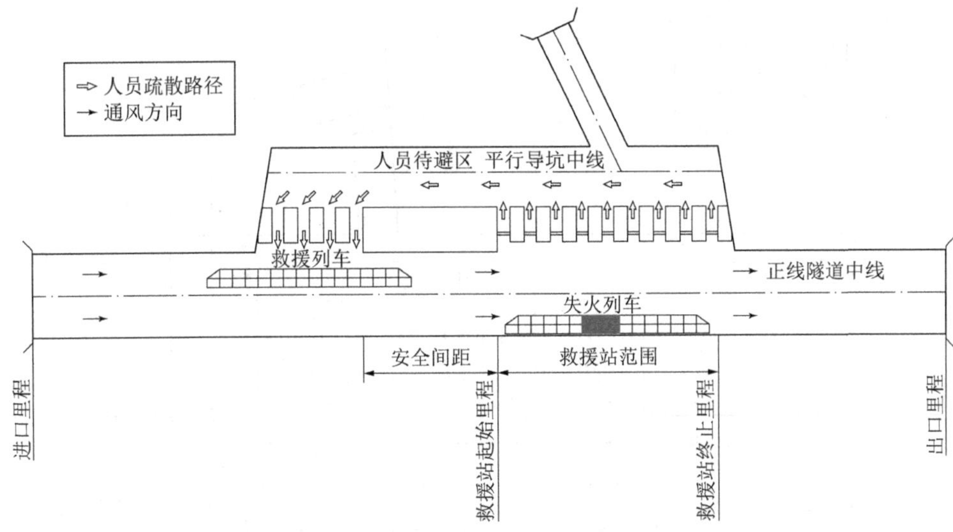

图 10-3 单洞双线隧道紧急救援站定点停车救援方案（救援列车）**示意图**

若采用公铁两用救援列车进入火灾隧道转运人员，公铁两用救援列车需从相邻车站出发，通过轨道模式沿铁路线运行至火灾事故隧道救援站附近，再转换为汽车运行模式，通过横通道进入平行导坑，将救援站附近的人员运送至相邻车站（图 10-4）。

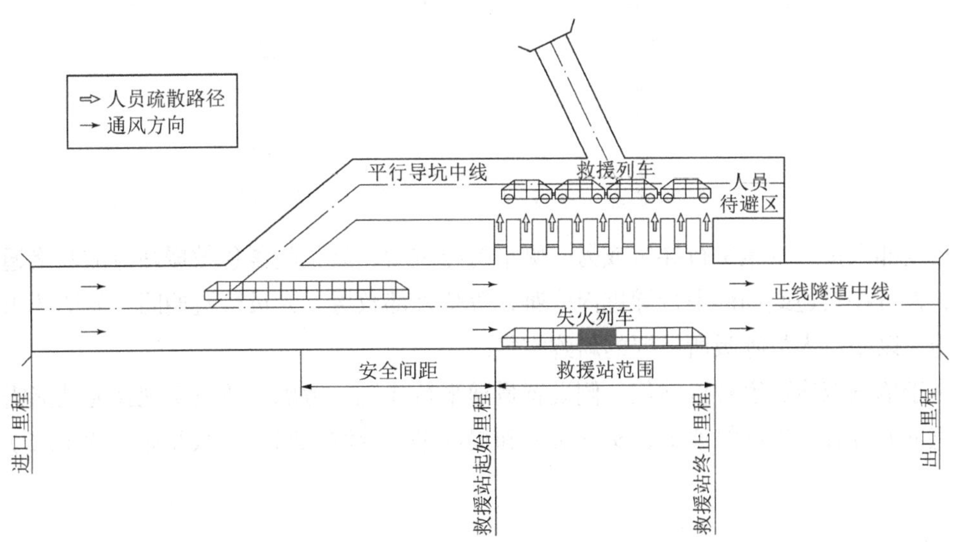

图 10-4 单洞双线隧道紧急救援站定点停车救援方案（公铁两用救援列车）**示意图**

②单洞双线隧道 + 平行导坑紧急救援站定点停车。

当着火列车停靠在紧急救援站开展人员疏散时，人员下车后，通过救援站疏散站台、疏散联络通道向相邻侧的贯通或局部平行导坑逃生疏散。为保证安全，需于平行导坑或疏散联络通道内设置防灾通风机械和防护门等，通过贯通或局部平行导坑对火灾隧道送风加压，防止火灾烟气蔓延至疏散联络通道内。此外，利用横洞或斜井作为救援站排烟井，于紧急救援站地段拱部设置排烟道与横洞或斜井相接，以实现紧急救援站半横向排烟（图 10-5）。

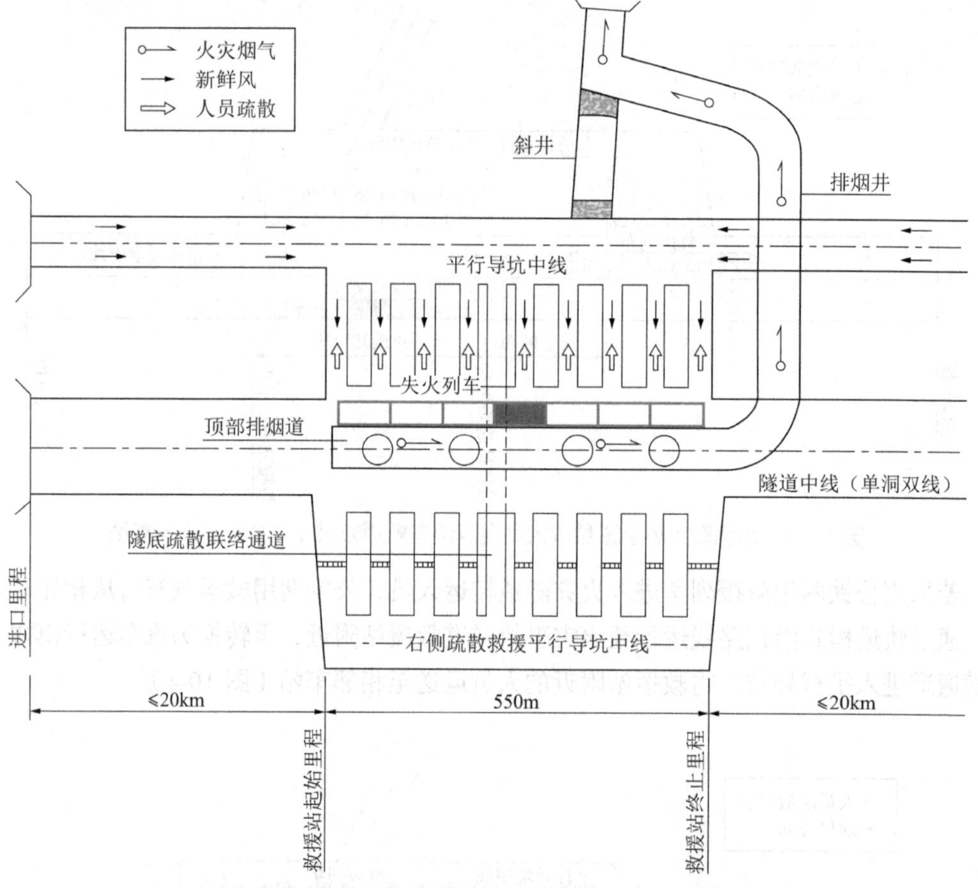

图 10-5　单洞双线隧道 + 平行导坑紧急救援站定点停车疏散方案示意图

当全部人员逃生至平行导坑或另一侧平行导坑后，需关闭紧急救援站疏散联络通道防护门，人员在贯通或局部平行导坑内待避，等待外部救援。人员待避期间，需继续采取通风措施，以提供人员呼吸所需要的新鲜空气。

由于单洞双线隧道救援站仅一侧设置贯通平行导坑，考虑供风及实现互通功能需求，于隧道下方设置一处联络通道，实现贯通和局部平行导坑之间的互联互通（图 10-6）。

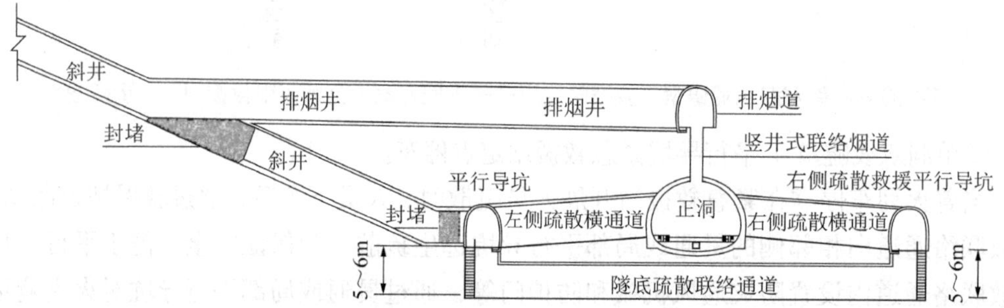

图 10-6　单洞双线隧道 + 平行导坑紧急救援站定点停车人员疏散后的待避方案示意图

与单洞双线隧道紧急救援站定点停车类似，单洞双线隧道 + 平行导坑紧急救援站定点停车也按救援列车或公铁两用救援列车两种方式进入火灾隧道转运人员，操作如下：

若采用救援列车直接进入火灾隧道转运人员，则需利用正洞内的机械通风将火灾烟气控制在一侧。救援列车从供送新鲜风的洞口一侧进入隧道，并停靠在距火灾区一定安全间距处，人员需从救援站待避区步行一定距离后至救援列车处上车，救援列车将人员运送至附近车站（图 10-7）。

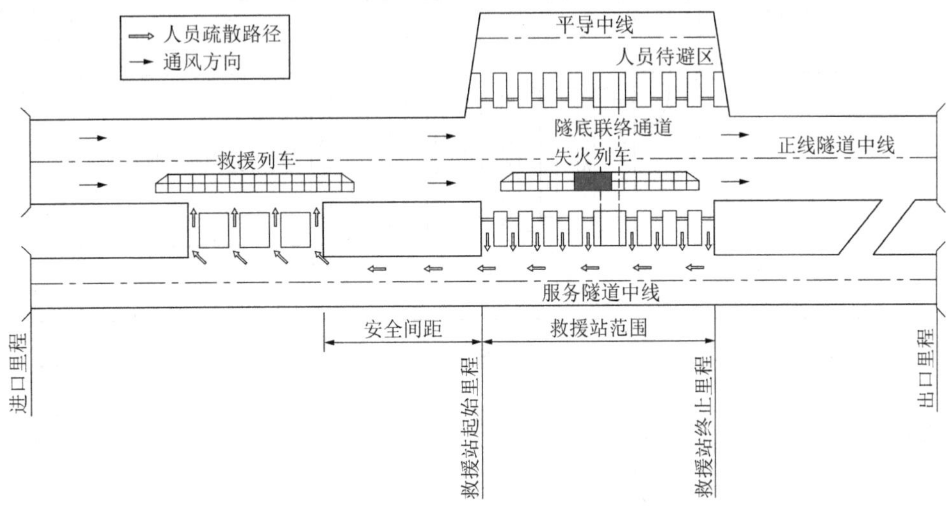

图 10-7　单洞双线隧道 + 平行导坑紧急救援站定点停车救援方案（救援列车）**示意图**

若采用公铁两用救援列车直接进入火灾隧道转运人员，则公铁两用救援列车从相邻车站出发，通过轨道模式沿铁路线运行至火灾事故隧道洞外或洞口附近，再转换为汽车运行模式，沿贯通平行导坑进入救援站附近，将人员运送至相邻车站（图 10-8）。

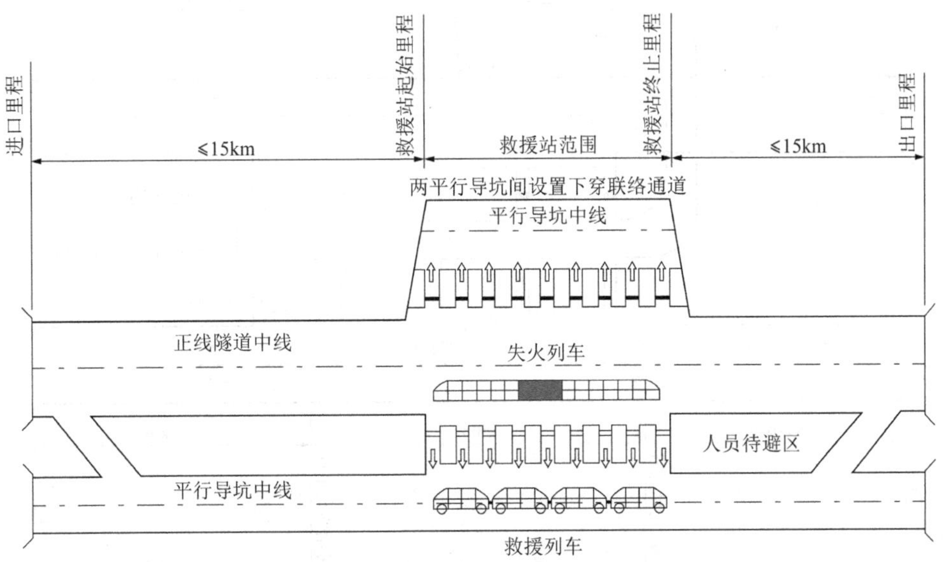

图 10-8　单洞双线隧道 + 平行导坑紧急救援站定点停车救援方案（公铁两用救援列车）**示意图**

③双洞单线隧道紧急救援站定点停车。

双洞单线隧道紧急救援站定点停车，可将紧急救援站结合横洞或斜井井位设置，充分利用分修的两线隧道互为疏散救援（图 10-9 和图 10-10）。

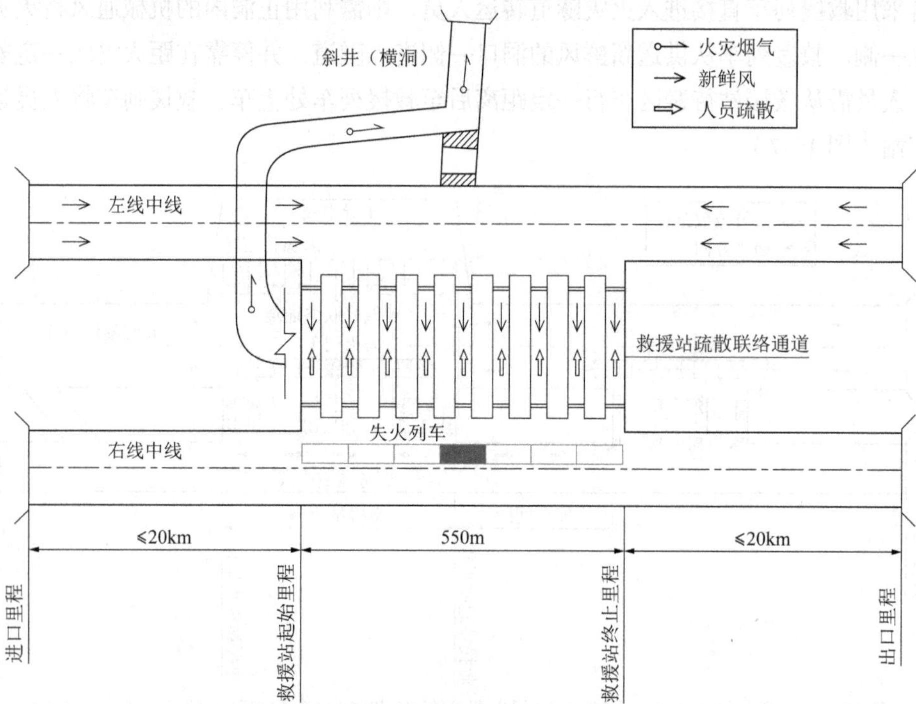

图 10-9 双洞单线隧道紧急救援站定点停车疏散方案 1 示意图

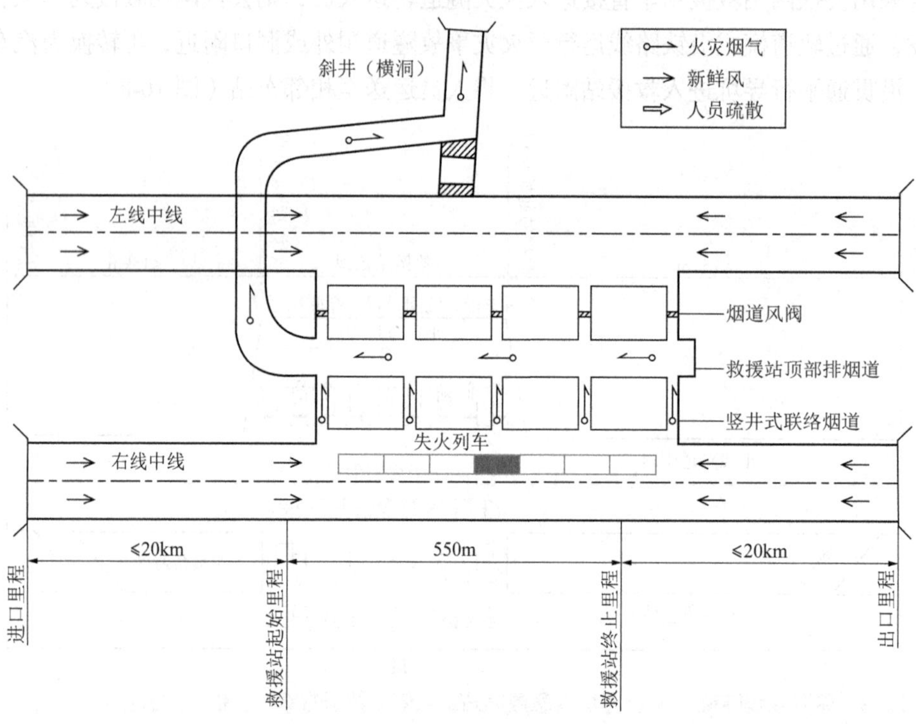

图 10-10 双洞单线隧道紧急救援站定点停车疏散方案 2 示意图

对于双洞单线隧道，采用铁路救援，救援列车通过安全隧道进入救援站，将人员疏散到附近车站（图 10-11）。

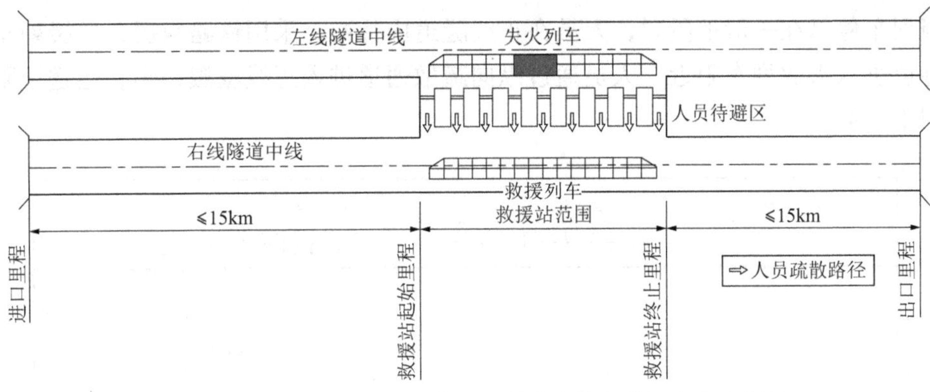

图 10-11　双洞单线隧道紧急救援站定点停车救援方案示意图

（2）非火灾事故随机停车疏散及救援模式

对于非火灾事故的故障列车或自然灾害（如地震、高位泥石流、崩塌）工况，在保证人员安全的前提条件下，当列车仍然具备人员待避条件时，人员在列车内待避，等待救援。当列车出现严重的脱轨、碰撞，列车不具备人员待避条件时，人员疏散到横洞（斜井）、横通道或平行导坑内待避。

①单洞双线隧道随机停车。

单洞双线隧道内随机停车可采取停在隧道一般地段和横洞（斜井）等辅助坑道附近两种方案（图 10-12 和图 10-13）。

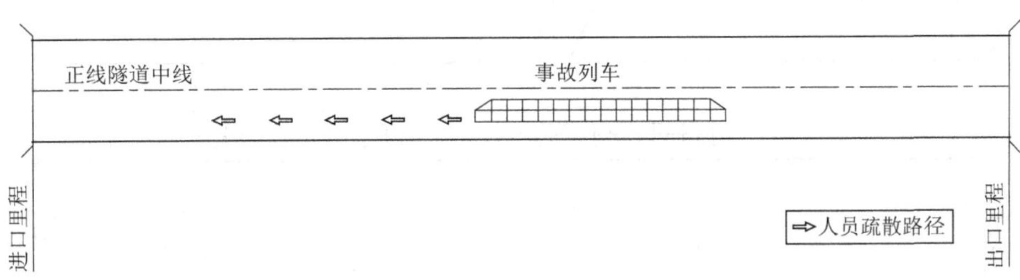

图 10-12　单洞双线隧道随机停车疏散方案（一般地段）**示意图**

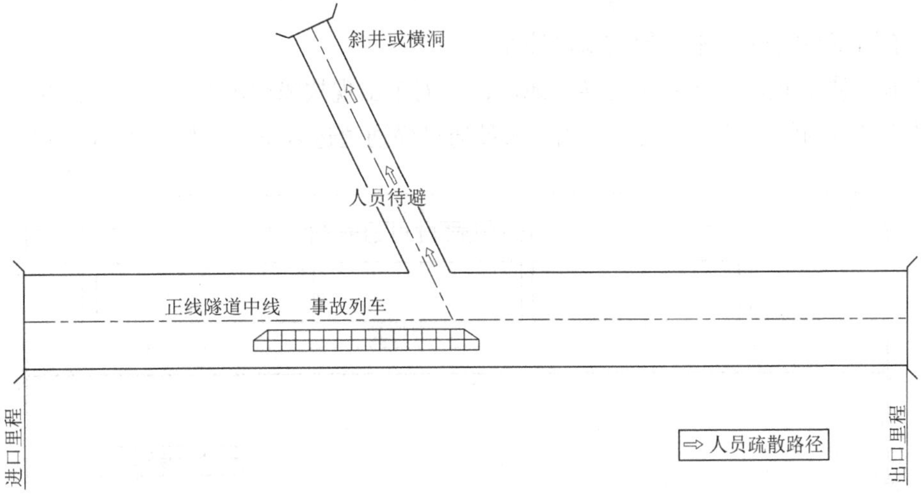

图 10-13　单洞双线隧道随机停车疏散方案（横洞或斜井附近）**示意图**

当列车停靠在一般地段时，人员在正线隧道内待避，采用铁路救援，救援列车通过正线隧道进入事故列车附近，人员通过纵向疏散通道进入正线救援列车，运送至附近车站（图 10-14）。

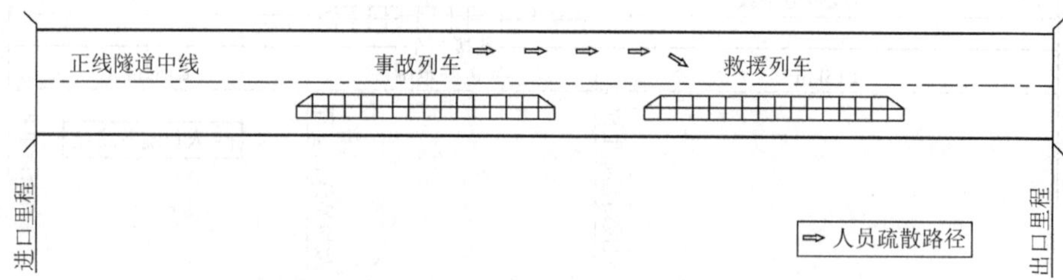

图 10-14　单洞双线隧道事故列车随机停车救援方案（一般地段）示意图

当列车停靠在横洞（斜井）等辅助坑道附近时，人员进入横洞（斜井）内待避。铁路救援列车通过正线隧道进入事故列车附近，人员通过纵向疏散通道进入正线救援列车，运送至附近车站（图 10-15）。

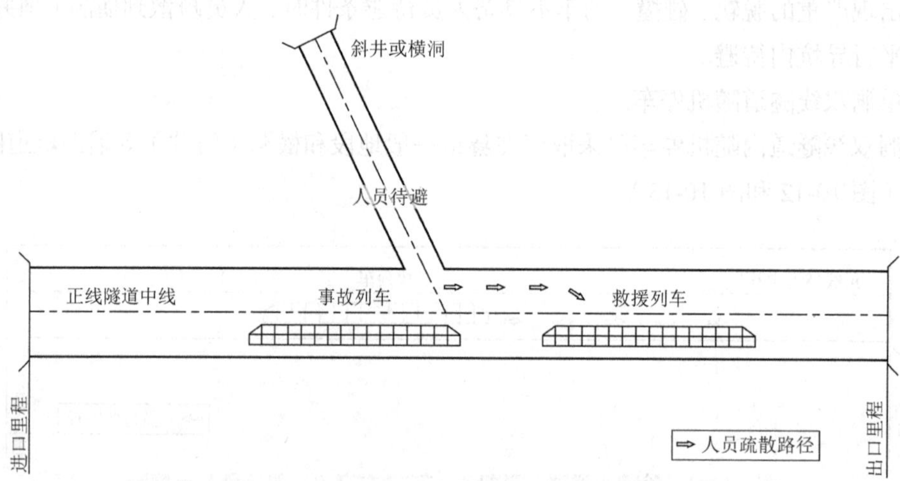

图 10-15　单洞双线隧道事故列车随机停车救援方案（横洞或斜井附近）示意图

②单洞双线隧道 + 平行导坑随机停车。

列车行驶在单洞双线 + 平行导坑地段，当列车出现故障或因自然灾害需随机停车时，开启平行导坑内的风机，向人员供风，人员通过横通道进入平行导坑（图 10-16）。

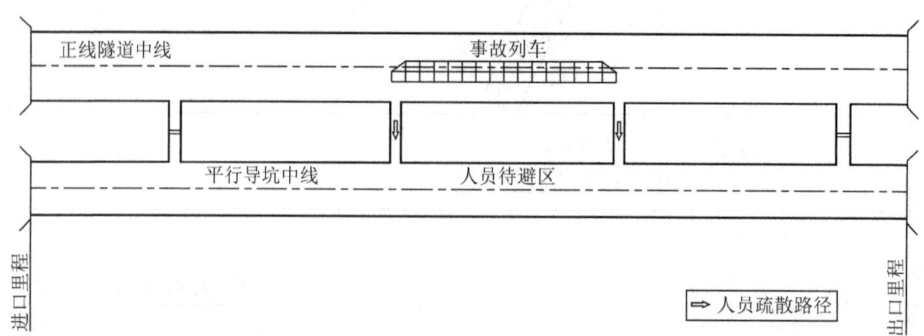

图 10-16　单洞双线隧道 + 平行导坑事故列车随机停车疏散方案示意图

对于单洞双线隧道＋平行导坑随机停车采用铁路救援。救援列车通过正线隧道进入事故列车附近，人员通过横通道从平行导坑进入正线救援列车，运送至附近车站（图 10-17）。

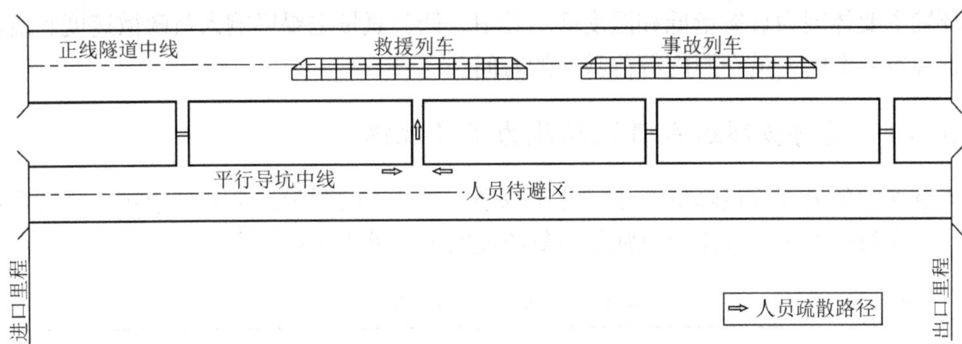

图 10-17　单洞双线隧道＋平行导坑事故列车随机停车救援方案（铁路救援）**示意图**

③双洞单线隧道随机停车。

列车行驶在双洞单线隧道地段，当列车出现故障或因自然灾害需随机停车时，可充分利用分修的两线隧道互为疏散救援通道。开启安全隧道内的风机，人员从事故隧道通过横通道进入安全隧道（图 10-18）。

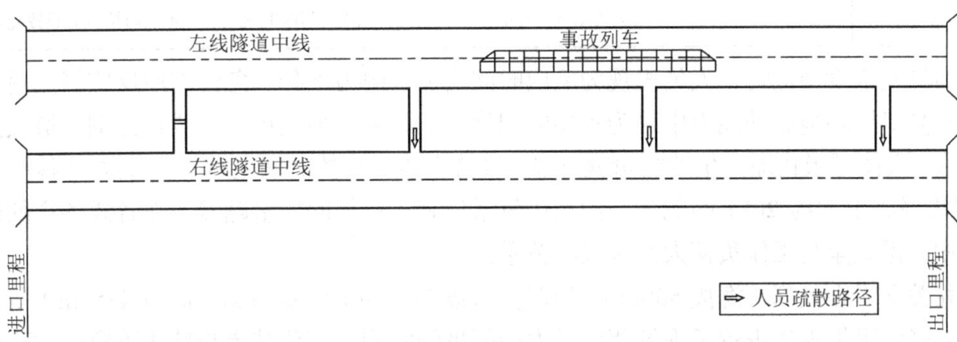

图 10-18　双洞单线隧道事故列车随机停车疏散方案示意图

当列车出现故障或因自然灾害需随机停车，且列车停靠在双洞单线隧道地段时，人员进入安全隧道内待避，采用铁路救援模式，救援列车通过安全隧道进入，将人员运送至附近车站（图 10-19）。

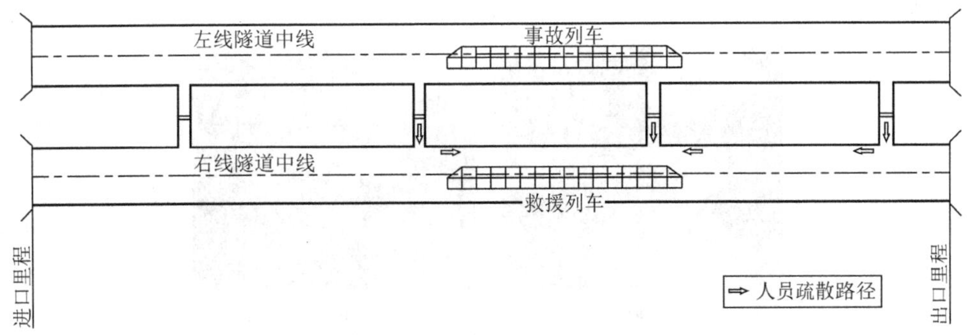

图 10-19　双洞单线隧道事故列车随机停车救援方案示意图

10.3 铁路隧道人员安全疏散时间

极复杂环境铁路隧道人员疏散同一般隧道工程的主要差别是高海拔环境，高海拔隧道洞内环境主要体现为含氧量低和温度低。其中，低含氧量主要影响人员疏散速度和疏散时间，低温主要影响人员在洞内等待救援的时间。

10.3.1 高海拔隧道人员运动能力下降规律

当空气中的氧气含量降低（或氧分压减小）时，人的呼吸也会受到影响，氧气含量降低越多呼吸将越困难，人体缺氧症状与氧浓度的关系见表 10-2。

急性缺氧症状与氧浓度的关系　　表 10-2

缺氧等级	相对体积（%）	主要症状
Ⅰ	≥17	无症状
Ⅱ	17～14	劳作呼吸频率上升，呼吸阻力大，心率升高
Ⅲ	14～10	呼吸及心跳增快，头昏耳鸣，判断能力减弱
Ⅳ	10～6	意识判断出现问题，失去劳动能力，长时间会有生命危险
Ⅴ	<6	失去知觉，呼吸停止，心脏仅能维持短时间跳动，如不及时抢救会导致死亡

当氧气浓度降低时，人员表现为反应时间增加、耐力下降、急性高原反应等。耐力是人员在高海拔环境运动能力中最为重要的因素，而耐力与最大摄氧量成正比例，最大摄氧量越大，人体呼吸代谢产生的能量就越多，维持人体活动的时间就越长。通常，消耗 1L 的 O_2 可以释放出大约 20kJ 的能量，而且摄氧量越高，释放的能量越多。在各式各样的肌肉活动中，摄氧量与工作负荷大致呈线性关系。

相关学者在成都（海拔 500m）、拉萨（海拔 3680m）以及错那（海拔 4350m）等地，对 58 名健康男青年进行了现场相对最大摄氧量的实测，实测结果与减压舱模拟试验较为吻合。在海拔 3680m 处，人员耐力度约为平原地区（海拔 500m）的 74.4%；在海拔 4350m 处，人员耐力度约为平原地区（海拔 500m）的 68.1%。

为得到高海拔隧道人员疏散能力下降系数，在巴朗山公路隧道、米林隧道及加查隧道等所处的高海拔地区进行了人员运动能力的现场试验（图 10-20），通过测试心率推算出最大摄氧量。

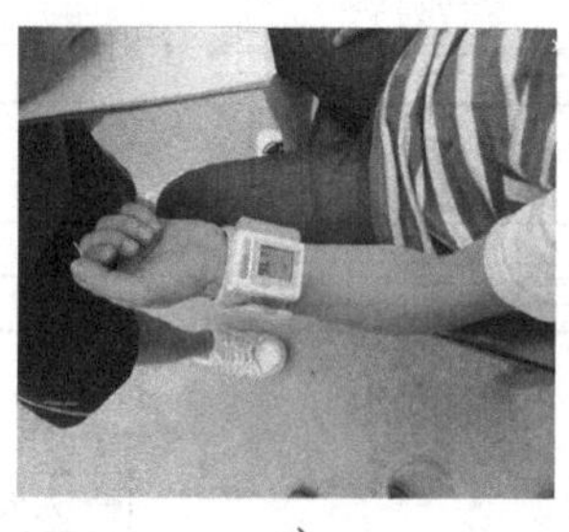

a)　　b)

图 10-20

c)

d)

图 10-20 现场测试情况

根据现场测试，得到了海拔高度与最大摄氧量V_{O_2max}间的关系，如图 10-21 所示。

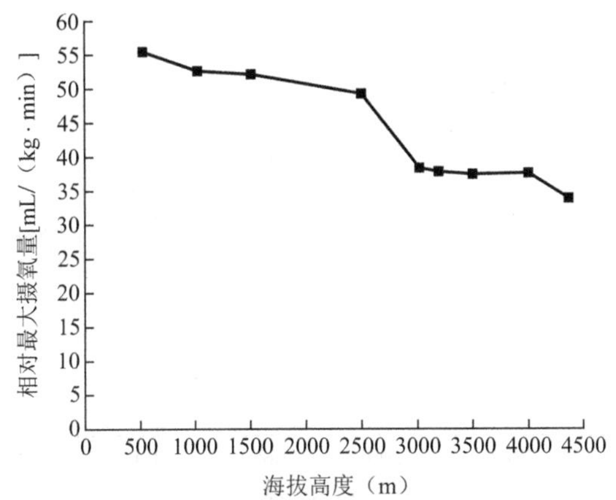

图 10-21 海拔高度与V_{O_2max}的关系图

海拔高度以及隧道坡度对人员运动能力的影响规律见表 10-3。

人员运动能力折减系数 表 10-3

海拔高度（m）	线路纵坡（‰）						
	0	5	10	15	20	25	30
0	1.000	0.994	0.988	0.983	0.977	0.971	0.965
500	0.950	0.944	0.939	0.933	0.928	0.922	0.917
1000	0.900	0.895	0.890	0.884	0.879	0.874	0.869
1500	0.840	0.835	0.830	0.825	0.821	0.816	0.811
2000	0.790	0.785	0.781	0.776	0.772	0.767	0.763
2500	0.740	0.736	0.731	0.727	0.723	0.719	0.714
3000	0.710	0.706	0.702	0.698	0.694	0.689	0.685
3500	0.680	0.676	0.672	0.668	0.664	0.660	0.656
4000	0.650	0.646	0.642	0.639	0.635	0.631	0.627
4500	0.630	0.626	0.623	0.619	0.615	0.612	0.608
5000	0.600	0.597	0.593	0.590	0.586	0.583	0.579

10.3.2 高海拔隧道内人员疏散救援时间

在铁路隧道内发生灾害时，受时间影响最显著的是火灾。高海拔地区受低氧和低压影响，隧道内的火灾烟气产生量、扩散长度、下沉速度和平原地区均有所差异。

1）海拔高度对烟气产生量的影响

随着海拔高度升高，气压降低，高海拔地区的火焰及热烟气温度降低，对周围环境的热辐射通量降低，产生烟气总量减少。通过计算得到不同海拔高度下纵断面烟气蔓延面积变化规律，如图 10-22 所示。

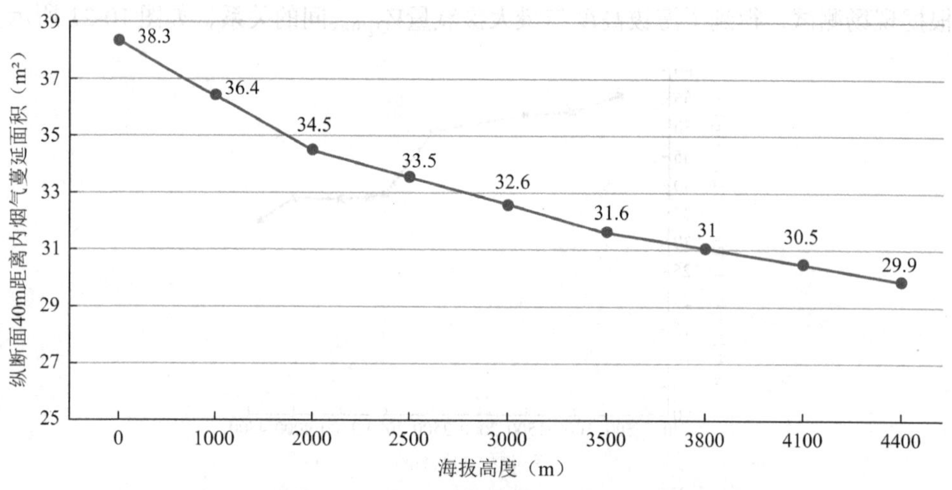

图 10-22 不同海拔高度纵断面烟气蔓延面积变化曲线

2）海拔高度对烟气扩散长度的影响

在仅考虑火灾烟气达到一维蔓延时，通过数值模计算得到火灾发生后 40s 时不同海拔高度下隧道内烟气纵向扩散长度，如图 10-23 所示。

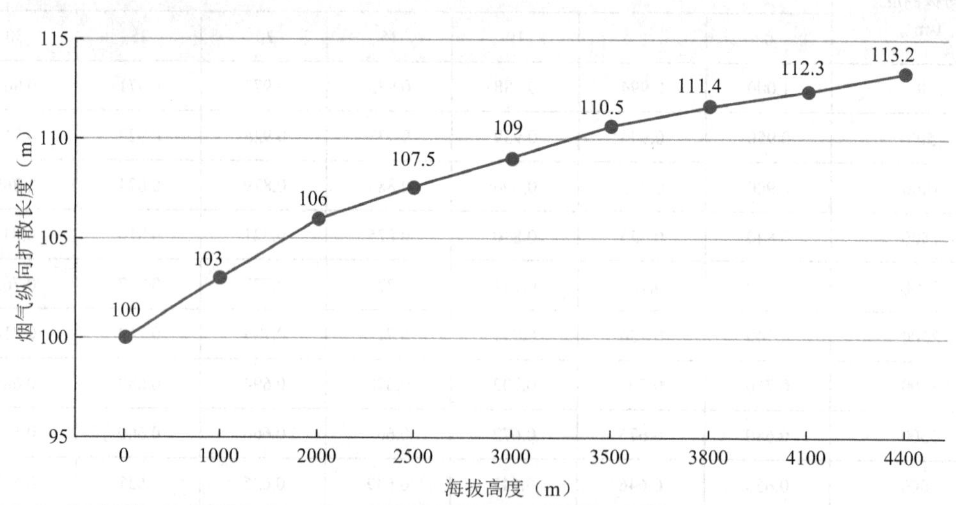

图 10-23 不同海拔高度下隧道内烟气纵向扩散长度变化曲线

通过以上分析可以看出，随着海拔高度升高，烟气扩散长度呈增大趋势。

3）海拔高度对烟气下沉速度的影响

当隧道内发生火灾时，烟气下沉将导致隧道内可见度降低，影响人员疏散。高海拔隧道空气密度小、含氧量低，火灾燃烧不充分，生成的炭黑、焦油类粒子和高沸点物质的浓缩液滴等物质更多，使烟气密度增大；为满足燃烧时所需的氧气，需要更多的空气补充。因此随海拔高度增加，下层空气向火源处补充的速度增大。通过数值计算，得到不同海拔高度隧道内烟气下沉速度的放大系数，见表 10-4。

烟气下沉速度放大系数　　表 10-4

海拔高度（m）	≤2500	2500～3000	3000～3500	3500～3800	3800～4100	4100～4400
烟气下沉速度放大系数（%）	1	1～1.33	1.33～1.67	1.67～1.89	1.89～2.22	2.22～2.56

10.3.3　高海拔隧道人员疏散必需的安全疏散时间

隧道发生火灾后，尽量在明线段实施疏散和救援。当隧道长度超过 20km 时，需实施洞内紧急救援站救援。

根据紧急救援站人员疏散特点，选取最不利工况：火源发生在车厢某一端，着火车厢内仅有一个车厢外门和内门供人员下车疏散；列车停止后，火源位置刚好正对一个横通道门，则此横通道门需关闭，此时，人员疏散距离相对最远，即一个横通道间距的距离。紧急救援站的人员疏散可以视为多个区间独立疏散考虑，每条横通道供邻近车厢的人员疏散，即一条横通道与其两侧各 1/2 个横通道间距范围内的站台区域划分为一个疏散分区。人员疏散模式如图 10-24 所示。

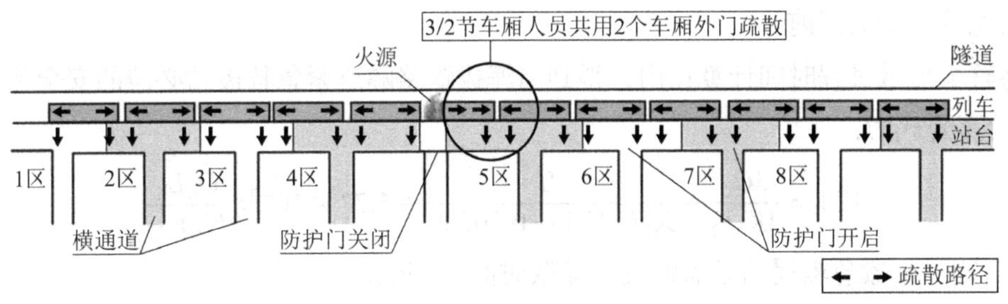

图 10-24　紧急救援站人员疏散模式

铁路列车发生火灾后，着火车厢内人员向相邻车厢疏散，火灾车厢全部人员和相邻车厢的一半人员共用 2 个车厢门疏散下车，因此人员下车时间t_1应按人数最多的车厢计算，其计算公式为：

$$t_1 = \frac{Q}{V_1} = \frac{3Q_c}{4K_1V_1} \tag{10-1}$$

式中：Q_c——列车车厢最多人数（人）；

V_1——人员下车速度（人/min）；

K_1——下车速度折减系数。

人员在站台上疏散的运动时间t_2的计算公式为：

$$t_2 = \frac{L}{V_2} = \frac{L}{f(D)} = \frac{L}{K_1 K_2 K(1-0.266D)} \tag{10-2}$$

式中：L——疏散人群中最后一人距离隧道安全出口的距离（m）；

V_2——站台人员疏散速度（m/min）；

D——人群密度（人/m²）；

K——疏散系数；

K_2——坡度修正系数；

其他符号意义同前。

在横通道口排队的等待时间t_3的计算公式为：

$$t_3 = \frac{P}{NB_3} = \frac{\eta Q_c}{K_1 N_d B_{d2}} \cdot \frac{3L_h}{2L_c} \tag{10-3}$$

式中：N_d——紧急救援站横通道防护门通行能力［人/(min · m)］；

B_{d2}——紧急救援站横通道防护门宽度（m）；

L_c——一列车车厢长度（m）；

L_h——横通道间距；

η——横通道口排队人数折减系数；

P——出口排队等待人数；

N——出口通过能力［人/(min · m)］；

B_3——隧道安全出口防护门宽度（m）。

其他符号意义同前。

将整个疏散过程时间计算在内，得到高海拔铁路隧道紧急救援站必需的安全疏散时间$[T]$，计算公式为：

$$[T] = \frac{3Q_c}{4K_1 V_1} + \frac{L}{K_1 K_2 K(1-0.266D)} + 5.77 \times 10^{-2} \eta \frac{Q_c L_h}{N_d B_{d2}} \tag{10-4}$$

式中：$[T]$——紧急救援站必需的安全疏散时间（min）；

其他符号意义同前。

10.4 隧道防灾疏散救援关键参数设计

疏散救援关键参数包括紧急救援站间距、紧急出口及避难所间距、横通道间距及救援相关标准等。

10.4.1 紧急救援站间距

隧道紧急救援站间距设置，应满足火灾时列车带火模式下的残余运行能力可到达紧急救援站，充分考虑列车发生火灾事故残余运行速度、残余运行时间等因素。

根据极复杂环境铁路工程特点，3000m 以上高海拔地段线路最大纵坡为 30‰，可适用的列车类型有 CRH2-300、CRH380AL、CR400AF 等。乘客列车在动力损失 1/4 情况下的均衡速度见表 10-5。

乘客列车在动力损失 1/4 情况下的均衡速度　　表 10-5

车型	坡度（‰）	动力损失	均衡速度（km/h）
CRH2-300	24	1/4	152.4
	30	1/4	114.9
CRH380AL	24	1/4	193.2
	30	1/4	163.1
CR400AF	24	1/4	171.2
	30	1/4	118.6

根据圣哥达隧道的火灾研究成果以及火灾蔓延规律，列车着火后可以运行 15～20min。

结合线路坡度情况分析，当最大线路纵坡为 30‰时，现有的 3 种乘客列车在火灾模式下动力丧失 1/4 的残余运行距离大于 20km。考虑到机车牵引能力将进一步提高，其残余运行能力也可得到保证，因此，极复杂环境铁路隧道紧急救援站间距按不大于 20km 设置。

10.4.2　紧急出口及避难所间距

根据人员运动能力随海拔高度的变化规律，在海拔高度低于 3000m 的地段，紧急出口及避难所设置间距等相关参数按现行行业标准《铁路隧道防灾疏散救援工程设计规范》（TB 10020）执行。

在海拔 3000～4400m 地段，人员运动能力下降，乘客难以通过横洞或斜井式紧急出口向洞外逃生。为便于人员在避难所安全待避，以及方便外部救援，可充分利用长大隧道施工期间的平行导坑，将平行导坑作为人员的避难场所，以满足人员的待避要求。

10.4.3　横通道间距

根据人员运动能力随海拔高度的变化规律，在海拔高度低于 3000m 的地段，横通道间距按现行行业标准《铁路隧道防灾疏散救援工程设计规范》（TB 10020）执行。

在海拔 3000～4400m 地段，横通道间距随海拔高度进行修正。本书给出了随机停车模式和定点停车模式下横通道设置间距的建议值，见表 10-6。

不同疏散救援模式下横通道设置间距建议值　　表 10-6

海拔高度（m）	横通道间距（m）	
	随机停车模式	定点停车模式
500	250	60
3000	200	60
3500	200	60
3800	150	60

10.4.4 救援相关标准

（1）救援时间

救援时间是指发生火灾等事故时从接到救援指令后，救援车辆到达事故发生地，将全部人员撤离的时间。而对于火灾定点停车，救援时间受到防护门耐火时间和人员耐受时间的影响，而对于列车故障及自然灾害随机停车，救援时间主要受人员耐受时间控制。

根据现行行业标准《铁路隧道防灾疏散救援工程设计规范》（TB 10020）中对防护门的要求：耐火性能满足甲级防火门要求。现行国家标准《防火门》（GB 12955）对甲级防火门的规定见表 10-7。

各型防护门耐火性能参数　　表 10-7

防火门类型	耐火完整性（h）	耐火隔热性（h）
甲级隔热防火门—A1.50	≥1.50	≥1.50
甲级隔热防火门—A2.00	≥2.00	≥2.00
甲级隔热防火门—A3.00	≥3.00	≥3.00

目前，铁路隧道防护门采用 A3.00 型防护门，因此防护门耐火时间可取 3.00h。

此外，人员在高寒缺氧的环境中，在极度紧张的条件下，身体机能较平原地区有大幅度下降，应尽快将人员疏散到安全区域。因此，救援时间应尽可能控制在 3h 之内。

（2）救援列车标准

经调研，铁路救援列车可采用以下两种方式：①结合车站布置，配备专用救援列车；②临时调用附近乘客列车，将发生事故附近的乘客列车就近拉至车站，让全部乘客下车后，调用该列车作为临时救援列车。二者比较，配备专用救援列车更为可行。

目前一般铁路热备机车运行速度在 100km/h 左右，国内已研发出消防火车——轨道交通应急综合保障车，运行速度可达 120km/h。

10.5 防灾通风及控（排）烟设计

高原地区铁路隧道火灾烟气产生量、蔓延长度和下沉速度均与平原地区存在较大差异，因此应在明确烟气蔓延规律的基础上进行防灾通风及控烟设计。

10.5.1 纵向通风临界风速

为防止火灾烟气对上游侧受阻车辆与人员的危害，同时为前来救援人员提供扑救火灾的安全通道，需建立纵向通风的临界风速。

利用 FDS 建立铁路隧道火灾模型，火灾规模取为 20MW；计算车型为 CRH380AL，16 辆编组，车头车厢长 26.5m，中间车厢长 25m，列车总长 403m，列车宽 3.38m，列车高 3.7m；隧道断面为 200km/h 客货共线铁路单线隧道标准断面；火源长度为 1/4 列车长度；火灾模型的隧道主体结构长度取为 700m。

采用控制变量法，得到坡度为 30‰条件下不同海拔高度的临界风速，见表 10-8。

临界风速随海拔高度变化规律　　表10-8

坡向海拔高度（m）	上坡方向临界风速（m/s）	下坡方向临界风速（m/s）
500	2.7	2.9
2000	2.9	3.0
3000	3.0	3.1
3650	3.0	3.2
4300	3.1	3.2

可以看出，上坡和下坡方向临界风速均会随海拔高度上升而有所增加。

同理，采用控制变量法，得到坡度对临界风速的影响，结果表明坡度对隧道临界风速的影响较小，因此在无特殊要求时可忽略坡度对临界风速的影响。

10.5.2　控（排）烟模式

为保证人员在无烟条件下进行疏散，需要在发生火灾的初期对烟气进行控制。表10-9所列为目前国内外特长双洞铁路隧道中紧急救援站通风排烟模式。

紧急救援站通风排烟模式　　表10-9

隧道名称	救援站			
	形式	横通道数量（座）	火灾时通风排烟方式	救援方式
日本青函海底隧道	外侧式＋服务通道	13	服务通道送排风	列车、客车
瑞士圣哥达隧道	外侧式＋服务通道	6	斜井送风＋排烟	列车、客车
瑞士勒岐山隧道	内侧式	6	斜井送风＋排烟	列车、客车
韩国 YoungDong 铁路隧道	内侧式	8	斜井送风＋排烟	—
奥地利 Koralm 隧道	内侧式	8	斜井送风隧道纵向排烟	列车、客车
西班牙瓜达拉马隧道	内侧式＋服务通道	11	服务通道送风	列车
中国乌鞘岭隧道	内侧式	5	—	—
中国太行山特长铁路隧道	内侧式	9	斜井送风＋竖井排烟	列车
中国关角隧道	—	11	半横向通风	列车、客车

从通风效果来说，全横向通风方式最好，但造价高，且后期运营维护费用高；纵向通风易造成火区风流紊乱，甚至可能加快火灾蔓延，不利于人员的疏散救援；而采用自然通风，由于隧道过长，通风效果微乎其微。因此，铁路隧道宜采用通风效果较好但成本相对较低的半横向排烟方式。

10.6　铁路隧道防灾疏散救援设备设施监控系统设计

为解决铁路隧道防灾疏散救援工程配套机电系统在实际工程中存在的问题，更好地服务于智能铁路建设总体布局，提出铁路隧道机电配套一体化工程解决方案，解决隧道配套机电从建设到运营中遇到的问题。

10.6.1 系统网络架构

针对既有防灾疏散救援设备监控系统或其余单独设备监控系统存在的问题，开发了新型监控系统，如图 10-25 所示。监控系统对铁路隧道防灾疏散救援机电设备设施实行一体化集中管控，采用二级架构，第一级为局中心监控主站、监控终端设备，第二级为隧道端监控设备。局中心监控主站应统一设置于铁路局集团公司中心机房或调度所应急指挥中心，实现一局一中心的管理模式。监控终端设置在行车调度所或应急指挥中心、工务段、维护工区或相关车站，实现对管辖范围内隧道防灾疏散救援的监控。隧道端监控设备设置于隧道内。

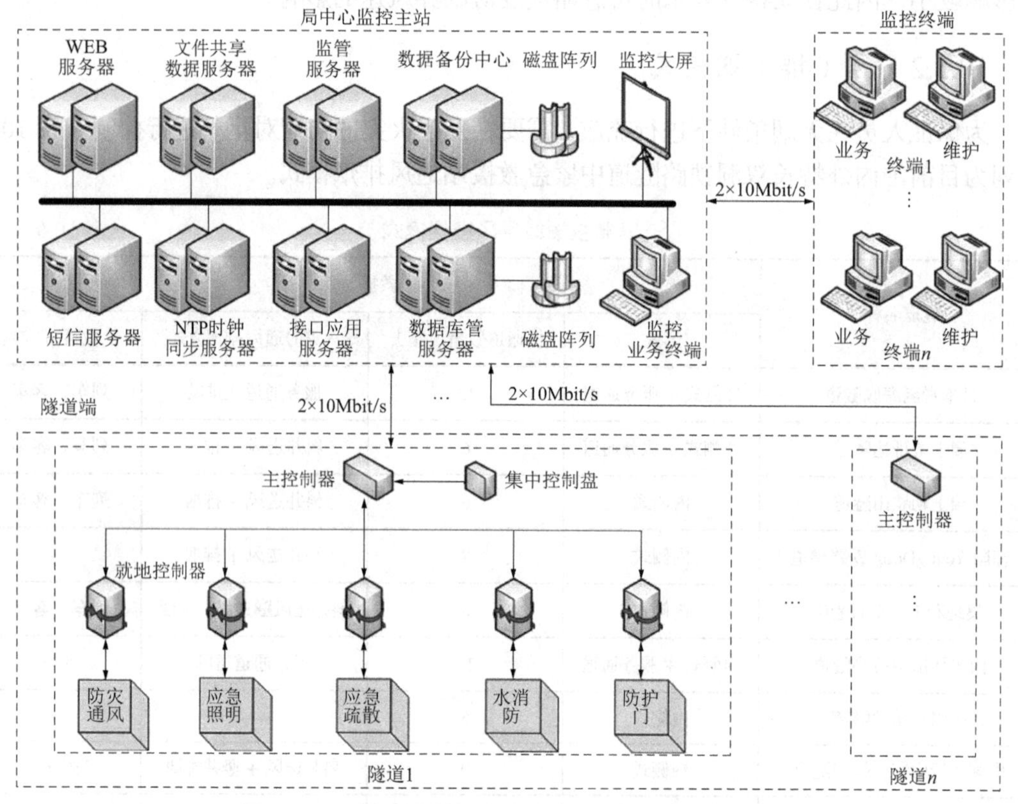

图 10-25 铁路隧道防灾疏散救援设备监控系统架构

智能化的风机振动传感器、消防泵压力与液位水感器、防护门限位传感器及应急照明等及电流电压数据采集模块保障了设备设施状态的实时采集和监控，有效避免了人员到场巡检等工作。

系统设计采用三层级监控网线，包括中心局域网、铁路专用通信通道和隧道端监控网络，如图 10-26 所示。监控网络应采用基于 TCP/IP 技术的体系结构，统一分配 IP 地址。中心局域网采用星形网，设置核心网络交换机、接入网络交换机，根据组网方案可设置路由器等设备，并冗余配置；铁路专用通信通道用于隧道现场主控制器与中心局域网的连接，隧道端主控制器与中心监控系统之间以及监控终端至中心监控系统之间应采用铁路专用通信网承载；隧道端监控网络采用自愈光纤环网，就地控制器接入隧道现场监控网络。此外，系统应通过采用身份认证、防病毒等安全技术，设置防病毒服务器、入侵检测设备以保障安全。

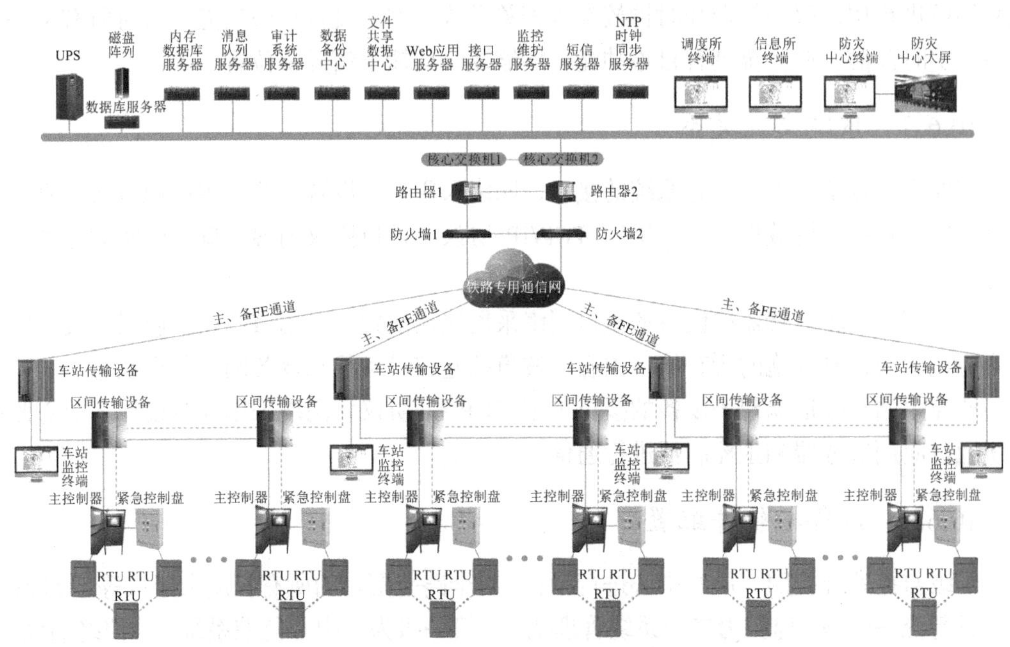

图 10-26　铁路隧道防灾疏散救援设备设施智能监控系统网络构成

10.6.2　系统组成及功能

局中心监控主站的硬件设备包括 WEB 服务器、接口应用服务器、数据库服务器、文件共享数据服务器、数据备份中心、磁盘阵列、监管服务器、短信服务器、NTP 时钟同步服务器及网络安全设备，硬件设备冗余配置，服务器热备。监控终端由监控业务终端和监控维护终端组成，采用复示终端的形式，实现管理、救援、维护等功能。终端设备包括主机、显示器、打印机、UPS 等设备。

隧道端主控制器由前置通信管理机、分布式冗余控制主机、工业触控显示屏、工业以太网交换机、UPS、机柜等组成。具备与中心监控系统的信息交互、隧道端现场监控设备的统一管理功能，宜设置于距离隧道口第一个综合洞室内，满足隧道现场工作环境要求，具有防腐蚀、防风压、抗老化、坚固耐用的特性。

隧道防灾救援监控系统软件由应急照明监控、应急疏散指示监控、防灾通风监控、水消防监测、机电设备综合管理及机电设备智能维护子系统软件组成。隧道防灾救援监控系统具备状态监控、远程控制、在线维护、设备管理、系统设置、网络设备自检以及与相关系统的接口等功能，可满足实时性、有效性、准确性、可靠性、可用性、可维护性以及安全性要求。

监控功能可对通风设备、照明设备、消防设施、防护门和疏散设施进行实时监控，对通风设备、照明设备和疏散设施进行远程控制；设备状态监测与远程控制功能，可监测现场各类机电设备、中心服务器、存储设备、网络设备、机电设备、安全数据交换设备等的工作状态；在线维护功能可实现按需对隧道内照明、通风、应急疏散、消防等设备完成巡检，并可实现在设备巡检过程中遇突发事件进行中断巡检和暂停巡检的操作；设备管理功能可对隧道现场机电设备、监控系统设备以及用户自定义添加台账设备进行管理；系统设置功能可进行用户权限管理和时钟校准等相关设置；网络设备自检功能，可对所有网络节点进行实时监测，使系统具有自检功能，能够及时反馈通信异常位置。

10.6.3 系统交互关系

监控主站预留与外部信息系统的接口，网络采用冗余设置。监控主站通过接口服务器与外部信息系统进行数据交互，采用 TCP/IP 协议。接口协议内容依据具体实际业务需要制定。

主控制器与隧道端监控设备的接口网络采用冗余设置，采用 TCP/IP 协议，接口协议内容应包含与机电设施的所有接口内容、隧道端监控设备状态及各网络节点状态。

监控主站与隧道端现场设备的接口采用 TCP/IP 协议，网络采用冗余设计。中心监控系统通过应用服务器和主控制器进行通信。

10.6.4 设备与软件配置

局级监控系统按照一局一中心进行设置，对全路范围内的所有长度大于或等于 5km 的隧道进行统一管理。监控为二级系统管理架构，第一级为局中心监控系统、监控终端设备，第二级为隧道端监控设备。局中心监控系统统一设置于铁路局集团公司中心机房或调度所应急指挥中心，实现一局一中心的管理模式。监控终端设置在行车调度所或应急指挥中心、工务段、维护工区或相关车站，实现对管辖范围内隧道防灾疏散救援的监控。隧道端监控设备设置于隧道内。系统信息采集量、频度分布与波峰波谷、服务器处理能力、内存需求和数据存储容量等，可按照需求根据配置能力计算方法先进行估算。

监控系统的硬件设备按全路范围内的系统监控进行配置，两台双热备接口应用服务器对单条铁路线隧道机电设备进行数据采集与控制。待局平台建设完成后，新建线路的监控系统只需对接口应用服务器进行建设，直接由接口应用服务器与隧道端主控制器进行通信，统一接口，完成新建线路在局平台的扩容。考虑到既有线路已建设完成，各线路设计模式不同，但一般都存在线路级监控系统，主要位于工区、段级管理单位，针对此类既有线路，局平台直接通过接口应用服务器与既有的监控系统进行通信集成。

同时，为了解决既往铁路隧道防灾疏散救援系统机电设施在建设管理期间分散施工造成的工程遗留问题，以及辅助设施质量问题较多、验收困难、运营期维护等突出问题，建议对新建铁路隧道防灾疏散救援设备系统进行统一技术标准下的一体化集成，涉及统一设计、统一接口标准、统一功能要求、统一工程建设标准、统一验收、统一培训、统一维护管理等。

10.6.5 安全方案

铁路隧道防灾疏散救援设备设施监控系统安全方案主要分为安全通信网络、安全区域边界和安全计算环境三个部分。其中，安全通信网络方案包括网络架构和通信传输，如图 10-27 所示。网络设备和网络通道均为冗余设置，通信网络和协议均具备加密保护。

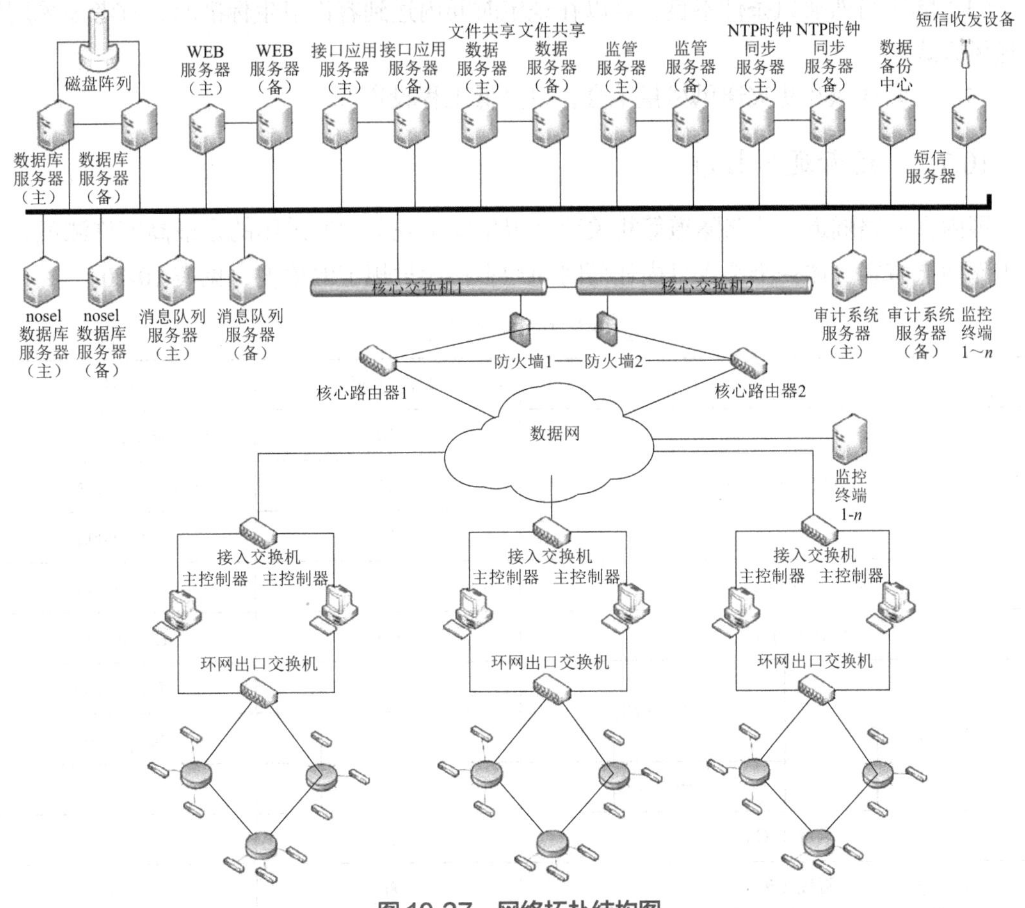

图 10-27　网络拓扑结构图

安全区域边界方案涵盖针对边界防护、访问控制、入侵防范、恶意代码防范、安全审计和可信验证等方案。安全计算环境包括针对身份的鉴别、访问控制、安全审计、入侵防范、恶意代码防范、可信验证、数据完整性、数据备份恢复和剩余信息保护等。

10.7　运营通风设计

10.7.1　运营通风设计原则

电力牵引机车隧道运营通风的主要目的是降温和除湿。行车密度是影响铁路隧道空气质量的首要因素，在自然通风情况下，隧道内新鲜空气置换速度与自然风和列车活塞风密切相关，隧道内空气置换速度和频率与隧道长度有关，较短的隧道能充分利用自然风和活塞风来实现空气置换。

（1）隧道运营通风方案，应根据牵引种类、列车类型、隧道长度、隧道平面与纵断面、道床类型、行车速度和密度、气象条件和两端洞口地形条件等因素综合考虑。

（2）隧道自然通风条件良好时，尽量采用自然通风方式，充分利用列车通过隧道时产生的活塞风和自然风或温度差、气压差等引起的空气流动，将隧道内的有害气体和热量排出隧道以外。

（3）隧道自然通风条件不良，难以在规定时间内达到容许卫生标准时，宜考虑采用机械通风方式。

（4）运营通风和防灾通风尽量结合，以降低工程投资。

10.7.2 运营通风标准

国内在铁路隧道、公路隧道等相关劳动卫生安全规范中所采用的是最高容许浓度，要求工作地点有害气体一个工作日内任何时间均不得超过规定的浓度，见表 10-10。

运营隧道空气卫生及温湿度环境标准　　表 10-10

指标		最高容许值	备注
一氧化碳（mg/m^3）		30	$H < 2000m$
		20	$2000m \leqslant H \leqslant 3000m$
		15	$H > 3000m$
氮氧化物（mg/m^3）		5	$H < 3000m$
臭氧（mg/m^3）		0.3	$H < 3000m$
粉尘（mg/m^3）	石英粉尘	8	$M_{SiO_2} < 10\%$
		2	$M_{SiO_2} > 10\%$
	动植物性粉尘	3	—
温度（℃）		28	—
湿度（%）		80	—

注：H为隧址平均海拔高度（m），M_{SiO_2}为游离二氧化硅（SiO_2）的粉尘浓度。

10.8 结语

随着我国经济社会的不断发展，防灾减灾工作重要性的不断提高，加之长大铁路隧道越来越多，铁路隧道防灾疏散救援设计愈发重要。虽然我国已建立较为完备的铁路隧道防灾救援体系，但是在土建工程与机电设备的协同性设计、防灾疏散救援综合管理平台建设、应急救援演练等方面还需要进一步加强，以切实提高我国铁路隧道防灾减灾水平。

第 11 章
隧道洞渣处置与环保设计

极复杂环境铁路工程沿线生态环境敏感点密集，环保要求高，地表滑坡、泥石流、岩堆、冰川等地质灾害遍布，且隧道工程占比高，洞渣总量大，线路行经区域经济据点少，地方处置消化弃渣需求量小，仅有少量弃渣可用于路基、站场填料或混凝土骨料，剩余巨量弃渣处置十分困难。为充分贯彻“绿色环保”的理念，通过优化设计，减少隧道弃渣及圬工量，实现“减量化”，加大洞渣利用率，实现“资源化”，以尽可能减小弃渣对环境的影响。此外在隧道内开展清污分流，加大污水处置力度，严格控制污水排水排放，降低施工废水对自然水体产生的影响。

本章重点介绍洞渣处置与利用、渣场环保绿化及生态恢复、隧道内污水施工清污分流、作业区环境保护等方面的设计内容。

11.1 隧道洞渣处置特点

极复杂环境铁路沿线区域地质条件复杂，铁路主要以隧道形式通过，导致产生大量隧道弃渣，其中仅少量出渣可用作路基、站场填料或混凝土骨料，剩余的大部分弃渣需运至弃渣场集中堆放。极复杂环境铁路隧道弃渣呈现出以下特点：

（1）隧道数量多且集中，隧道弃渣量巨大。如成兰铁路成都至黄胜关段总弃渣量约 2780 万 m^3；某在建高原铁路新建隧道 69 座，隧道正线长约 842km，辅助坑道长约 224km，全线隧道洞渣量约 1.54 亿 m^3，弃渣安置工程规模巨大。

（2）极复杂环境铁路沿线环境敏感区密集，野生动植物丰富且珍稀，滑坡、泥石流等表生地质灾害发育，环保及水保要求高。受生态保护红线、环保及水保敏感区、重要建（构）筑物、不良地质等制约，弃渣场选址异常困难，弃渣运距普遍较大。

（3）由于渣场选择受控因素较多，不可避免造成超大容量渣场、大高度堆渣，渣场勘察评价及设计工作量大、要求高。

（4）高海拔高原环境，生态脆弱敏感，临近江河、湖泊、水库管理区弃渣时，需对水资源进行保护。

11.2 隧道洞渣处置原则

极复杂环境铁路隧道工程洞渣处置遵循以下主要设计原则：

（1）线路研究阶段，进行环保选线，科学规划线路方案，尽量避免穿越自然保护区、水源保护区、风景名胜区、湿地公园、文物保护单位、水产种质资源保护区等环境敏感区，对无法绕避环境敏感区的线路方案，开展方案比选、环境影响论证，提供必要的技术支撑。并根据隧道工期、工法要求，尽可能优化辅助坑道设置，加大出渣源头减量及资源化利用，对弃渣进行无害化处置，采取严格的生态环境保护措施，调查沿线珍稀保护动植物分布情况，提出保护对策措施，努力将工程建设对沿线生态环境的影响降至最小。

（2）坚持资源化利用路线，根据沿线砂石骨料资源现状、弃渣岩性和工程建设利用需求，充分利用弃渣加工砂石骨料；充分布局铁路车站土地，利用弃渣进行综合造地开发，服务地方建设；结合沿线城乡、国土、旅游和交通等规划建设需求进行填筑造地，综合利用建材。

（3）隧道弃渣遵循"减量化、资源化、就近化、集约化、无害化"的原则进行处理。隧道弃渣应优先立足自身利用，就近用于路基、场站填方，满足混凝土骨料性能指标要求的，应加工利用，并结合沿线城乡、国土、旅游和交通等规划建设需求进行填筑造地，其余设专用渣场弃置。

（4）弃渣场选址应根据弃渣方量、弃渣场运距等情况，综合考虑渣场地形、地质、水文条件及其周边建筑物、交通线路、风景名胜等技术因素，同时也要考虑当地国土、环保、水保、河道管理等主管部门意见，与地方建设规划相结合。弃渣场选址应满足以下要求：

①遵循《中华人民共和国水土保持法》（以下简称《水保法》）第二十四条规定：生产建设项目选址、选线应当避让水土流失重点预防区和重点治理区；无法避让的，应当提高防治标准，优化施工工艺，减少地表扰动和植被损坏范围，有效控制可能造成的水土流失。

②遵循《水保法》第二十八条规定：依法应当编制水土保持方案的生产建设项目，其生产建设活动中排弃的砂、石、土、矸石、尾矿、废渣等应当综合利用；不能综合利用，确需废弃的，应当堆放在水土保持方案确定的专门存放地，并采取措施保证不产生新的危害。

③弃渣场选址应符合国家及地方环保及水保法律法规和环境、水保敏感区法定规划，优先绕避生态保护红线、自然保护区的核心区和缓冲区、风景名胜区的核心景区、世界文化和自然遗产地的核心区和缓冲区、饮用水水源地的一级保护区、森林公园的珍贵景物（重要景点）和核心景观区、地质公园的地质遗迹保护区、湿地公园的湿地保育区和恢复重建区、水产种质资源保护区的核心区、国家公园的严格保护区和生态保育区、水土流失重点

预防区和重点治理区、水功能一级区的保护区和保留区以及其他类型禁止开发建设的区域。

④弃渣场选址应遵循“少占压耕地，少损坏水土保持设施”的原则。山区、丘陵区弃渣场宜选择在工程地质和水文地质条件相对简单，地形相对平缓的沟谷、凹地、坡台地、滩地等；应充分利用取土（石、砂）场、废弃采坑、沉陷区等场地。

⑤严禁在公共设施、基础设施、工业企业、居民点等有重大影响的区域设置弃渣场。

⑥不宜在河道、湖泊管理范围内设置弃渣场，确需设置的，应符合河道管理和防洪行洪的要求，并采取措施保障行洪安全，进行行洪论证，减少由此可能产生的不利影响。

⑦弃渣场应避开滑坡体等不良地质条件地段，不宜在泥石流易发区设置弃渣场；确需设置的，应开展安全稳定评价，确保弃渣场稳定安全。

⑧弃渣场不宜设置在汇水面积和流量大、沟谷纵坡陡、出口不易拦截的沟道，确需在此类沟道弃渣的，应进行弃渣场选址论证，并采取安全有效的防护措施。

⑨弃渣场选址应确保挡渣墙基底高出50年一遇洪水位不小于0.5m，并采取相关措施确保挡墙基底防冲刷。

⑩弃渣场选址应保护和建设水系，石灰岩地区应避免破坏地下暗河等地下水系。

⑪风蚀区的弃渣场选址应避开风口区域。

⑫隧道弃渣场宜在隧道或辅助坑道洞口附近合理规划选址，减少弃渣运输费用及运输过程中的环境污染。

（5）隧道弃渣量巨大，且弃渣场选址困难时，弃渣场设计按照“安全可靠、经济合理”的原则进行。

（6）弃渣挡护工程形式应按照“就地取材、安全可靠、经济合理”的原则选取。优选采用混凝土拦渣坝，小型渣场可结合地形地质及周边环境适当采用挡渣墙、格宾石笼。

（7）临河型弃渣场基础应穿透软弱地层，采取必要的防冲刷措施。

（8）冻融侵蚀作用强烈的高原区拦挡工程基础应根据冻结线及地形、地质情况综合确定。

（9）环境敏感及脆弱区弃渣场应加强表土、原生植被的保护和利用，及时稳固边坡、防治水土流失，开展分级生态恢复，保障生态服务功能。

（10）表土保护、临时防护、截排水、植物防护、土地整治等水土保持措施施工，应与主体工程施工进度相协调，明确与主体单项工程施工相对应的进度安排。

11.3 隧道弃渣设计

11.3.1 设计流程

极复杂环境铁路隧道占比高，隧道出渣量大，弃渣场安全防护设计十分重要。弃渣场设计主要包括弃渣量的确定、弃渣场选址、弃渣场主体工程设计以及弃渣场附属工程设计，具体设计流程如图11-1所示。

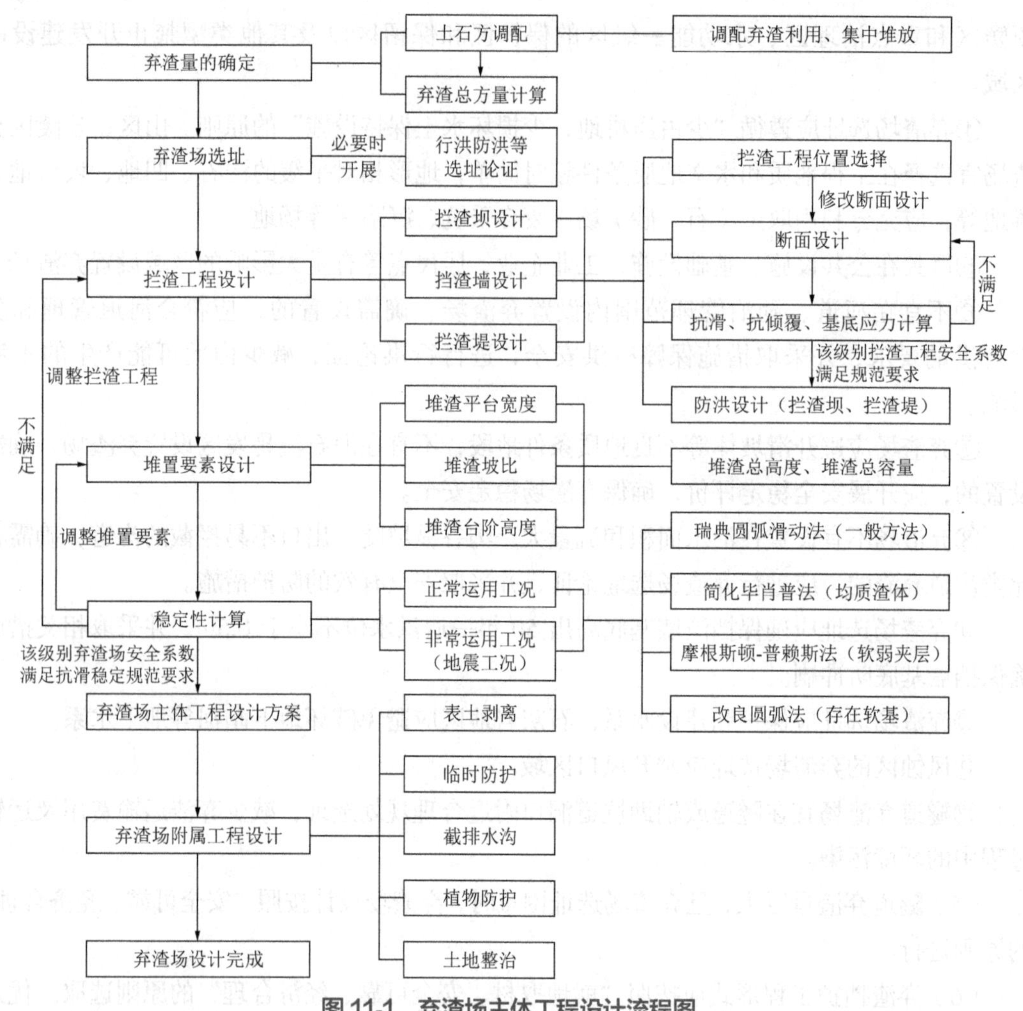

图 11-1　弃渣场主体工程设计流程图

11.3.2　弃渣利用

按照减量化原则，优化隧道工程设置及隧道断面，结合施工组织优化辅助坑道，并对隧道线位、隧道断面进行优化，尽量减少隧道弃渣量；坚持资源化利用路线，根据沿线砂石骨料资源现状、弃渣岩性和工程建设利用需求，优先考虑工程自身使用，做到"以隧养隧"，充分利用弃渣加工砂石骨料；结合沿线城乡、国土、旅游和交通等规划建设需求进行填筑造地，综合利用建材，充分布局铁路车站土地，利用弃渣进行综合造地开发，服务地方建设。隧道弃渣利用在加强总体规划基础上，从以下方面进行资源化利用：

（1）用于铁路工程本体，生产路基及站场填料、砂石骨料和道渣等建筑材料。利用隧道弃渣生产用于铁路工程本体的建筑材料，是弃渣利用最直接、最便捷、最有利的方式。根据不同段落弃渣规模、分布、岩性、运距、建设时序、施工组织安排等情况，结合生产路基及站场填料（包括铁路路基工程、施工道路路基工程、铁路防灾救援场地等）、机制砂石骨料、道渣等建筑材料不同技术参数要求，以及隧道弃渣加工生产场地规模、布局等，开展调配方案研究，制定利用数量、调配线路等铁路工程本体利用调配方案。

（2）用于地方工程，开展造地、道路加宽等地方基础设施建设。地方工程建筑材料标准一般比铁路工程低，弃渣用于地方工程的人工造地、市政配套广场填筑、道路扩宽、人居环境改善相关工程（如建筑工程、园林工程等）。重点研究沿线市、县、乡、村地方工程建设的近期规划，与地方对接后初步明确地方工程利用的工点、数量，制定调配方案。

（3）积极开展科研攻关，推广新技术、新材料，加大弃渣利用率；目前国内外针对高原生态脆弱条件下隧道弃渣利用与相关环保技术研究很少，尚未形成技术规范，也未对隧道弃渣对局部地区的生态环境破坏程度及其利用进行系统性研究；对弃渣综合利用研究不足，处置粗放，造成资源浪费。

11.3.3 主体工程设计

1）挡渣工程设计

（1）挡渣工程类型确定

挡渣工程主要分为挡渣坝、挡渣墙、挡渣堤及围渣堰。挡渣工程类型的选择应根据弃渣场类型对应确定。弃渣场按地形条件、与河流相对位置、洪水处理方式等可分为沟道型、临河型、坡地型、平地型、库区型五种类型，如图 11-2 所示。挡渣工程类型及弃渣场特征可按表 11-1 确定。

a) 沟道型弃渣场

b) 平地型弃渣场

c) 坡地型弃渣场

d) 临河型弃渣场

图 11-2 主要弃渣场类型

弃渣场及挡渣工程类型　　表 11-1

渣场类型	特征	挡渣工程
沟道型	弃渣堆放在沟道内，将沟道全部或部分填埋	挡渣坝或挡渣墙
临河型	弃渣堆放在河流或沟道两岸较低台地、阶地和河滩地上	挡渣堤

续上表

渣场类型	特征	挡渣工程
坡地型	弃渣沿山坡堆放，山坡坡度不大于25°且坡面稳定	挡渣墙
平地型	弃渣堆放在宽缓平地、河（沟）道两岸阶（平）地上	围渣堰或挡渣墙
库区型	弃渣堆放在主体工程水库内河道两岸阶地和河滩地上	挡渣堤或挡渣墙

（2）挡渣工程级别确定

依据《铁路建设项目弃渣场技术管理手册》中关于弃渣场级别的划分，挡渣工程级别根据弃渣场级别进行确定。弃渣场级别应根据堆渣量、堆渣最大高度以及弃渣场失事后对主体工程或环境造成的危害程度按表11-2确定，并符合以下要求：

①根据堆渣量、最大堆渣高度、渣场失事对主体工程或环境的危害程度确定的渣场级别不一致时，就高不就低。

②渣场失事对主体工程的危害指对主体工程施工和运行的影响程度，渣场失事对环境的危害指对城镇、乡村、工矿企业、交通等环境建筑物的影响程度。

③当挡渣工程高度不小于15m时，弃渣场等级为1级、2级时，挡渣墙级别可提高1级。

弃渣场级别及挡渣工程级别　　表11-2

弃渣场级别	堆渣量V（万m^3）	最大堆渣高度H（m）	渣场失事后对主体工程或环境造成的危害程度	挡渣工程	
				挡渣坝及挡渣堤	挡渣墙
1	1000～2000	150～200	严重	1	2
2	500～1000	100～150	较严重	2	3
3	100～500	60～100	不严重	3	4
4	50～100	20～60	较轻	4	5
5	≤50	≤20	无危害	5	5

2）弃渣场堆置要素设计

弃渣场平台宽度、堆渣坡度、台阶高度等堆置要素，可根据弃渣方量、弃渣物理力学性质、渣场工程地质条件，通过工程类比初步拟定，由弃渣场稳定性计算最终确定。

3）弃渣场稳定性计算

弃渣场稳定性计算方法可采用瑞典圆弧法；对于均质渣体，宜采用简化毕肖普法；对于有软弱夹层的弃渣场，宜采用摩根斯顿-普赖斯法；对于存在软基的弃渣场，宜采用改良圆弧法。

弃渣场稳定性计算应分为正常运用工况和非正常运用工况。弃渣场稳定性计算不能满足正常工况或非正常工况相应级别抗滑稳定安全系数时，应优先调整弃渣场堆置要素，必要时调整挡渣工程。

11.4　弃渣场环保绿化设计

弃渣场还应进行环保绿化设计，应用生态学、恢复生态学、景观生态学的原理和限制生态因子、生态位、群落演替、退化生态系统恢复等理论，对铁路受损区生态系统进行识别与分类，并以不同生态类型区工程扰动面为起点，合理确定生态恢复目标，拟定立地条件改良措施方案，充分应用乡土植被配置适宜的群落结构模式，利用生态系统的自然恢复能力，强化封育及人工调控措施，力求通过人工恢复与自然恢复措施相结合、及时恢复与快速恢复措施相衔接，严格施工管理和生态恢复成效监测评估，将铁路建设对生态环境造成的影响降至最低，使受损生态系统演替向着植被健康、功能完整、景观协调和可持续的方向发展，科学确立生态恢复技术方案，为工程设计、科研、工程示范指明方向，最终实现生态恢复的目标。坚持“顺应自然、差异分区、突出重点、综合治理”的恢复原则，主要包括表土剥离、截排水沟、临时防护、植物防护、土地整治等。

（1）弃渣前应将原地表土资源进行分层剥离，分区开展表土保护设计，实施表土保护，表土资源丰富地段遵循“按需剥离”原则、表土资源稀缺地段采取遵循“应剥尽剥”原则，集中保存，并采取防护措施，最终利用。根据施工扰动范围内土层结构、土地利用现状和施工方法，确定剥离范围和厚度。

（2）弃渣前还应在弃渣场上游傍山侧设截、排水沟，截水沟的边缘离弃渣场渣顶、坡顶的距离视土质而定，以不影响边坡稳定为原则，并设置消能、防冲措施。渣场上游洪水集中时，还应设置排洪沟、涵洞等排洪建筑物，在满足弃渣场泄洪要求的前提下，洞线宜选在沿线地质构造简单、岩体完整稳定、岩石坚硬、上覆岩层厚度大、水文地质条件有利及施工方便的地区。

（3）施工过程应注意临时防护，对于临时堆土、裸露地表采取临时拦挡、排水、沉沙、覆盖等临时防护措施。

（4）弃渣作业完成后，应及时进行土地整治，对弃渣场顶部及坡面宜采用植物护坡，也可采取工程与植物综合护坡措施，恢复其利用功能。覆土厚度应根据土源、恢复地自然条件、利用方向等因素确定。绿化后渣场如图 11-3 所示。

a) 弃渣前　b) 弃渣后

c) 植被恢复初期　d) 植被恢复后期

图 11-3　山区弃渣场环保绿化设计

11.5 隧道施工清污分流设计

隧道施工废水的主要来源是隧道施工期间排出的受污染的地下水，包括施工作业面（掌子面）和隧道衬砌后的盲管（包含横向盲管与纵向盲管）所收集的地下水，其余施工作业流程如钻孔和爆破、喷射和注浆等工序所产生的废水量较少。隧道施工废水根据隧道施工工法的不同，隧道内实现掌子面、初期支护段的施工废水与二次衬砌段的涌水（清水）的清污分质分流，即“清污分流”设计。根据隧道施工废水的水质、水温、是否含有特殊矿物质选择经济合理的处理工艺，处理达标后就近排放或回用，出水水质应满足相应排放标准或回用水水质要求。同时，隧道所处地层岩性复杂多样，隧道施工废水水质动态变化大，需对废水处理措施开展针对性研究。

隧道清水量和污水量依据涌水段的长度为基准，结合机械化快速施工的特点，钻爆法施工污水段长度按 150m 设计，TBM 施工污水段长度按 500m 设计。隧道清水量采用对应段落的正常涌水量来表示；在隧道进行“清污分流”后，其废水主要源于掌子面和初期支护段的涌水，污水量按照各工区最大涌水量来计算。

11.6 隧道作业区环境保护

隧道作业区环境保护应以预防为主、保护优先、因地制宜、安全可靠、技术可行、经济合理为原则。

（1）隧道施工应控制和减少对原地貌、地表植被、水系的扰动和损毁，保护原地表植被、表土及结皮层等，减少占用水土资源，提高利用效率。

（2）开挖、填筑、排弃的场地应采取拦挡、护坡、截（排）水等防治措施；施工过程中应有临时防护措施。

（3）施工开始时应先对表土进行剥离或保护，剥离的表土应集中堆放，并采取防护措施。

（4）施工组织设计应控制施工场地占地，避开植被相对良好的区域和基本农田区。应合理安排施工，防止重复开挖和多次倒运，减少裸露时间和范围。

（5）隧道施工中的污水均应经过处理，所有隧道工区设置施工废水沉淀池，严禁未经处理的污水随意排放，污染水源、水体。

（6）施工结束后，场地应及时进行土地整治，恢复其使用功能。土地整治措施内容主要包括场地清理、平整、覆土（含表土回覆）等。

（7）隧道作业区除建筑物、场地硬化、复耕占地外，适宜支护生长的区域均应布设植物措施。植物品种应优先选择乡土树（草）种。

（8）全线临时工程、施工营地排放污水点多面广；隧道施工、拌和站等场站产生废水量大，需要妥善处理工程建设产生的污废水。

第12章 隧道超前地质预报设计

隧道工程地质问题具有隐蔽、复杂和不可预见的特征。极复杂环境铁路工程地质极端复杂，隧道埋深大，部分地段洞顶人员和设备难至，勘察阶段难以全部查清隧道洞身准确的地质情况，断层、破碎带、岩溶等不良地质段施工安全风险极高，极易造成重大经济损失和人员伤亡，因此在隧道施工过程中开展超前地质预报工作十分重要。根据隧道工程地质特点有针对性地进行综合超前地质预报设计，对于隧道安全施工和避免重大灾害事故损失具有重要意义。

本章系统阐述了超前地质预报的作用及意义、综合超前地质预报方法等，提出了极复杂环境铁路钻爆法和 TBM 法施工隧道的超前地质预报设计方法和相关要求。

12.1 超前地质预报的作用和意义

成兰铁路、拉林铁路等极复杂环境铁路工程，位于地形起伏大、气候条件恶劣、内外动力地质作用强烈、地质灾害频发的青藏高原或其边缘区，是公认的铁路修建的“禁区”。复杂的地质演化过程导致铁路隧道规划和建设面临的工程地质问题前所未有，修建难度极大。

（1）做好隧道施工地质工作是隧道安全顺利建成的重要保证之一。对极复杂环境铁路工程，沿线地形起伏剧烈、生态环境敏感、基础设施薄弱、基础资料匮乏，给勘察工作带来了极大的挑战，虽采用了先进的“空、天、地”一体化勘察技术，但勘察方法本身具有一定的局限性，地质条件复杂段落仍存在很多无法查清的地质问题。因此，在施工阶段开展超前地质预报工作，对地质工作进行补充和修正十分必要。

（2）铁路隧道埋深大、洞线长，深部的地质问题特殊且无规律性，施工期间为准确查明地层界线、断裂位置、突（涌）水点等地质问题，需要通过超前地质预报的手段解决。

（3）隧道超前地质预报作为勘察的有效补充手段，是隧道工程地质勘察工作在施工阶段的延续。随着隧道掘进，在掌子面通过超前地质预报予以细化和补充，对提高铁路隧道地质勘察精细度具有重要意义。

（4）超前地质预报可以较为准确地揭示掌子面前方的地质情况，尤其是对勘察期间提出的地质风险进行较为准确的量化，对于防范隧道施工安全风险、避免重大地质灾害的发生，确保工程安全、顺利、按期建成具有重大意义。

（5）随着隧道开挖，通过掌子面开展超前地质预报可以对勘察期间的围岩级别进行及时修正，动态调整设计参数以及工程措施，在确保施工及运营的前提下，对隧道工程优化设计、合理控制工程投资具有重大意义。

综上所述，鉴于极复杂环境铁路隧道的地质条件以及现有勘察技术的局限性，采用综合超前地质预报技术来降低施工期间的安全风险是十分必要的，对提高铁路隧道施工地质的认识水平和灾害的风险控制具有重要的意义。

12.2 隧道综合超前地质预报方法

12.2.1 主要内容与常用方法

1）主要内容

隧道超前地质预报包括隧道所在地区地质分析与宏观地质预报、隧道洞身不良地质灾害超前预报和重大施工地质灾害临警预报，主要预报内容为：

（1）地层岩性预测预报，重点是对软弱夹层、破碎地层、煤层及特殊岩土的预测预报。

（2）地质构造预测预报，重点是对断层、节理密集带、褶皱轴等影响岩体完整性的构造发育情况的预测预报。

（3）不良地质预测预报，重点是对岩溶、人为坑道、瓦斯等发育情况的预测预报。

（4）地下水预测预报，重点是对岩溶管道水及富水断层、富水褶皱轴、富水地层中的裂隙水等发育情况的预测预报。

2）预报方法

针对上述探查目标，常用的隧道超前预报方法有地质调查法、超前钻探法、物探法、超前导坑预报法等。

（1）地质调查法

地质调查法主要包括隧道地表补充地质调查、洞内开挖工作面地质素描和洞身地质素描、地层分界线及构造线的地下和地表相关性分析、地质作图等。

地质调查法是隧道地质超前预报诸法中使用最早、最基本的方法，其他预报方法的解释应用都是在地质资料分析判断的基础上进行的。地质调查法根据已有勘察资料、地表补充地质调查资料和隧道内地质素描，通过地质层层序对比、地层分界线及构造线的地下和地表相关性分析、断层要素与隧道几何参数的相关性分析、邻近隧道内不良地质体的前兆分析等，利用常规地质理论、地质作图和趋势分析等，推测开挖工作面前方可能的地质情况。该方法在隧道埋深较小、构造不太复杂的情况下具有较高的准确性，但在大埋深及构造复杂的情况下，这种方法工作难度大，准确度较难保证。

（2）超前钻探法

超前钻探法主要包括超前地质钻探、加深炮孔探测及孔内摄影等。

超前水平钻探法是利用钻探设备钻孔或直接利用爆破孔，在隧道开挖工作面往前进行钻探，从而获取地质信息的一种超前地质预报方法。该方法可直接揭示隧道开挖面前方几十米至上百米的地层岩性、岩体结构和构造、地下水、岩溶洞穴充填物及其性质、岩体完整程度等资料，还可以通过岩芯试验获得岩石强度等定量指标，适用于已经基本认定的主要不良地质区段。对于未确定的不良地质区段，往往因为“一孔之见”的问题导致不良地质体的漏报漏探。

（3）物探法

物探法主要包括弹性波反射法（地震波反射、水平声波剖面法、负视速度法和极小偏移距高频反射连续剖面法）、电磁波法（地质雷达、瞬变电磁）、电法（高分辨率直流电法、激发极化法）等。

物探法是以目标地质体与周围介质的物性差异为基础，如电性、磁性、密度、波速、温度、放射性等，通过仪器观测自然或人工物理场的变化，确定地下地质体的空间展布范围，达到解决地质问题的一种物理勘探技术。该方法具有快速、全面、准确和经济等特点，是一种无损检测方法。

①地震波反射法。

国内外在弹性波反射法方面的技术有隧道地震预报（TSP）、真反射层析成像（TRT）、地震超前勘探（SAP）、隧道地震层析成像（TST）、水平声探测（HSP）、隧道地质预报（TGP）等，上述方法中有的采用爆破震源，有的采用人工锤击、液压冲击、TBM 掘进破岩震动震源，采用不同的震源类型对预报距离有影响，而且产生的频率主频成分也不尽相同，一般震源频率较低则预报分辨率也较低。综合考虑以上方法的技术特点、设备的耐用性、预报距离、分辨率、业内认可度等因素，钻爆法施工工况下隧道的弹性波反射法选用较为成熟的 TSP 法，TBM 机施工工况下隧道的弹性波反射法选用 SAP 和 HSP 法。

②电（磁）波法。

电（磁）波法方面的技术手段有地质雷达法（Ground Penetrating Radar，GPR），时域瞬变电磁法（Transient Electromagnetic Methods，TEM），隧道激发极化法（Tunnel Induced-polarization Prospecting，TIP），复频电导率法（Complex Frequency Conductivity，CFC）等，以及孔中雷达、孔中瞬变电磁和孔中激发极化法等。

③电法。

电法利用直流电场的分布特点和规律对掌子面及周边地下介质进行探测。隧道超前预报中常用方法包括激发极化法和高分辨率直流电法等。

（4）钻孔测试法

钻孔测试法结合超前水平钻孔和物探法，可使物探手段更接近勘探目标体，远离隧道干扰源，从而取得良好的探测效果。钻孔测试法包括跨孔 CT、孔中声波法及钻孔雷达法等。

（5）超前导坑预报法

超前导坑法分为平行超前导坑法和正洞超前导坑法。超前导坑主要在先行隧道中进行，以超前导坑中揭示的地质情况，通过地质理论和作图法预测正洞地质条件，在有条件的隧道段落采用。

12.2.2 隧道超前地质预报地质复杂程度分级标准

隧道地质复杂（危害）程度分级的目的在于以隧道地质复杂程度分级划分作为依据，确定施工地质预报探查的深度和广度，选择不同的探查方法、手段（及其组合），确定相关技术要求、工作量等，完成隧道施工超前地质预报设计，使隧道施工地质预报工作得以实现科学规划、可控管理。

根据隧道的工程地质、水文地质、对隧道施工影响及诱发环境问题的程度，按照《铁路隧道超前地质预报技术规程》（Q/CR 9217—2015）附录B对隧道地质复杂程度进行相应划分，见表12-1。

地质复杂（危害）程度分级　　表12-1

复杂程度及危害程度		复杂（A级）	较复杂（B级）	中等复杂（C级）	简单（D级）
地质复杂程度	岩溶发育程度	强烈发育，以大型暗河、廊道、较大规模溶洞、竖井和落水洞为主，地下洞穴系统基本形成	中等发育，沿断层、层面、不整合面等有显著溶蚀，中小型串珠状溶穴发育，地下洞穴系统未形成，有小型暗河或集中径流	弱发育，沿裂隙、层面溶蚀扩大为岩溶化裂隙或小型溶穴，裂隙连通性差，少见集中径流，常有裂隙水流	微弱发育，以裂隙状岩溶或溶孔为主，裂隙不连通，裂隙渗水性差
	涌水涌泥程度	特大型突涌水（涌水量>10000m³/h）、大型突涌水（涌水量100～1000m³/h），突泥，高水压	较大型突涌水（涌水量500～1000m³/h）、突泥	中型突涌水（涌水量100～100m³/h）、涌泥	小型突涌水（涌水量<100m³/h），突涌水可能性极小
	断层稳定程度	大型断层破碎带、自稳能力差、富水，可能引起大型失稳坍塌	中型断层带，软弱，中～弱富水，可能引起中型坍塌	中小型断层，弱富水，可能引起小型坍塌	中小型断层，无水，掉块
	地应力影响程度	极高应力（$R_c/\sigma_{max}<4$），开挖过程中硬质岩时有岩爆发生，有岩块弹出；软质岩岩芯常有饼化现象，岩体有剥落，位移极为显著	高应力（$R_c/\sigma_{max}=4$～7），开挖过程中硬质岩可能出现岩爆，岩体有剥落和掉块现象；软质岩岩芯有饼化现象，岩体位移显著	—	—
	瓦斯影响程度	瓦斯突出：瓦斯压力$P\geqslant 0.74$MPa，瓦斯放散初速度$\Delta P\geqslant 10$，煤的坚固性系数$f\leqslant 0.5$，煤的破坏类型为Ⅲ类及以上	高瓦斯：全工区的瓦斯涌出量≥0.5m³/min	低瓦斯：全工区瓦斯涌出量<0.5m³/min	无
地质因素对隧道施工影响程度		危及施工安全，可能造成重大安全事故	存在安全隐患	可能存在安全问题	局部可能存在安全问题
诱发环境问题的程度		可能造成重大环境灾害	施工、防治不当，可能诱发一般环境问题	特殊情况下可能出现一般环境问题	无

注：R_c为岩石单轴饱和抗压强度（MPa），σ_{max}为最大地应力值（MPa）。

设计阶段，依据勘察期间掌握的资料并结合上述地质复杂程度分级标准，按单位工程具体划分出隧道洞身各个段落的地质复杂程度分级结果。

12.2.3 隧道综合超前地质预报流程与体系

隧道综合超前地质预报的实施应遵循“地质先行、预案决策、依次进行、动态调整、揭露验证”的流程，如图 12-1 所示。

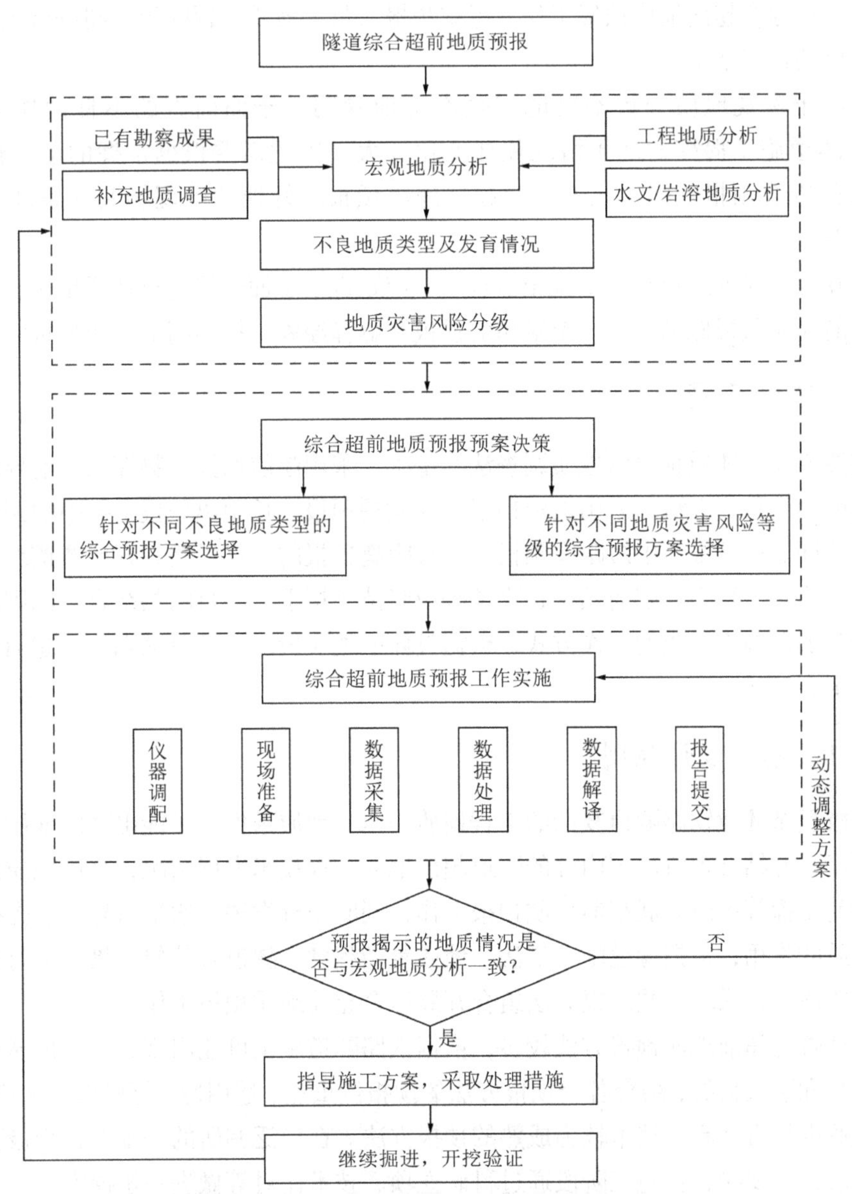

图 12-1 隧道综合超前地质预报流程图

隧道综合超前地质预报具体步骤如下：

（1）进行宏观地质分析与预报，通过已有地质资料分析、补充调查和地质分析等，推断隧道全洞段不良地质发育的范围、类型及严重程度，重点给出断层、岩溶等主要不良地质在隧道洞身可能赋存的段落，定量评价地质灾害发生风险，为综合预报方案的选择提供依据。

（2）针对某一掌子面前方的不良地质探测，根据宏观地质分析推断掌子面前方可能存在的不良地质类型及规模，结合表 12-1 的分级方案，选出该位置实施综合超前地质预报的可用方法，制定综合超前地质预报预案。

（3）按照综合超前地质预报预案，调配探测仪器和人员，安排合理的预报时间，按照预案依次进行综合超前地质预报工作，组织预报人员、地质工程师等共同进行预报结果解释，及时反馈预报结果。

（4）由于宏观地质分析不可能完全准确地判明掌子面前方的不良地质类型及规模，实际隧道施工揭露的地质情况往往变化较大，因此需要根据掌握的动态信息及时调整既定的综合预报预案，以使综合超前地质预报较好地适应现场实际条件，发挥最佳探测效果。

（5）在综合超前地质预报实施全过程中，应跟进掌子面开挖进行地质编录，验证和校核综合超前地质预报探测结果，丰富超前预报和解释经验，提高超前地质预报水平。

12.3 超前地质预报设计

铁路隧道超前地质预报以地质调查法为基础，采用超前钻探、物探及超前导坑相结合的综合超前地质预报方法，采用宏观预报指导微观预报、长距离预报指导中短距离预报、微观预报验证宏观预报、中短距离预报验证长距离预报的工作思路，开展隧道综合超前地质预报。在施工过程中，超前钻探、物探等应坚持预报手段和目的相结合的原则，采取渐进式、动态加深施工地质的工作方式，根据具体的地质情况，及时动态调整超前地质预报方法和技术。

12.3.1 总体设计原则

针对极复杂环境铁路隧道复杂的工程地质、水文地质条件，可能出现的地质灾害类型及危害程度，并结合现阶段国内外的隧道超前地质预报技术发展情况，采用地质调查、物探法及超前钻探等手段开展超前地质预报工作，同时充分发挥贯通平行导坑、先行隧道超前探明地质的作用，根据隧道施工工法、地质复杂程度、隧道合分修、贯通平行导坑设置及不同地质段落，采取不同预报方法组合开展综合超前地质预报工作。

国内外隧道超前地质预报方法较多，依据铁路隧道施工可能出现的不良地质灾害、隧道施工工法和预报目的，结合各个预报方法的预报侧重点、适用性、可操作性和应用效果，优先采用业内认可度高、技术较为成熟的预报方法。在广泛调研的基础上，积极引进新技术、新方法，必要时，在施工阶段通过科研立项、技术比对等做进一步探索。

12.3.2 预报方法选择原则

铁路隧道施工中会揭露不同类型的不良地质体，如断层及破碎带、岩溶含水构造、富水破碎岩体等，每种不良地质体的地质属性和地球物理响应有很大差异。针对不同类型的不良地质体探测所采用的超前地质预报方案不是一成不变的，而应根据其地质属性、地球物理响应和人们关注的重点，制定差异化、针对性的综合超前地质预报方案，实现多种超前地质预报方法的优化组合，从而为实际工程中综合超前预报工作的实施提供决策依据。

（1）不同地质条件下的物探预报方法选择

每一种超前预报方法都有其适用条件和优缺点，针对不同类型的不良地质情况，应选择哪些合适的超前地质预报方法，是需要首先回答的问题。基于对各种超前地质预报技术的深入分析和长期积累的经验，针对典型的不良地质体制定了针对性的综合超前地质预报方案，见表 12-2。

典型不良地质体的综合超前地质预报方案　　表 12-2

序号	不良地质体	预报内容	综合超前预报方案
1	断层及破碎带	预报断层的位置、宽度、产状、性质、充填物的状态，是否为充水断层	采用宏观预报法预测全洞段的断层及破碎带可能出露的位置及规模，在洞内主要采用地震波类方法进行远距离识别和定位，辅助采用电法或者电磁法（如瞬变电磁法、复频电导率法、地质雷达法等）进行中短距离预报；若发现可能导水，则增加激发极化法进一步实施三维探测和水量估算，必要时采用超前钻探及地质素描、经验分析等方法较准确地预测断层及破碎带的位置和规模
2	岩溶不良地质体	预报掌子面前方一定范围内有无岩溶不良地质体，查明其赋存范围、规模、性状，并判断是否充泥或含水	采用宏观预报法并结合岩溶地质调查分析，预测全洞段的岩溶发育位置、规模及特点，采用地震波类方法进行长距离识别和预报；利用电法或者电磁法（如瞬变电磁法、复频电导率法、地质雷达法等）进行中短距离探测，若存在含水的可能性，则采用激发极化法进行三维成像和水量估算，必要时采用超前钻探准确预测岩溶的位置及规模
3	突水突泥灾害源	预报掌子面前方一定范围内有无突（涌）水、突泥灾害源，查明其范围、规模、性质，预测突（涌）水量的大小	采用宏观地质分析法推断全洞段的突水、突泥灾害源（如岩溶含水体、富水破碎岩体、充水含泥断层等）的发育位置和规模，采用地震波类方法对可能含水的地质构造进行远距离识别和定位，采用瞬变电磁法或复频电导率法在中距离范围内判断其是否含水充泥并进一步定位；若确定为低阻体，则采用激发极化法在 30m 近距离范围内进行三维成像和水量估算，必要时采用超前钻探、钻孔电阻率 CT 对突水、突泥灾害源的位置、规模和形态进行精细探测
4	围岩类别及其稳定性	判断掌子面前方的围岩类别及其稳定性，提供修改设计、调整支护类型、确定二次衬砌时间的建议等	采用宏观预报法预测全洞段的围岩类别及桩号，采用地震波类方法进行长距离预报，获取地震波速分布和岩石力学参数，必要时综合采用超前钻探、洞内地质素描、岩石力学测试等方法准确判断围岩类别及范围；结合监控量测和力学计算分析来判断围岩的稳定性

注：针对岩爆、大变形、有害气体、高地温及放射性等段落，施工过程中应按国家、行业相关标准开展专项监测、检测。

（2）不同施工工况下的预报方法选择

钻爆法施工过程中，超前地质预报应采用较为成熟的预报方法，必要时适当采用新技术、新方法。TBM 施工过程中，由于施工环境和条件的限制，钻爆法施工中常用的预报方法难以高效开展。不同施工方法采用的预报手段见表 12-3。

不同施工方法采用的预报手段 表 12-3

施工方法	预报方法		
	地质调查法	物探法	超前钻探法（含加深炮孔）
钻爆法	贯通实施	弹性波反射法、电（磁）法（或根据实际需要选择激发极化法、孔内物探等新方法）	超前钻探法在复杂地质段落须贯通实施；地质情况一般段落应根据物探异常、需要超前钻孔验证时实施
TBM 法	贯通实施	弹性波反射法及激发极化法（或选用复频电导率法、孔中雷达等新方法），优先使用搭载式	可在撑靴处实施超前钻孔或采用 TBM 自带设备超前钻孔

12.3.3 预报方法设计原则

1）地质调查法

正洞及辅助坑道、平行导坑贯通实施。地质素描应随隧道开挖及时进行，对地层岩性变化点、构造发育部位、岩浆岩蚀变带、岩溶发育带附近等复杂、重点地段每开挖循环应进行一次地质素描，其他一般地段应不超过 10m 进行一次地质素描。

瓦斯区段地质素描实施间距不宜大于 5m，高瓦斯、煤与瓦斯突出工区过煤层段每开挖循环应进行一次地质素描。非煤系有害气体高、极高度危险区域（段落）每开挖循环应进行一次地质素描。

2）物探法

物探法设计原则及要求见表 12-4。

物探法设计原则及要求 表 12-4

预报方法		设计原则及要求
弹性波反射法		正线及辅助坑道为单洞时贯通实施；分修时先行洞贯通实施，后行洞结合先行洞施工、物探、钻探等揭示或判识的异常情况选择实施。每次预报长度宜控制在 120m 以内，前后两次搭接长度不小于 10m
电磁法或电法	地质雷达法	主要在岩溶、构造、侵入岩蚀变带、采空区及物探V类异常段实施，属短距离预报方法。地质雷达法每次预报长度宜控制在 30m 以内，在连续实施段前后两次搭接长度不小于 5m
	瞬变电磁法	主要用于地层中存在的地下水体探测，属中长距离预报方法。瞬变电磁法每次预报长度宜控制在 100m 以内，前后两次预报搭接长度不应小于 10～20m（视盲区范围确定）
	激发极化法	主要用于地层中存在的地下水体探测，属短距离预报方法。激发极化法每次预报长度宜控制在 30m 以内，前后两次预报搭接长度不小于 5m
	复频电导率法	主要用于地层中存在的地下水体探测，属中长距离预报方法。复频电导率法（CFC）每次预报长度宜控制在 100m 以内，前后两次预报搭接长度不应小于 10m
	孔中雷达	视钻孔深度而定，预报距离不受限制，但前后两次搭接时的长度应不小于 5m

3）超前钻探法

（1）超前地质钻孔

①短距离钻孔（30m 以内）。连续钻探时前后两次预报搭接长度不应小于 5m。

②中长距离钻孔（30～100m）。连续钻探时前后两次预报搭接长度为 5～10m；富水岩溶发育区洞周超前钻探应终孔于隧道开挖轮廓线以外 5～8m；活动断裂带超前地质钻孔应

取芯，首次揭示断层带钻孔孔深不宜小于 80m(超前地质钻孔宜距预测断裂位置不小于 50m 开始实施，揭示断裂带不小于 10m，满足活动断裂带两端 30m 提前施作衬砌要求)，连续钻探时前后两次预报搭接长度不小于 10m。

③长距离钻孔（100～300m）。根据国内外施工现状，由于长距离钻孔占用施工时间较长，工效低，超前地质预报中很少采用水平钻探长度过 100m 的长距离钻孔，但是鉴于复杂的地质条件，为查明岩溶、活动断裂或其他复杂地质条件，在局部地段采用，需要开展专项设计。

④超长距离超前钻孔预报技术（300m 以上）。鉴于复杂的地质条件，可以考虑另辟施工洞室开展超长距离水平钻探工作，一方面可进行连续预报，另一方面也有利于保持长距离钻孔预报的技术更新。在局部地段采用该技术时，需要开展专项设计。

不同地段、不同目的的钻孔应采用不同的钻孔深度。钻探过程中应进行动态控制和管理，根据钻孔情况适时调整钻孔参数，以达到预测目的为原则。超前钻探法适用条件及选取原则见表 12-5，并满足以下要求：

①当适应条件有重合段落时，按最不利条件考虑。

②对隧道穿越的可溶岩地层及采空区，在隧道开挖后，应由建设单位另行委托开展洞周隐伏岩溶区或采空区探测工作，并根据探测结果采取合理可行的处理措施。

③瓦斯工区钻孔作业必须采用水循环钻或湿式钻孔，当对煤层超前探测时，正式探测孔应取完整的岩（煤）芯，进入煤层后宜用干钻取样。

④超前取芯钻孔一般在特殊地层、特殊目的地段、需要精确判定地层岩性的情况下使用，如煤层取芯及试验、溶洞及断层破碎带物质成分的鉴定、岩土强度试验取芯等。

超前地质钻探适用条件及选取原则　　表 12-5

序号	适应条件	钻探类型	主要手段	备注
1	一般地段	ZZT1	根据物探预报结果、需要采用超前钻探验证物探异常时实施超前钻孔（1 孔）	超前钻探长度控制在一般地段长度 10% 以内
2	非可溶岩断层、褶皱带、侵入岩蚀变带	ZZT2	先施作超前钻孔 1 孔，若需进一步确定其产状，再施作超前钻孔 2 孔。若遇构造高压富水，则按 ZZT6 执行	当有平行导坑时，先行隧道采用 ZZT2，后行隧道采用 ZZT1
3	可溶岩一般地段、断层、褶皱带、可溶岩与非可溶岩接触带及物探 V 类异常地段；微、低瓦斯煤系地层及非煤系有害气体低、中度危险区域（段落）	ZZT3	超前钻孔 1 孔贯通施作；若遇富水岩溶地段，则按 ZZT6 执行；若遇高瓦斯或瓦斯突出地层，按 ZZT7 执行；若遇非煤系有害气体高、极高度危险段落，按 ZZT8 执行	当有平行导坑时，先行及后行隧道均采用 ZZT3
4	强烈、极强烈软岩大变形段；活动断裂带	ZZT4	超前取芯钻孔 1 孔	视需要开展洞内地应力实测；钻孔视需要满足相关参数测试要求。活动断裂带钻孔深度不小于 80m
5	活动断裂带	ZZT5	先施作超前取芯钻孔 1 孔，若需进一步确定其产状，再施作超前钻孔 2 孔	—

续上表

序号	适应条件	钻探类型	主要手段	备注
6	高压富水地段（可溶岩与非可溶岩接触带、大型构造破碎带、大型溶洞、岩溶洼地、岩溶管道等岩溶强烈发育段以及物探法显示极破碎岩体并富水的岩溶地段）	ZZT6	超前钻孔3～5孔，钻孔均需设置关水阀门，1孔设置测压装置，3孔作为定位孔。断层破碎带时1孔取芯	钻孔孔数以满足安全施工和不良地质处理所需资料为原则
7	高瓦斯或瓦斯突出煤系地层	ZZT7	在距离预测或初探煤层15～20m（垂距）处设置不少于3个超前钻孔（钻孔均需取芯），确定煤层位置。当进行相关参数测试及揭煤时，应由有相关资质的单位承担	具体测试项目按铁路现行瓦斯隧道相关规程、规范办理
8	非煤系有害气体高、极高度危险区域（段落）	ZZT8	超前钻孔单洞单线不少于3孔，单洞双线不少于5孔。当进行有害气体相关参数测试时，应由有相关资质的单位承担	具体测试项目按国家现行相关规程、规范办理

（2）加深炮孔

钻爆法施工时，断层破碎带、可溶岩段、有害气体段、蚀变带和物探异常段等复杂段落应采用加深炮孔探测，加深炮孔选择及组合模式见表12-6，并满足下列要求：

①探测孔应较爆破孔（或循环进尺）加深3m以上。

加深炮孔选择及组合模式　　表12-6

适用条件	一般地段	非煤系有害气体低、中度危险段落	非煤系有害气体高、极高度危险段落	微、低瓦斯区段	高瓦斯、瓦斯突出区段	构造发育及侵入岩蚀变带地段；富水地段；可溶岩与非可溶岩接触带
非可溶岩段落						
辅助坑道	—	3	7	4	7	5
单洞单线	—	3	7	4	7	5
单洞双线	—	5	9	6	9	8
可溶岩段落						
辅助坑道	3	3	7	4	7	5
单洞单线	3	3	7	4	7	5
单洞双线	5	6	10	7	10	9

②可溶岩及有害气体段落，外插角不应小于21°（终孔于隧道轮廓线外不小于2m），当发现地质异常时，应增加径向5m探孔进一步探测；其他段落，外插角宜控制在0°～3°。

③加深炮孔严禁在爆破残眼中实施，且不能作为炮孔使用。

④当适用条件重合时，设计考虑最不利因素，选用孔数最多的进行。

⑤大跨段加深炮孔数量应根据现场情况酌情增加。

⑥微、低瓦斯区段拱墙范围加深炮孔不少于 3 个，底部不少于 1 个；高瓦斯、瓦斯突出区段拱墙范围加深炮孔不少于 5 个，底部不少于 2 个。

⑦非煤系有害气体低、中度危险段落，底部不少于 1 个；高、极高度危险段落，底部不少于 2 个。

⑧表 12.3-5 中所列孔数为最低要求；现场施作时当掌子面局部出现夹泥、裂隙增多、含水量增大等特殊情况时，孔数、孔位的布置可结合现场掌子面揭示的地质情况作动态调整。

4）超前导坑法

超前导坑法可分为平行超前导坑法和正洞超前导坑法，线间距较小的两座隧道可互为平行导坑。以先行开挖的隧道揭示的地质情况，通过地质理论和作图法预报后开挖的隧道地质条件。

12.3.4 钻爆法隧道超前地质预报设计要求

钻爆法隧道超前地质预报分级标准依据地质复杂程度分级，结合不同施工工况及地质灾害类型，施工超前地质预报设计见表 12-7。

钻爆法施工超前地质预报设计　　表 12-7

预报方法	设计要求
地质调查法	地质调查法正洞和辅助坑道贯通实施，地质素描应随隧道开挖及时进行，对地层岩性变化点、构造发育部位、岩溶发育带附近等复杂、重点地段每开挖循环进行一次地质素描，其他一般地段应不超过 10m 进行一次素描
物探法	钻爆法施工物探法类型及适用条件参见表 12-9，各方法的搭接长度见表 12-4
超前水平钻探	结合隧道地质条件及钻探法适用性，超前地质钻探宜按表 12-5 进行
加深炮孔	结合隧道地质条件及钻探法适用性，加深炮孔宜按表 12-6 进行
综合超前地质预报使用原则	进行综合超前地质预报的研究，提供超前地质综合成果资料

物探法类型及适用条件见表 12-8。

钻爆法施工物探法类型及适用条件　　表 12-8

序号	适用条件	采用物探方法	备注
1	一般地段	弹性波反射法	适用条件重合时，按最不利条件考虑
2	构造（断层、褶皱）、破碎带、侵入岩蚀变带、岩溶弱～中等发育段	弹性波反射法＋电磁法（地质雷达法）	
3	富水构造、可溶岩与非可溶岩接触带、岩溶强烈发育地段	弹性波反射法＋电磁法（地质雷达法＋瞬变电磁法）或激发极化法等其他物探方法	

12.3.5 TBM 法隧道超前地质预报设计要求

依据隧道地质复杂程度，TBM 法施工、隧道超前地质预报的设计要求见表 12-9。

TBM 法施工、隧道超前地质预报设计要求　　表 12-9

预报方法	设计要求
地质调查法	地质调查法应全隧道贯通实施，并随隧道开挖及时进行，一般地段 10～30m 进行一次地质素描，对岩性变化点、构造发育部位、岩溶发育带等复杂、重点地段进行加密
弹性波反射法	双线隧道、正线或辅助坑道为单洞时贯通实施；分修时先行洞贯通实施，后行洞结合先行洞超前地质预报结果选择性实施，每次预报长度宜控制在 120m 以内，前后两次搭接长度不小于 10m
电（磁）法	主要在岩溶、构造、侵入岩蚀变带、采空区及物探异常、地下水发育地段实施。每次预报长度宜控制在 30～60m，在连续实施段落前后两次搭接长度不小于 5m
微震监测	主要用于岩爆预警，预测中等、强烈、极强岩爆区段宜连续开展岩爆监测与预警工作，对于分修洞室，在先行洞监测的基础上，对后行洞应结合隧道区地应力场情况有选择地进行监测；岩爆预警宜每 10m 或每日发布 1 次报告
超前水平钻探	超前水平钻探是对地质素描和物探超前地质预报的有益补充，应当在地质条件复杂、严重影响施工安全及进度情况下有选择地采用取芯（或不取芯）超前水平钻探进行探测
综合超前地质预报原则	在施工中地质复杂地段应采用多种超前地质预报手段进行探测，相互取长补短，必要时采用超前水平钻探进行验证，进行综合超前地质预报分析，并提供综合预报成果资料

12.4 超前地质预报要点

12.4.1 地质调查技术

地质调查法超前地质预报在各类隧道内均应开展，除采用传统掌子面与洞身地质素描以外，推荐采用图像识别、三维激光扫描等数字化技术开展洞内地质素描、建模与分析，将岩体裂隙、岩层产状及围岩级别等各类地质条件进行全洞段数字化采集与处理，从而提高识别精度、缩短现场素描时间，提高工作效率和效果，通过数字化信息采集与分析，实现掌子面前方地质情况预报和智能化地质分析。

12.4.2 超前深孔钻探技术

因极复杂环境铁路隧道勘探困难，应整体提高超前钻探长度，超前钻孔按其孔深大致分为 4 级：超长距离钻孔（孔深大于 300m）、长距离钻孔（孔深 100～300m）、中长距离钻孔（孔深 30～100m）、短距离钻孔（孔深小于 30m）。具体建议如下：

（1）对地质条件特别复杂的特长隧道，平行导坑可采用 300～500m 级超前钻探，正洞隧道可采用 100～200m 级超前钻探。

（2）选取 1～2 个地质条件特别复杂的特长隧道开展千米级超前钻探试验，可尝试搭载随钻测量技术，成熟后在其余特长隧道推广使用。

（3）充分利用凿岩台车等超前地质预报技术，实现打孔、探测、围岩识别等多种功能。

（4）在富水软弱断层破碎带、富水岩溶发育区、煤层瓦斯发育区及非煤系有害气体高或极高度危险区域（段落）、重大物探异常区等地质条件复杂地段实施超前地质钻孔。

（5）断层破碎带、可溶岩段、有害气体段、蚀变带和物探异常段等复杂段落采用加深炮孔探测。

（6）TBM 隧道可在撑靴处实施超前钻孔或采用 TBM 自带设备超前钻孔。

12.4.3 钻爆法隧道物探技术

弹性波法超前地质预报主要用于断裂（层）破碎带、波阻抗差异较为明显的地层界面或接触带（包括可溶岩与非可溶岩接触带）探测，探测效果较好；该法对高压突涌水、软岩大变形和硬岩岩爆、高地温及高温热水、有害气体及岩溶水等重大工程地质问题的探测也有一定效果。TSP、TRT、SAP、HSP、TST 等方法各有优缺点，从解决主要的重大工程地质问题角度考虑，均可选用。在占用施工时间、可操作性方面，各种弹性波法超前地质预报技术现场数据采集或测试时间差异不明显，均在 30～80min 之间对施工的干扰相对较小，因而在工期允许的情况下，均可采用。在预报精度方面，各种弹性波预报方法均能形成三维成果，对断层等二维结构面的预报较为准确，但对三维被预报体的定位较为困难，多解性仍是最大的困扰，应结合钻孔等多方面信息约束。

电（磁）法超前地质预报技术适用于预报含水地质体（如含水构造、充水溶洞等）。针对导水断裂（层）破碎带、可溶岩、可溶岩与非可溶岩接触带等涌水突泥风险高的段落，应采用长、中短距离电（磁）法超前预报相结合的方式进行探测。在中长距离电磁法预报方法中，瞬变电磁法应用较多，应作为首选；复频电导率法应用案例相对较少，可作为备选或做进一步试验研究；短距离电磁法预报方法中，应首选应用相对成熟的地质雷达法和激发极化法。通常在长距离弹性波法超前预报的基础上，应结合瞬变电磁法或复频电导率法进行中距离预报，若长距离物探法圈定的异常区域含水可能性较大，可采用激发极化法进一步预报含水体位置并估算水量。在钻爆法施工隧道电（磁）法超前地质预报中，中长距离预报方法应首选瞬变电磁法，复频电导率法则可进一步开展相关试验；短距离预报方法可采用激发极化法或地质雷达法，尤其是在可溶岩段落，激发极化法具有探测隧道周边区域的优势（可探测隧道前方和周边30m × 30m × 30m的范围）。在 TBM 法施工隧道电（磁）法超前地质预报中可采用激发极化法。

12.4.4 TBM 法隧道物探预报技术

针对 TBM 施工中所穿越的不同灾害风险段落，应根据工程地质特点、地质灾害风险等级以及不同超前地质预报方法特点，选择相适应的超前预报方法。建议如下：

（1）地质分析法是物探法的基础，只有在了解地质情况的基础上，才能使物探法的解释结果更接近真实情况，有利于提高探测效果。

（2）长短距离预报方法相结合的实施方法，可充分利用预报方法之间的长短互补、相互验证的优势。一般来说，弹性波法探测距离长，对断层破碎带等不良地质体的界面反应敏感，但难以反映含水性，而激发极化法探测距离短，适用于探测含水异常等地质情况。实际工程中，可首先采用弹性波法长距离预报可识别构造与破碎岩体区域，圈定重点风险段落，在此基础上，采用激发极化法进一步探明含水情况，特别是在 TBM 施工高风险段落，应采用超前水平钻探法直接揭露掌子面前方地质情况，必要时可采用孔中探测方法进行补充探测，并综合上述探测手段对下一步施工或灾害防控提供指导依据。

（3）TBM 洞内超前地质预报工作应以前期勘察资料（如地表地质调查、地面物探、钻探等工作）为基础，根据实际需要有针对性地补充洞外地质调查和洞外物探，并配合洞内开展的地质分析工作，对洞内超前地质预报形成更有利的支撑。

（4）当 TBM 已经始发或不具备搭载条件时，可适当选择便携式超前地质预报方法，以满足不良地质超前预报的需求。

参 考 文 献

[1] 巩江峰, 唐国荣, 王伟, 等. 截至 2021 年底中国铁路隧道情况统计及高黎贡山隧道设计施工概况[J]. 隧道建设 (中英文) , 2022(3):042.

[2] 赵勇, 田四明, 孙毅. 中国高速铁路隧道的发展及规划[J]. 隧道建设, 2017, 37(1):11.

[3] 赵勇. 隧道设计理论与方法[M]. 北京: 人民交通出版社股份有限公司, 2019.

[4] 国家铁路局. 铁路隧道设计规范: TB 10003—2016[S]. 北京: 中国铁道出版社, 2017.

[5] 孟祥连. 宝成铁路 109 隧道震灾特征及抢险整治措施[J]. 铁道工程学报, 2009, 6:91-94.

[6] 李现宾. 拱桥—框架棚洞在落石病害整治中的应用[J]. 西部探矿工程, 2004, 10:198-199.

[7] 王华. 隧道洞口雪崩防治方案探讨[J]. 隧道建设 (中英文) , 2019, 39(4):642-650.

[8] 王玉锁. 地震区隧道洞口高陡边坡防护技术研究阶段报告[R]. 兰州, 2010.

[9] 王玉锁, 杨国柱. 隧道洞口段危岩落石风险评估[J]. 现代隧道技术, 2010, 47(6):33-38.

[10] 张剑. 山区高速铁路隧道间桥隧连接结构探讨[J]. 铁道工程学报, 2011(8):62-68.

[11] 王争鸣. 西安至成都高速铁路设计创新技术综述[J]. 铁道标准设计, 2018, 62(1):2.

[12] 张慧玲, 唐辉, 唐元峰, 等. 高速铁路护桥棚洞结构: 中国, 201120212046. 1[P]. 2012-5-23.

[13] 中国铁路总公司. 铁路隧道极限状态法设计暂行规范: Q/CR 9129—2015[S]. 北京: 中国铁道出版社, 2015.

[14] 王玉锁, 徐铭, 王涛, 等. 落石冲击下无回填土拱形明洞结构可靠度设计[J]. 西南交通大学学报, 2017, 52(6):1097-1103.

[15] 王玉锁, 王涛, 周良, 等. 跨中受落石冲击的拱形护桥明洞力学响应[J]. 隧道建设, 2018, 38(1):22-32.

[16] 史先伟. 艰险山区高速铁路隧道洞口新型棚洞结构研究[J]. 铁道工程学报, 2017, 225(6):60-64.

[17] 田四明, 赵勇, 石少帅, 等. 中国铁路隧道建设期典型灾害防控方法现状、问题与对策[J]. 隧道与地下工程灾害防治, 2019(6):24-48.

[18] 李鹏飞, 田四明, 赵勇, 等. 高地应力软弱围岩隧道初期支护受力特性的现场监测研究[J]. 岩石力学与工程学报, 2013(7):3509-3519.

[19] 赵勇, 刘建友, 田四明. 深埋隧道软弱围岩支护体系受力特征的试验研究[J]. 岩石力学与工程学报, 2011(8):1663-1670.

[20] 田四明. 堡镇隧道高地应力炭质页岩的变形破坏机制[J]. 北京交通大学学报, 2013(2):21-26.

[21] 王伟, 苗德海, 田四明. 高水压富水山岭隧道设计[J]. 铁道标准设计, 2007(8):49-52.

[22] 田四明, 张民庆, 黄鸿健, 等. 齐岳山隧道进口背斜地段岩溶发育特征分析与治理[J].

现代隧道技术, 2006(8):27-33.

[23] 中华人民共和国铁道部. 铁路混凝土结构耐久性设计规范: TB 10005—2010[S]. 北京: 中国铁道出版社, 2011.

[24] 黄双林. 青藏铁路冻土隧道防排水技术探讨[J]. 地下工程与隧道, 2007, A01:21-24.

[25] 夏勇, 马志富. 严寒地区隧道防排水改进措施探讨[J]. 铁道标准设计, 2012(s1):27-29.

[26] 孟庆余. 寒冷地区铁路隧道防寒排水设计探讨[J]. 隧道与轨道交通, 2017(s1):4.

[27] 李琦, 于丽, 王明年, 等. 高海拔隧道施工通风风管漏风率研究[J]. 铁道学报, 2019, 41(1):144-148.

[28] 中铁第一勘察设计院集团有限公司. TBM 施工所需要的裂隙围岩等级划分及地质参数测试技术研究[R]. 成都, 1999.

[29] 余洁. 中天山隧道 TBM 掘进施工适应性研究[J]. 现代隧道技术, 2014, 51(3):57-60.

[30] 刘赪. 秦岭隧道建造关键技术[J]. 中国铁道科学, 2003, 24(2):132-136.

[31] 尹俊涛, 尚彦军, 傅冰骏, 等. TBM 掘进技术发展及有关工程地质问题分析和对策[J]. 工程地质学报, 2005, 13(3):389-397.

[32] 王江. 引水隧洞双护盾 TBM 卡机分析及脱困技术[J]. 隧道建设, 2011, 31(3):364-368.

[33] 王飞. 城市轨道交通敞开式 TBM 过站方案及关键技术[J]. 重庆交通大学学报（自然科学版）, 2012, 31(2):228-235.

[34] WANG M, YAN G, YU L, et al. Effects of different artificial oxygen-supply systems on migrants, physical and psychological reactions in high-altitude tunnel construction[J]. Building and Environment, 2019, 149(FEB.):458-467.

[35] YAN G, WANG M, YU L, et al. Effects of ambient pressure on the critical velocity and back-layering length in longitudinal ventilated tunnel fire[J].Indoor and Built Environment, 2020, 29(7):1017-1027.

[36] YAN G, WANG M, YU L, et al. Study of smoke movement characteristics in tunnel fires in high-altitude areas[J]. Fire and Materials, 2020, 44(1):65-75.

[37] 张念. 高海拔特长铁路隧道火灾燃烧特性与安全疏散研究[D]. 北京:北京交通大学, 2012.

[38] JI J, WANG Z, DING L, et al. Effects of ambient pressure on smoke movement and temperature distribution in inclined tunnel fires[J]. International Journal of Thermal Sciences, 2019, 145:106006.

[39] 杨帆, 赵荣, 王璇, 等. 516 例参训官兵高原反应测试分析[J]. 现代生物医学进展, 2018, 18(13):2504-2507+2503.

[40] 李玉兰. 高原缺氧对人体生理的影响[J]. 青海师范大学学报（自然科学版）, 2000(02):63-64.

[41] 中国铁路总公司. 铁路隧道超前地质预报技术规程: Q/CR 9217—2015[S]. 北京: 中国铁道出版社, 2015.

[42] 李术才, 刘斌, 孙怀凤, 等. 隧道施工超前地质预报研究现状及发展趋势[J]. 岩石力学与工程学报, 2014,33(6):1090-1113.

[43] LI S C, LIU B, XU X J, et al. An overview of ahead geological prospecting in tunneling[J]. Tunnelling and Underground Space Technology, 2017, 63:69-94.

[44] 李术才. 隧道突水突泥灾害源超前地质预报理论与方法[M]. 北京：科学出版社，2015:293-296.